Herlinde AICHNER
Wolfgang SCHÖRKHUBER

Unter Mitarbeit von
Claudia EDER-HANTSCHER
Gertraud GEISLER

BASISTEIL
6. KLASSE

KOMPETENZ: DEUTSCH

SPRACHBUCH FÜR
ALLGEMEIN BILDENDE
HÖHERE SCHULEN

Verlag Hölder-Pichler-Tempsky GmbH
www.hpt.at

Mit Bescheid des Bundesministeriums für Unterricht, Kunst und Kultur vom 3. April 2014, GZ 5.034/0081-B/8/2013, als für den Unterrichtsgebrauch für die 6. Klasse an allgemein bildenden höheren Schulen – Oberstufe im Unterrichtsgegenstand Deutsch geeignet erklärt.

Dieses Schulbuch wurde auf Grundlage eines Rahmenlehrplans erstellt; die Auswahl und die Gewichtung der Inhalte erfolgen durch die Lehrerinnen und Lehrer.

Schulbuchnummer: 170025

Liebe Schülerin, lieber Schüler, Sie bekommen dieses Schulbuch von der Republik Österreich für Ihre Ausbildung. Bücher helfen nicht nur beim Lernen, sondern sind auch Freunde fürs Leben.

Zu diesem Band gibt es einen Trainingsteil, der Ihnen Kenntnisse und Fertigkeiten in den Bereichen Grammatik, Zeichensetzung und Rechtschreibung vermittelt.
KOMPETENZ:*DEUTSCH*. Sprachbuch für allgemein bildende höhere Schulen
Trainingsteil 5./6. Klasse
Schulbuchnummer: 165045
ISBN 978-3-230-03477-9

Die Autorin, der Autor und der Verlag bitten, alle Anregungen und Vorschläge, die dieses Schulbuch betreffen, an folgende Adresse zu senden:
Verlag Hölder-Pichler-Tempsky GmbH
Frankgasse 4, 1090 Wien
E-Mail: service@hpt.at

1. Auflage 2015 (1,00)

Satz: LIGATUR – Brigitte Puschmann, 1120 Wien
Druck und Bindung: Brüder Glöckler GmbH, Wöllersdorf
ISBN: 978-3-230-03479-3

VORWORT

Hinweise zur Verwendung dieses Buches

Sie haben nun Ihr neues Lehrbuch „KOMPETENZ:*DEUTSCH* – Sprachbuch für allgemein bildende höhere Schulen, Basisteil 6. Klasse“ in Händen.

Durch dieses Buch sollen Sie angeregt werden, Ihre Kompetenzen, also Ihr Wissen und Ihr Können, so zu entwickeln, dass Sie die Reifeprüfung ablegen und später in Studium oder Beruf gut bestehen können. Ihre Lernzuwächse können Sie in diesem Buch mit Kompetenztests überprüfen und in angeleiteten Selbsteinschätzungen abklären.

Das Buch ist in Module, also überschaubare Einheiten, gegliedert. Bitte beachten Sie, dass viele dieser Module voneinander unabhängig sind; in welcher Reihenfolge Sie sich damit befassen, bestimmt Ihr/e Lehrer/in, vielleicht auch in Absprache mit Ihnen.

Ein Farbleitsystem soll Ihnen die Verwendung des Buches erleichtern

So sind Arbeitsaufgaben gekennzeichnet. Sie sind Modul für Modul durchnummeriert, z. B. 4.1, 4.2 usw. **4.1**

SO GEHT'S

In diesen Kästen erhalten Sie genaue Anleitungen, wie Sie vorgehen können, um Aufgaben zu lösen. Sie sind für den Aufbau von Kompetenzen besonders wichtig.

INFO-BOX

In diesen Boxen bieten wir Ihnen Sachwissen an, also wichtige Informationen.

In solchen Kästen wird Ihnen am Beginn eines Moduls erklärt,
- **welche Bedeutung das Modul hat,**
- **was darin wichtig ist und**
- **was Sie in diesem Modul lernen können.**

PROJEKT

Dieser Kasten bedeutet, dass ein „Projekt“ vorgeschlagen wird, dass also eine Schüler/innen-Gruppe oder die ganze Klasse längere Zeit mit einer umfangreicheren Aufgabe beschäftigt sein wird.

Ausfüllfeld	mit Tabelle
So gestaltete Teile	sind auszufüllen.
Hier sehen Sie	ein Beispiel mit Tabelle.

RP-Text: Wo dieses Symbol auftaucht, geht es um eine Textsorte, die Sie bei der Reifeprüfung beherrschen sollten.

SB PLUS: Dieses Symbol heißt, dass es zu der jeweiligen Aufgabe eine Hördatei auf der Verlagswebsite unter www.hpt.at/SB_170025 gibt.

Diese Symbol bedeutet, dass wir Ihnen diese Aufgabe für Ihr Schreibportfolio vorschlagen (genauere Informationen in Modul 1).

Einige wenige Texte, die Sie in unserem Buch finden werden, weichen von der gültigen Rechtschreibung ab. Das liegt daran, dass der jeweilige Autor/die jeweilige Autorin eine solche Schreibung gewählt hat. Gewöhnlich ist das die sogenannte „alte Rechtschreibung“.

Wir haben solche Texte mit dem Vermerk „in originaler Schreibung“ versehen.

Wir haben uns bemüht, Ihnen zu vermitteln, dass die Beschäftigung mit Sprache spannend, lustvoll und gleichzeitig lehr- und hilfreich für Sie sein kann. Wir wünschen Ihnen viel Freude und wenig Ärger mit diesem Buch.

Die Autorin und der Autor

Inhaltsverzeichnis

Modul 1

Schreibkompetenz entwickeln

Viele Texte, die wir schreiben, können wir ganz spontan formulieren, v. a. wenn es um kurzes, alltägliches Schreiben geht, etwa Postings oder SMS. Nicht so einfach ist es, wenn man längere Texte schreiben muss. In Schule und Studium ist das praktisch unentwegt der Fall. Man muss entweder für sich selber oder für andere schreiben. Dazu braucht es ganz andere Fähigkeiten als im Alltag.

In diesem Modul lernen Sie daher
- **wie man Texte gezielt plant, sodass das Formulieren weniger Schwierigkeiten bereitet,**
- **wie man Texte gezielt überarbeiten kann,**
- **wie Aufgaben bei der schriftlichen Reifeprüfung und bei Schularbeiten aussehen.**

1 ZUM EINSTIEG: LESEN – RECHERCHIEREN – PLANEN – SCHREIBEN

Text 1:
Kim Thúy: Der Klang der Fremde *(Beginn des Romans)*

Ich kam während der Tet-Offensive zur Welt, als das Jahr des Affen anfing und die vor den Häusern aufgehängten langen Knallerketten mit den Maschinengewehren im Chor zu knattern begannen.
Ich erblickte das Licht der Welt in Saigon, wo die Reste der in tausend Stücke zerfetzten Böller den Boden rot färbten wie Kirschblütenblätter oder das Blut der zwei Millionen aufgebotenen Soldaten, verstreut über die Städte und Dörfer eines entzweigerissenen Vietnam.
Ich wurde im Schatten dieses feuerwerksgeschmückten, leuchtgirlandenverzierten Neujahrshimmels voller Raketen und Geschosse geboren. Meine Geburt diente dem Zweck, verlorenes Leben zu ersetzen. Mein Leben stand in der Pflicht, das meiner Mutter fortzuführen. [...]

1.1 Lesen Sie Text 1.

1. Beschreiben Sie, in welchen Zusammenhang die Ich-Erzählerin ihre Geburt stellt. Mit welchen Bildern macht sie das?
2. Ermitteln Sie das Geburtsdatum der Ich-Erzählerin (verwechseln Sie die Erzählerin nicht mit der Autorin). Während welchen Krieges wurde sie geboren?
   - Verwenden Sie dazu Hinweise aus dem Text und recherchieren Sie.
   - Notieren Sie in der linken Spalte der folgenden Tabelle Signale im Text, zu denen Sie recherchieren müssen.
   - Dokumentieren Sie Ihre Recherche in Stichworten (rechte Spalte).
   - Beschreiben Sie nach erfolgter Recherche genau, wie Sie vorgegangen sind und was Sie aus den ermittelten Informationen geschlossen haben.

Signale im Text	Recherche-Ergebnisse in Stichworten
	Quellen:
	Quellen:
	Quellen:
	Quellen:
	Quellen:

1.2

Schreiben Sie einen Paralleltext über Ihre eigene Geburt.

- Planen Sie Ihren Text genau: Finden Sie ein Ereignis, zu dem Sie Ihre Geburt in Beziehung setzen möchten. Je näher das Ereignis bei Ihrem Geburtsort lag, desto besser. Wenn möglich, verwenden Sie etwas, was direkt an Ihrem Geburtsort stattgefunden hat.
- Recherchieren Sie Details zu diesem Ereignis, um die Stimmung zu erfassen und um Bilder entwickeln zu können.
- Beachten Sie die Struktur des Ausgangstexts (Aufbau, Satzmuster).

PS: Ihre Quellen müssen nicht nur im Internet zu finden sein; vielleicht können Ihre Eltern oder Großeltern weiterhelfen. Das historische Ereignis kann jeder Art sein (ein Konzert? ein Volksfest? ein Ereignis im Nachbarhaus?), es braucht kein Großereignis zu sein.

2 DIE AUFGABENSTELLUNG BEI PRÜFUNGSARBEITEN (SCHULARBEITEN, REIFEPRÜFUNG)

Bei Schularbeiten und bei der schriftlichen Reifeprüfung sind Sie in einer ganz speziellen Schreibsituation. Sie müssen innerhalb relativ kurzer Zeit zu einem Thema, das Ihnen vorab nicht bekannt ist, einen oder mehrere Texte verfassen – bei der Reifeprüfung jedenfalls zwei. Das heißt zum Beispiel, dass Sie

- keine Informationen sammeln können, weil Sie nicht recherchieren dürfen;
- wenig Zeit zum Planen haben; Sie können Ihre Planung nicht ein paar Tage liegen lassen, um sie im zeitlichen Abstand zu überprüfen.

Aus diesem Grund haben die Aufgabenstellungen bei der Reifeprüfung (sicher!) und bei Schularbeiten (hoffentlich!) ein ganz spezielles Format – das Ihnen

- klar vermittelt, was von Ihnen erwartet wird,
- Material zur Verfügung stellt, mit dem Sie arbeiten können,
- Ihnen das Planen des Texts erleichtert.

AUFGABENSTELLUNGEN BEI DER SCHRIFTLICHEN REIFEPRÜFUNG **INFO-BOX**

Die Aufgabenstellung bei der schriftlichen Reifeprüfung ist folgendermaßen aufgebaut:

Teile der Aufgabenstellung:	Beispiel:
Das **Generalthema** wird genannt; zu diesem Thema müssen Sie zwei Texte schreiben (= „Aufgabe 1" und „Aufgabe 2").	***Thema:*** *Schule*
Das **Thema** wird konkretisiert.	***Aufgabe 1:*** *Wie gerecht sind Schulnoten?*
Die verlangte **Textsorte** wird genannt.	*Schreiben Sie einen Kommentar!*
Eine Situation, in die Sie sich als Schreibende/r versetzen müssen, wird vorgegeben. Darin sollte angegeben sein: • Ihre Rolle als Schreiber/in • Ihre Adressaten/Adressatinnen • das Medium, für das Sie schreiben	***Situation:*** *Sie arbeiten für eine Website, auf der einerseits verschiedene Serviceleistungen für Schüler/innen bereitgestellt werden, andererseits schulbezogene Themen diskutiert werden. Die Zielgruppe der Website sind Schüler/innen v. a. der oberen Jahrgänge. Nun ist geplant, dass man sich mit dem Thema „Schulnoten" beschäftigt. Um eine Diskussion im Forum der Website in Gang zu setzen, tragen Sie zum Thema „Gerechte Schulnoten: Was das ist und ob sie möglich sind" einen Text bei.*
Sie werden aufgefordert, **beiliegendes Material** zu lesen.	*Lesen Sie die Analyse „Die Notengebung an Österreichs Schulen ist willkürlich und hängt von Zufälligkeiten ab" aus der Zeitschrift „Profil" (Textbeilage 1).*
Sie werden aufgefordert, die **verlangte Textsorte** zu verfassen.	*Verfassen Sie nun einen Kommentar und bearbeiten Sie dabei die folgenden Arbeitsaufträge.*
Sie erfahren, was Sie in Ihrem Text jedenfalls machen sollen. Die Verben, die das ausdrücken, heißen **Operatoren** (siehe Seite 9).	• *Benennen Sie die Missstände, die es in der Notengebung laut Textvorlage gibt.* • *Erklären Sie auf der Grundlage der Textbeilage wichtige Zusammenhänge, die die Notengebung beeinflussen.* • *Überprüfen Sie, ob bzw. wie eine gerechte Leistungsbeurteilung zu bewerkstelligen ist.* • *Beurteilen Sie die derzeitige Situation aus Ihrer persönlichen Sicht.*
Die verlangte **Textlänge** wird angegeben.	*Schreiben Sie 270 bis 330 Wörter. Kennzeichnen Sie Absätze mittels Leerzeilen.*
Es folgen eine oder mehrere **Textbeilagen**.	*[Textbeilage(n)]*

Eine zweite Aufgabe („Aufgabe 2") zum selben Generalthema, aber mit einer anderen Textsorte ist genau so formuliert.

1.3

Lesen Sie die INFO-BOX oben.

1. Klären Sie mit Ihrem Deutschlehrer/Ihrer Deutschlehrerin, ob und warum Sie bei Schularbeiten Aufgaben im Format der Reifeprüfung (nicht) bekommen.
2. Beantworten Sie zu dem Beispiel in der INFO-BOX die folgenden Fragen:
   a) Welche Textsorte wird verlangt?
   b) Enthält die Situationsbeschreibung die drei angeführten Elemente? Wenn ja: Benennen Sie sie.
   c) Wie lauten die Operatoren?
3. Besprechen Sie gemeinsam:
   a) Wozu dienen in einer solchen Aufgabenstellung die Beilagen? Welche Rolle spielen Sie für die Arbeitsaufträge?
   b) Wozu sind die Operatoren für Sie als Schreiber/in nützlich?

Für die schriftliche Reifeprüfung sind insgesamt neun Textsorten festgelegt, die in den Aufgabenstellungen vorkommen können. Sie lernen diese Textsorten in diesem Unterrichtswerk kennen, einige bereits in Band 1, einige in diesem Band und einige im Basisteil für die 7. und 8. Klasse. Eine Übersicht finden Sie im Exkurs (ab S. 189) sowie im Basisteil für die 7. und 8. Klasse, Modul 18.
Auch die Operatoren werden in diesem Buch sowie im folgenden Band genau erklärt. Sie werden in So-geht's-Kästen vorgestellt, sind mit dem Reifeprüfungssymbol gekennzeichnet und werden in Aufgaben verwendet.

OPERATOREN — ***INFO-BOX***

RP-Text

Als Operatoren bezeichnet man Verben, die genau beschreiben, **was man sprachlich macht**, z. B. *beschreiben, wiedergeben, analysieren, vergleichen, erklären, begründen, diskutieren, kommentieren.* Manche dieser Operatoren erklären sich von selbst, bei manchen ist es nötig, dass man sich bewusst macht, was sie genau bedeuten.

3 DER SCHREIBPROZESS

FÜR WEN UND WARUM WIR SCHREIBEN — ***INFO-BOX***

Wir schreiben

a) **für uns selber,**
- um das Gedächtnis oder die Psyche zu entlasten („sich etwas von der Seele schreiben"),

  Beispiele: ____________________
- um uns Wissen anzueignen und Erkenntnisse zu gewinnen („schreibend denken"/„denkend schreiben"),

  Beispiele: ____________________

b) **für andere,**
- um etwas Bestimmtes zu erreichen **(kommunikatives Schreiben)**, z. B. jemanden zu informieren, etwas Bestimmtes zu bekommen, jemanden zu etwas zu bewegen/von etwas zu überzeugen, jemanden zu unterhalten.

  Beispiele: ____________________

1.4

Lesen Sie die INFO-BOX oben und ordnen Sie die folgenden Beispiele zu:
Tagebucheintrag, Wahlaufruf einer politischen Partei, Exzerpt aus einem Schulbuch, Bericht auf einer Website, Schwindelzettel, Produktbeschreibung, Inhaltsangabe einer Erzählung (als Hausübung), Posting in einem sozialen Netzwerk, Liebesgedicht, Bewerbungsschreiben.
Bei welchen Beispielen ist die Zuordnung schwierig? Warum?

DER SCHREIBPROZESS — ***SO GEHT'S***

Wann immer Sie kommunikativ schreiben – und den Text nicht einfach „aus dem Ärmel schütteln" (z. B. ein Posting in einem sozialen Netzwerk) –, sollten Sie beim Verfassen von Texten diese Schritte gehen:

Schritt 1: Text planen
Dazu gehören z. B.: das Schreibziel festlegen, Informationen sammeln, Wissen erzeugen, gesammeltes Material ordnen, Textstruktur planen („kann ich Textsortenwissen anwenden?"), sich für eine Schreibhaltung entscheiden (siehe Seite 15).

Schritt 2: Formulieren und aufschreiben
Dabei ist es selbstverständlich erlaubt, den Text umzuplanen. Auch Korrekturen können angebracht werden. Im Mittelpunkt soll aber das flüssige Schreiben stehen.

Schritt 3: Überarbeiten
Zuletzt sollten Sie systematisch überprüfen,
- ob Ihr Text das gesteckte Ziel erreichen kann,
- ob Ihr Text angemessen strukturiert und formuliert ist und
- ob Ihr Text fehlerfrei ist.

Zu diesen Schritten erhalten Sie im Folgenden Hinweise. Wir schlagen Ihnen vor, sich diese Schritte anhand des folgenden Projekts zu erarbeiten.

REPORTAGEN VERFASSEN ***PROJEKT***

Ziel des Projekts: die Schritte des Schreibprozesses anhand eines umfangreichen Schreibprojekts bewusst und gezielt durchführen
Dauer: einige Wochen (vereinbaren Sie einen Rahmen)

Schritt 1:
Verwenden Sie „Tränen in Tijuana“ (Text 2, Seite 11) als Muster für Ihre Reportage.

Schritt 2:
Bilden Sie kleine Arbeitsgruppen (höchstens 4 Personen).
Einigen Sie sich auf ein Thema für Ihre Reportage. Bedenken Sie dabei, dass Sie
- zumindest grundsätzliches Wissen über Ihr Thema haben sollten;
- zu Ihrem Thema an Ort und Stelle recherchieren müssen.
  Mögliche Themen: ein Jugendzentrum, ein Club, eine interessante Personengruppe (eine Clique, eine Volksgruppe), ein Seniorenheim, eine interessante Person, eine besondere Sportart, eine kulturelle Einrichtung, ein besonderer Ort, eine Band. ***Am besten: ein Thema, mit dem Sie sich in einem anderen Fach beschäftigen.***
- Legen Sie fest, wie Sie Ihre Reportagen veröffentlichen möchten (z. B. auf der Schulwebsite).

Schritt 3:
Planen Sie Ihre Recherche:
- Wenden Sie in der Gruppe Techniken zum Sammeln von Ideen an.
- Mögliche Informationsquellen festlegen:
  - Welche Fakten benötigen Sie?
  - Welche Hintergrundinformationen könnten nützlich sein?
  - Welche Personen können befragt werden? Interviews vorbereiten (siehe Seite 14)
  - Wie kommen Sie zu persönlichen Eindrücken?
  - Welches Bildmaterial können Sie brauchen?

Schritt 4:
Aktions- und Zeitplan erstellen: Wer macht was wann?

Schritt 5:
Recherche durchführen (benötigtes Material vorbereiten, Ergebnisse in einer Mappe sammeln), persönliche Eindrücke sammeln

Schritt 6:
Gesammeltes Material sichten und auswählen sowie den Aufbau des Texts planen. Man muss nicht alles Material in der Reportage verwenden.

Schritt 7:
Verfassen Sie Ihre Reportage in Einzelarbeit.

Schritt 8:
Überarbeiten Sie Ihre Reportage.

1.5 Der folgende Text ist eine Reportage.

Kennzeichnen Sie darin Beispiele für die in der INFO-BOX angeführten Gestaltungsmerkmale.

REPORTAGEN ***INFO-BOX***

Die Reportage ist eine tatsachenorientierte journalistische Textsorte. Sie schließt aber subjektive Eindrücke des Verfassers/der Verfasserin mit ein. Damit versucht er/sie, den Lesern/Leserinnen den Eindruck zu vermitteln, dass sie „dabei sind“. Die Reportage kann eine Vielzahl von Gestaltungselementen bieten, z. B.

- **persönliche Eindrücke, Beobachtungen und Erfahrungen** des Reporters,
- **Zitate,**
- **Aussagen** von Beteiligten, Augenzeugen, Experten oder Betroffenen,
- **Hintergründe** (z. B. geschichtliche, gesellschaftliche),
- **Fakten.**

Text 2:

Tränen in Tijuana

Mit Schmugglern und Kojoten über die amerikanische Grenze – eine gefährliche Suche nach dem Paradies ...

Carolin Philipps

„Travel Caution!“ Das große Schild am Rande der staubigen Piste warnt vor Schmugglern und illegalen Einwanderern. Hier, entlang der US-amerikanischen Grenze zu Mexiko, liefern sich Nacht für Nacht Schmuggler und Polizisten der US-Grenzwache regelrechte Schlachten mit unzähligen Verletzten und sogar Toten. Aber das erfahren wir erst viel später – nach Stunden, die wir wohl niemals vergessen werden.
Jedes Jahr versuchen mehr als eine Million Menschen aus Lateinamerika illegal über diese Grenze in die USA zu gelangen. Sie hoffen auf Arbeit und auf ein besseres Leben. Auch viele Jugendliche und Kinder machen sich auf die gefährliche Reise.

Die Nacht gehört den Schmugglern

Auf ihren Spuren sind mein Sohn und ich in einem gemieteten Auto unterwegs, um die Grenzregion zwischen Mexiko und den USA für mein neues Buch zu erkunden. Immer enger wird die Straße, immer größere Geröllbrocken versperren uns den Weg. Wir haben uns im Grenzgebirge verirrt, irgendwo die falsche Abfahrt erwischt. Alle 200 Meter steige ich aus, um meinen Sohn über einen neuen Gebirgsbach zu dirigieren, damit das Auto nicht im Schlamm versinkt.
Bis zum Abend müssen wir hier weg sein, denn die Nacht gehört den Schmugglern, die Heroin und anderes Rauschgift auf diesem Weg in die USA bringen. Die illegalen Einwanderer fürchten wir nicht, die haben mehr Angst als wir. Nach Stunden finden wir auf die richtige Straße zurück, mit den Nerven am Ende, aber froh, es vor Einbruch der Nacht geschafft zu haben.
Zwei Tage später treffen wir Fernando im Casa del Migrante in Tijuana, einem der vielen Auffanglager entlang der Grenze auf mexikanischer Seite. Er ist sechzehn und will am nächsten Tag durch die Wüste über die Grenze gehen – zu seinem Vater, der seit zehn Jahren in Los Angeles lebt.

Fernando (r.) erzählt Carolin Philipps (l.) von seiner geplanten Flucht

„Pedro musste ich zurücklassen“

„Meine Mutter ist mit meinen Geschwistern und mir in Mexiko geblieben. Jetzt will ich auch rüber und Geld verdienen.“ Angst? Er schüttelt den Kopf „Wer Angst hat, muss zuhause bleiben.“
Dabei kennt er die Gefahren genau: Seinen Freund Pedro musste er bei einem Fluchtversuch zurücklassen – er war von einer Schlange gebissen worden und keiner konnte ihm mehr helfen. Ein anderer Freund, David, hatte mehr Glück. Er wurde von der Grenzpolizei halb verdurstet gerettet, aber nach einem Verhör zurück nach Mexiko geschickt. „Dennoch – ich werde es immer wieder versuchen, bis ich es geschafft habe“, sagt Fernando mit fester Stimme.
Etwa sechs bis zehn Millionen Latinos halten sich in den USA illegal auf, jedes Jahr kommen 500 000 hinzu. Jeder Zweite wird von der Grenzpolizei aufgegriffen und zurückgeschickt. Nur die wenigsten Flüchtlinge besitzen die nötigen 2.000 Dollar, um einen der Kojoten, wie die ortskundigen Führer genannt werden, bezahlen zu können. Und auch mit Kojoten kommen viele nicht ans Ziel – sie werden, nachdem sie bezahlt haben, einfach in der Wüste zurückgelassen.
So versuchen sie es immer wieder auf eigene Faust. Hunderte sterben jedes Jahr durch Verdursten, Schlangenbisse, an Erschöpfung oder Hitzschlag. Sie lassen ihre Familien zurück, suchen Arbeit und ein Einkommen im vermeintlichen Paradies, den USA.

WISSENSWERTES

Gefährliche Grenze

- Die Grenze zwischen Mexiko und den USA ist über 3 000 Kilometer lang.
- Sie ist durch Metallwände und Zäune gesichert.
- Bewaffnete Grenzpolizisten machen mit Infrarotkameras Jagd auf Flüchtlinge.
- Jährlich versucht eine Million Menschen diese Grenze illegal zu überqueren.
- Durchschnittlich stirbt dabei jeden Tag ein Mensch.

Sie nehmen jede Arbeit zu niedrigsten Löhnen an und verdienen in der Stunde dennoch mehr als in ihrer Heimat an einem Tag. Ihre Wohnungen sind Pappkartons und Blechhütten, sie hausen zusammen mit Ratten und Ungeziefer, um jeden gesparten Cent nachhause schicken zu können.
Aber der Preis dafür ist hoch: Sie leben ohne Papiere und ohne Rechte, fern von den Familien, immer mit der Angst, abgeschoben zu werden. Aus Angst gehen sie nicht zum Arzt, wenn sie krank werden. Aus Angst gehen sie nicht zur Polizei, wenn sie bestohlen werden, denn dann droht die sofortige Abschiebung.

„Der Baum lebt von unseren Tränen"
Fernando weiß das alles. „Ich versuche es trotzdem!", sagt er leise. „Ich habe meiner Mutter versprochen, Geld zu schicken." Er will über die Grenze, koste es, was es wolle. Er zeigt uns die Grenzmauer in Tijuana: ein zwei Meter hoher Metallzaun, auf US-Seite zusätzlich gesichert durch Infrarotlicht, Stacheldraht und Videokameras. Bunte Särge und Kreuze mit Lumpenpuppen, die am Zaun befestigt sind, stehen symbolisch für die Toten. Abends sitzen wir im Hof des Casa del Migrante unter einem riesigen Baum. Den Baum der Tränen nennen sie ihn. „Er braucht nicht viel Regen!", erklärt Fernando. „Er lebt von unseren Tränen."

Kreuze mit Lumpenpuppen erinnern an die vielen Toten an der Grenze

Hier treffen sich die Jugendlichen und erzählen sich ihre Geschichten, ihre Träume von einem besseren Leben, das sie in ihrer Heimat vergeblich gesucht haben, ihre Geschichten vom Abschied, von ihren Familien, von den Gefahren und vom Tod in der Wüste.
Ob er und sein Freund David es geschafft haben? Ob Fernando seinen Vater in Los Angeles getroffen hat? Ich weiß es nicht. Ich wünsche nur, dass es ihm gut geht und dass sein Traum von einem besseren Leben in der Fremde wenigstens ein wenig in Erfüllung gegangen ist.

3.1 Texte planen und formulieren

3.1.1 Wozu man schreibt: Das Schreibziel

DIE WICHTIGSTEN PLANUNGSSCHRITTE BEIM SCHREIBEN — **SO GEHT'S**

Schritt 1: das Schreibziel festlegen
- Sobald Ihnen Ihr Schreibanlass oder Ihre Schreibaufgabe klar ist: **Legen Sie fest, was Sie mit Ihrem Text erreichen wollen.**
- Halten Sie Ihr Schreibziel schriftlich so fest:
  Durch meinen Text sollen meine Leser/innen ...
  Formulieren Sie Ihr Ziel nicht zu allgemein, sondern möglichst präzise, z. B.
  nicht: *Durch meinen Text sollen meine Leser/innen überzeugt werden.*
  Sondern: Durch meinen Text sollen meine Leser/innen davon überzeugt werden, dass es wichtig ist, sich für Politik zu interessieren.

  Weitere Beispiele:
  Durch meinen Text sollen meine Leser/innen erkennen, dass Mobbing einen Menschen zerstören kann.
  Durch meinen Text sollen meine Leser/innen über die wichtigsten Aussagen des Texts „Der Kick des Fliegens" informiert werden.

Das Festlegen des Schreibziels hat für Sie **drei Vorteile**:
- Sie können gut einschätzen, was Sie konkret tun sollten, um Ihr Ziel zu erreichen, z. B. *argumentieren, erklären, wiedergeben etc.*
- Sie können während des Schreibens immer überprüfen, ob Sie auf dem richtigen Weg sind.
- Sie können am Ende überprüfen, ob mit Ihrem Text das Ziel zu erreichen ist.

Schritt 2: sich das Zielpublikum vor Augen führen
Sie müssen sich klar machen, für wen Sie schreiben, denn das Vorwissen der Leser/innen bestimmt,
- **was** Sie schreiben (Inhalt),
- **wie** Sie schreiben (Sprache/Stil, z. B. Verwendung von Fachbegriffen, einfacher oder komplexer Satzbau).

Schritt 3: benötigten Inhalt und benötigtes Wissen beschreiben
- Skizzieren Sie, welche Inhalte und welches Wissen Sie sich aufgrund der Schritte 1 und 2 erarbeiten müssen.
- Mit diesem Schritt präzisieren Sie Ihre Recherche – und vermeiden Leerläufe.
- Bei Prüfungsaufgaben (Schularbeiten, Reifeprüfung) haben Sie vermutlich kaum die Möglichkeit zu recherchieren. Aber Sie haben ein gewisses Wissen – und Sie bekommen zur Aufgabe (bei der Reifeprüfung jedenfalls) Material. Schritt 3 hilft Ihnen, dieses Material gezielt auszuwerten.

Schritt 4: (mögliche) Textsorte bestimmen
Überlegen Sie, ob sich aus den Schritten 1 bis 3 eine bestimmte **Textsorte** ergibt, z. B. *Inhaltsangabe, Erörterung, Gebrauchsanweisung, Leserbrief;* machen Sie sich Merkmale der Textsorte bewusst. Das hilft z. B., den Aufbau Ihres Textes zu planen.

1.6

1. Legen Sie Ihr Schreibziel für Ihre Reportage fest (z. B.: *Durch meine Reportage sollen die Leser/innen einen lebhaften Eindruck gewinnen, wie in einer Werkstätte der Lebenshilfe gearbeitet wird.*)
2. Leiten Sie von Schreibziel und Zielgruppe inhaltliche Teilbereiche Ihrer Reportage ab. Zu welchen müssen Sie recherchieren und sich Wissen aneignen?
3. Überprüfen Sie, ob Sie zu den Gestaltungselementen der Reportage (siehe INFO-BOX) Material vorgesehen haben.

3.1.2 Inhalt erarbeiten, Wissen erzeugen

1.7

Sie haben bereits in Band 1 wichtige Mittel kennen gelernt, wie Sie
- Ihren Gedanken auf die Sprünge helfen können,
- sich durch gezielte Recherche Informationen beschaffen und Wissen aneignen können.

Wiederholen Sie solche Arbeitstechniken gemeinsam und besprechen Sie, wie man sie anwendet.

1.8

1. Wenden Sie Techniken zum Finden und Sammeln von Ideen zum Thema Ihrer Reportage an.
2. Prüfen Sie die gesammelten Ideen, scheiden Sie Unbrauchbares aus und ordnen Sie den Rest.
3. Legen Sie Ihre Recherche fest: Was müssen Sie erarbeiten? Wo finden Sie dazu Material? Was müssen Sie exzerpieren? Wen können Sie interviewen? Wie kommen Sie am besten zu persönlichen Eindrücken, Beobachtungen und Erfahrungen?

INTERVIEWS — ***INFO-BOX***

Neben einer Reihe von anderen Funktionen (z. B. Interview zur Unterhaltung in Talkshows) ist der **Hauptzweck** eines Interviews das Gewinnen von **Informationen**.

Arten von Interviews:
- **Standardisiertes Interview:** Fragen und Reihenfolge der Fragen sind festgelegt und werden nicht verändert. Vorteil: Man erhält in kurzer Zeit viele Daten, die man – wenn man mehrere Personen befragt – gut vergleichen kann. Nachteil: Man erhält nur Antworten auf die Fragen, nichts darüber hinaus; das Interview geht nicht in die Tiefe.
- **Halbstandardisiertes Interview:** Basis ist ein Fragenkatalog oder ein Gesprächsleitfaden. Zusatzfragen und Nachhaken sind erlaubt. Vorteil: geht mehr in die Tiefe, man kann nachfragen, wenn bisher unbekannte interessante Gesichtspunkte auftauchen. Nachteil: Der Verlauf ist nur ungefähr planbar.
- **Unstrukturiertes Interview:** ähnelt einem Alltagsgespräch, bei dem eine/r v. a. der/die Fragende ist. Grundlage ist ein grober Gesprächsleitfaden. Vorteil: Viel Detailwissen kann gewonnen werden. Nachteil: Gefahr, dass sich das Gespräch verläuft.

FRAGETYPEN **INFO-BOX**

Geschlossene Fragen: sind solche, auf die in der Regel sehr kurz geantwortet werden kann. Man verwendet diese Form häufig in Fragebögen.
Beispiele: *Wie lange arbeiten Sie hier schon?*
Sind Sie froh, dass Sie gewonnen haben?

Offene Fragen: Fragen, auf die der/die Befragte mit einer ausführlichen Antwort reagieren sollte/kann.
Beispiele: *Was bedeutet Ihnen dieser Club?*
Was waren die entscheidenden Ereignisse in Ihrer Volksschulzeit?

Alternativfragen (auch: Ja-Ja-Fragen) geben der gefragten Person nur die Möglichkeit, zwischen zwei verschiedenen vorgegebenen Antworten zu wählen.
Beispiele: *Arbeiten Sie lieber hier oder im Büro?*
Bedeutet Ihnen Ihre Arbeit mehr oder Ihre Freizeit?

Suggestivfragen sind Fragen, mit denen die vermeintliche Antwort vorgegeben (suggeriert) wird. Meist fließt eine Wertung in die Frage ein.
Beispiele: *Meinen Sie nicht auch, dass die Schüler/innenvertretung zurücktreten sollte?*
Sind Sie auch der Meinung, dass Tierversuche möglichst vermieden werden sollten?

INTERVIEWS VORBEREITEN UND FÜHREN **SO GEHT'S**

Vorbereitung:

Schritt 1: sich Wissen aneignen

Bevor Sie mit der Vorbereitung eines Interviews beginnen, müssen Sie möglichst viel über das Thema des Interviews wissen. Je mehr man weiß, desto mehr kann man fragen.
Holen Sie außerdem Informationen über Ihren Gesprächspartner/Ihre Gesprächspartnerin ein.

Schritt 2: Fragenkatalog oder Gesprächsleitfaden formulieren

Notieren Sie zu einzelnen Themenbereichen Stichworte die ausreichen, beim Interview die Fragen stellen zu können.
Formulieren Sie nur die allerwichtigsten Fragen wörtlich aus. Das hilft Ihnen, beim Interview nicht nur an Ihren Fragen zu hängen.
Achten Sie darauf, dass Sie passende Fragetypen wählen.

Interview führen:

Schritt 3: Holen Sie die Erlaubnis ein, das Interview aufzunehmen.

Schritt 4: Hören Sie beim Interview Ihrem Gegenüber gut zu.

Das hilft Ihnen nachzufragen. Versuchen Sie, aus den Antworten heraus neue Fragen zu formulieren. Prüfen Sie zwischendurch, welche der vorbereiteten Gesichtspunkte noch offen sind.

1.9 Lesen Sie die INFO-BOXen und den So-geht's-Kasten oben.
Bereiten Sie auf der Grundlage dieser Informationen ein Interview zum Thema Ihrer Reportage vor.

3.1.3 Den Aufbau des Textes planen

TEXTAUFBAU PLANEN **SO GEHT'S**

Planen Sie den Aufbau Ihres Textes in Stichworten, nachdem Sie Ihr Material gesammelt und ausgewählt haben.

Bei der Planung des Aufbaus hilft Ihnen

- **Ihr Schreibziel:** Überlegen Sie, welcher Aufbau das Erreichen Ihres Schreibziels am besten unterstützen kann, z. B.
  - *Welche Aufgabe soll der Einstieg übernehmen (z. B. Aufmerksamkeit wecken, Orientierung verschaffen, provozieren)?*
  - *Wie kann ich meine Argumente anordnen, dass sie überzeugend sind?*

- **Ihr Textsortenwissen:** Viele Textsorten haben eine relativ fixe Grundstruktur, die gute Anhaltspunkte liefert, z. B.
  - *Inhaltsangabe: Fakten zum Werk – Wiedergabe des Plots – Kommentar/Wertung/Besonderheiten*
  - *Bericht: W-Fragen vom Wesentlichen zum weniger Wesentlichen beantworten*
  - *Erörterung: Einleitung (z. B. Orientierung, Aufmerksamkeit) – Hauptteil (Argumentation; linear oder dialektisch) – Schluss (Schlussfolgerung, Konsequenzen, Ausblick)*
  - *Lebenslauf: Wichtige Fakten chronologisch anordnen*

Wie in Band 1 lernen Sie auch in diesem Band einige Textsorten und Aufbaumöglichkeiten kennen (z. B. in den Modulen 3 und 7). Prägen Sie sich ihre Merkmale gut ein.

1.10

1. Planen Sie den Aufbau Ihrer Reportage.
   Verwenden Sie typische Gestaltungsmerkmale der Reportage als Hilfe.
   Beachten Sie besonders den Einstieg und den Schluss: Wie möchten Sie die Aufmerksamkeit Ihrer Leser/innen gewinnen? Was soll der Schluss leisten? (Achtung: Sie brauchen bei Reportagen nichts zusammenzufassen.)
2. Legen Sie Ihre Planung einer anderen Gruppe vor, erläutern Sie sie und holen Sie Rückmeldungen ein. Verändern Sie Ihre Planung gegebenenfalls.

3.1.4 Eine Schreibhaltung einnehmen

1.11

Die folgenden Texte reagieren auf folgende Situation: In einem Gebäudetrakt einer Schule sind die Toiletten seit Jahren in einem recht schlechten Zustand. Drei Schüler/innen aus drei verschiedenen Klassen wenden sich mit jeweils einem Schreiben an die Direktorin, um eine Verbesserung der Lage herbeizuführen.

1. Lesen Sie die Texte A, B und C und bearbeiten Sie die folgenden Aufgaben:
   a) Beschreiben Sie, was die drei Texte – abgesehen von ihrer Länge – unterscheidet.
   b) Welchen der Texte finden Sie am überzeugendsten, welchen am wenigsten überzeugend? Worauf führen Sie die unterschiedliche Wirkung zurück?
2. Lesen Sie die INFO-BOX auf Seite 16 und ordnen Sie die Texte der jeweiligen Schreibhaltung zu.

Text A:

Sehr geehrte Frau Direktorin!

Ich bin Schülerin der 6A, die im sogenannten Willas-Trakt untergebracht ist, und möchte einen gehörigen Missstand an unserer Schule aufzeigen: Sicher haben Sie schon gehört, dass die Toiletten in unserem Trakt in einem entsetzlichen Zustand sind. Wenn Sie das noch nicht wissen, ersuche ich Sie, sich die WCs einmal anzusehen. Bitte machen Sie sich selbst ein Bild von den lockeren Fliesen, von den wackeligen und abgenützten Toiletten, von den verklebten Seifenspendern und von den Wasserhähnen, die zwar tropfen, aber doch nur mehr einen dünnen Faden Wasser von sich geben. Die Hygieneeimer sollten Sie sich lieber gar nicht ansehen. Denn auch ohne diese werden Sie mir sicher zustimmen, dass solche Zustände unserer Schule nicht würdig sind. Wenn Sie das alles gesehen haben, werden Sie den Wunsch meiner Klasse gewiss verstehen: Bitte lassen Sie die Toiletten in den Sommerferien renovieren!

Mit freundlichen Grüßen

Text B:

Sehr geehrte Frau Direktorin!

Ich bin Schüler der 6N und wende mich mit einem Anliegen aller Schüler/innen im Willas-Trakt, in dem sich meine Klasse befindet, an Sie: Die Toiletten müssten dringend renoviert werden. Es ist klar, dass in einem alten Gebäude nicht alles wie in einem Neubau aussehen kann. Jedoch geht es nicht nur um das Aussehen, einiges in unseren Toiletten funktioniert einfach nicht mehr, z. B. die Abflüsse. Aber auch der Zustand der Wasserhähne und der Waschbecken lässt zu wünschen übrig. Außerdem sind Fliesen sowohl an den Wänden als auch auf dem Boden locker, was eine echte Gefahr darstellt. Ein besonderer Mangel ist, dass sich einige Türen nicht mehr ganz versperren lassen. Unsere Toiletten sind schon länger in einem solch schlechten Zustand. Auch ehemalige Schüler erzählen, dass sie sich daran nicht so gerne erinnern. Ich und meine Mitschüler/innen ersuchen Sie daher, die Toiletten renovieren zu lassen.

Mit freundlichen Grüßen

Text C:

Sehr geehrte Frau Direktorin!

Ich bin Schüler der 6B und kann wie die meisten meiner Mitschüler/innen behaupten, dass ich wirklich gerne in unsere Schule gehe. Die meisten Lehrer/innen, die wir haben, können sehr gut unterrichten und kümmern sich wirklich um uns. Wir haben eine

gute Klassengemeinschaft, die nicht nur durch das gemeinsame Lernen entstanden ist, sondern auch, weil wir einander bei vielen Schulveranstaltungen kennen lernen konnten. Besonders schätze ich das tolle Angebot in unserer Schule „drumherum", z. B. das Büffet, die vielen Stühle und Couches in den Gängen und Nischen oder die Tatsache, dass wir in den Mittagspausen die Sportanlagen benützen dürfen. Auch das Fußballturnier am Ende des Schuljahres ist ein Highlight.
Aber ein- oder zweimal am Tag – manchmal auch dreimal – stinkt es mir in meiner Schule ganz gewaltig, und zwar dann, wenn ich zur Toilette gehen muss. Schon der Weg dorthin verursacht mir Übelkeit. Habe ich mich überwunden hineinzugehen, wirkt sie auf mich, als wäre sie älter als die meisten Lehrer. Die Fliesen sitzen locker an den Wänden, manche fehlen. Ich wage fast nicht, ein Pissoir zu benutzen, weil sein Abfluss normalerweise verstopft ist. Manche Klotüren lassen sich nicht mehr versperren und wenn man einmal richtig drinnen ist, will man eigentlich gar nichts berühren. Jedes Mal, wenn ich einen Drang verspüre, überlege ich, ob ich wirklich hingehen soll. Aber was habe ich in Biologie gelernt? Das ist ungesund.
Ich und meine Mitschüler/innen wären Ihnen wirklich dankbar, wenn Sie die Toiletten renovieren lassen würden.
Mit freundlichen Grüßen

SCHREIBHALTUNGEN — ***INFO-BOX***

Man kann beim Verfassen von Sachtexten grundsätzlich zwischen drei verschiedenen Schreibhaltungen wählen:

- **Ich-bezogen:** Es dominieren die Erfahrungen, Gedanken, Gefühle, Meinungen etc. des Verfassers/der Verfasserin, die er/sie mit dem Thema verbindet.
- **Du-bezogen:** Das Thema wird überwiegend so entwickelt, dass v. a. der Leser/die Leserin angesprochen wird und der Aufforderungs(Appell-)charakter im Mittelpunkt steht.
- **Sachbezogen:** Im Mittelpunkt steht weder der/die Schreibende noch der/die Angesprochene, sondern die Sache selbst.

Die gezielte Wahl der Schreibhaltung ist eine wichtige Entscheidung für das Erreichen des Schreibziels. Man kann sie in einem Text natürlich **wechseln**; gewöhnlich **dominiert** eine Haltung in zumindest einzelnen Abschnitten eines Textes.
Nicht jede Schreibhaltung ist in jedem Text geeignet. So sollten Sie **in Argumentationen v. a. eine sachbezogene Haltung** wählen und die ich-bezogene vermeiden.

Die **sprachbezogene Schreibhaltung** ist in alltäglichen Sachtexten eher ungewöhnlich. Bei dieser Haltung steht die Sprache selbst im Mittelpunkt, z. B. indem viele und außergewöhnliche sprachliche Bilder und rhetorische Figuren verwendet werden. Sie ist typisch für poetisches Schreiben (Literatur) und besonders augenfällig bei Gedichten (z. B. Rhythmen, Reime, Bilder).

1.12 Legen Sie fest, welche Schreibhaltung in den einzelnen Abschnitten Ihrer Reportage dominieren soll.

1.13 Schreiben Sie einen Text von ca. 250 Wörtern zur folgenden Situation:
In Ihrer Heimatstadt/Ihrem Heimatort/Ihrem Bezirk ist es immer wieder zu Unstimmigkeiten zwischen Jugendlichen und älteren Mitbürgern/Mitbürgerinnen gekommen – dies insbesondere dann, wenn sich die Jugendlichen nach dem Geschmack der Älteren vor allem in dem an das Altenwohnheim (ca. 100 Bewohner/innen) angrenzenden Park „ungebührlich" benommen haben. Auch das nahegelegene Jugendzentrum ist ein Stein des Anstoßes. Die Senioren/Seniorinnen werfen den Jugendlichen vor, was man Jugendlichen vorwirft: Unhöflichkeit, rüpelhaftes Benehmen, Ruhestörung, Verschmutzung öffentlicher Flächen, Alkohol- und Zigarettenkonsum etc. Die Jugendlichen ihrerseits lassen es an Provokationen nicht fehlen. Neben Beschwerden bei Eltern, bei der Bürgermeisterin/beim Bezirksvorsteher und im Jugendzentrum ist es auch schon zu Anzeigen bei der Polizei gekommen.
Als jemand, der/die im Jugendzentrum engagiert ist, möchten Sie die Situation entspannen. Dazu haben Sie sich mit der Leitung des Jugendzentrums überlegt, dass ein Treffen zwischen Jugendlichen und Senioren/Seniorinnen ein erster Schritt zu mehr gegenseitigem Verständnis sein könnte. Verfassen Sie ein Schreiben, insbesondere an die Bewohner/innen des Altenwohnheims, mit dem Sie Ihre Zielgruppe motivieren, zu diesem Treffen zu kommen.

- Vorarbeit:
  - Legen Sie Ihr Schreibziel fest.
  - Entscheiden Sie sich für **eine** dominante Schreibhaltung.

- Verfassen Sie einen zweiten Text mit einer anderen dominanten Schreibhaltung. (Alternative: Losen Sie in der Klassen geheim zu, wer welche Schreibhaltung verwenden muss. Tauschen Sie anschließend Ihre Texte aus, und stellen Sie fest, welche Schreibhaltungen umgesetzt worden sind.)

3.2 Texte überarbeiten

WANN UND WOZU ÜBERARBEITEN? — **SO GEHT'S**

Wann?

- Überarbeiten können Sie natürlich **in jeder Phase** des Schreibprozesses.
- Stören Sie aber Ihren **Schreibfluss** beim Formulieren nicht zu sehr durch Korrekturen, Umstellungen etc.
- **Kennzeichnen** Sie beim Aufschreiben Stellen, die Sie **später** bearbeiten müssen, am Rand, z. B. mit Ruf- oder Fragezeichen.
- Wenn immer es möglich ist, sollte einige Zeit zwischen Entwurf und Überarbeitung liegen, zumindest **ein Tag**.

Wozu?

Wenn Sie einen Text „fertiggeschrieben" haben, ist er noch nicht fertig. Es liegt erst ein Entwurf vor. **Zu einem fertigen Text kommen Sie erst durch das Überarbeiten.**

Hier finden Sie einige Möglichkeiten, wie Sie Texte alleine oder gemeinsam mit anderen besser machen können. Wenden Sie zumindest eine dieser Methoden an, nachdem Sie einen Text aufgeschrieben haben.

Individuelles Überarbeiten

BASISFRAGEN BEIM ÜBERARBEITEN — **SO GEHT'S**

Frage 1: **Wie ist der Gesamteindruck, den der Text vermittelt?**
Beschreiben Sie, welche Wirkung der Text auf Sie hat und wovon diese Wirkung möglicherweise ausgeht.

Frage 2: **Kann ich mit diesem Text mein Schreibziel erreichen?**
Beantworten Sie diese Frage nicht einfach mit „Ja" oder „Nein", sondern

- mit „Ja, weil ..."/„Nein, weil ...". Begründen Sie möglichst präzise.
- Kennzeichnen Sie im Text jene Stellen, die für das Erreichen/Nicht-Erreichen des Ziels besonders große Verantwortung tragen.

Frage 3: Bei **Prüfungsaufgaben** und Übungsaufgaben, die das Format der Reifeprüfung haben, sollten Sie zusätzlich fragen: **Entspricht mein Text der Aufgabenstellung?** D. h.:

- Passt mein Text zur vorgegebenen Situation (Rolle des Schreibers/der Schreiberin, Adressaten/Adressatinnen, Medium)?
- Entspricht mein Text der vorgegebenen Textsorte?
- Habe ich die Textbeilage(n) in der vorgesehenen Weise berücksichtigt?
- Habe ich alle Operatoren umgesetzt?
- Entspricht der Text der vorgesehenen Länge?

Für alle Fragen, die Sie mit Ja beantworten, müssen Sie in Ihrem Text Belegstellen finden.

Das Überarbeiten darf sich nicht auf Fragen der Rechtschreibung, Zeichensetzung und Grammatik beschränken.

Überprüfen Sie Ihre Reportage anhand der Anweisungen im So-geht's-Kasten. **1.14**

INDIVIDUELL ÜBERARBEITEN — **SO GEHT'S**

Abgesehen von den oben angeführten Grundfragen achten Sie bitte beim Überarbeiten auf die folgenden grundlegenden Gesichtspunkte:

- **Inhalt**
- **Textstruktur/Aufbau**
- **Stil/Sprache**
- **normative Kriterien: Rechtschreibung, Grammatik, Zeichensetzung**

Wie Sie Rechtschreibung, Grammatik und Zeichensetzung überarbeiten können, haben Sie in Band 1 (Modul 12) sowie im Trainingsteil (5. und 6. Klasse) gelernt. Die Fehlersuche wird leichter, wenn Sie Ihren **Text umformatieren**, z. B. **mehrspaltig; Schriftart, Schriftgröße und Zeilenausrichtung (z. B. rechtsbündig) verändern, größeren Zeilenabstand**.
Für die anderen drei Gesichtspunkte gibt es je nach Schreibanlass, Aufgabe bzw. Textsorte unterschiedliche Kriterien.

Erstellen Sie für einzelne Aufgaben oder Textsorten **Checklisten oder Kriterienkataloge** (Kategorien: Inhalt, Textstruktur, Stil/Sprache). Werten Sie dazu die entsprechenden INFO-BOXen und So-geht's-Kästen aus, wenn Sie sich die jeweilige Textsorte erarbeiten, also bevor Sie Ihren Text schreiben.

1.15 Erstellen Sie eine Checkliste zur Textsorte „Kommentar“ mit Hilfe der INFO-BOX S. 50 und des So-geht's-Kastens S. 51.

Kooperatives Überarbeiten

1.16 Studieren Sie die folgenden Beschreibungen kooperativer Überarbeitungsmethoden, wählen Sie gemeinsam eine Methode aus und überarbeiten Sie Ihre Reportagen mit Hilfe der gewählten Methode.

TEXTLUPE — **SO GEHT'S**

Bei der **Textlupe** erhält man von anderen Rückmeldung zu seinem Text. Auf einem Beiblatt notieren Mitschüler/innen ihren Eindruck.

Schritt 1:
Geben Sie Ihren Text an einen/eine Mitschüler/in weiter (nicht die Texte austauschen!).

Schritt 2:
Legen Sie zu dem Text, den Sie erhalten haben, ein Beiblatt, auf das Sie in größerem Abstand schreiben:
1. Das gefällt mir gut:
2. Hier fällt mir etwas auf./Dazu habe ich Fragen:
3. Ich gebe dir diese Tipps:

Schritt 3:
Lesen Sie den Text des Mitschülers/der Mitschülerin und schreiben Sie Ihre Anmerkungen zu den drei angeführten Punkten.
Schreiben Sie Ihren Namen zu Ihrer Rückmeldung, damit man eventuell nachfragen kann.

Schritt 4:
Schritt 3 wird nach einer weiteren Weitergabe der Texte noch einmal durchgeführt. Dann geben Sie die Texte an die Urheber/innen zurück.

Schritt 5:
Überarbeiten Sie den Text mit Hilfe der Rückmeldungen.

TEXTWANDERUNG — SO GEHT'S

Bei der **Textwanderung** wird ein Text weitergegeben. Auf einem Beiblatt werden konkrete Fragen zu dem Text beantwortet. Vereinbaren Sie, wer diese Fragen stellt (entweder Sie selber oder Ihr/e Lehrer/in).

Schritt 1:
Legen Sie zu Ihrem Text ein Beiblatt. Schreiben Sie auf dieses Blatt Ihren Namen und formulieren Sie eine Frage, die Sie zu Ihrem Text beantwortet haben möchten, z. B. *Wie wirkt die Einleitung?* Oder: *Ist meine Argumentation schlüssig?*
Je präziser die Frage, desto brauchbarer die Antwort!
Formulieren Sie zwei weitere Fragen, wenn es so vereinbart ist. Oder schreiben Sie die Fragen auf das Beiblatt, die Ihr/e Lehrer/in formuliert.

Schritt 2:
Geben Sie Ihren Text um fünf Schüler/innen weiter. Lesen Sie den Text, den Sie erhalten haben, und beantworten Sie die Fragen auf dem Beiblatt so genau wie möglich.

Schritt 3:
Geben Sie den Text wieder um fünf Schüler/innen weiter. Beantworten Sie abermals die Fragen zu dem Text, den Sie erhalten haben.

Schritt 4:
Wenn Sie Ihre Arbeit zurückerhalten haben, notieren Sie auf dem Beiblatt „Das nehme ich mir mit". Sie haben gewiss in den Texten der anderen etwas gesehen, was Ihnen gefallen hat und was Sie selber anwenden könnten. Schreiben Sie es auf.

Schritt 5:
Überarbeiten Sie Ihren Text entsprechend den Rückmeldungen.

SCHREIBKONFERENZ — SO GEHT'S

In einer **Schreibkonferenz** werden Texte in einer Gruppe besprochen. Dabei stehen Inhalt, Aufbau, Stil und Textwirkung im Vordergrund.

Schritt 1:
Bilden Sie Gruppen von drei oder vier Personen.

Schritt 2:
Jedes Gruppenmitglied liest seinen Text (langsam!) vor. Die anderen geben spontan Rückmeldung über Gesichtspunkte, die Ihnen besonders aufgefallen sind. Sie stellen Fragen über unklare Textstellen und beschreiben die Wirkung des Texts auf sie.
Der/die Vorlesende macht sich Notizen.

Schritt 3:
Jeder Text wird von allen gemeinsam durchgesehen, am besten Abschnitt für Abschnitt. Dabei werden systematisch Fragen des Inhalts, des Aufbaus und des Stils besprochen.
Verwenden Sie Kriterienkataloge, wenn Sie Leitlinien brauchen!
Der/die Verfasser/in notiert Rückmeldungen, die für die Überarbeitung nützlich sind.

Schritt 4:
Überprüfen Sie die Texte im Hinblick auf Fehler (Rechtschreibung, Grammatik, Zeichensetzung).

Schritt 5:
Überarbeiten Sie Ihren Text.

Variation ab Schritt 2:
Jedes Gruppenmitglied ist Experte/Expertin für einen einzigen Gesichtspunkt, z. B. A. Inhalt, B. Aufbau, C. Stil, D. Normatives, und sieht jeden Text nur auf dieses eine Kriterium hin durch. Anschließend erhält der Verfasser/die Verfasserin Rückmeldung.

1.17 Bearbeiten Sie Ihre Texte aus 1.13 im Rahmen einer Schreibkonferenz.

4 MIT EINEM PORTFOLIO DIE SCHREIBKOMPETENZ FÖRDERN

WAS IST EIN PORTFOLIO? **INFO-BOX**

Ein Portfolio ist eine Sammlung von Arbeiten, mit der man zeigt,
- über welche Kompetenzen man auf einem Gebiet verfügt (Vorzeigeportfolio),
- wie sich diese Kompetenzen entwickeln bzw. entwickelt haben (Arbeits- oder Prozessportfolio).

Physisch gesehen ist ein Portfolio gewöhnlich eine Mappe oder ein anderes Speichermedium, auch elektronisch.

Das zentrale Moment der Portfolio-Arbeit ist die **Reflexion**, also das genaue Nachdenken darüber, welche Fähigkeiten man in welchem Ausmaß erworben hat, welche Lösungswege man gegangen ist, welche Methoden man (erfolgreich?) angewandt hat, worin Stärken der Arbeiten liegen etc. Davon lassen sich gut weitere Schritte für die Entwicklung der eigenen Kompetenzen ableiten.

Wir schlagen Ihnen vor, Ihre Schreibkompetenz mit Unterstützung eines Schreibportfolios weiterzuentwickeln. Folger Sie den Anleitungen im So-geht's-Kasten und in der Projektbeschreibung.

SCHRITTE IN DER PORTFOLIOARBEIT IM ÜBERBLICK **SO GEHT'S**

Schritt 1:
Ziel und Zweck des Portfolios sowie der Arbeitsaufgaben festlegen (am besten zusammen mit dem Lehrer/der Lehrerin). Was soll mit dem Portfolio gelernt bzw. belegt werden?

Schritt 2:
Bewertungskriterien festlegen (am besten gemeinsam mit dem Lehrer/der Lehrerin); diese ergeben sich aus den festgelegten Zielen.

Schritt 3:
Arbeits- und Sammelphase: Sie erstellen einzelne Portfoliobeiträge und sammeln sie in einer Mappe (oder elektronisch).

Schritt 4:
Auswahl und Ordnung: Sie überprüfen, welche Ihrer Arbeiten Sie als Ihre Leistungsresultate präsentieren möchten.

Schritt 5:
Reflexion: Nachdenken über Ergebnisse, Wege, Stärken, Schwächen

Schritt 6:
Rückmeldung (von Mitschülern/Mitschülerinnen, vom Lehrer/von der Lehrerin, von Außenstehenden)

Schritt 7:
Überarbeitung

Schritt 8:
Verfassen eines **Cover Letters** (siehe Seite 21), eines **Inhaltsverzeichnisses**, ästhetische Präsentation

Schritt 9:
Vorlage des **Vorzeigeportfolios**

Wenden Sie die Schritte 1 bis 7 auch auf die einzelnen Portfoliobeiträge an.

MIT EINEM SCHREIBPORTFOLIO ARBEITEN — PROJEKT

Ziel des Projekts: die eigene Schreibkompetenz mit Hilfe der Portfolioarbeit entwickeln
Dauer: das ganze Schuljahr; legen Sie zu Beginn fest, wann das Vorzeigeportfolio vorgelegt werden muss.

Schritt 1: Ziel
Legen Sie das Ziel der Portfolioarbeit gemeinsam fest (Vorschlag siehe oben) und formulieren Sie den Zweck (z. B.: die [Entwicklung der] Schreibkompetenz dokumentieren).

Schritt 2: Bewertungskriterien
Legen Sie die Bewertungskriterien gemeinsam fest: Woran soll die Entwicklung Ihrer Schreibkompetenz erkennbar sein (ein Beispiel dafür finden Sie unten)?

Schritt 3: Arbeits- und Sammelphase
Selbstverständlich können Sie in Ihr Portfolio alle Texte, die Sie schreiben und die Ihnen geeignet erscheinen, aufnehmen.
In diesem Buch finden Sie eine Reihe von Schreibaufgaben. Diejenigen, die wir für ein Schreibportfolio für besonders gut geeignet halten, sind mit dem Portfoliosymbol gekennzeichnet. Führen Sie bei diesen Arbeiten die Schritte des Schreibprozesses durch, vor allem: Wenden Sie kooperative Überarbeitungsmethoden an!
Solche Arbeiten stellen einzelne **Portfoliobeiträge** dar. Ein Portfoliobeitrag enthält

- die **Endfassung** des Texts,
- alle **Vorstufen**, die bei der Planung entstanden sind (z. B. Formulierung des Schreibziels, Mindmaps, Gliederungen, Exzerpte etc.),
- den **ersten Entwurf**,
- die **Rückmeldungen** und Überarbeitungsvorschläge, die Sie erhalten haben. Diese Rückmeldungen können von Kollegen/Kolleginnen, Ihrer Lehrperson oder auch Außenstehenden kommen.
- Eingeleitet wird jeder Portfoliobeitrag von einem **Deck- und Reflexionsblatt** (Beispiel siehe unten).

Schritt 4: Auswahl
Gehen Sie rechtzeitig vor dem Vorlagetermin Ihr Portfolio durch, um Ihre Sammlung auf Ihr Vorzeigeportfolio zu reduzieren. Orientieren Sie sich dabei an diesen beiden Leitfragen:

- „Was aus meiner Sammlung möchte ich unter dem Gesichtspunkt ‚Was ich weiß und was ich kann‘ als meine Leistungsresultate präsentieren?“
- „Was fehlt meinem Vorzeigeportfolio, wenn ich einen bestimmten Beitrag nicht aufnehme?“

Entscheiden Sie auch, ob Sie nur die jeweiligen Letztversionen Ihrer Texte aufnehmen oder auch Entstehungsprozesse dokumentieren möchten.

Schritt 5: Reflexion
Verfassen Sie zu Ihrem Vorzeigeportfolio ein Inhaltsverzeichnis und einen Cover Letter (siehe So-geht's-Kasten unten). Gestalten Sie Ihr Portfolio ästhetisch ansprechend.

Schritt 6: Vorlage
Legen Sie Ihr Portfolio Ihrer Lehrerin/Ihrem Lehrer vor.

Ein Vorschlag: Es ist anzunehmen, dass sich in den Portfolios Ihrer Klasse eine Reihe guter und interessanter Texte befindet. Präsentieren Sie die Portfolios daher der Öffentlichkeit, z. B. Ihren Eltern und den Klassenlehrern/-lehrerinnen im Rahmen eines Elternabends.
Organisieren Sie eine Lesung aus den Portfolios, sorgen Sie für Musik und ein Büffet.

EINEN COVER LETTER VERFASSEN — SO GEHT'S

Ein **Cover Letter** ist ein einleitendes Begleitschreiben, das sich an die Leser/innen richtet. Seine Aufgabe ist es, das **Portfolio und den Arbeitsprozess vorzustellen und zu erklären.** Zugleich ist er ein wichtiges Instrument der **Reflexion** des Verfassers/der Verfasserin.

Darauf könnten Sie in Ihrem Cover Letter eingehen:

- wie das Portfolio entstanden ist
- was das Portfolio von Ihnen zeigt
- was Sie an Wissen und Kompetenz(en) erworben haben
- wie die Arbeit am Portfolio verlaufen ist (z. B. Schwierigkeiten)
- Stärken des Portfolios bzw. einzelner Beiträge
- wie Sie die Arbeit einschätzen
- was besonders hervorzuheben ist
- woran Sie noch arbeiten sollten

Hier finden Sie mögliche Bewertungskriterien für das Vorzeigeportfolio. Besprechen Sie mit Ihrem Lehrer/Ihrer Lehrerin, welche Sie heranziehen möchten.

Mögliche Bewertungskriterien für das Vorzeigeportfolio

Das Portfolio zeigt deutlich,
- dass Sie sich mit den Aufgaben intensiv auseinandergesetzt und engagiert gearbeitet haben;
- dass Sie Aufgaben genau bearbeiten können;
- dass Sie literarische Texte mit Hilfe eigener Texte gut erschließen können;
- dass Sie kreativ schreiben können;
- dass Sie eine Reihe von Textsorten beherrschen;
- dass Sie Texte gut planen können;
- dass Sie einige Ideenfindungsmethoden anwenden können;
- dass Sie den Inhalt eines Textes gut strukturieren können;
- dass Sie verschiedene Schreibhaltungen einnehmen können;
- dass Sie Operatoren umsetzen können;
- dass Sie zu einem Thema, über das Sie schreiben, viele Ideen entwickeln können;
- dass Sie über einen entwickelten Sprachgebrauch (Stil, Wortschatz, Satzstrukturen) verfügen;
- dass Sie situations- und textsortenadäquat formulieren können;
- dass Sie gut zusammenhängend formulieren können;
- dass Sie Rechtschreibung und Zeichensetzung beherrschen sowie grammatisch richtig formulieren können;
- dass Sie einen Text gezielt und sinnvoll überarbeiten können.

Das ist ein Muster für ein Deck- und Reflexionsblatt:

Portfoliobeitrag Nr. ....

Titel des Beitrags:

Name:
Klasse:
Schuljahr:
Datum:

Aufgabe, die bearbeitet wurde:

Dieser Beitrag besteht aus folgenden Teilen:

Welche Wege ich bei der Arbeit gegangen bin, welche Methoden ich angewandt habe:

Welche Schwierigkeiten sich bei der Arbeit ergeben haben:

Welche Fähigkeiten ich mit diesem Portfoliobeitrag zeige:

Was ich gelernt habe:

Was meiner Meinung nach die Stärken dieser Arbeit sind:

Woran ich noch arbeiten sollte:

Kopiervorlagen finden Sie auf www.hpt.at/SB_170025. Auch Ihr/e Lehrer/in hat welche.

Modul 1 – Kompetenztest 1

Kompetenzbereich:	Schriftliche Kompetenz
Was Sie können sollen:	a) Schreibprozess: Planen b) Schreibprozess: Überarbeiten
Erlaubte Hilfsmittel:	keine
Testzeit:	10 Minuten

Aufgabe Beantworten Sie die folgenden Fragen:

1. Welche sind die wichtigsten Planungsschritte beim Schreiben? Erläutern Sie sie.
2. Wobei hilft Ihnen beim Planen von Texten Ihr Textsortenwissen?
3. Was sind Operatoren? Nennen Sie Beispiele.
4. Welche sind die Basisfragen beim Überarbeiten?
5. Auf welche grundlegenden Gesichtspunkte eines Texts sollten Sie beim Überarbeiten achten?

Modul 1 – Kompetenztest 2

Kompetenzbereich:	Schriftliche Kompetenz
Was Sie können sollen:	a) verschiedene Techniken der Ideensammlung kennen und gezielt anwenden; Textaufbau erarbeiten b) Voraussetzungen und Erwartungen von Leserinnen und Lesern berücksichtigen c) verschiedene Schreibhaltungen entwickeln d) Texte auf die eigene Schreibabsicht hin ausrichten
Erlaubte Hilfsmittel:	Lexikon, Wörterbuch
Testzeit:	Aufgabe 1: 30 Minuten Aufgabe 2: 10 Minuten

Aufgabe 1

Situation: *Aufgrund von Sparmaßnahmen ist das Budget vieler Schulen von Seiten des Bildungsministeriums stark gekürzt worden. Das hat in Ihrer Schule unter anderem zu einer Absenkung der Raumtemperatur geführt, damit Heizkosten eingespart werden. Viele in Ihrer Klasse tragen daher während des Unterrichts dicke Jacken und warme Schuhe (was eigentlich verboten ist) – ein nicht zu akzeptierender Zustand.*

Wenden Sie sich als Vertreter/in Ihrer Klasse mit einem E-Mail
a) an den Direktor,
b) an das Bildungsministerium,
um gegen den Zustand zu protestieren und Abhilfe zu verlangen.

1. Notieren Sie Ihr Schreibziel.
2. Wenden Sie eine Technik zur Ideensammlung an.
3. Skizzieren Sie den jeweiligen Textaufbau (für a und für b).

Verfassen Sie die beiden E-Mails; schreiben Sie jeweils ca. 180 Wörter.

Aufgabe 2

Wählen Sie für eine der E-Mails aus Aufgabe 1 eine andere Schreibhaltung und schreiben Sie den Text entsprechend um.

Was ich jetzt kann und verstehe

Ich ...	Schätzen Sie sich ein (+2 = ganz gut, -2 = nicht)!			
	+2	+1	-1	-2
... kenne die drei Schritte des Schreibprozesses.				
... kenne das Format der schriftlichen Reifeprüfung.				
... kann meine Schreibziele formulieren.				
... kann Texte gezielt planen.				
... kann verschiedene Schreibhaltungen anwenden.				
... kann Texte alleine gezielt überarbeiten.				
... kann anderen zu ihren Texten brauchbare Rückmeldungen geben.				
... weiß, was eine Reportage ist.				
... kann Reportagen schreiben.				
... kann Interviews vorbereiten und führen.				

Sind Sie mit Ihren Lernfortschritten zufrieden? – Wenn Sie noch weitere Anleitungen/Übungen brauchen, hilft Ihnen Ihre Lehrerin/Ihr Lehrer.

Modul 2 Mündlich kommunizieren

Wenn man etwas Unverfängliches sagt und die Gesprächspartnerin plötzlich explodiert; wenn man sich fragt, was man Falsches gesagt hat; wenn man beim Gesprächspartner einfach nicht ankommt; wenn man meint, Missverständnisse seien nicht möglich; wenn das Gesprächsklima wie vergiftet scheint – dann ist in unseren Gesprächen etwas „unter der Oberfläche" passiert, was wir nicht bedacht haben, was wir vielleicht nicht bedenken konnten, weil wir es nicht kannten. Genau solchen Mechanismen können Sie in diesem Modul nachgehen.

Sie lernen in diesem Modul,
- was in unseren alltäglichen Gesprächen tatsächlich abläuft,
- worauf Sie achten sollten, wenn Gespräche nicht „funktionieren",
- wie Sie Konflikte in Gesprächen lösen können.

1 GRUNDGESETZE DER KOMMUNIKATION

2.1 Lesen Sie den folgenden Text und bearbeiten Sie die angeschlossenen Aufgaben.

Text 1:
Loriot: Feierabend *(in originaler Schreibung)*

Bürgerliches Wohnzimmer. Der Hausherr sitzt im Sessel, hat das Jackett ausgezogen, trägt Hausschuhe und döst vor sich hin. Hinter ihm ist die Tür zur Küche einen Spalt breit geöffnet. Dort geht die Hausfrau emsiger Hausarbeit nach. Ihre Absätze verursachen ein lebhaftes Geräusch auf dem Fliesenboden.

SIE: Hermann ...
ER: Ja ...
SIE: Was machst du da?
ER: Nichts ...
SIE: Nichts? Wieso nichts?
ER: Ich mache nichts ...
SIE: Gar nichts?
ER: Nein ... *(Pause)*
SIE: Überhaupt nichts?
ER: Nein ... ich *sitze* hier.
SIE: Du *sitzt* da?
ER: Ja ...
SIE: Aber irgendwas *machst* du doch?
ER: Nein ... *(Pause)*
SIE: *Denkst* du irgendwas?
ER: Nichts Besonderes ...

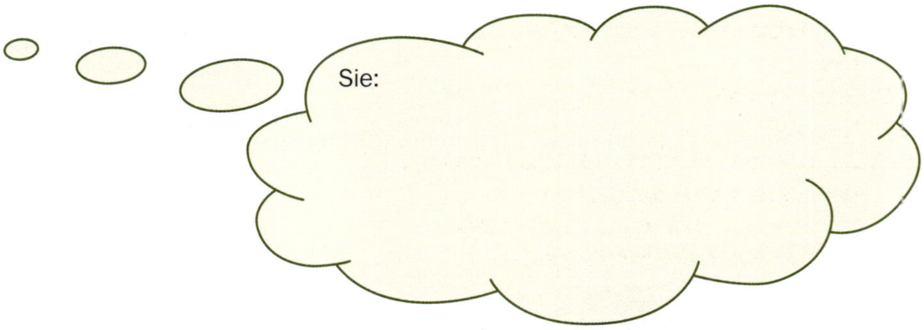

SIE: Es könnte ja nicht schaden, wenn du mal etwas spazieren gingest.
ER: Nein-nein ...
SIE: Ich bringe dir deinen Mantel ...

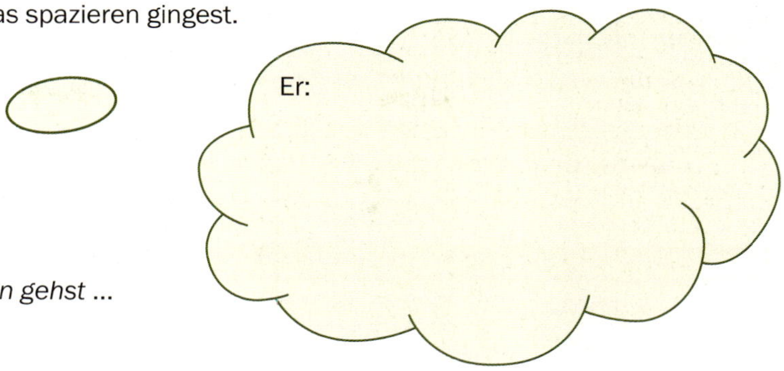

ER: Nein danke ...
SIE: Aber es ist zu kalt ohne Mantel ...
ER: Ich gehe ja nicht spazieren ...
SIE: Aber eben wolltest du doch noch ...
ER: Nein, *du* wolltest, dass ich spazieren gehe ...
SIE: Ich? *Mir* ist es doch völlig egal, ob *du spazieren gehst* ...
ER: Gut ...
SIE: Ich meine nur, es könnte dir nicht schaden, wenn du mal spazierengehen würdest ...
ER: Nein, *schaden* könnte es nicht ...
SIE: Also, was willst du denn nun?
ER: Ich möchte hier sitzen ...
SIE: Du kannst einen ja wahnsinnig machen!
ER: Ach ...
SIE: Erst willst du spazierengehen ... dann wieder nicht ... dann soll ich deinen Mantel holen ... dann wieder nicht ... was denn nun?

ER: Ich möchte hier sitzen ...
SIE: Und jetzt möchtest du plötzlich da sitzen ...
ER: Gar nicht plötzlich ... ich wollte immer nur hier sitzen und mich entspannen ...
SIE: Wenn du dich wirklich *entspannen* wolltest, würdest du nicht dauernd auf mich *einreden* ...
ER: Ich sag ja nichts mehr ... *(Pause)*
SIE: Jetzt hättest du doch mal Zeit, irgendwas zu tun, was dir Spaß macht ...
ER: Ja ...
SIE: Liest du was?
ER: Im Moment nicht ...
SIE: Dann lies doch mal was ...
ER: Nachher, nachher vielleicht ...
SIE: Hol dir doch die Illustrierten ...
ER: Ich möchte erst noch etwas hier sitzen ...
SIE: Soll *ich* Sie dir holen?
ER: Nein-nein, vielen Dank ...
SIE: Will der Herr sich auch noch bedienen lassen, was?
ER: Nein, wirklich nicht ...
SIE: Ich renne den *ganzen Tag* hin und her ... Du könntest doch wohl *einmal* aufstehen und dir die Illustrierten holen ...
ER: Ich möchte jetzt nicht lesen ...
SIE: Dann quengle doch nicht so rum ...
ER: *(schweigt)*
SIE: Hermann!
ER: *(schweigt)*
SIE: Bist du taub?
ER: Nein-nein ...
SIE: Du tust eben *nicht*, was dir Spaß macht ... statt dessen *sitzt* du da!
ER: Ich sitze hier, *weil* es mir Spaß macht ...
SIE: Sei doch nicht gleich so aggressiv!
ER: Ich bin doch nicht aggressiv ...
SIE: Warum schreist du mich dann so an?
ER: *(schreit)* ... Ich schreie dich nicht an!!

2.2 **Partner/innenarbeit:**

1. Was denkt „sie“ über „ihn“? Was denkt „er“ über „sie“? Füllen Sie die Denkblasen.
2. Üben Sie gemeinsam einen Vortrag des Dialogs ein. Bedenken Sie dabei, was bei den beiden Figuren „unter der Oberfläche“ abläuft. – Tragen Sie den Dialog vor.

GRUNDGESETZE DER KOMMUNIKATION, TEIL 1 — ***INFO-BOX***

Unsere Kommunikation ist davon geprägt, **welches Bild wir vom anderen/von der anderen haben**. Wir nehmen wahr, was wir wahrzunehmen **erwarten**.

2.3 Lesen Sie die INFO-BOX und bearbeiten Sie die folgenden Aufgaben:

1. Beschreiben Sie, welches Bild die beiden Figuren in Text 1 voneinander haben.
2. Lesen Sie Text 2. Erläutern Sie, inwiefern diese Geschichte die Information in der INFO-BOX illustriert.

Text 2:
Eine alte chinesische Geschichte

Es war einmal ein Mann, der hatte seine Axt verloren. Er hatte seines Nachbarn Sohn im Verdacht und beobachtete ihn. Die Art, wie der ging, war ganz die eines Axtdiebs. Sein Gesichtsausdruck war ganz der eines Axtdiebs. Die Art, wie er redete, war ganz die eines Axtdiebs. Aus allen seinen Bewegungen und aus seinem ganzen Wesen sprach deutlich der Axtdieb.

Zufällig grub der Mann einen Graben um und fand seine Axt. Am anderen Tag sah er den Nachbarssohn wieder. Alle seine Bewegungen und sein ganzes Wesen hatten nichts mehr von einem Axtdieb an sich.

GRUNDGESETZE DER KOMMUNIKATION, TEIL 2 — ***INFO-BOX***

Jede menschliche Kommunikation verläuft auf zwei Ebenen, der **Inhaltsebene** und der **Beziehungsebene**.

- Die **Inhaltsebene** ist die Ebene des Verstandes, auf der wir die Sachinhalte mit Worten und Zeichen transportieren.
- Die **Beziehungsebene** ist die Ebene der Einstellungen zueinander, d. h., wie wir zueinander stehen. Sie kommt v. a. durch **nonverbale Signale** (z. B. durch die Körpersprache, aber etwa auch die Kleidung), **paraverbale Signale** (z. B. Tonfall, Lautstärke, Pausen, Schweigen), aber auch durch **verbale Signale** (z. B. die Wortwahl) zum Ausdruck.

Wenn die Beziehungsebene gestört ist, funktioniert die Inhaltsebene nicht gut.
Auf der Beziehungsebene vermittelt man:

- **Selbstoffenbarung:** Was man von sich selber preisgibt, wie man sich fühlt.
- **Beziehung zum anderen:** Was man vom anderen hält.
- **Appell:** Was man vom anderen erwartet.

Beispiel: *Der Lehrer sagt: „Du hast die Aufgabenstellung nicht genau gelesen.“*
Mögliche Selbstoffenbarung: Ich bin verärgert.
Mögliche Aussage über die Beziehung: Ich halte dich für schlampig.
Möglicher Appell: Lies die Aufgabenstellung genau!

Eine Äußerung enthält also vier Mitteilungen.

2.4

Studieren Sie die INFO-BOX und ergänzen Sie die Tabelle unten. Finden Sie ein weiteres Beispiel.

Äußerung	Inhalts- und Beziehungsebene
a) „Mach die Tür von außen zu!“	Inhaltsebene: Beziehungsebene: • Selbstoffenbarung: • Beziehung: • Appell:
b) „Dürfte ich Sie darauf aufmerksam machen, dass dieser Platz bereits besetzt ist.“	Inhaltsebene: Beziehungsebene: • Selbstoffenbarung: • Beziehung: • Appell:
c) (Lehrerin zu Schülerin, zeigt auf das eingeschaltete Smartphone:) „Was ist *das* denn?“	Inhaltsebene: Beziehungsebene: • Selbstoffenbarung: • Beziehung: • Appell:
d)	Inhaltsebene: Beziehungsebene: • Selbstoffenbarung: • Beziehung: • Appell:

2.5

Erläutern Sie, welche Beziehung zwischen den Gesprächspartnern/-partnerinnen besteht, wenn die Angesprochenen auf die Äußerungen aus 2.4c) folgendermaßen antworten:

a) „Na, bist du heute wieder schlecht gelaunt.“
b) „Ist doch mir egal.“
c) „Mein Smartphone.“

2.6

1. Lesen Sie die folgende INFO-BOX und ergänzen Sie sie mit den darunter angeführten Fragen.
2. Erläutern Sie die in 2.5 angeführten Antworten a) bis c) mit Hilfe des 4-Ohren-Modells: Mit welchem Ohr hat der/die Antwortende jeweils gehört?

GRUNDGESETZE DER KOMMUNIKATION, TEIL 3 **INFO-BOX**

Vier Seiten einer Nachricht – mit 4 Ohren hören *(nach Friedemann Schulz von Thun)*
Nicht nur Sender einer Nachricht können mit einer Äußerung vier verschiedene Mitteilungen geben (Inhalt, Selbstoffenbarung, Beziehung, Appell). Auch die Empfänger können gewissermaßen **mit 4 Ohren hören:**

Sachohr: ______________________________

Appellohr: ______________________________

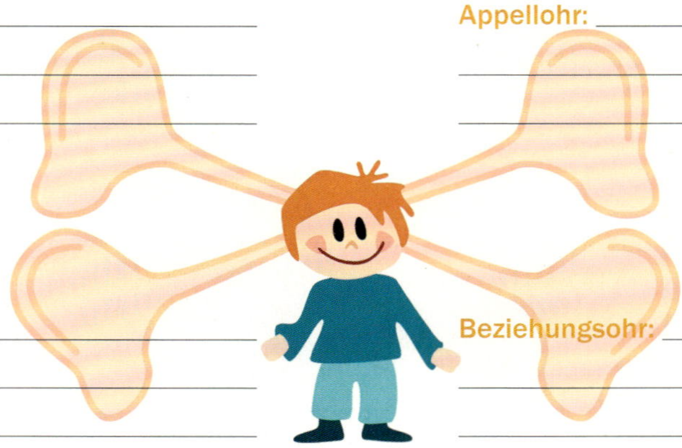

Selbstoffenbarungsohr: ______________________________

Beziehungsohr: ______________________________

- Üblicherweise hört der Empfänger **auf einem einzigen Ohr**.
- Dem Empfänger steht es **frei** zu wählen, auf welchem Ohr er hört.
- Für den Verlauf eines Gesprächs ist nicht entscheidend, was der Sender meint, sondern **auf welchem Ohr der Empfänger hört**.

Ordnen Sie die folgenden Fragen jeweils einem der Ohren zu:

- Was hält der/die andere von mir?
- Was sagt der/die andere über sich selbst?
- Was wird von mir erwartet?
- Wie sieht mich der/die andere?
- Was ist das Thema?
- Was soll ich machen?
- Wie fühlt sich der/die andere gerade?
- Worum geht es?

2.7 Ergänzen Sie die folgende Tabelle, indem Sie eintragen, was möglicherweise gehört wird. Kreuzen Sie jeweils jenes Ohr an, das der Sender vermutlich ansprechen möchte.

	Was der/die Angesprochene hören könnte: mit dem ...			
	Sachohr	Selbstoffenbarungsohr	Beziehungsohr	Appellohr
a) Mutter zur Tochter: „Du sitzt jetzt schon zwei Stunden bei diesem Computerspiel."				
b) Schüler zum Lehrer, nachdem dieser das Pausenzeichen ignoriert hat: „Herr Professor, es ist zehn nach elf."				
c) Freund zur Freundin: „Trägst du heute kein Make-up?"				
d) Polizist zu alter Frau: „Sie sind bei Rot über die Straße gegangen."				

2.8

Auf welchem Ohr haben die Angesprochenen in 2.7 gehört, wenn sie so antworten:

a) „Es sind erst eineinhalb.“ ____________________

b) „Nicht die Uhr beendet die Stunde, sondern ich.“ ____________________

c) „Gefalle ich dir so nicht?“ ____________________

d) „Hören Sie, junger Mann, was ich im Leben schon alles mitgemacht habe …“ ____________________

2.9

Lesen Sie den folgenden Text und bearbeiten Sie danach die unten angeführten Fragen.

Text 3:
Wolfgang Herrndorf: Tschick *(Auszug)*

Vorgeschichte: In der Klasse gibt es einen neuen Schüler, einen Zuwanderer aus Russland. Wegen seines komplizierten Namens wird er von allen nur „Tschick“ genannt. In Deutsch musste als Hausübung die folgende Geschichte von Bert Brecht[1] interpretiert werden: „Das Wiedersehen – Ein Mann, der Herrn K. lange nicht gesehen hatte, begrüßte ihn mit den Worten: ‚Sie haben sich gar nicht verändert.‘ – ‚Oh!‘, sagte Herr K. und erbleichte.“ – Kaltwasser, der Deutschlehrer, fordert Tschick auf, seine Interpretation vorzulesen.

[…] „Herr Tschichatschow, darf ich bitten?“

„Was?“ Tschicks Kopf hob sich langsam. Dieses ironische Siezen. Da ging schon mal das Warnlämpchen an.

„Herr Tschichatschow, sind Sie da?“

„Bei der Arbeit.“

„Haben Sie die Hausaufgaben gemacht?“

„Selbstverständlich.“

„Hätten Sie die Güte, sie uns vorzulesen?“

„Äh ja.“ Tschick sah sich kurz auf seinem Tisch um, entdeckte dann seine Plastiktüte auf dem Boden, hievte sie hoch und suchte nach dem Heft. Wie immer hatte er nichts ausgepackt vor der Stunde. Er zog mehrere Hefte raus und schien Mühe zu haben, das richtige zu identifizieren.

„Wenn du keine Hausaufgaben gemacht hast, sag’s.“

„Ich hab Hausaufgaben – wo isses denn? Wo isses denn?“ Er legte ein Heft auf den Tisch, steckte die anderen zurück und blätterte darin herum.

„Da, da ist es. Soll ich vorlesen?“

„Ich bitte darum.“

„Gut, ich fang dann jetzt an. Die Hausaufgabe war die Geschichte vom Herrn K. Ich beginne. Interpretation der Geschichte von Herrn K. Die erste Frage, die man hat, wenn man Prechts Geschichte liest, ist logisch –“

„Brecht“, sagte Kaltwasser, „Bert Brecht.“

„Ah.“ Tschick fischte einen Kugelschreiber aus der Plastiktüte und kritzelte in seinem Heft. Er steckte den Kugelschreiber zurück in die Plastiktüte.

„Interpretation der Geschichte von Herrn K. Die erste Frage, die man hat, wenn man Brechts Geschichte liest, ist logisch, wer sich hinter dem rätselhaften Buchstaben K. versteckt. Ohne viel Übertreibung kann man wohl sagen, dass es ein Mann ist, der das Licht der Öffentlichkeit scheut. Er versteckt sich hinter einem Buchstaben, und zwar dem Buchstaben K. Das ist der elfte Buchstabe vom Alphabet. Warum versteckt er sich? Tatsächlich ist Herr K. beruflich Waffenschieber. Mit anderen dunklen Gestalten zusammen (Herrn L. und Herrn F.) hat er eine Verbrecherorganisation gegründet, für die die Genfer Konvention nur einen traurigen Witz darstellt. Er hat Panzer und Flugzeuge verkauft und Milliarden gemacht und macht sich längst nicht mehr die Finger schmutzig. Lieber kreuzt er auf seiner Yacht im Mittelmeer, wo die CIA auf ihn kam. Daraufhin floh Herr K. nach Südamerika und ließ sein Gesicht bei dem berühmten Doktor M. chirurgisch verändern und ist nun verblüfft, dass ihn einer auf der Straße erkennt: Er erbleicht. Es versteht sich von selbst, dass der Mann, der ihn auf der Straße erkannt hat, genauso wie der Gesichtschirurg wenig später mit einem Betonklotz an den Füßen in unheimlich tiefem Wasser stand. Fertig.“

Ich guckte Tatjana an. Sie hatte die Stirn gerunzelt und einen Bleistift im Mund. Dann guckte ich Kaltwasser an. An Kaltwassers Gesicht war absolut nichts zu erkennen. Kaltwasser schien leicht angespannt, aber mehr so interessiertangespannt. Nicht mehr und nicht weniger. Eine Zensur[2] gab er nicht. Anschließend las Anja die richtige Interpretation, wie sie auch bei Google steht, […].

[1] **Bert Brecht** – *bedeutender deutscher Autor (1898 – 1956)*

[2] **Zensur** – *(hier:) Note*

1. Analysieren Sie die Kommunikation in dieser Szene mit Hilfe der folgenden Fragen:
   a) Was erfährt man über die Beziehung zwischen Kaltwasser und Tschick?
   b) Welche Mitteilungen enthalten die Äußerungen (z. B. Selbstoffenbarung, Appell, ...)?
   c) Auf welchen Ohren wird gehört?
   d) Wie könnte Kaltwasser die Interpretation, die Tschick vorliest, verstehen, wenn er mit dem Selbstoffenbarungs-, mit dem Beziehungs- bzw. mit dem Appellohr hört?
2. Lesen Sie die folgenden INFO-BOXen.
   a) Beurteilen Sie danach, ob es sich in der dargestellten Szene um eine symmetrische oder eine asymmetrische Kommunikationssituation handelt. Begründen Sie Ihre Ansicht.
   b) Illustrieren Sie den Grundsatz „Man kann nicht nicht kommunizieren" anhand von zwei Beispielen aus Text 3. Welche Botschaften werden vermittelt, obwohl offensichtlich niemand etwas sagt bzw. bewusst andere Zeichen sendet?
   Besprechen Sie: Welche Schwierigkeiten bestehen, wenn man aus dem Verhalten einer Person oder Ihrem Tun Botschaften interpretiert?

GRUNDGESETZE DER KOMMUNIKATION, TEIL 4 — **INFO-BOX**

Kommunikation kann entweder **symmetrisch oder asymmetrisch** sein, und zwar abhängig vom Status der Gesprächspartner/innen. Der Status kann abhängen von:
- soziale Beziehung/hierarchische Position (z. B. Direktorin – Schüler versus Schülerin – Schüler)
- relevantes Vorwissen (Wer hat welchen Informationsstand zum Thema?)
- psychische Stärke (z. B. Durchsetzungskraft, Unbekümmertheit, Ängstlichkeit)
- Bildung (u. a. sprachliche Bildung)

Von **symmetrischer Kommunikation** spricht man, wenn die Gesprächspartner/innen in etwa gleichgestellt sind bzw. man einander für gleichgestellt hält. Das heißt, sie sind hierarchisch ebenbürtig, haben in etwa dasselbe relevante Vorwissen etc. In diesem Fall hat jede/r die Möglichkeit, das Gespräch zu bestimmen.

In der **asymmetrischen Kommunikation** sind die Gesprächspartner/innen ungleich. Daher sind die Chancen ungleich verteilt.
Den Kommunikationsstil der Kommunikationssituation anzupassen, ist eine Voraussetzung für gelingende Gespräche. Beispiel: *Sie sprechen mit Ihrem Arzt über die langen Wartezeiten anders als mit Ihrer Freundin/Ihrem Freund.*

GRUNDGESETZE DER KOMMUNIKATION, TEIL 5 — **INFO-BOX**

„Man kann nicht nicht kommunizieren." (Paul Watzlawick[1])

Auch wenn wir weder die Sprache noch andere Zeichensysteme verwenden: Alles, was wir tun und sind, unser Verhalten, unser Handeln, unser Aussehen, unsere Bewegungen, unsere Mimik und Gestik etc. haben für andere Bedeutung und werden als Botschaft interpretiert.

Beispiele: *Wenn ein/e Schüler/in im Unterricht hartnäckig schweigt, vermittelt er/sie trotzdem eine Botschaft. – Wenn jemand stillschweigend seine Rechnungen nicht bezahlt, vermittelt er eine Botschaft.*

[1] **Paul Watzlawick** – *bedeutender österreichischer Kommunikationswissenschaftler*

2 STÖRUNGEN IN DER MÜNDLICHEN KOMMUNIKATION

Text 4:
Paulus Hochgatterer: Wildwasser *(Auszug; in originaler Schreibung)*

Vorgeschichte: Der Ich-Erzähler, ein 16-jähriger Junge, hat gerade im Fernsehen ein Formel-1-Rennen, den Grand Prix von Silverstone, gesehen. Nun geht er zu seiner Mutter und seiner Schwester.

[...] Mutter und Franziska saßen auf der Loggia, beide hatten die Füße auf der Brüstung, hielten ihre Gesichter in die Sonne und schlürften irgendein rotes Zeug mit Eiswürfeln. Mir hatten sie natürlich nichts gemischt, gebracht schon gar nicht. Überhaupt schauten sie mich eindeutig unfreundlich an. – Na, wer hat gewonnen? fragte Mutter und quälte sich eine Art Lächeln ab. – Richard McGere, sagte ich, was trinkt ihr da?
Richard McGere? Den kenn ich nicht.
Ein Neuer. Ist das Himbeersaft?
Woher kommt er? Aus Amerika?
Schottland. Ein Talent.
Richard McGere – sagt mir rein gar nichts. Muss ein echter Senkrechtstarter sein.
Jawohl, ein Senkrechtstarter. Was trinkt ihr da?
Aber andererseits hat der Name einen vertrauten Klang.
Meine Schwester befand sich wohl gerade in einer ihrer seltenen hellen Minuten und explodierte: Merkst du nicht, wie er dich verarscht?!, kreischte sie meiner Mutter zu, er macht sich lustig über dich, geradeso, wie er sich immer lustig macht, wenn ihn irgendwas ärgert! Mutter bekam ihre asymmetrischen Nasenwurzelfalten, die linke länger und tiefer als die rechte. Ich hatte wirklich keine Lust auf Streit. – Johnny Herbert hat gewonnen, sagte ich, das ist die Wahrheit. Der Name wird euch genauso wenig sagen wie Richard McGere, aber es ist die Wahrheit. Darf ich jetzt auch so was zu trinken haben? – Es ist Campari-Soda, sagte meine Schwester und reckte triumphierend ihre Nase in die Höhe.
Wie bitte?!
Campari-Soda! Campari-Soda! Campari-Soda! Sie klimperte mit den Eiswürfeln vor meinem Gesicht herum. Ich blickte einige Male zwischen Franziska und Mutter hin und her und schaute dabei vermutlich ziemlich blöd. – Täusche ich mich, sagte ich schließlich, oder hat meine Schwester vor dreieinhalb Wochen ihren dreizehnten Geburtstag gefeiert, nicht den dreiundzwanzigsten, nicht den sechzehnten, nein, den dreizehnten?! – Du täuschst dich nicht, Jakob, sagte Mutter. – Du täuschst dich nicht, Jakob!, keppelte ihr Franziska hinterher. – Du täuschst dich nicht, Jakob, sagte Mutter in dem bewussten Jetzt-wird-es-ernst-Ton, es ist eine Ausnahme, es ist eine besondere Situation. Sie klang ein bisschen unsicher, und ihre Nasenwurzelfalten waren noch ausgeprägter geworden.
Gibst du den Kleinen im Kindergarten in besonderen Situationen auch Campari-Soda?, fragte ich.
Mutter schlug den Boden ihres Glases in kleinen, harten Stößen gegen die Metallplatte des Balkontisches. – Es ist eine ganz besondere Situation, sagte sie, verstehst du, eine ganz besondere Situation! Sie betonte jedes Wort und brauchte es gar nicht auszusprechen: Ich war nicht erwünscht. Ich sollte verschwinden. Verschwinden! Tok-tok-tok! Campari hätte ich sowieso keinen gewollt.
Es war, als drücke jemand ganz kurz und sanft seine Fingerkuppe auf meinen inneren roten Schalter, vielleicht jemand, der gar keine Ahnung hat, was er dabei riskiert.
Es war wie ein gerade noch erträglicher kleiner Funkenüberschlag, wie das Flaschenbürstengefühl unter dem Brustbein, wenn man auf einen elektrisch geladenen Weidezaun greift. [...]

2.10

1. Lesen Sie Text 4 und bearbeiten Sie die folgenden Aufgaben:
   a) Beschreiben Sie die Stimmung auf der Loggia.
   b) Beschreiben Sie, wie das Gespräch verläuft.
   c) An welchen Stellen ist zu merken, dass die Beteiligten mit dem Gesprächsverlauf nicht zufrieden sind.
   d) Nennen Sie Gründe, warum das Gespräch nicht gut verläuft. Ziehen Sie dazu Ihr Wissen über Inhalts- und Beziehungsebene heran.
   e) Machen Sie Vorschläge, an welchen Stellen die Hauptfigur, die Mutter bzw. die Schwester kommunikativ gesprächsfördernder reagieren könnte. Was könnten sie sagen?
2. Studieren Sie die beiden folgenden So-geht's-Kästen. Erläutern Sie danach, welche „Gesprächskiller" die Figuren in Text 4 verwenden.

Mündlich kommunizieren

Dass Gespräche nicht gelingen, kann sehr viele Ursachen haben. Hier finden Sie einige Hinweise, was Sie tun können – und was Sie jedenfalls vermeiden sollten.

STÖRUNGEN VERMEIDEN UND BEARBEITEN **SO GEHT'S**

- **Voraussetzung:** Alle Beteiligten müssen ein ernsthaftes Interesse am Gelingen des Gesprächs haben.
- **Eine gute Beziehung herstellen:** Dazu trägt bei:
  - Seien Sie echt, spielen Sie den anderen keine Rolle vor.
  - Zeigen Sie zumindest ein Mindestmaß an Wertschätzung (z. B. dadurch, dass Sie sich über Äußerungen und Fragen anderer nicht lustig machen).
- **Aktives Zuhören:**
  - **Signale der Aufmerksamkeit** senden, z. B. *„Aha", „Mhm"*
  - durch die **Körpersprache** Zuwendung signalisieren, z. B. *anblicken, passende Körperhaltung*
  - **Gefühle verbalisieren**, z. B. *„Bist du jetzt grantig?", „Ich kann mir vorstellen, dass dich das riesig freut?"*
  - **Paraphrasieren**, d. h. den sachlichen Inhalt mit eigenen Worten wiedergeben, z. B. *„Du meinst also, dass …", „Wenn ich dich richtig verstanden habe …"*
- **Vom anderen/von der anderen her denken:** Auf welchem Ohr soll ich hören?
  Beispiel: *„Weißt du, wie spät es ist?"* → Appellohr → *„Es ist halb acht."* (nicht Sachohr: *„Ja."*)
- **Den/die andere/n und sich selbst ernst nehmen:** Machen Sie sich bewusst, welches Interesse Sie und der/die andere/n am Gespräch haben. – Geben Sie Ihr eigenes Interesse nicht auf nur um der Harmonie, einer Entscheidung etc. willen.
- **Eine passende Gesprächssituation schaffen**
- **Störungen haben Vorrang:** Wenn Sie in einem Gespräch den Eindruck haben, dass „etwas nicht" passt, thematisieren Sie es (z. B. wie jemand mit Ihnen spricht; dass Sie sich übergangen fühlen etc.).
  Ich-Botschaften senden! Beschreiben, nicht bewerten!
  Beispiele: *„Ich habe den Eindruck, dass du mich nicht richtig ernst nimmst."* – *„Ich glaube, dass dein Zynismus nicht angebracht ist."*

GESPRÄCHSKILLER **SO GEHT'S NICHT**

Das sollten Sie **jedenfalls nicht machen**:

- **Killerphrasen verwenden:** Killerphrase sind Schein- und Totschlagargumente, die Ideen des/der anderen abwerten und diesen herabsetzen. Sie treten oft dann auf, wenn Sachargumente fehlen, und behindern das Gespräch.
  Beispiele: *„Das war immer so."* – *„Das wird nie gehen."* – *„Das ist doch nur Theorie."* – *„Bei uns ist das aber anders."* – *„Das kannst du doch gar nicht beurteilen."* – *„Das interessiert doch keinen."*
- **Informationen zurückhalten**, den/die andere/n im Unklaren lassen
- **Ironisch sein:** Obwohl Ironie als witzig empfunden wird, ist sie im Gespräch ein Mittel, die/den andere/n herabzusetzen. Sie ist ein Zeichen, dass man sich über ihn/sie lustig macht.
- **Nicht sagen, was man tastsächlich meint**, z. B. *„Es ist allgemein bekannt, dass …", „Die meiste Menschen würden das ablehnen."*
- **Klischees und Allgemeinplätze verwenden**, z. B. *„So sind die Männer nun einmal."*
- **Vertrösten**, z. B. *„Morgen ist auch noch ein Tag."*
- **Beschimpfen, beleidigen:** Was beleidigend ist, entscheidet der Empfänger, nicht der Sender.
- **Psychologisieren**, z. B. *„Dein wirkliches Problem ist ja, dass …"*
- **Tipps, Rat- und Vorschläge**, wenn Sie nicht erbeten worden sind
- **Du-Botschaften:** Diese sind häufig verbunden mit Befehlen, Drohungen, Mahnungen Vorwürfen.

2.11 Der **kontrollierte Dialog** ist eine Methode, **aktives Zuhören** zu üben.

Vorgehen:

1. Bilden Sie Dreiergruppen. 2 Personen (A und B) bereiten zu einem kontroversen Thema Argumente vor.
2. Im Zweiergespräch diskutieren Sie dieses Thema und versuchen, den/die andere/n zu überzeugen. Am besten: Sie müssen zu einer gemeinsamen Lösung kommen.
3. Kontrollierter Dialog heißt aber: Beim Sprecherwechsel muss zuerst paraphrasiert werden, was der/die andere eben gesagt hat. Erst dann darf man seine eigenen Argumente anbringen.

4. C beobachtet und achtet auf die Einhaltung der Spielregeln. Er/sie beendet das Gespräch nach fünf Minuten und gibt A und B Rückmeldung.

Führen Sie kontrollierte Dialoge durch. Wenn Sie keine kontroversen Themen haben: Sie finden am Ende dieses Moduls, S. 39 (Rolle A), und nach dem Stichwortverzeichnis, S. 193 (Rolle B), Rollenkarten zum Thema „Musical-Reise nach London für 2 Personen".

Dort finden Sie auch weitere Rollenkarten für eine Dreierdiskussion (drei diskutieren, einer beobachtet) zum Thema „Ladendiebstahl".

3 DAS KONFLIKTGESPRÄCH

3.1 Sich auf Konflikte einlassen

Studieren Sie den folgenden So-geht's-Kasten. **2.12**

ABLAUF EINES KONFLIKTGESPRÄCHS ***SO GEHT'S***

Phase 1	• Was stört Sie? • Sie sprechen das Problem an. • Sie stellen das Problem dar.	Bei der Problemdarstellung ist Genauigkeit nötig. Jede Partei könnte dazu 3 Fragen beantworten: 1. Was war der Auslöser dieses (unseres) Problems? 2. Was habe ich dabei gefühlt und gedacht? Wie erging es mir dabei? 3. Was ist unmittelbar danach passiert?
Phase 2	• Was wünschen Sie sich? • Definieren Sie Ihre Ziele, Ihre Bedürfnisse ganz genau.	Je genauer Sie das Ziel, Ihren Wunsch/Ihr Bedürfnis definieren, desto eindeutiger können Sie Möglichkeiten zu Lösungen finden. Auch später lassen sich dadurch Entscheidungen besser treffen. Die Ziele müssen(!) genau und konkret formuliert werden. **Falsch:** „Wir sollten öfter miteinander ausgehen!" **Richtig:** „Ich möchte mich von nun an einmal pro Woche (Mittwoch?) mit Ihnen/dir treffen."
Phase 3	• Wie könnten Sie Ihr Ziel erreichen, Ihr Bedürfnis decken? • Suchen Sie nach Lösungsmöglichkeiten.	Bei der Suche nach Lösungsmöglichkeiten ist wichtig, dass jeder/jede Konfliktpartner/in seine/ihre Ideen vorbringt, ohne dass diese vom anderen einer Wertung unterzogen werden oder „abgeschmettert" werden. Auch komische und „undenkbare" Lösungsvorschläge dürfen vorgebracht werden – sie könnten den „Kick" auslösen.
Phase 4	• Treffen Sie gemeinsam die Entscheidung. • Welche ist die beste Lösung?	Suchen Sie gemeinsam die beste (Teil-)Lösung. Je besser Sie vorher das Ziel definiert haben, desto leichter wird dieser Schritt fallen. Sollten Sie sich auf eine Teillösung geeinigt haben, sollte die weitere Strategie bereits festgelegt werden.
Phase 5	• Planen Sie nun die Lösung. • Wozu können/wollen Sie sich verpflichten?	Besprechen Sie die Umsetzung der getroffenen Entscheidung genau durch. Gehen Sie auch auf eventuell mögliche Störungen ein (Wenn-dann-Situationen durchspielen).

2.13 Wenden Sie die Regeln für ein Konfliktgespräch in einem der folgenden Rollenspiele an. Sie brauchen in jedem Rollenspiel Spielende und Beobachter/innen.

Rollenspiele:
Zwei Gruppenmitglieder spielen einen der folgenden Konflikte, die anderen beobachten entsprechend den Informationen in der INFO-BOX und geben Feedback.

a) Familie, 2 Geschwister (mit Führerschein); beide wollen am Samstag das Auto der Eltern für sich allein ausborgen.
b) Sport: Jede/r will Kapitän einer Mannschaft sein.
c) Ein junges Paar fährt zum ersten Mal miteinander auf Urlaub. Eine/r möchte einen Badeurlaub in Spanien buchen, eine/r möchte London kennen lernen.

Besprechen Sie anschließend:
Spielende: Wie schwierig/einfach ist es, sich an die Regeln zu halten? Was macht es schwierig/einfach?
Beobachter/innen: Beschreiben Sie genau, inwiefern die Regeln (nicht) eingehalten worden sind.

2.14 Gehen Sie entsprechend den 5 Schritten des So-geht's-Kastens auf Seite 33 vor und berücksichtigen Sie die nachfolgenden Tipps (So-geht's-Kasten unten):

- Denken Sie an einen Konflikt, der Sie in der letzten Zeit belastet hat, den Sie vielleicht noch nicht bewältigt haben (mit Eltern, Lehrern/Lehrerinnen, mit Freunden/Freundinnen etc.).
- Wenn Sie wollen, tragen Sie diesen Konflikt im Plenum vor. Ersuchen Sie zwei Mitschüler/innen, das Konfliktgespräch durchzuspielen (eine/r spielt Sie, die/der andere Ihre Opponentin/Ihren Opponenten. Während des Rollenspiels dürfen Sie unterbrechen und „zurechtrücken".

TIPPS FÜR EIN BESSERES GELINGEN VON KONFLIKTGESPRÄCHEN — **SO GEHT'S**

Grundsatz: **Gemeinsam über Inhalte zu sprechen (= Sachebene) gelingt dann am besten, wenn die Beziehungsebene nicht belastet ist.**
Klären Sie daher Probleme auf der Beziehungsebene, bevor Sie über die Sache sprechen.

- Rahmenbedingungen:
  - Sorgen Sie für einen Ort, an dem Sie ungestört sind und keine unbeteiligten Zuhörer/innen haben.
  - Lassen Sie sich auf das Gespräch nur ein, wenn Sie und Ihr/e Konfliktpartner/in ausreichend Zeit haben.
- Beziehungsebene:
  - Seien Sie sich bewusst, dass viele Konflikte ihren Ausgang auf der Beziehungsebene haben. Eine Klärung auf dieser Ebene kann bereits einen großen Teil der Konfliktlösung ausmachen.
  - Gehen Sie im Konfliktgespräch nur dann auf die Beziehungsebene, wenn es sinnvoll und verständlich ist.
  - Schaffen Sie keine „Wenn-dann-Situation" (kann als Drohung aufgefasst werden).
- Sachebene:
  - Bleiben Sie auf der Sachebene, wenn die Beziehungsebene geklärt ist.
  - Stützen Sie sich auf Tatsachen.
  - Berufen Sie sich nicht auf Tratsch oder „Gehörtes".
  - Strukturieren Sie Ihre Argumentation klar und verständlich.
- Sprache:
  - Kontrollieren Sie Ihre Stimmführung. Sie soll ohne Druck und nicht zu laut sein.
  - Sprechen Sie langsam, dann sprechen Sie auch überlegt.
  - Lassen Sie Ihre/n Konfliktpartnerin/-partner immer ausreden. Unterbrechen Sie nicht, das schafft Aggression.
  - Der/die selbstbewusste und faire Konfliktpartner/in steht zu seiner/ihrer Entscheidung, und Sätze wie „Übrigens, was ich auch noch sagen wollte ..." oder „Aber gestern haben wir doch ..." werden nicht fallen.
- Körpersprache:
  - Achten Sie während des Gesprächs auf die Körpersprache Ihres Partners/Ihrer Partnerin. Sie können dadurch besser reagieren.

2.15

Rollenspiele:

a) Vor einiger Zeit war Ihre Klasse völlig perplex: Ein/e Lehrer/in erklärte den neuen Stoff so gut und gestaltete die Stunde so interessant, dass es praktisch keine Verständnisschwierigkeiten gab. Aber im Handumdrehen war es wieder anders: fad, nur wenige verstehen etwas, uninteressant. Inzwischen haben Sie einen Verdacht: Ihr/e Lehrer/in ist dann gut, wenn Studenten/Studentinnen zur Unterrichtsbeobachtung hier sind. In einem Gespräch möchten Sie das mit Ihrem Lehrer/Ihrer Lehrerin klären.

b) Sie sind eine Woche vor den Semesterferien entgegen einem ausdrücklichen Verbot des Direktors auf Urlaub gefahren und werden nach Ihrer Rückkehr in die Direktion vorgeladen. Man spricht sogar von Ausschluss.

Die das Konfliktgespräch Beobachtenden – sie achten auf die Tipps in den So-geht's-Kästen – geben anschließend Feedback.

3.2 Kritik üben und annehmen

2.16

Besprechen Sie:

- In welchen Zusammenhängen ist Kritik wichtig?
- Welche Motive haben Menschen, um zu kritisieren?
- Fällt Ihnen negative Kritik oder Lob leichter? Warum ist das so?
- Welche Art von negativer Kritik können Sie persönlich nicht annehmen?
- Wie gehen Sie mit positiver Kritik um?
- Von wem ertragen Sie negative Kritik und wie gehen Sie damit um?

KRITIK GEBEN — **SO GEHT'S**

- **Beschreiben, nicht bewerten:** Das Verhalten des anderen genau und konkret beschreiben. Keine Hypothesen oder Interpretationen. Jedenfalls nicht bewerten.
- **Ich-Botschaften senden**
  Nicht: *Sie erklären viel zu kompliziert.*
  Sondern: *Ich habe oft Probleme, Ihren Erklärungen zu folgen.*
- **Keine Vorwürfe**
  Nicht: *Das ist ja Uni-Niveau, was Sie machen!*
  Sondern: *Ich habe den Eindruck, dass das Niveau sehr hoch ist.*
- **Kritik zur rechten Zeit (Aktualität):** Äußern Sie Kritik, sobald es die Situation sowohl für Sie als auch für Ihren/Ihre Gesprächspartner/in erlaubt. Nicht unnötig zuwarten und hinauszögern.
- **Keine Verallgemeinerungen**
  Nicht: *Sie gehen immer viel zu schnell vor.*
  Sondern: *Mir ist Ihr Tempo oft zu hoch.*
- **Wünsche und Interessen äußern:** Wünsche als Wünsche, nicht als Forderungen formulieren!
- **Keine Vergangenheitsbewältigung:** Bleiben Sie bei einem aktuellen Konflikt, ziehen Sie nicht alte Vorfälle mit hinein.

2.17 Schreiben Sie die folgenden Aussagen aus Konfliktgesprächen so um, dass sie den Anleitungen im So-geht's-Kasten entsprechen.

FALSCH	RICHTIG
Jedes Mal, wenn ich zu dir etwas sage, bist du beleidigt.	
Du arbeitest nicht, du zeigst kein Interesse, du hängst einfach herum, du sprichst nicht einmal.	
Dass du mich gestern so lange warten lassen hast, das war echt zum Kotzen.	
Man muss von dir verlangen können, dass du etwas hilfsbereiter bist.	
Ich nehme an, dass du so sauer bist, weil ihr das Turnier nicht gewonnen habt. Aber das brauchst du nicht an mir auszulassen.	
Musst du wirklich immer stören?	

KRITIK ANNEHMEN ***SO GEHT'S***

- **Zuhören:** ruhig bleiben, nicht in Verteidigungsposition gehen; auf die subjektiven Gefühle und Wahrnehmungen des/r Gesprächspartners/-partnerin achten.
- **Das Gehörte überprüfen:** aktives Zuhören (siehe oben); sicherstellen, dass Sie richtig verstanden haben.
- **Persönliche Reaktion auf Kritik:** Sprechen Sie über Ihre persönliche Befindlichkeit, die die Kritik in Ihnen auslöst, gehen Sie dann auf den Inhalt ein.
- **Körpersprache des Gesprächspartners/der Gesprächspartnerin:** Beobachten Sie die Körpersprache Ihres Gegenübers genau (wie wird der Ärger ausgedrückt? Sitzposition, Stehposition, Hände, Arme verschränkt? Oberkörper zurück oder im „Angriff“? Blickkontakt? Stimmführung?).

Wenden Sie die Hinweise, die Sie in diesem Modul bekommen haben, immer an, wenn Sie in entsprechende Situationen kommen.

Modul 2 – Kompetenztest 1

Kompetenzbereich:	Mündliche Kompetenz
Was Sie können sollen:	a) Inhalts- und Beziehungsebene unterscheiden b) symmetrische und asymmetrische Gesprächssituationen erfassen
Erlaubte Hilfsmittel:	keine
Testzeit:	Aufgabe 1: 10 Minuten Aufgabe 2: 15 Minuten

Aufgabe 1 Geben Sie vier Möglichkeiten an, wie jemand die folgenden Äußerungen verstehen kann, abhängig davon, auf welchem Ohr er/sie hört.

a) Vater zum Sohn: „Deine Freunde sind gestern Abend aber sehr lange geblieben. Ich glaube, es war nach Mitternacht.“
b) Freundin: „Gestern war ich im neuen Tanzpalast. Super!“

Aufgabe 2

1. Erläutern Sie anhand des Dialogs unten, was „symmetrische" und „asymmetrische Kommunikation" bedeutet.
2. Welche Kommunikationssituation liegt vor? Begründen Sie Ihre Ansicht.

Peter Turrini: Die Wirtin

Erster Akt

(Die Gaststube. Nicht gerade besonders vornehm, aber immerhin. Der Marchese von Forlinpopoli tritt von links auf. Der Graf von Albafiorita tritt von rechts auf.)

Marchese: Ah, der Graf von Forlinpopoli.
Graf: Ah, der Marchese von Albafiorita.
(Die beiden vollführen folgende Begrüßungszeremonie: Sie schwenken zweimal den Hut, legen die rechte Hand an den Degen, die linke ans Herz und schwenken wieder zweimal den Hut.)
Marchese: Zwischen mir und Ihnen besteht ein gewaltiger Unterschied.
Graf: In diesem Gasthaus ist mein Geld so viel wert wie Ihres.
Marchese: Geld? Ich beliebe die Wirtin mit meiner kostbaren Zuneigung zu beschenken. Also habe ich ein Anrecht auf sie.
Graf: Geschenk? Ich zeige der Wirtin meine Zuneigung durch Kostbarkeiten. Also habe ich ein Anrecht auf sie.
Marchese: Madonna, ich bin der Marchese von Forlinpopoli!
Graf: Madonna mia, ich bin der Graf von Albafiorita!
Marchese: Graf? Was kostet denn so eine Grafschaft, Herr?
Graf: Mehr, als Sie für Ihr Marchesat bezahlt haben, Herr.
Marchese: Basta. Ein Graf schuldet einem Marchese Respekt.
Graf: Auch diese Schuld lässt sich durch eine gewisse Summe aus der Welt schaffen.
Marchese: Ich bin nicht in dieses Gasthaus gekommen, um mit Ihnen über Geld zu reden. Es handelt sich um meine Leidenschaft. Die Wirtin hat die Ehre, mir zu gefallen.
Graf: Ich habe die Ehre, diese Leidenschaft mit Ihnen zu teilen. Warum, glauben Sie, bin ich in diesem Gasthaus?
Marchese: Um wieder abzureisen. Niemand will Ihr Geld.
Graf: Im Gegenteil, ich bleibe, weil ich bezahlen kann. Also wäre die Abreise Ihnen anzuraten.
Marchese: Sie werden bei Mirandolina nichts erreichen.
Graf: Ich nicht und Sie schon?
Marchese: Ich schon und Sie nicht. Ich gebe ihr die Protektion eines Marchese.
Graf: Und ich gebe ihr das Geld eines Grafen.
Marchese: Ich finde es ordinär, ständig über Geld zu reden.
Graf: Auch wenn Sie nicht reden, wird doch über Sie geredet. Man sagt, Sie hätten Schulden.
(Fabrizio ist inzwischen aufgetreten und steht hinter dem Marchese.)
Fabrizio: Verzeiht, Hochwohlgeboren. Ich komme wegen der fälligen Rechnung.
Marchese: Was soll dieses lächerliche Hochwohlgeboren?
Fabrizio: Jawohl, Exzellenz.
Marchese: Kennt Er nicht meinen richtigen Titel?
Fabrizio: Jawohl, Durchlaucht.
Marchese: Er soll mich richtig anreden!
Fabrizio: Jawohl, Herr Graf.
Marchese: *(flucht)* Porca miseria![1]
Fabrizio: *(zeigt auf den Grafen)* Dieser Herr flucht nie, wenn ich ihn mit Herr Graf anrede.
Marchese: Zwischen diesem Herrn und mir besteht ein gewaltiger Unterschied. Ich bin Marchese.
Graf: Fabrizio, möchtest du den Unterschied zwischen einem Grafen und einem Marchese kennen lernen?
Fabrizio: Jawohl, Herr Graf.
Graf: *(wirft Fabrizio ein Goldstück zu)* Hier hast du eine Zechine[2].
Fabrizio: Danke, Chef. [...]

[1] ***Porca miseria!*** – *Verdammt!*
[2] ***Zechine*** – *Goldmünze*

Modul 2 – Kompetenztest 2	
Kompetenzbereich:	Mündliche Kompetenz
Was Sie können sollen:	in verschiedenen Kommunikationssituationen vorbereitet und unvorbereitet sprechen
Erlaubte Hilfsmittel:	keine
Testzeit:	5 Minuten

Aufgabe

a) Erläutern Sie fünf Grundgesetze der Kommunikation.
b) Erklären Sie den Ablauf eines Konfliktgesprächs.
c) Erläutern Sie die Regeln für das Geben und Annehmen von Kritik.

Was ich jetzt kann und verstehe

Ich ...	Schätzen Sie sich ein (+2 = ganz gut, -2 = nicht)!			
	+2	+1	-1	-2
... kenne fünf Grundgesetze der Kommunikation.				
... kann Inhalts- und Beziehungsebene unterscheiden.				
... weiß, was „mit vier Ohren hören“ bedeutet.				
... weiß, wie man Kommunikationsstörungen vermeiden und bearbeiten kann.				
... kenne Gesprächskiller.				
... kann aktiv zuhören.				
... kenne meine bevorzugten Konfliktstile.				
... lerne, Konfliktgespräche führen.				
... kann partnerschaftlich Kritik geben und annehmen.				

Sind Sie mit Ihren Lernfortschritten zufrieden? – Wenn Sie noch weitere Anleitungen/Übungen brauchen, hilft Ihnen Ihre Lehrerin/Ihr Lehrer.

Musical-Reise nach London für 2 Personen

Rolle A

Situation: Ihre Klasse hat an einem Plakatwettbewerb teilgenommen und tatsächlich den ersten Preis gewonnen: eine Musical-Reise nach London für 2 Personen. An der Ausarbeitung des prämiierten Plakats waren 6 Personen beteiligt. Sie meinen, Ihnen und Ihrer Freundin/Ihrem Freund stünde die Reise am ehesten zu, weil Sie auf den Wettbewerb aufmerksam geworden sind und der Klasse die Teilnahme vorgeschlagen haben; weil die Grundidee für das Plakat von Ihnen beiden stammt; weil Sie bei Unstimmigkeiten in der Gruppe immer wieder der ausgleichende Geist und Motivator waren; Sie waren schon zweimal in London.

Ladendiebstahl

Rolle A

Raisa und ihre Freundin Tabea gehen einkaufen. In einem Outlet-Markt für Markenkleidung probiert Tabea eine Jacke an. Raisa schaut sich inzwischen noch etwas um. Als Tabea aus der Kabine kommt, gibt sie Raisa zu verstehen, dass sie unter ihrem Mantel die Jacke trägt. Möglichst unauffällig verlässt sie das Geschäft. Raisa schafft es allerdings nicht mehr. Zwei Kaufhausdetektive halten sie an und wollen ihre große Tasche, in der sie ihren Einkauf aus anderen Läden trägt, kontrollieren. Sie finden nichts. „Dann war es die andere", meint einer der Detektive.
Sie bringen Raisa zum Marktleiter. „Wer ist deine Freundin. Name, Adresse", herrscht dieser sie an. Sie schweigt. „Mach schon", meint der Manager, „sonst zeigen wir dich auch an. Wegen Mitwisserschaft."
Was soll Raisa tun? – Sie vertreten folgende Position: Raisa soll wie verlangt Auskunft geben. Ihre Freundin hat sie hintergangen, sogar missbraucht. Ladendiebstahl ist etwas wirklich Schändliches – umso mehr, als Raisas Vater Manager einer Supermarktkette ist und immer wieder davon spricht, welch großes Problem Ladendiebstahl geworden ist.

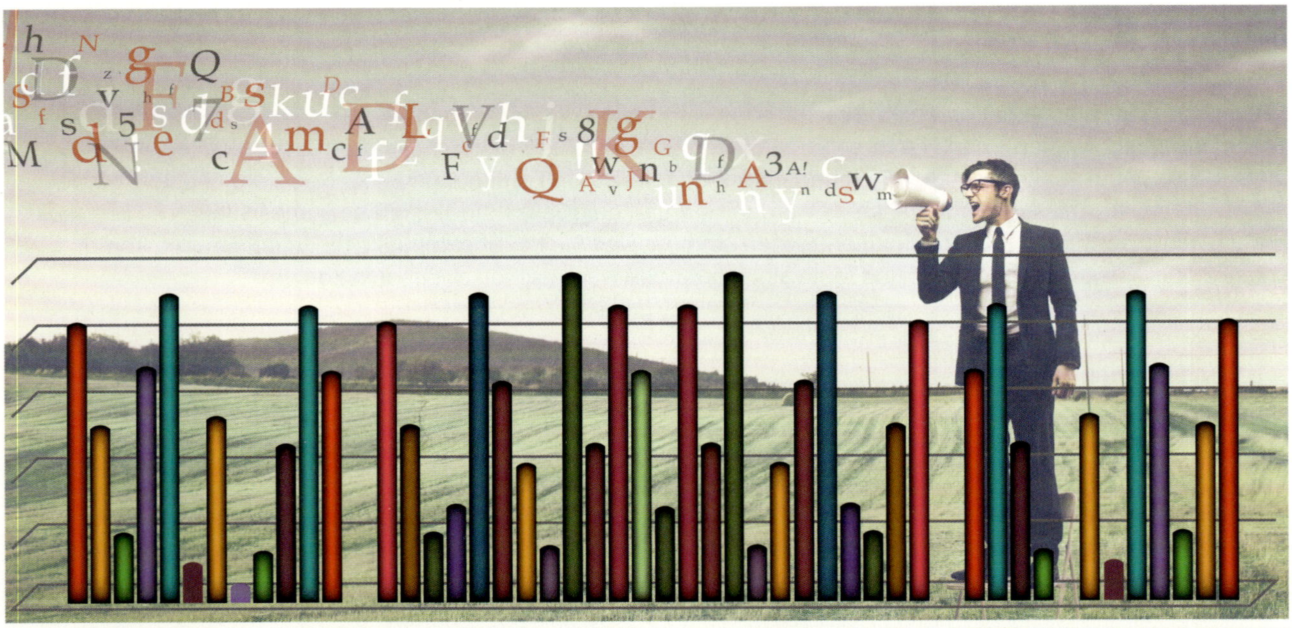

Viele Informationen erhalten wir heute nicht mehr (nur) in sprachlicher, sondern in allen erdenklichen bildlichen Formen: Symbol, Icons, Skizzen, Tabellen, Infografiken etc. Oft vermitteln sie Informationen übersichtlicher als die Sprache – in die wir solche Informationen häufig „übersetzen" müssen, wollen wir sie weitergeben.

In diesem Modul können Sie lernen und erproben,
- was Infografiken und Diagramme leisten,
- wie man ihre Aussagen sprachlich präzise ausdrücken kann und
- wie man vorgeht, wenn man solche Informationen nicht nur weitergeben, sondern auch kommentieren möchte.

1 INFOGRAFIKEN NUTZEN

1.1 Diagramme lesen und gestalten

3.1 Lesen Sie die INFO-BOX unten und die folgende Infografik. Bearbeiten Sie danach die anschließenden Aufgaben:

- Formulieren Sie zumindest 10 einzelne Aussagen, die sich aus diesem Diagramm ergeben.
- Was halten Sie für die wichtigste Aussage dieses Diagramms, welche für die zweitwichtigste? Begründen Sie Ihre Ansicht.
- Welche Vorzüge besitzt ein solches Diagramm gegenüber einer rein sprachlichen Information?
- Was kann eine sprachliche Information besser leisten als ein solches Diagramm?

INFOGRAFIKEN — ***INFO-BOX***

Infografiken sind visuell aufbereitete Statistiken, Verlaufsschemata, Landkarten, Organisationsstrukturen etc. Sie können komplizierte oder schwer überschaubare Vorgänge oder Zusammenhänge darstellen, die mit Worten mitunter nur umständlich auszudrücken sind.
In Diagrammform kann man Informationen, die in Zahlen vorliegen, übersichtlich vermitteln und Beziehungen zwischen den Daten herstellen.

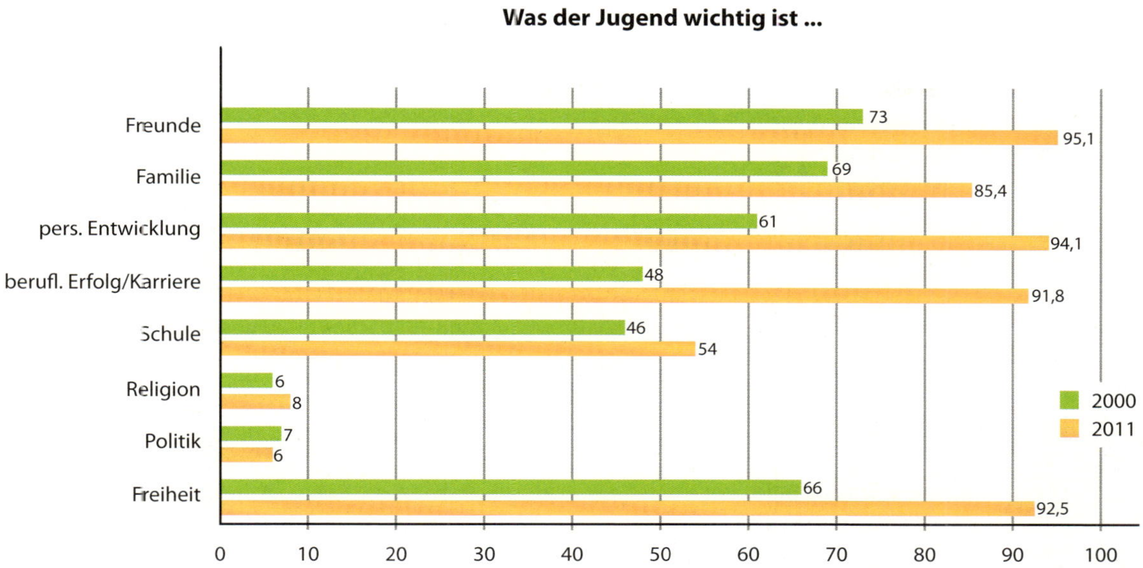

Quelle: nach Jugendstudie „Jugend Trend Monitor 2011"
Angaben in Prozent

3.2

Lesen Sie die beiden folgenden So-geht's-Kästen.

Erstellen Sie sodann aus den folgenden Daten sowie aus den Daten des Diagramms oben zwei unterschiedliche Diagramme.

Die Werte der Jugend: Was der Jugend wichtig ist (Angaben in Prozent)			
	1990	**2000**	**2006**
Freunde und Bekannte	54	73	71
Familie	67	69	69
Freizeit	60	61	62
Arbeit	43	48	53
Schule	—	46	44
Religion	9	6	11
Politik	5	7	4

Datenquelle: Jugend-Wertestudie 2007

DIAGRAMME VERWENDEN — **SO GEHT'S**

Verwenden Sie

... **Säulen- und Balkendiagramme** für prozentuelle Abstufungen zwischen verschiedenen Datenreihen.

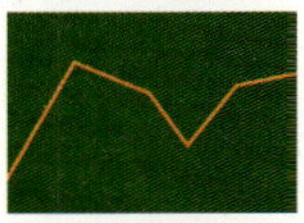

... **Liniendiagramme**, um eine Entwicklung über einen bestimmten Zeitraum darzustellen, v. a. wenn Sie über wenige Datenreihen mit vielen Daten verfügen, z. B. die Entwicklung der Schüler/innen-Zahlen an Ihrer Schule und an einem anderen Gymnasium.

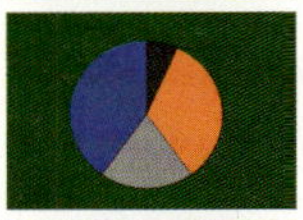

... **Kreis- und Tortendiagramme**, wenn Sie Anteile von einem Ganzen, etwa Prozentanteile, vergleichen, z. B. jede Sammelaktion zu einem Gesamterlös beigetragen hat.

... **Stapeldiagramme**, wenn Sie unterschiedliche Summen von Anteilen und zugleich die Anteile darstellen wollen, z. B. wie viel jede Sammelaktion zu den Gesamterlösen in den Jahren 2010 bis 2015 beigetragen hat.

Das braucht Ihr Diagramm:
- klare Gestaltung, keine unnötigen Details
- alle notwendigen Beschriftungen (Achsen) und Angaben (z. B. Einheiten, Prozentangaben)
- eventuell eine Legende (Erläuterung der bildlich dargestellten Größen)
- einen prägnanten Titel
- eine Quellenangabe (bei Bedarf)

Wann verwendet man keine Diagramme?
- Wenn Sie in Ihrer Information sehr viele Zahlen verwenden, gestalten Sie besser eine Tabelle.
- Wenn ein Sachverhalt in wenigen, verständlichen Sätzen klar zu beschreiben ist.

(In Zeitungen und Zeitschriften werden Diagramme manchmal auch einfach zur Auflockerung einer Seite eingesetzt.)

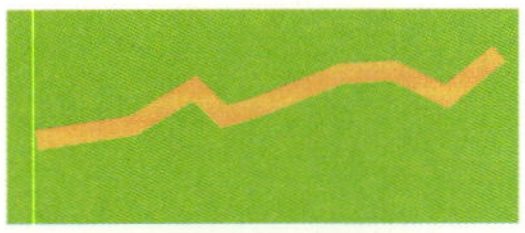

DIAGRAMME LESEN **SO GEHT'S**

Achten Sie beim Lesen von Diagrammen sehr genau darauf, was in welchen Einheiten, Intervallen etc. dargestellt wird. Denn mit Diagrammen lässt sich hervorragend täuschen – allein durch die Art der Darstellung.

Beispiel: *Die beiden Diagramme links stellen ein und denselben Sachverhalt dar, sie veranschaulichen dieselben Daten (den Energieverbrauch durch den Verkehr in Österreich zwischen 1995 und 2012). Allein wegen der Form der Darstellung wirken die Veränderungen im Diagramm unten viel dramatischer.*

1.2 Grafiken verbalisieren – Im Lead-Stil informieren

Text 1:

Jugendliche gehen lieber ins Fitnessstudio als auf den Sportplatz

40 Prozent der 11- bis 29-Jährigen betreiben Fitnesstraining. Das Interesse an „Trendsportarten" wie Beachvolleyball oder Snowboarden sowie an „Klassikern" wie Fußball befindet sich hingegen im freien Fall.

Österreichische Jugendliche treiben immer weniger Sport und satteln stattdessen auf Fitnessaktivitäten um. Das belegt eine neue Studie des Wiener Instituts t-factory. Besonders stark schrumpft die Menge der 11- bis 29-Jährigen, die sich mit den „Trendsportarten" Beachvolleyball und Snowboarden beschäftigen: Seit 2006 haben diese Sportarten massiv an Beliebtheit eingebüßt. Während damals noch fast jeder zweite Jugendliche angab, aktiver Snowboarder zu sein, ist es heute gerade noch jeder vierte. Der Anteil der Beachvolleyballer ging in den vergangenen vier Jahren von 42 auf 25 Prozent zurück. Auch das Interesse an „klassischen" Sportarten wie Fußball und Skifahren nimmt bei Jugendlichen ab.

Umgekehrt das Verhältnis bei Fitnessaktivitäten: 40 Prozent der 11- bis 29-Jährigen sind im Fitnesscenter oder in privaten Fitnessräumen aktiv. Gleich hoch ist der Anteil der Jogger unter den Jugendlichen geblieben: Rund jeder dritte Jugendliche greift regelmäßig zu den Laufschuhen – Frauen wesentlich öfter als Männer.

Die Trendforscher von t-factory erkennen in diesen Zahlen einen Kulturwandel: Anstatt Sport als zweckfreien Raum des Vergnügens und der Freude zu empfinden, würden sich die Jugendlichen auch in diesem Lebensbereich zunehmend am ökonomischen Nutzen- und Vorteilsdenken orientieren, heißt es in der Jugendstudie „Timescout".

Dass jetzt jene Sport- und Bewegungsangebote boomen, die den Körper gemäß medial vermittelten Körperbildern zu formen versprechen, sei – entsprechend der Logik, dass gutes Aussehen mit größerem Respekt und Ansehen einhergeht – ein Symptom einer stärker am persönlichen Nutzen als an Spaß, Lustgewinn und Gruppenerlebnis interessierten Jugend.

3.3

Lesen Sie den Text oben und die INFO-BOX unten. Analysieren Sie danach die Merkmale des Leadstils:

1. Wie lautet die Schlagzeile?
2. Das Wichtigste am Beginn des Körpers ist eine verallgemeinernde Zusammenfassung. Mit welchen Begriffen wird im ersten Satz verallgemeinert und zusammengefasst?
3. Welchen Details, die später genannt werden, kann man diesen Verallgemeinerungen zuordnen?
4. An welcher Stelle wird die Quelle bekannt gegeben?
5. Überprüfen Sie, ob sich der Text von unten (z. B. Absatz für Absatz) kürzen lässt.
6. Stellen Sie die Absätze des Körpers probeweise um? Beurteilen Sie, ob der Text dann noch sinnvoll ist.
7. Inwiefern handelt es sich bei den beiden letzten Absätzen nicht um Kerninformation, sondern um Details.

Besprechen Sie gemeinsam: Inwiefern kann man sagen, was „das Wichtigste" an einer Nachricht ist.

DER LEAD-STIL — INFO-BOX

„Lead-Stil" heißt: Eine Information – häufig eine Nachricht in einem Printmedium – ist nach dem Grundsatz **„Von den wichtigen Basisinformationen zu den detaillierten Zusatzinformationen"** aufgebaut.

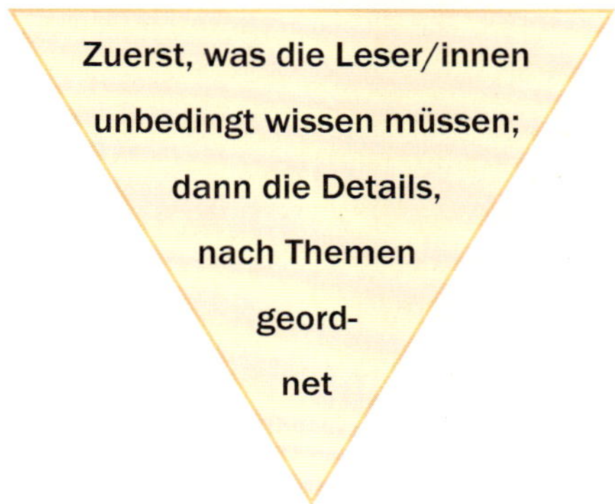

Typischer Aufbau:
Schlagzeile (darüber manchmal: Dachzeile; darunter: Untertitel)
Lead (jedenfalls bei längeren Informationen; kann bei Kurzinformationen entfallen): Kürzestzusammenfassung der Kerninformation
Körper: zuerst die wichtigsten Informationen, dann die Details; Angabe der Informationsquelle im zweiten oder dritten Satz. Kein Schlusssatz, keine Zusammenfassung!

Ein solcher Aufbau bietet mehrere Vorteile:
Für die Leserin/den Leser: Er/sie kann das Wichtigste auf einen Blick erfassen; er/sie kann jederzeit aufhören zu lesen, weil er/sie das Wichtigste schon weiß.
Für den Schreiber/die Schreiberin: Der Text ist von unten kürzbar. Das heißt, wenn er zu lang ist, braucht man nicht lange umzuformulieren, sondern lediglich von unten Satz für Satz streichen.

3.4

Folgen Sie der Schritt-für-Schritt-Anleitung im So-geht's-Kasten und verbalisieren Sie die folgende Grafik.
Verfassen Sie eine Nachricht im Lead-Stil im Ausmaß von 180 Wörtern.
Nehmen Sie den „Sprachbaukasten: Nützliche Formulierungen" auf Seite 44 zu Hilfe.

GRAFIKEN VERBALISIEREN — SO GEHT'S

Verbalisieren von Grafiken heißt, die Informationen der Grafik in Sprache zu übertragen. Die Leser/innen Ihres Texts sehen die Grafik nicht.

Schritt 1:
Lesen Sie die Grafik genau, z. B.:
- Was ist ihr Thema?
- Welche sprachlichen Informationen enthält die Grafik? Was bedeuten Abkürzungen?
- Was drücken Achsen aus?
- Was bezeichnen Zahlenwerte (z. B. Prozent, Mengenangaben)?
- Aus welcher Quelle stammen die Informationen?

Schritt 2:
Notieren Sie in **Stichworten** möglichst viele Informationen und Zusammenhänge, auch solche, die nicht direkt dargestellt werden, sondern durch die Verbindung der Informationen erschlossen werden können.

Schritt 3:
Wählen Sie die **wichtigsten Informationen** aus und **bündeln** Sie sie nach Unterthemen.

Schritt 4:
Ordnen Sie die gebündelten Informationen nach der Bedeutsamkeit, die sie für die Zielgruppe Ihres Texts und aufgrund des Themas haben.

Schritt 5:
Formulieren Sie Ihren **Text im Lead-Stil**:
- 1. Satz: die wichtigste Information; das Allerwichtigste an erster Satzgliedstelle.
- 2. oder 3. Satz: Quelle anführen, z. B. *„Das geht aus einer Untersuchung des Instituts XY hervor."/„Das belegen Zahlen der UNICEF."*
- Danach: umgekehrte Pyramide.

Beispiel für einen Textbeginn (Diagramm „Die Werte der Jugend: Was der Jugend wichtig ist ..."): *Gute und feste Beziehungen stellen für Jugendliche nach wie vor die wichtigsten Werte dar. Das geht aus der Jugend-Studie 2007 hervor. Demnach betrachten etwa 70 % der 14- bis 24-jährigen Freunde, Bekannte und Familie als ihre wichtigsten Lebensinhalte. (...)*

Bitte nicht!
- Verbalisieren heißt **nicht beschreiben.** Da es nicht um die Grafik, sondern um deren Aussage geht, brauchen Sie die Grafik nicht zu erklären (z. B. *„Die x-Achse zeigt, ... auf der y-Achse sind ..."*). Sie dürfen in Ihrem Text **nicht auf die Grafik verweisen** (z. B. *„Aus der Grafik geht hervor, ..."*), da Ihre Leser/innen diese nicht sehen.
- Geben Sie ein Diagramm, eine Grafik oder eine Statistik **nicht als Quelle** an, sondern den/die tatsächlichen Urheber/in.
- Da Sie einen informierenden Text verfassen, dürfen Sie die dargestellten Sachverhalte **weder kommentieren noch bewerten.**

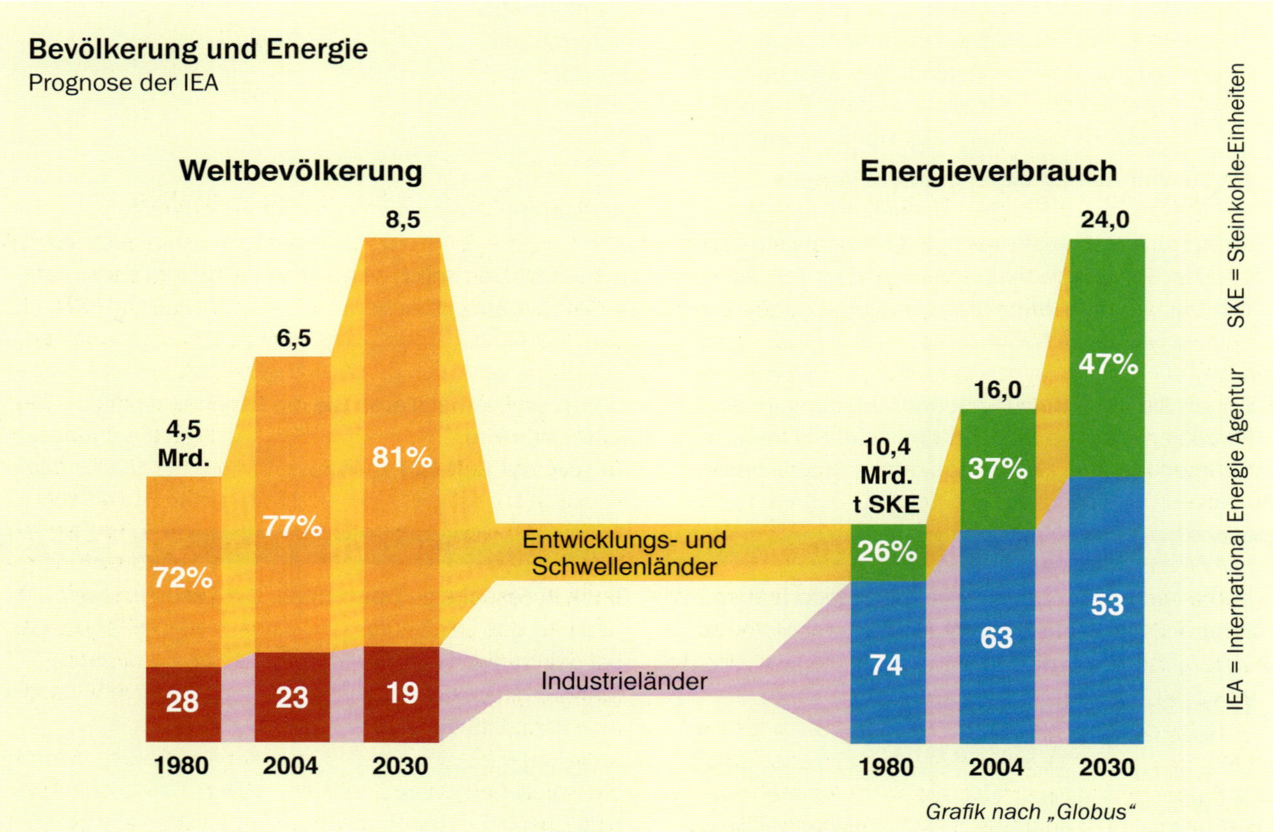

Grafik nach „Globus"

SPRACHBAUKASTEN: NÜTZLICHE FORMULIERUNGEN ... **SO GEHT'S**

... für das Verbalisieren von Grafiken.

- Gehen Sie mit **Zahlen** sehr sparsam um. Zu viele Zahlen verwirren! Verwenden Sie nur solche Größen, unter denen Sie sich auch selber etwas vorstellen können (z. B. hat niemand ein Bild von „28,7 Mrd. SMS" oder „4,6 Millionen Barrel Öl").
  Verwenden Sie statt Zahlen **Vergleiche, Anteile oder Annäherungen:**
  Fast doppelt so viele, ...; knapp zwei Drittel ...; nur geringfügig mehr ...; gut 70 Prozent ...; genau ein Viertel davon ...; sich verdreifachen, sich halbieren.

- **Verknüpfungen:**
  - Setzen Sie **nach der Quellenangabe** mit einer Verknüpfung fort: *demnach, laut dieser Studie/Untersuchung, demzufolge, danach.*
  - **Gegensätze:** *allerdings, demgegenüber, trotzdem, einerseits – andererseits, dagegen, hingegen, während; im Gegensatz zu, anders als*
  - **Aufzählung:** *darüber hinaus, hinzu kommt*
  - **Vergleiche:** *im Vergleich zu, verglichen mit, wie, als*
    - Verwenden Sie „wie" mit der Grundstufe des Adjektivs: *so groß wie*, nicht *so rasch wie*
    - Verwenden Sie „als" mit dem Komparativ des Adjektivs: *mehr als, etwas weniger als*
- **Entwicklungen:**

  Verben:
  - *steigen, ansteigen, in die Höhe schnellen, wachsen, explodieren, zunehmen*
  - *fallen, sinken, zurückgehen, abnehmen, sich abschwächen, sich beruhigen, sich verringern, (sich) reduzieren*
  - *Der Anstieg/Zuwachs/Rückgang/betrug/machte ... aus/belief sich auf ...*

  Adjektive:

  sprunghaft, dramatisch, signifikant, deutlich, abrupt, mäßig, stetig, leicht, geringfügig (= marginal), gleichmäßig
- **Satzbau:** Hauptsachen in den Hauptsatz, Nebensachen in den Nebensatz

3.5

Unten finden Sie zwei Texte von Schülerinnen, in denen Grafiken zum Thema „Genießen in Österreich" verbalisiert worden sind. Untersuchen Sie die Texte im Hinblick auf ihren Aufbau (Lead-Stil), die Formulierungen und den Zusammenhang zwischen den Sätzen. Welchen Text halten Sie für besser? Begründen Sie.

Text 2:
Die Wichtigkeit des Genießens

Aus einer aktuellen Umfrage geht hervor, dass Zeit zum Genießen für die österreichische Bevölkerung sehr wichtig ist. Das Idealbild eines richtigen Genießers entspricht einem berufstätigen Mann im Alter von 15 bis 29 Jahren, der auf dem Land wohnt, Kinder hat und der A/B-Schicht[1] angehört. Beinahe ebenso genussvoll lebt die 30- bis 45-jährige Frau.
Ein Kurzurlaub ist für Mann und Frau größter Genuss. Gute Musik steht bei den Österreichern/-innen im Vordergrund. Auf Alkohol wird nicht verzichtet, zu großen Genuss bereitet er. Designerbekleidung, Accessoires, teure Kosmetik und Dessous bereiten vorwiegend Frauen viel Freude und Genuss. Ein schickes Auto oder Motorrad zu besitzen, das ist für die Männer sehr genussvoll, wie die Grafik zeigt.
Damit das Zuhause gemütlich bleibt, geben beide Geschlechter gerne ihr Geld für Heimtextilien aus. Tabak und Kaffee wird in Österreich in hohem Ausmaß konsumiert und sie sind daher wichtige Genussmittel. Neue Hightech-Produkte verschaffen dagegen den Österreicher/innen am wenigsten Genuss.

Text 3:
Wie die Österreicher/innen genießen

Der typische österreichische Genießer ist im Alter von 15 bis 29 Jahren, berufstätig, wohnt mit einem oder mehreren Kindern auf dem Land und gehört der A/B-Schicht an. Dies besagt eine österreichische Umfrage zum Thema „Wichtigkeit der Zeit zum Genießen".
Laut Studie verspüren die Österreicher den größten Genuss vor allem bei Kurzurlauben, aber auch bei Musik. Darüber hinaus sind auch Essen und Getränke für das Genießen wichtig. Sowohl Österreicher als auch Österreicherinnen würden es genießen oder genießen es, im Besitz eines Luxusgutes (Cabrio, Designerbekleidung, teure Accessoires, Zigarren, Designermöbel) zu sein. Je nach Art des Luxusgutes verspüren Frauen eher Genuss bei dekorativer Kosmetik oder bei echtem Schmuck. Männer hingegen reizt ein schnelles Auto, eine Villa oder eine komplette Sportausrüstung.
Anti-Genießer finden sich eher unter den Frauen. Sowohl die weiblichen als auch die männlichen Genussmuffel sind über 50 und wohnen in der jeweiligen Landeshauptstadt.

[1] **A-, B-, C-Schicht** – *Bezeichnungen für gesellschaftliche Schichten, wobei A die Oberschicht, C die Unterschicht ist*

3.6 Verbalisieren Sie die Grafiken unten. Verfassen Sie dazu eine Nachricht im Lead-Stil. Sie schreiben Ihren Text für folgende **Situation:**

Ihre Klasse hat sich einer Kampagne gegen Kinderarbeit angeschlossen. Für diese Kampagne werden u. a. Flugblätter und kleine Broschüren erstellt. Sie tragen einen rein informierenden Text, der grundlegende Informationen liefert, bei. Die Medien werden beim Stand Ihrer Klasse auf dem Weihnachtsmarkt in der Landeshauptstadt verteilt.

Verarbeiten Sie in Ihrem Text beide Grafiken. Tipp: Verwenden Sie die Daten über Bolivien als Beispiel für den Zusammenhang zwischen Kinderarbeit und Bildungschancen. Schreiben Sie ca. 250 Wörter.

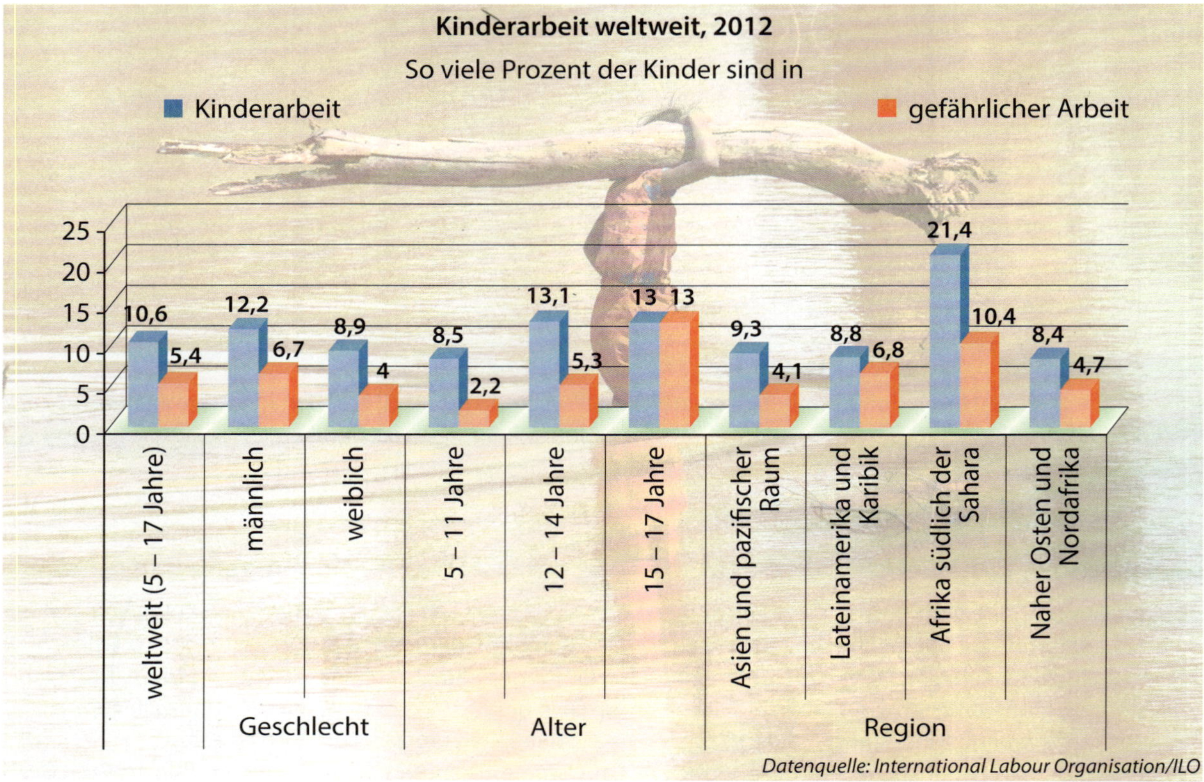

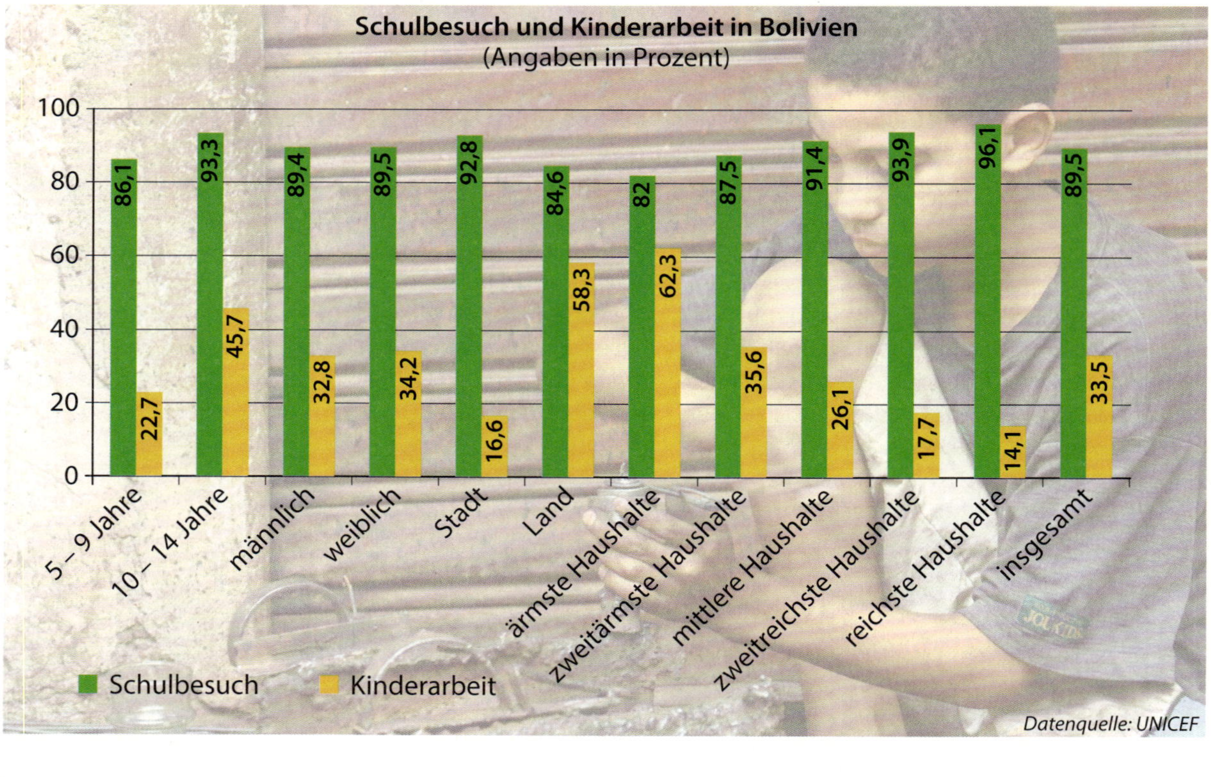

2 KOMMENTIEREN

2.1 Kritisch Stellung nehmen

3.7

Überlegen Sie, was in den folgenden Äußerungen mit „Kommentieren“ gemeint ist. Ersetzen Sie in den Sätzen „kommentieren“ durch passende Formulierungen.

a) Sie verließ den Raum kommentarlos. schweigend, wortlos, ohne Worte

b) Der Lehrer versah meine Arbeit mit einer Reihe von Kommentaren. Anmerkungen, Anregungen

c) Du musst nicht alles kommentieren, was ich sage. kritisieren,

d) Ob sich die Drohungen gegen mehrere Personen richteten, wollte die Polizei nicht kommentieren. preisgeben, äußern, bekanntgeben

e) Der Gesetzeskommentar lässt keine Zweifel offen. Anmerkung, Erläuterung, Stellungnahme

f) Der Kommentator des Fußballspiels scheint eingeschlafen zu sein. Moderator, Sprecher, Berichterstatter

KOMMENTIEREN — ***INFO-BOX***

In der Alltagssprache hat „Kommentieren“ eine weite Bedeutung. Wer kommentiert,

- erläutert einen Sachverhalt,
- stellt Zusammenhänge her,
- zeigt Hintergründe auf,
- schätzt Möglichkeiten ein,
- äußert seine Meinung,
- interpretiert,
- argumentiert,
- nimmt Stellung,
- bewertet.

Beachten Sie aber, dass „Kommentieren“ als Operator eine etwas engere Bedeutung hat.

OPERATOR „KOMMENTIEREN“ = „(KRITISCH) STELLUNG NEHMEN“ — ***SO GEHT'S***

RP-Text

Der **Operator „Kommentieren“** ist gleichbedeutend mit **„Stellung nehmen“** oder **„kritisch Stellung nehmen“**. Wenn Sie „kommentieren“, müssen Sie daher formulieren, wie Sie einen Sachverhalt, ein Problem etc. einschätzen. Sie müssen dazu **eine klare Position beziehen**. Dazu ist es nötig,

- sich mit der **Sache**, dem Problem etc. gut vertraut zu machen;
- **Zusammenhänge** herzustellen;
- **Ursachen und Folgen** zu bedenken;
- **kritisch** zu prüfen,

sodass man sagen kann, wie man einen Sachverhalt sieht.

Beispiele:

Sachverhalt: *Laut Umfragen interessieren sich Jugendliche für Politik praktisch nicht.*

a) ***Mögliches Kommentieren:*** *Zusammenhänge/Ursachen: Skandale in Politik machen deren Vertreter unglaubwürdig; Jugendliche wollen aber Menschen, auf die sie sich verlassen können – die sie in der Politik nicht finden. Daher Desinteresse. Folgen: Desinteresse kann böse Folgen haben, denn Jugendliche überlassen damit das Feld anderen, die möglicherweise ihre Interessen nicht vertreten und die Gesellschaft in eine Richtung lenken, die nur eine Minderheit will. Position: Desinteresse an Politik ist gefährlich, Jugendliche müssen sich aufraffen und an der Gestaltung der Gesellschaft teilnehmen.*

b) ***Weitere Möglichkeit:*** *Zusammenhänge/Ursachen: Politik heißt, sich für andere, für die Gesellschaft zu interessieren, sich einzusetzen, nicht nur persönliche Interessen zu verfolgen. Die Jugendlichen sind aber heute überwiegend egoistisch, denken vor allem an den eigenen Vorteil, das eigene Vorankommen, das Leben zu genießen, sind nicht bereit, sich zu engagieren. Folgen: Jugendliche haben kein Interesse, die Gesellschaft mitzugestalten. Position: Mit diesen Jugendlichen ist nichts anzufangen, da sich jede/r Einzelne nur selbst wichtig ist. Die Aussichten sind düster.*

c) ***Oder aber:*** *Zusammenhänge/Ursachen: Politik kümmert sich um die Jugendlichen zu wenig, bietet keine Lösungen für die Zukunft (z. B. Umwelt, Arbeitsplätze). In der Politik geht es v. a. darum, an der Macht zu bleiben oder dorthin zu kommen. Folge: Das Desinteresse der Jugendlichen ist nachvollziehbar. Position: Die Politik und die Gesellschaft sind selber schuld, dass sich die Jugendlichen nicht interessieren.*

Das Beispiel zeigt, dass es beim Kommentieren nicht (nur) darum geht, ob man „dafür“ oder „dagegen“ ist. Die zentrale Frage lautet, **wie** man einen Sachverhalt einschätzt.

3.8 Kommentieren Sie den Sachverhalt „Laut Umfragen ist Jugendlichen Politik sehr unwichtig“. Sie können dazu eine der Skizzen (= Beispiele im So-geht's-Kasten oben) verwenden. Gestalten Sie die Skizze aus, indem Sie weitere Gesichtspunkte hinzufügen, Beispiele verwenden und abwägen.

KRITISCH PRÜFEN — **SO GEHT'S**

„Kritisch sein“ heißt nicht, etwas jedenfalls abzulehnen oder dagegen zu sein. Man kann auch kritisch sein und zustimmen, befürworten etc.

Kritisch prüfen heißt,

- einen Sachverhalt **von verschiedenen Seiten betrachten**,
- diese Sichtweisen **abzuwägen** und zu **bewerten**,
- wobei man sich auf **Werte** bezieht, die man als wichtig erachtet (z. B. *Gerechtigkeit, Schutz der Schwachen, Genuss, persönliche Freiheit, Chancengleichheit, Bewahrung des Althergebrachten*)
- und die **eigene Position offenlegt**.

Beispiel:
Sachverhalt: Laut Umfragen interessieren sich Jugendliche für Politik praktisch nicht.
Sichtweisen: Jugendliche, die sich nicht für Politik interessieren; Politiker; Gesellschaft
Abwägen: Wie stehen diese Sichtweisen zueinander, was haben sie gemeinsam, was trennt sie?
Bewerten auf der Grundlage von Werten: Mitbestimmung und Mitgestaltung (in) der Gesellschaft sind wichtig, damit möglichst alle vertreten werden und man gedeihlich zusammenlebt.

Stellen Sie beim Planen einer kritischen Stellungnahme die folgenden Fragen zum vorgegebenen Sachverhalt. Damit können Sie möglichst viel und gutes Material für Ihre Kritik sammeln.

- Warum gibt es ...?
- Wer sind die Beteiligten (Personen, Gruppen)?
- Wer hat welche Interessen?
- Welche Ursachen hat ...?
- Welche Folgen hat ...?
- Wem nützt ...?
- Wer profitiert wie?
- Wer hat welche Nachteile?

Machen Sie sich bewusst, welche Werte für Sie beim vorgegebenen Sachverhalt wichtig sind.

3.9 Kommentieren Sie die Hauptaussage der Grafik „Schulbesuch und Kinderarbeit in Bolivien“. Betrachten Sie die Aussage als typisches Beispiel für die Situation arbeitender Kinder (Sie können also verallgemeinern). Geben Sie eingangs den Sachverhalt knapp wieder und nehmen Sie danach kritisch Stellung. Schreiben Sie etwa 200 Wörter.

2.2 Einen Kommentar verfassen

2.2.1 Textsorte Kommentar

3.10

1. Beantworten Sie gemeinsam die folgenden Fragen, bevor Sie Text 4 lesen:
   a) Woher kommen Ihre Smartphones, von wem werden sie wo hergestellt?
   b) Woraus bestehen Smartphones?
   c) Was geschieht mit Handys und Smartphones, die in Europa nicht mehr gebraucht werden?
   d) Wie viele Handys und Smartphones haben Sie schon besessen? Aus welchen Gründen greifen Sie zu einem neuen bzw. möchten Sie ein neues?
2. Lesen Sie Text 4 und beantworten Sie die angeschlossenen Fragen.

Text 4:

Über die Utopie[1] vom Fairtrade-Handy

Was viele nicht wissen (wollen): Der Weg eines Smartphones in unsere Läden ist ein langer und vor allem blutiger

Sarah Obernosterer

Weit mehr als 700 Millionen Smartphones wurden im Jahr 2012 verkauft, drei Millionen davon gingen alleine im kleinen Österreich über den Ladentisch. Was viele nicht wissen (wollen): Der Weg eines Smartphones in unsere Läden ist ein langer und vor allem blutiger. Denn die für die Mobiltelefone benötigten (und für den Menschen giftigen) Rohstoffe werden hauptsächlich in Afrika und Südamerika abgebaut – und das von Frauen und Kindern.

In Fabriken in Asien und Indien werden die Einzelteile dann zusammengebaut – zu Niedrigstlöhnen und mit schwersten Gesundheitsschäden für die Arbeiter. Anschließend werden die Smartphones rund um die Welt geflogen, bevor sie schließlich zu Dumpingpreisen[2] in den Geschäften Europas landen. Dank Bonuspunkten und Lockangeboten zahlen wir häufig sogar gar nichts für die aufwendig hergestellten Geräte. Selbst wenn wir einige Euros hinlegen – diejenigen, die an der Produktion beteiligt sind, haben nichts davon. Gerade einmal ein Prozent eines Smartphone-Erlöses geht in Löhne; der Rest verschwindet in Material, Transport, Werbung, der Großteil in der Gewinnspanne der Händler.

Laut der Arbeiterkammer hat der Durchschnittsösterreicher sein Handy nicht einmal so lange, wie die zweijährige Vertragsbindung läuft. Reparieren von Smartphones ist praktisch ausgeschlossen, das Nachkaufen von Teilen – und sei es nur ein Akku – zahlt sich nicht aus. Das sagt zumindest der Shopverkäufer, der nicht dafür bezahlt wird, Handys zur Reparatur einzuschicken, sondern dafür, neue zu verkaufen. Ausgemusterte Telefone treten zum Großteil wieder die Reise rund um den Erdball an, um genau dort als Giftmüll zur letzten Ruhe gebettet zu werden, wo die Reise einst begann. Tote Erde, verseuchtes Wasser und Schäden für die Menschen inklusive.

Wir kaufen Bioeier, Faitrade-Bananen und Fairtrade-Kleidung. Der Anteil fairer Einkäufe ist gering, aber es gibt sie. Bei Kakao, Kaffee und anderen Lebensmitteln kann man den Weg von der Ernte bis in unsere Regale leichter verfolgen. Das Leben eines Apfels aus unserem Biokisterl ist in unserem Magen zu Ende – das von Elektronikschrott dauert Jahrzehnte, Langzeitfolgen sind nicht abzuschätzen. Obendrein mangelt es an Zertifizierungen[3] und Gütesiegeln, die einen fairen Einkauf von Elektronik garantieren. Faires Einkaufen gibt es in dieser Branche de facto nicht.

Die niederländische Stiftung Waag Society will mit ihrer Initiative FairPhone nun den Beweis antreten, dass faires Telefonieren möglich ist. Es soll ein möglichst fair produziertes Mittelklasse-Smartphone herauskommen: Stückzahl 10.000, Preis zwischen 250 und 300 Euro. Kleine Minen, aus denen die Rohstoffe kommen, und strenge Auflagen für die Partnerfirmen sollen das garantieren. Dass das erste FairPhone ganz ohne Kinderarbeit und Ausbeutung auskommen wird, bezweifeln allerdings nicht nur Skeptiker, sondern sogar die FairPhone-Initiatoren selbst. Denn direkte Partner können sie kontrollieren, Subzulieferer[4] von einzelnen Teilen – zum Beispiel Displays und Akkus – nicht. Trotzdem ist die Initiative unterstützenswert, denn sie bringt das bisher komplett ausgeblendete Thema in die Öffentlichkeit.

Was können wir also tun, wenn wir zwar telefonieren, aber Ausbeutung verhindern wollen? Fakt ist: Kein Hersteller hat derzeit ein fair hergestelltes Handy im Sortiment. Ein Blick auf Handy-Rankings (beispielsweise von WWF oder Greenpeace) zeigt, dass wir momentan die Wahl zwischen Pest und Cholera haben. Auch der Preis macht – wie die Vergangenheit gezeigt hat – nicht den Unterschied. Wer teuer kauft, kauft nicht fair. Unser Bedarf an Smartphones wird steigen, die Lebensdauer der Geräte allerdings nicht.

Die Rohstoffe werden aber weniger, weshalb der Endpreis zukünftig auch im Dumpingland Österreich höher ausfallen könnte, als wir es gewohnt sind. Der einzige Weg ist momentan, Hersteller unter Druck zu setzen (zum Beispiel mit Protestmails) und auf sein Handy so gut es geht aufzupassen, anstatt es bei den nächsten hundert Bonuspunkten gegen ein neues einzutauschen. 50 Mobiltelefone (inklusive Smartphones) werden jede Sekunde hergestellt, in Österreich gibt es 1,5 Handys pro Kopf. Solange unser Hunger nach neuer Elektronik nicht gestillt ist, wird die Ausbeutung nicht enden. Vielleicht vergeht uns Europäern bei dem Gedanken an die Menschen in Indien, Afrika und China aber auch einfach die Lust auf Apps, Tablets und Co.

[1] **Utopie** – *(hier:) Illusion*

[2] **Dumpingpreis** – *(hier:) sehr niedriger Preis; eigentlich: a) Preis, der niedriger ist, als die Herstellung eines Produkts gekostet hat; b) Preis eines Produkts im Ausland, der niedriger als der Inlandspreis ist.*

[3] **Zertifizierung** – *Bescheinigung (z. B., dass ein Produkt unbedenklich ist)*

[4] **Subzulieferer** – *Zulieferfirma einer Zulieferfirma*

Fragen:

a) Welches Thema behandelt die Autorin?
b) Was ist der Anlass für diesen Kommentar?
c) Welchen Zusammenhang stellt die Autorin zwischen unserem Konsumverhalten und Ausbeutung her?
d) Was kritisiert die Autorin an den Produzenten und Händlern?
e) Was kritisiert sie an unserem Konsumverhalten?
f) Warum wird laut Autorin auch das Fair-Trade-Handy nicht fair sein?

RP-Text

TEXTSORTE KOMMENTAR ***INFO-BOX***

Was ist ein Kommentar?
Ein Kommentar ist eine journalistische Textsorte, mit der man die Meinungsbildung der Leser/innen zu beeinflussen versucht. Er ist ein **wertender Text**, bei dem die Sichtweise des Verfassers/der Verfasserin im Vordergrund steht.

Woraus besteht ein Kommentar?
Ein Kommentar enthält

- **sachbezogene Teile,**
  - knappe Darstellung des Anlasses (Sachverhalt, Ereignis, Meinung etc.),
  - Verarbeitung von themenbezogenen Fakten sowie Zusatz- und Hintergrundinformationen,
  - Darlegung von Zusammenhängen,
  - Kritik und Bewertung von Zuständen, Meinungen etc.
- **meinungsorientierte Teile**, deren Ziel es ist, die Leser/innen zu **überzeugen**, indem man
  - seine Position/Meinung darlegt,
  - argumentiert und evtl.
  - appelliert.

Worum geht es?
Es geht darum, aus einem Anlass heraus (z. B. formuliert im Ausgangstext) einen **eigenen Standpunkt** zu einem Thema zu entwickeln und überzeugend darzulegen. Dabei **bewertet** man einen Sachverhalt, eine Meinung, eine Aussage, einen Vorfall etc. Man sagt, **wie** etwas gesehen werden soll.

Worum geht es nicht?
Es geht nicht darum, ausgewogen zu argumentieren (Pro und Kontra abzuwägen).

3.11 Studieren Sie die INFO-BOX oben und erarbeiten Sie sich die Textsorte Kommentar, indem Sie Text 4 nach folgenden Kriterien analysieren.

	Merkmale	„Über die Utopie vom Fairtrade-Handy" (Beispiele)
Sachorientierung	Sachverhalt (Anlass)	Handyproduktion gefährlich
	themenbezogene Fakten Zusatzinformationen Hintergrundinformationen	Produktionsländer, Zahlen FairPhone
	Zusammenhänge	Wege von Produkten
	Kritik, Bewertung	zu kurz Smartphones haben
Meinungsorientierung	Position, Meinung	gegen Kinderarbeiter
	Argumente	Preis
	Appell	[illegible]

KOMMENTARE VERFASSEN — SO GEHT'S

RP-Text

Schritt 1:
Vorarbeit: Erfassen Sie das **Thema** und den **Anlass**, zu denen Sie Ihren Kommentar verfassen, genau. Holen Sie, wenn nötig bzw. möglich, Zusatz- und Hintergrundinformationen ein.

Schritt 2:
Planen Sie Ihren Text:
Legen Sie fest, **worauf Sie hinauswollen.**
Legen Sie Ihr **Schreibziel** fest: Was wollen Sie mit Ihrem Text erreichen?
Planen Sie Ihre Argumentation im Mittelteil.

Schritt 3:
Verfassen Sie die **Einleitung**. Der Einstieg ist besonders wichtig, um die Aufmerksamkeit der Leser/innen zu gewinnen. Möglichkeiten (Beispiele):

- **„starke" Fakten** zum Thema nennen, z. B.:
  5,4 Millionen Tote pro Jahr, 600 000 weitere Opfer, davon 165 000 Kinder. Nein, wir reden nicht von einer Seuche, sondern vom Rauchen.
- eine **knappe Szene/ein Bild** skizzieren, z. B.:
  Täglich fällt ein Flugzeug vom Himmel. Ein Jumbo-Jet. Wie selbstverständlich, Tag für Tag. Über dem Wasser, über Land, über dem ewigen Eis, über dem Dschungel. Niemand überlebt. Kein einziger. Das macht etwa die Anzahl der Toten aus, die der Tabakkonsum Jahr für Jahr fordert.
- den **konkreten Anlass (Sachverhalt)** für den Kommentar nennen, z. B.:
  Ein Viertel der fünfzehnjährigen Österreicher/innen kann nicht ausreichend lesen. Das ergab eine Untersuchung ...
- ein **Zukunftsbild**
- eine **provozierende Aussage** oder Meinung zum Thema

Am Ende der Einleitung bzw. am Beginn des Hauptteils muss der Sachverhalt, zu dem Sie Ihren Kommentar schreiben, klar sein.

Schritt 4:
Hauptteil verfassen: Achten Sie darauf, dass Sie Ihre Position durch Argumentation entwickeln. Bringen Sie zusätzliche Information und Fakten ein.

Schritt 5:
Schlussteil formulieren: Spätestens im Schlussteil muss klar sein, was Ihre Position ist und wovon Sie Ihre Leser/innen überzeugen möchten. Möglichkeiten (Beispiele):

- ein **„starkes" Faktum**, das Ihre Meinung stützt, z. B. *vgl. Text 4;*
- ein **Bezug zum Einstieg**, z. B.:
  Gott sei Dank fällt nicht täglich ein Flugzeug vom Himmel. Andererseits hätte man in diesem Katastrophenfall aber eine schöne Ausrede: technische Gebrechen oder menschliches Versagen. Die hat man beim Rauchen nicht. Hier geht es um die bewusste Entscheidung für einen früheren Tod.
- eine **Schlussfolgerung** aus dem Hauptteil
- ein **Zukunftsbild**, z. B. *vgl. Text 4*
- ein **Appell**, etwas zu unternehmen gegen/für ...

Schritt 6:
Überarbeiten

Bitte nicht: Entscheidungen, Positionen auf andere, z. B. die Politiker/innen, die Lehrer/innen, die Gesellschaft oder „muss jeder für sich selber entscheiden" abschieben.

Stil und Sprache:

- Schreiben Sie **anschaulich**, d. h., erklären Sie, führen Sie Beispiele an.
- Je mehr **Fakten und Zusatzinformationen** Sie verwenden, desto anschaulicher wird Ihr Text.
- Verwenden Sie **stilistische Mittel**: Metaphern, Vergleiche, rhetorische Fragen etc.
- **Bitte nicht:** *„Ich glaube, ...", „Ich bin der Meinung ...", „Ich bin überzeugt ...".* Vermeiden Sie solche Formulierungen. Aufgrund der Textsorte ist ohnedies klar, dass Sie meinungsorientiert schreiben.
- **Vermeiden** Sie **„ich"**, denn Sie schreiben ja nicht über sich, sondern über ein Sachthema.

3.12

RP-Text

Thema: Kinderarbeit
Verfassen Sie einen Kommentar.

Situation: *Wie in 3.6; Ihr Kommentar erscheint gemeinsam mit Ihrem informierenden Text.*

Lesen Sie die Grafiken S. 46. Verfassen Sie danach Ihren Kommentar und bearbeiten Sie dabei die folgen-den Arbeitsaufträge:

- Benennen Sie Zustände und Zusammenhänge, die Sie für dringend zu verändern halten.
- Erläutern Sie Folgen der Kinderarbeit.
- Nehmen Sie zu Möglichkeiten von Konsumenten/Konsumentinnen, etwas gegen Kinderarbeit in der Dritten Welt zu tun, Stellung.

Schreiben Sie 300 Wörter.

OPERATOR „BENENNEN“ **SO GEHT'S**

„Benennen“ heißt, dass Sie aus einem Text Informationen nach den Gesichtspunkten, die für Ihr Thema wichtig sind, **auswählen** und nach ihrer Bedeutung **auflisten**.
Es geht also darum, möglichst prägnante Begriffe für Sachverhalte, Informationen etc. zu finden.

Beispiel: *Die wichtigsten Ursachen der Kinderarbeit sind **Armut** und **schlechte Schulen.***
(fett: aufgelistete Begriffe)

2.2.2 Der Fünfsatz

Der sogenannte Fünfsatz (vgl. Band 1, Modul 10) bietet eine Struktur, wie man meinungsorientierte Äußerungen – sowohl schriftlich als auch mündlich – gezielt aufbauen kann. Mündliche Äußerungen, z. B. in Diskussionen, werden vielleicht tatsächlich aus nur fünf Sätzen bestehen. Für Schriftliches steht „Fünfsatz“ für einen fünfgliedrigen Aufbau.

FÜNFSATZ — INFO-BOX

Es gibt verschiedene Muster einer Fünfsatzstruktur, z. B.:

Reihung im Mittelteil:

1. Thema, Einstieg, Interesse wecken
2. Gesichtspunkt A
3. Gesichtspunkt B
4. Gesichtspunkt C
5. Daher ... (Zwecksatz)

Die Gesichtspunkte A, B und C stehen in beliebigem Zusammenhang; sie können umgestellt werden.

Logische Folge:

1. Thema, Einstieg, Interesse wecken
2. In diesem Zusammenhang ist wichtig
3. Wenn 2 stimmt, dann ...
4. Daraus folgt, dass ...
5. Daher ... (Zwecksatz)

Die 3 Schritte des Mittelteils stehen in einem logischen (evtl. auch chronologischen) Verhältnis.

Dialektischer Dreischritt:

1. Thema, Einstieg, Interesse wecken
2. Dazu gibt es diese Position
3. Dazu gibt es diese Gegenposition
4. Diese Positionen haben diese Gemeinsamkeiten
5. Daher ... (Zwecksatz)

Schritt 2 und 3 stellen konträre Positionen dar, Schritt 4 löste den Widerspruch auf, indem Gemeinsamkeiten festgestellt werden.

Ausklammerung:

1. Thema, Einstieg, Interesse wecken
2. Dabei geht es (gewöhnlich) um ...
3. Dabei wird nicht bedacht/Bedeutsamer ist ...
4. Denn weiters/Außerdem ...
5. Daher ... (Zwecksatz)

Einer Position (Schritt 2) wird eine andere (Schritt 3) entgegengestellt. Diese wird weiter untermauert (Schritt 4).

Gabel:

1. Thema, Einstieg, Interesse wecken
2. Dazu gibt es einerseits diesen Gesichtspunkt
3. Andererseits ist (auch) zu bedenken, dass ...
4. Daraus kann man schließen/Im Ganzen bedeutet das, dass ...
5. Daher ... (Zwecksatz)

Hier geht man vom Besonderen (Schritte 2 und 3) zum Allgemeinen (Schritt 4). Schritt 2 und 3 sind voneinander unabhängig.

3.13 Lesen Sie Text 5. Dieser Blogbeitrag ist nach dem Fünfsatz-Muster „Ausklammerung“ strukturiert. Kennzeichnen Sie im Text die 5 Schritte des Fünfsatzes. Markieren Sie jene Formulierungen im Text, die die drei Schritte des Mittelteils sowie den Zwecksatz kennzeichnen.

Text 5:

Rui Lobo dos Prazeres: Schluss mit der Heuchelei!

Ertappt! Ein ums andere Mal gehen Dopingsünder den Fahndern in die Netze. Zuletzt haben sich Meldungen über die Entlarvung von Testosteron-, EPO- und sonstigen Junkies auffällig gehäuft. Mit immer besseren Mitteln und Methoden ausgestattet, gelingt es den Dopingjägern, den Sportlern, Betreuern, Ärzten und Händlern auf die Schliche zu kommen. Am aufsehenerregendsten war wohl das Geständnis des siebenfachen Tour de France-Siegers Lance Armstrong, eines Amerikaners, der während seiner gesamten Karriere gedopt hatte und dem nachgesagt wird, dass er das ausgeklügeltste Dopingsystem der Sportgeschichte entwickelt hatte. Die meisten seiner Titel wurden ihm aberkannt, zuletzt musste er auch seine Olympiamedaille zurückgeben.

Ein etwas kleinerer Fisch, der österreichische Radprofi Bernhard Kohl, sagte, nachdem er des Dopings überführt worden war, tränenreich, dass Spitzensport ohne Doping nicht möglich sei. „Die Macht des Geldes ist es“, möchte man ihm zurufen, die die Athleten auf die Chemie zurückgreifen lässt. Hinter ihnen steht ein ganzes Netzwerk von Managern, Zulieferern und Instituten, die allesamt ihren Teil vom fetten Geldkuchen abbekommen wollen, der sich einerseits aus den großen, medienwirksamen Sportereignissen samt angeschlossener Werbeindustrie, andererseits aus dem Schattenreich des Medikamentenhandels speist.

Aber nicht nur dort, wo es um viel Geld geht, häufen sich die Fälle; auch im Behindertensport gibt es schwarze Schafe. Bei den Paralympics in Athen 2004 wurden zehn Athleten des Dopings überführt, 2012 (London) waren es zwei, und auch bei den Behindertenspielen in Peking 2008 wurden Mittel nachgewiesen, die auf der schwarzen Liste stehen. Selbst die Bogenschützen haben ihr Verzeichnis verbotener Mittel, auf der z. B. auch der Alkohol steht. Dieser soll angeblich die Hand ruhiger machen.

Auch im Amateur- und Breitensport ist Doping längst angekommen. Studien zufolge nimmt fast die Hälfte aller Marathonläufer und Triathleten vor einem Wettkampf starke Schmerzmittel; und zumindest ein Siebentel aller Fitnessstudio-Kunden soll zu den Zauberpillen greifen.

Angesichts dieser – hier nur grob skizzierten – Faktenlage hat sich eine intensive Diskussion entwickelt, in der es eigentlich nur um die Frage geht, wie man Verbote wirksam durchsetzen kann. Politiker und Medien übertrafen und übertreffen einander in Forderungen nach drakonischen Strafen.

So sieht das österreichische Anti-Doping-Gesetz etwa vor, dass man bis zu zehn Jahre Haft ausfassen kann. Begründet werden solche Maßnahmen gerne damit, dass Doper ihre „sauberen“ Konkurrenten und die ganze Sportöffentlichkeit betrögen und zudem ein verheerendes Vorbild für die Jugend abgäben, deren Gesundheit auf dem Spiel stehe.

Allerdings lässt man dabei wichtige Tatsachen völlig außer Acht. Wer heute im Spitzensport erfolgreich sein will, kommt ohne Medizin und Medikamente nicht aus. Zu welchem Mittel er dabei greifen darf und welche Substanz auf die schwarze Liste kommt, das sind ziemlich willkürliche Festlegungen darüber, was als unerlaubt leistungsfördernd angesehen wird. Wie das angeführte Beispiel aus dem Bogensport zeigt, zählen dazu auch „Dopingmittel“, die im gewöhnlichen Leben völlig legal sind.

Darüber hinaus ist zu bedenken, dass Kontrollen, Sperren und Strafen die Verwendung unerlaubter Substanzen nicht verhindern, weder bei einzelnen Personen noch in einer Sportart und schon gar nicht im gesamten Sport. Die besten Beispiele dafür sind Doping-Wiederholungstäter, die nach verbüßter Strafe gleich wieder zu den Mittelchen griffen, etwa der amerikanische Rad-Olympiasieger Tyler Hamilton oder einer der besten portugiesischen Radfahrer, Sergio Ribeiro, den man für 12 Jahre gesperrt hat. Glaubt jemand, dass die quasilebenslangen Sperren, die ihnen aufgebrummt worden sind, andere abschrecken? Sportler und ihre Berater finden immer wieder neue Wege, den Fahndern ein Schnippchen zu schlagen.

Welche Schlüsse sind daraus zu ziehen? Will man Chancengleichheit unter den Sportlern herstellen, muss man Dopingmittel freigeben. Ärzte könnten so die Einnahme leistungsfördernder Medikamente überwachen, womit gesundheitliche Risiken minimiert würden. Überdies würde man mit einer Freigabe dem Doping-Schwarzmarkt das Wasser abgraben. Weg mit den Listen verbotener Mittel im Sport!

3.14 Studieren Sie den folgenden So-geht's-Kasten und verfassen Sie danach einen Kommentar zu Text 5 mit Fünfsatz-Struktur.
Verfassen Sie Ihren Text als Antwort auf den Blogbeitrag im Ausmaß von ca. 300 Wörtern.

TEXTE NACH DEM FÜNFSATZ-MUSTER PLANEN UND VERFASSEN — ***SO GEHT'S***

Fünfsatz heißt: Ihr Kommentar besteht aus fünf Abschnitten: einem Einstieg, dem dreigliedrigen argumentativen Mittelteil und dem Schluss (siehe INFO-BOX).

Schritt 1:
Machen Sie die üblichen Vor- und Planungsarbeiten (Stoff sammeln, Inhalte erarbeiten etc.).

Schritt 2:
Planen Sie zuerst den Zwecksatz (Schluss): Worauf wollen Sie hinaus? Was ist Ihre Forderung/Schlussfolgerung?

Schritt 3:
Legen Sie die drei wichtigsten Argumentationen für den Mittelteil fest. Setzen Sie diese drei Argumentationen in eine inhaltliche Beziehung zueinander (siehe INFO-BOX).
Achten Sie darauf, dass Sie nicht nur Behauptungen aufstellen, sondern auch begründen, erläutern und Beispiele anführen.

Schritt 4:
Planen Sie den Einstieg. Er soll einerseits den Sachverhalt ansprechen, andererseits die Leser/innen neugierig machen (Beispiele siehe So-geht's-Kasten „Kommentare verfassen").

Schritt 5:
Verfassen Sie Ihren Text und überarbeiten Sie ihn.

Die Fünfsatz-Struktur eignet sich für alle meinungsorientierten Texte.

Ein Tipp: Sie können beim Erarbeiten von Inhalten v. a. den Mittelteil der Fünfsatz-Struktur auch heranziehen, wenn Ihnen zum Thema „nichts einfällt". Überlegen Sie Inhalte, die zu den einzelnen Stichpunkten passen.

Modul 3 – Kompetenztest 1

Kompetenzbereiche:	a) Textkompetenz b) Schriftliche Kompetenz
Was Sie können sollen:	a) Textinhalt verfassen, Textsinn verstehen b) Textsorten aus dem privaten, öffentlichen, journalistischen Leben verfassen c) Texte auf die eigene Schreibhaltung hin ausrichten d) verschiedene Schreibhaltungen entwickeln e) Textaufbau erarbeiten
Erlaubte Hilfsmittel:	Lexikon, Wörterbuch
Testzeit:	Aufgabe 1: 20 Minuten Aufgabe 2: 40 Minuten

Aufgabe 1

Thema: Zukunftsperspektiven
Verfassen Sie eine Nachricht.

Situation: *Ihre Klasse beteiligt sich an der Aktion „Schüler/innen machen Zeitung" einer österreichischen Tageszeitung. In diesem Rahmen darf Ihre Klasse eine Zeitungsseite zu einem selbst gewählten Thema gestalten. Sie haben sich für das Thema Zukunftsperspektiven entschieden.*

Lesen Sie die Grafiken und verfassen Sie danach eine Nachricht im Lead-Stil, indem Sie die wichtigsten Aussagen verbalisieren. Schreiben Sie 150 Wörter.

Entwicklung der österreichischen Bevölkerung 2000 – 2030 (in Tausend)

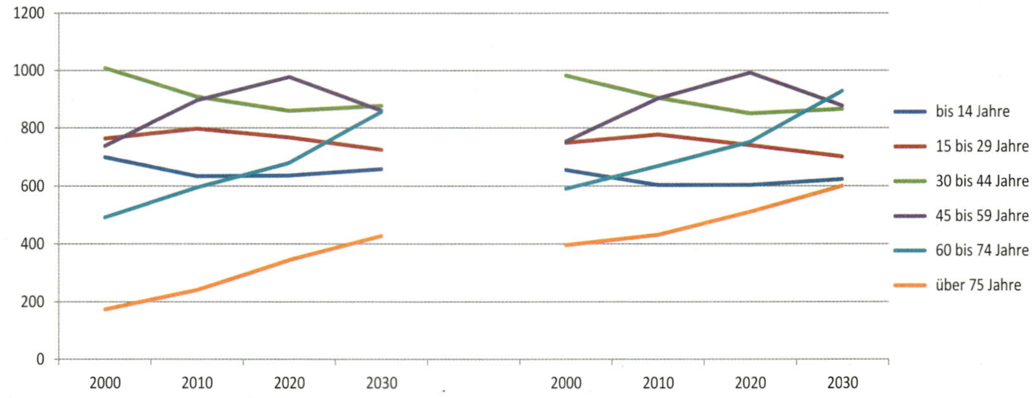

	2000	2010	2020	2030	2000	2010	2020	2030
	männlich				weiblich			
bis 14 Jahre	699 624	634 884	636 952	659 143	655 842	604 397	603 762	623 748
15 bis 29 Jahre	763 182	797 143	766 849	725 387	749 129	776 745	740 729	701 075
30 bis 44 Jahre	1 007 996	907 687	859 136	876 698	982 341	904 161	849 534	865 281
45 bis 59 Jahre	738 338	895 749	977 327	859 505	753 715	902 587	991 903	876 499
60 bis 74 Jahre	492 738	595 879	680 442	855 766	590 958	670 255	752 127	928 713
über 75 Jahre	172 839	240 431	343 852	427 568	394 864	431 151	510 565	600 624

Quelle: nach Statistik Austria

Aufgabe 2

Thema: Zukunftsperspektiven
Verfassen Sie einen Kommentar zu den Aussagen der Grafik in Aufgabe 1.

Situation: *wie Aufgabe 1*

Lesen Sie die Grafiken. Verfassen Sie danach Ihren Kommentar und bearbeiten Sie dabei die folgenden Arbeitsaufgaben.

- Geben Sie die wichtigsten Aussagen zusammenhängend wieder.
- Erläutern Sie, was die dargestellte Entwicklung für unsere Gesellschaft bedeutet.
- Nehmen Sie zu möglichen Folgen der dargestellten Entwicklung für Ihre Generation kritisch Stellung.

Modul 3 – Kompetenztest 2

Kompetenzbereich:	Schriftliche Kompetenz
Was Sie können sollen:	a) Textsorten aus dem privaten, öffentlichen, journalistischen Leben verfassen b) Texte auf die eigene Schreibhaltung hin ausrichten c) verschiedene Schreibhaltungen entwickeln d) Textaufbau erarbeiten
Erlaubte Hilfsmittel:	Lexikon, Wörterbuch
Testzeit:	Aufgabe 1: 40 Minuten Aufgabe 2: 30 Minuten

Aufgabe 1

Laut Gesetz und Verhaltensvereinbarung herrscht an Ihrer Schule Rauchverbot – das aber von Rauchern/Raucherinnen ignoriert wird. Zwar wird gewöhnlich nicht im Schulgebäude geraucht, sehr wohl aber im Freien. Beschwerden von Anrainern/Anrainerinnen über Geruchsbelästigung und die Unmengen von Zigarettenstummeln auf den Gehsteigen sowie in den Gärten haben auch zu einer Intervention des Bürgermeisters geführt. Sogar die lokale Presse hat sich bereits des Themas angenommen. Dabei wurden Schule und Schüler/innen massiv angegriffen.
Ermahnungen durch die Direktion und Gespräche sind fruchtlos geblieben. Nun ist eine Diskussion im Gange, wie mit dieser Situation umzugehen sei. Die Schüler/innen-Vertretung, der Sie angehören, will das Problem breit aufarbeiten und hat in Zusammenarbeit mit der Schulärztin eine Umfrage durchgeführt.
Verfassen Sie aufgrund der Umfrageergebnisse (s. u.) für die Schüler/innen-Zeitung eine Nachricht, die aus Text (ca. 250 Wörter) und zumindest einem Diagramm besteht.

Verfassen Sie zum Umfrage-Ergebnis einen Kommentar für die Schüler/innen-Zeitung mit Fünfsatz-Struktur. Schreiben Sie ca. 250 Wörter. **Aufgabe 2**

	(Angaben in Prozent)	Mädchen	Burschen
Anteil der Raucher/innen	14 – 15 Jahre	4	8
	16 – 19 Jahre	32	24
Täglicher Zigarettenkonsum der Raucher/innen	bis 5 Zigaretten	6	3
	bis 10 Zigaretten	19	33
	bis 20 Zigaretten	73	59
	über 20 Zigaretten	2	5
Gründe für das Rauchen in der Schule (Mehrfachnennungen möglich)	Langeweile	12	14
	Ablenkung von Stress	47	32
	Ärger, Frust	22	35
	mit anderen zusammen sein	49	54
	weil andere auch rauchen	9	5
	um Hunger zu unterdrücken	2	1
	Gewohnheit	31	40
Stört es dich, dass an unserer Schule geraucht wird?	14 – 15 Jahre	6	8
	16 – 19 Jahre	12	12
Wie soll mit dem „Raucher/innen-problem" umgegangen werden? (Mehrfachnennungen möglich)	strengere Kontrollen	62	41
	Verhaltensnote	28	15
	Androhung des Ausschlusses	21	18
	Kippenbeseitigung durch Schüler/innen	62	75
	Aufklärungsarbeit (Unterricht, Schulärztin)	21	18
	Anzeige minderjähriger Raucher/innen	2	1

Was ich jetzt kann und verstehe

Ich ...	Schätzen Sie sich ein (+2 = ganz gut, -2 = nicht)! +2	+1	-1	-2
... kann Infografiken verstehen.				
... kann Grafiken verbalisieren.				
... kann den Lead-Stil anwenden.				
... weiß, was „Kommentieren“ heißt.				
... kann kritisch Stellung nehmen.				
... kann einen Kommentar verfassen.				
... kann einen Text mit Fünfsatz-Struktur verfassen.				

Sind Sie mit Ihren Lernfortschritten zufrieden? – Wenn Sie noch weitere Anleitungen/Übungen brauchen, hilft Ihnen Ihre Lehrerin/Ihr Lehrer.

„Emilia Galotti“, Akademietheater 2002, mit Johanna Wokalek als Emilia Galotti und Michael König als Odoardo Galotti unter der Regie von Andrea Breth

In diesem Modul lernen Sie,
- dramatische und lyrische Texte zu analysieren,
- welche Entwicklungen es im Drama des 18. Jahrhunderts gegeben hat,
- unsere Vorstellungen von Geschlechterrollen und ihren Einfluss auf unser Zusammenleben zu reflektieren,
- wie ein mittelalterliches Gedicht aussieht,
- dass zwischenmenschliche Beziehungen, auch Liebesbeziehungen, zu verschiedenen Zeiten unterschiedlich gestaltet worden sind,
- dass Literatur dabei eine wichtige Rolle gespielt hat und noch spielt, weil sie Beziehungskonzepte ausprobiert und diskutiert.

1 „EMILIA GALOTTI“: EIN BÜRGERLICHES TRAUERSPIEL

4.1 Beschreiben Sie die beiden Szenenbilder (oben) aus einer Inszenierung von Gotthold Ephraim Lessings Drama „Emilia Galotti“.

a) Beschreiben Sie die Kostüme. Was sagen sie über die Figuren?
b) Beschreiben Sie Mimik, Gestik, Körperhaltung der Figuren.
c) Worüber könnten sie gerade sprechen? Wie stehen sie zueinander? Verfassen Sie zu jedem der Bilder einen kurzen Dialog, aus dem hervorgeht, in welchem Verhältnis die beiden zueinander stehen und welches Problem sie miteinander haben.

Text 1:

Gotthold Ephraim Lessing: Emilia Galotti – Inhaltsangabe

[...] Hettore Gonzaga, Prinz von Guastalla, der zu Anfang als Kunstliebhaber und einsamer Mensch vorgestellt wird, verliebt sich in Emilia, die Tochter des Obersten Odoardo Galotti, nachdem er ihr Bildnis gesehen hat. Als er erfährt, dass sie noch am gleichen Tag mit dem Grafen Appiani vermählt werden soll, gibt er seinem Kammerherrn Marinelli freie Hand, diese Verbindung mit allen Mitteln zu verhindern. Da die erste Intrige fehlschlägt, lässt dieser das Paar auf dem Weg zur Hochzeit in der Nähe des Schlosses Dosalo von Banditen überfallen. Dabei wird der Graf erschossen. Emilia wird in das Schloss gebracht, wo der Prinz, der ihr am Morgen schon in der Kirche nachstellte, sich ihrer annimmt. Zwar hat er sie nun in seiner Gewalt, aber bei den herbeigeeilten Eltern verdichtet sich bald der Verdacht, wer diesen Überfall inszeniert habe, zumal das letzte Wort des sterbenden Grafen „Marinelli“ war. Zudem taucht überraschend auch noch die vernachlässigte Geliebte des Prinzen, Gräfin Orsina, auf, die alle Intrigen durchschaut und Odoardos schlimmste Befürchtungen bestätigt. Unter dem Vorwand einer gründlichen Untersuchung des Verbrechens soll Emilia von ihren Eltern getrennt werden. In dieser Zwangslage verwandelt sich der stoische[1] Odoardo in einen rasenden Hausvater, der die Tugend seiner Tochter schützt, indem er sie „durchsticht“. Provoziert hatte ihn Emilia, die ihn an jenen römischen Vater erinnerte, der seine Tochter opferte, statt sie der Schande zu überlassen: „Aber solche Taten sind von ehedem.“ [...]

[1] **stoisch** – *sehr gelassen, von unerschütterlicher Ruhe*

4.2

Informieren Sie sich mit Hilfe von Text 1 und Text 2 über den Inhalt des Dramas „Emilia Galotti“. (Vielleicht können Sie die DVD der Inszenierung von Andrea Breth am Wiener Akademietheater ansehen.)

- Wer sind die Figuren in den beiden Szenenbildern?
- Beschreiben Sie, was man aus Text 1 und Text 2 über die Vater-Tochter-Beziehung in diesem Stück erfährt.
- Stellen sie die Beziehungen der Figuren in diesem Stück grafisch dar.

Text 2:

Akademietheater: Andrea Breth inszenierte Lessings „Emilia Galotti“

Mitreißende Klassiker-Aneignung

Von Hilde Haider-Pregler

In der Geschichte des bürgerlichen Trauerspiels nimmt Lessings „Emilia Galotti“ (1772) unbestritten einen Ehrenplatz ein. Für das Theater unserer Zeit stellt das gerade in den letzten Jahren viel gespielte Stück jedoch eine beinahe unlösbare Herausforderung dar. Lässt es sich doch in der Tat schwer begreifen, dass ein Vater seine über alles geliebte einzige Tochter auf deren Verlangen hin eigenhändig ermordet, um sie durch einen ehrenhaften Tod vor einem mit Preisgabe ihrer Tugend erkauften Luxus-Leben zu bewahren. [...]

Hatte Lessing seine Kritik an der Selbstherrlichkeit absolutistischer Duodez-Fürsten[1] im Deutschland des 18. Jahrhunderts in ein imaginäres Italien verlagert, visiert Andrea Breth, ohne an Lessings Text zu rütteln, [...] diskret, aber unverwechselbar die 50er-Jahre des zwanzigsten Jahrhunderts an: Eine hell ausgeleuchtete, entrümpelte Bühne – Musikschrank, Mies-van-der-Rohe-Fauteuils[2] – zeigt, wie sich die Wohlhabenden – bei Lessing die in den Tag hinein lebenden Hofadeligen – einrichten, denen es um nichts als um ihr eigenes Wohlbefinden geht. Was man haben möchte, lässt sich, wie auch immer, mit Geld erkaufen. Und dem Prinzen – Sven-Eric Bechtolf: Drei-Tage-Bart, weißer Sommeranzug – steht eben, kurz vor seiner strategisch notwendigen Vermählung, gerade der Sinn nach einer neuen Mätresse, nach Emilia Galotti, einer Zufallsbegegnung, das Ideal des (gerade gültigen) Frauenbildes verkörpernd: schön und tugendhaft. Ihr vom Hofmaler Conti verfertigtes Bild [...] genügt, um das Begehren anzustacheln. Dieser Prinz ist ein sensibler, melancholische Empfindsamkeit zur Schau stellender Egomane, der sein Handeln (und seine Macht) nicht weiter reflektiert. Er begünstigt nach Laune – weil in einem Bittgesuch eine andere Emilia mit einem Anliegen vorstellig wird – oder verurteilt ebenso schnell zum Tode, solange nicht ein pflichtbewusster Beamter (Wolfgang Gasser) kopfschüttelnd das Ärgste verhütet. Doch die Mächtigen haben Helfer, die gerne jedwede Schmutzarbeit auf sich nehmen. Der Kammerherr Marinelli (Roland Koch), Prototyp des charmanten, über ein Netzwerk zu allem bereiter, aufs Geld angewiesener Handlanger (ein Kabinettstück: Nicholas Ofczarek als gewissenlos mordender Galgenvogel!) verfügender Karrierist, dienert sich da eilfertig an: Nichts einfacher, als Emilias Verlobten aus dem Weg zu räumen. So könnte es in der Tat in der ehrenwerten Gesellschaft zugehen. Von dieser den Ton angebenden Schicht halten sich freilich die gemäß ihren Moralvorstellungen lebenden Bürger fern. Ohne dagegen aufzumucken, gehen sie auf Distanz, wie etwa Odoardo Galotti, den Michael König als – vielleicht ein Quäntchen zu biederen – patriarchalen Familienvater charakterisiert. Dass auch dieses aufklärerische Ideal der Kleinfamilie seine Brüche und Risse hat, bringt Elisabeth Orth als Emilias Mutter mit prächtiger Drastik zum Ausdruck, indem sie ihrer Tochter sehr pointiert klar macht, dass man um des Hausfriedens willen dann und wann nicht immer bei der Wahrheit bleiben sollte. Johanna Wokaleks zauberhaft verklemmte Emilia erscheint als typisches Produkt dieser Erziehung. Kein Wunder, dass ihr, ohne dass sie es sich selbst einzugestehen wagt, der Prinz verlockender erscheint als der von den Eltern vorbestimmte Tugendbold von Appiani (Denis Petkovic). Wie schlüpfrig das höfische Parkett jedoch ist, zeigt sich am Beispiel der vom Prinzen nur noch als lästig empfundenen Ex-Mätresse Orsina, die – Andrea Clausen als ein wenig allzu hysterischer Racheengel – in Odoardo ein willfähriges Werkzeug sieht und ihm den vorsorglich in der Handtasche mitgebrachten Dolch aufdrängt – in der Hoffnung, er würde ihn gegen den Fürsten richten. Zu spät erkennt die „Philosophin", dass Frauen in dieser Männerwelt nur als Spielzeug gefragt sind: „Ein Frauenzimmer, das denkt, ist ebenso ekel als ein Mann, der sich schminket." Das gleichfalls verfügbare Gift schluckt sie in Andrea Breths Inszenierung bei ihrem Abgang allerdings selbst: vermutlich eine weitere Leiche auf dem Weg des Prinzen, der sein ersehntes Ziel mit sauberen Fingern erreichen wollte und letztlich an der Leiche Emilias seine Hände in (Theater-)Blut tauchen muss.

Fazit: eine vom ersten bis zum letzten Moment mitreißende, begeistert akklamierte[3] Klassiker-Aneignung.

[1] ***Duodez-Fürstentum*** – *sehr kleines Fürstentum, Zwergstaat („Duodez": Kleinformat von Büchern)*

[2] ***Ludwig Mies van der Rohe*** – *einer der bedeutendsten Architekten des 20. Jh.; Designer*

[3] ***akklamieren*** – *jemandem applaudieren*

4.3 Lesen Sie den Auszug aus „Emilia Galotti" sowie die folgende INFO-BOX.
Verfassen Sie danach einen Rollenmonolog: Odoardo nach der Ermordung seiner Tochter. – Versetzen Sie sich in die Person des Vaters Odoardo und legen Sie seine Gefühle, Werte, Überlegungen und Handlungen dar (ca. 300 Wörter).

Text 3:
Gotthold Ephraim Lessing: Emilia Galotti, 5. Aufzug, 7. Auftritt *(in originaler Schreibung)*

Emilia. Odoardo.

Emilia: Wie? Sie hier, mein Vater? – Und nur Sie? – Und meine Mutter? nicht hier? – Und der Graf? nicht hier? – Und Sie so unruhig, mein Vater?

Odoardo: Und du so ruhig, meine Tochter?

Emilia: Warum nicht, mein Vater? – Entweder ist nichts verloren: oder alles. Ruhig sein können, und ruhig sein müssen: kömmt es nicht auf eines?

Odoardo: Aber, was meinest du, daß der Fall ist?

Emilia: Daß alles verloren ist; – und daß wir wohl ruhig sein müssen, mein Vater.

Odoardo: Und du wärest ruhig, weil du ruhig sein mußt? – Wer bist du? Ein Mädchen? und meine Tochter? So sollte der Mann und der Vater sich wohl vor dir schämen? – Aber laß doch hören. Was nennest du, alles verloren? – daß der Graf tot ist?

Emilia: Und warum er tot ist! Warum! – Ha, so ist es wahr, mein Vater? So ist sie wahr, die ganze schreckliche Geschichte, die ich in dem nassen und wilden Auge meiner Mutter las? – Wo ist meine Mutter? Wo ist sie hin, mein Vater?

Odoardo: Voraus; – wenn wir anders ihr nachkommen.

Emilia: Je eher, je besser. Denn wenn der Graf tot ist, wenn er darum tot ist – darum! was verweilen wir noch hier? Lassen Sie uns fliehen, mein Vater!

Odoardo: Fliehen? – Was hätt' es dann für Not? – Du bist, du bleibst in den Händen deines Räubers.

Emilia: Ich bleibe in seinen Händen?

Odoardo: Und allein, ohne deine Mutter, ohne mich.

Emilia: Ich allein in seinen Händen? – Nimmermehr, mein Vater. – Oder Sie sind nicht mein Vater. – Ich allein in seinen Händen? – Gut, lassen Sie mich nur, lassen Sie mich nur. – Ich will doch sehn, wer mich hält – wer mich zwingt – wer der Mensch ist, der einen Menschen zwingen kann.

Odoardo: Ich meine, du bist ruhig, mein Kind.

Emilia: Das bin ich. Aber was nennen Sie ruhig sein? Die Hände in den Schoß legen? Leiden, was man nicht sollte? Dulden, was man nicht dürfte?

Odoardo: Ha! wenn du so denkest! – Laß dich umarmen, meine Tochter! – Ich hab es immer gesagt: das Weib wollte die Natur zu ihrem Meisterstücke machen. Aber sie vergriff sich im Tone, sie nahm ihn zu fein. Sonst ist alles besser an euch als an uns. – Ha, wenn das deine Ruhe ist: so habe ich meine in ihr wiedergefunden! Laß dich umarmen, meine Tochter! – Denke nur: unter dem Vorwande einer gerichtlichen Untersuchung – o des höllischen Gaukelspieles! – reißt er dich aus unsern Armen und bringt dich zur Grimaldi.

Emilia: Reißt mich? bringt mich? – Will mich reißen, will mich bringen: will! will! – Als ob wir, wir keinen Willen hätten, mein Vater!

Odoardo: Ich ward auch so wütend, daß ich schon nach diesem Dolche griff *(ihn herausziehend)*, um einem von beiden – beiden! – das Herz zu durchstoßen.

Emilia: Um des Himmels willen nicht, mein Vater! – Dieses Leben ist alles, was die Lasterhaften haben. – Mir, mein Vater, mir geben Sie diesen Dolch.

Odoardo: Kind, es ist keine Haarnadel.

Emilia: So werde die Haarnadel zum Dolche! – Gleichviel.

Odoardo: Was? Dahin wäre es gekommen? Nicht doch; nicht doch! Besinne dich. – Auch du hast nur *ein* Leben zu verlieren.

Emilia: Und nur *eine* Unschuld!

Odoardo: Die über alle Gewalt erhaben ist. –

Emilia: Aber nicht über alle Verführung. – Gewalt! Gewalt! wer kann der Gewalt nicht trotzen? Was Gewalt heißt, ist nichts: Verführung ist die wahre Gewalt. – Ich habe Blut, mein Vater, so jugendliches, so warmes Blut als eine. Auch meine Sinne sind Sinne. Ich stehe für nichts. Ich bin für nichts gut. Ich kenne das Haus der Grimaldi. Es ist das Haus der Freude. Eine Stunde da, unter den Augen meiner Mutter – und es erhob sich so mancher Tumult in meiner Seele, den die strengsten Übungen der Religion kaum in Wochen besänftigen konnten! – Der Religion! Und welcher Religion? – Nichts Schlimmers zu vermeiden, sprangen Tausende in die Fluten und sind Heilige! – Geben Sie mir, mein Vater, geben Sie mir diesen Dolch.

Odoardo: Und wenn du ihn kenntest, diesen Dolch! –

Emilia: Wenn ich ihn auch nicht kenne! – Ein unbekannter Freund ist auch ein Freund. – Geben Sie mir ihn, mein Vater, geben Sie mir ihn.

Odoardo: Wenn ich dir ihn nun gebe – da! *(Gibt ihr ihn.)*

Emilia: Und da! *(Im Begriffe, sich damit zu durchstoßen, reißt der Vater ihr ihn wieder aus der Hand.)*

Odoardo: Sieh, wie rasch! – Nein, das ist nicht für deine Hand.

Emilia: Es ist wahr, mit einer Haarnadel soll ich – *(Sie fährt mit der Hand nach dem Haare, eine zu suchen, und bekommt die Rose zu fassen.)* Du noch hier? – Herunter mit dir! Du gehörest nicht in das Haar einer – wie mein Vater will, daß ich werden soll!

Odoardo: Oh, meine Tochter! –

Emilia: Oh, mein Vater, wenn ich Sie erriete! – Doch nein; das wollen Sie auch nicht. Warum zauderten Sie sonst? – *(In einem bittern Tone, während daß sie die Rose zerpflückt.)* Ehedem wohl gab es einen Vater, der seine Tochter von der Schande zu retten, ihr den ersten, den besten Stahl in das Herz senkte – ihr zum zweiten Male das Leben gab. Aber alle solche Taten sind von ehedem! Solcher Väter gibt es keinen mehr!

Odoardo: Doch, meine Tochter, doch! *(Indem er sie durchsticht)* Gott, was hab ich getan! *(Sie will sinken, und er faßt sie in seine Arme.)*

Emilia: Eine Rose gebrochen, ehe der Sturm sie entblättert. – Lassen Sie mich sie küssen, diese väterliche Hand.

BÜRGERLICHES TRAUERSPIEL UND „STÄNDEKLAUSEL" — ***INFO-BOX***

Das **bürgerliche Trauerspiel** ist eine Gattung des deutschsprachigen Dramas vor allem in **Aufklärung** und **Sturm und Drang** (ca. 1750 – 1780).

Warum „bürgerliches" Trauerspiel?

Dieser Begriff enthält für die damalige Zeit einen bewussten **Widerspruch**:
Nach der sog. „Ständeklausel" waren die Dramentypen einzelnen sozialen Ständen zugeordnet,
- die **Tragödie** dem höheren Stand (dem **Adel**),
- die **Komödie** den niedrigen Ständen (den **Bürgern** und **Bauern**).

Im „bürgerlichen Trauerspiel" können Helden und Heldinnen aus dem Bürgerstand eine ernste Handlung tragen und auch – wie in der Tragödie eigentlich Fürsten vorbehalten – einen tragischen Tod erleiden.

Das bürgerliche Trauerspiel war daher eine wichtige Gattung, die vom gesteigerten Selbstbewusstsein nichtadeliger Schichten (Kaufleute, Beamte, Gebildete) dem Adel gegenüber getragen wurde und auch wieder dazu beitrug.

Im Wertesystem des Bürgertums spielten die (Klein-)Familie, die Ehe und persönliche Tugenden von Männern und Frauen eine besondere Rolle. Herrschaft über die eigenen Bedürfnisse und Triebregungen, „Unberührtheit" vor der Ehe und Gehorsam den Eltern gegenüber waren auch zur Abgrenzung gegen den Adel wichtig. Diesem schrieb das Bürgertum zynische und rücksichtslose Selbstverwirklichung zu. Im Drama werden häufig adelige Verführer (und ihre Mätressen) keuschen Bürgermädchen gegenübergestellt.

Der bedeutendste Theoretiker des bürgerlichen Trauerspiels war im deutschsprachigen Raum Gotthold Ephraim Lessing. Zu den Autoren zählten neben Lessing auch Friedrich Schiller (*Kabale und Liebe*, 1783), Jakob Michael Reinhold Lenz (*Der Hofmeister*, 1774) und Heinrich Leopold Wagner (*Die Kindermörderin*, 1776).

4.4

Erarbeiten Sie mit Hilfe des folgenden So-geht's-Kastens in Gruppen eine vollständige Szenenanalyse von Text 3. Achten Sie darauf, dass die Punkte der Gliederung erfasst sind; hier sind besonders Punkt 3 und 4 von Bedeutung. Halten Sie Ihre Ergebnisse in Stichworten fest.

SZENENANALYSE — ***SO GEHT'S***

RP-Text

Schritt 1: Planung
- Lesen Sie den Text mehrmals und genau.
- Kennzeichnen Sie unklare Stellen; klären Sie sie später im Zuge der Analyse.
- Notieren Sie Ihre Gedanken, Fragen und Thesen bei der Lektüre.

Schritt 2: Eckdaten ermitteln
- Autor/in
- Bedeutung des Titels für den Text
- Entstehungszeit
- Titel
- Textsorte/Gattung
- Stellung der zu analysierenden Szene im Gesamttext (Anfang/Mitte/Schluss, was geschieht davor/danach)

Schritt 3: die im Text dargestellte Welt
- Figuren (Hauptfigur/Nebenfigur, Beziehungen zwischen den Figuren, Charakteristik, Milieus: sozialer Stand, Beruf, ...)
- Ort (Schauplätze der Handlung: Innenräume/Außenräume, Stadt/Land, ...)
- Zeit (ist der Text einer historischen Epoche/bestimmten Jahreszeiten u. a. zuzuordnen?)

Schritt 4: Struktur (Aufbau, Gliederung, Handlung)
- Was geschieht?
- Welche Phasen des dramatischen Gesprächs lassen sich unterscheiden? Gibt es Wendepunkte, Zuspitzungen, Pausen/Unterbrechungen?
- Wie strukturieren die Figuren die Handlung durch ihr Verhalten:
  a) Handlungen (Regieanweisungen: auftreten, abtreten, ansprechen, Körperkontakte, Bewegungen im Raum)
  b) Kommunikationssituation: Sprechen die Figuren miteinander/aneinander vorbei; Monolog und Dialog.
  c) Handlungen durch Sprache („Sprechakte": verurteilen, beschimpfen, eine Liebeserklärung machen, enterben, ...)
  d) Redeanteile (wer spricht wie viel?)

Schritt 5: Sprache der einzelnen Figuren
- Stil (sachlich/nüchtern/emotional, ...)
- Schlüsselbegriffe
- Wiederholungen
- Wortschatz
- Satzformen
- sprachliche Bilder, Stilmittel, rhetorische Figuren

Übertragen Sie diese Übersicht auf Ihren PC; dann können Sie sie immer verwenden, wenn Sie eine Szenenanalyse erarbeiten sollen.

4.5

Verwenden Sie Ihre in Gruppenarbeit gewonnenen Stichworte der Szenenanalyse, um folgende Schreibaufgabe zu erfüllen:
Verfassen Sie eine Textanalyse. Bearbeiten Sie dabei die folgenden Arbeitsaufträge.
- Geben Sie die Handlung knapp wieder.
- Charakterisieren Sie die beiden Figuren und ihr Verhältnis zueinander.
- Setzen Sie die Sprache der Figuren in Beziehung zu ihrem emotionalen Zustand.
- Erklären Sie, warum die Figuren so handeln, wie sie handeln.

Schreiben Sie etwa 500 Wörter.

Gehen Sie so vor:
1. Lesen Sie die INFO-BOX auf der nächsten Seite und erarbeiten Sie zuerst gemeinsam Tipps, wie Sie diese Textsorte schreiben können. Füllen Sie die Tabelle „Tipps zur Textanalyse" aus.
2. Formulieren Sie sodann einen zusammenhängenden Text.

TEXTSORTE TEXTANALYSE (LITERARISCHER TEXTE) **INFO-BOX**

RP-Text

Was ist eine Textanalyse?
Eine Textanalyse beschreibt einen – in diesem Fall – literarischen Text. Ihre Funktion ist es zu informieren.

Woraus besteht eine Textanalyse eines literarischen Texts?
Den Inhalt machen die im So-geht's-Kasten oben angeführten Kriterien aus. Die Operatoren legen fest, was Sie davon berücksichtigen müssen.

Worum geht es?
Es geht darum, einen literarischen Text nach bestimmten Kriterien zu analysieren. Dazu benötigen Sie Fachwissen, vor allem ist es hilfreich, wenn man Merkmale von Gattungen (Lyrik, Epik, Drama) und das Fachvokabular kennt.

Worum geht es nicht?
Sie dürfen in einer Textanalyse weder interpretieren noch bewerten noch kritisieren.

PS: Weitere Hinweise zur Textanalyse erhalten Sie in Modul 5.

Tipps zur Textanalyse

Aufbau	
Was müssen Sie in der **Einleitung** anführen? Ihre Funktion: Den Lesern/Leserinnen Orientierung verschaffen.	
Was enthält der **Hauptteil**? Wie können Sie das anordnen?	
Was soll der **Schlussteil** leisten (denken Sie an die Funktion der Textsorte)? Wie können Sie das bewerkstelligen?	
Sprache	
Wie muss aufgrund der Funktion der Textsorte die Sprache sein?	
Was kann dem Leser/der Leserin helfen, das Erklärte besser zu verstehen.	

2 MÄNNER UND FRAUEN UM 1800

Text 4:
Frau und Mann im Brockhaus-Lexikon von 1815 *(in originaler Schreibung)*

[I]n der Form des Mannes [offenbart sich] mehr die Idee der Kraft, in der Form des Weibes mehr die Idee der Schönheit [...] Der Geist des Mannes ist mehr schaffend, aus sich heraus in das Weite hinwirkend, zu Anstrengungen, zur Verarbeitung abstracter Gegenstände, zu weitaussehenden Plänen geneigter; unter den Leidenschaften und Affecten gehören die raschen, ausbrechendem dem Manne, die langsamen, heimlich in sich selbst gekehrten dem Weibe an. Aus dem Manne stürmt die laute Begierde; in dem Weibe siedelt sich die stille Sehnsucht an. Das Weib ist auf einen kleinen Kreis beschränkt, den es aber klarer überschaut; es hat mehr Geduld und Ausdauer in kleinen Arbeiten. Der Mann muß erwerben, das Weib sucht zu erhalten; der Mann mit Gewalt, das Weib mit Güte oder List. Jener gehört dem geräuschvollen öffentlichen Leben, dieses dem stillen häuslichen Cirkel. Der Mann arbeitet im Schweiße seines Angesichtes und bedarf erschöpft der tiefen Ruhe; das Weib ist geschäftig immerdar, in nimmer ruhender Betriebsamkeit. Der Mann stemmt sich dem Schicksal selbst entgegen, und trotzt schon zu Boden liegend noch der Gewalt; willig beugt das Weib sein Haupt und findet Trost und Hilfe noch in seinen Thränen.

4.6 Entnehmen Sie aus Text 4 und 5 Eigenschaften, die – der Auffassung der Autoren zufolge – jeweils für Frauen und für Männer charakteristisch sein sollen und tragen Sie sie in die Tabelle ein.

„Männer“	„Frauen“
Körperbau: Kraft	Körperbau: Schönheit

Text 5:
Friedrich Schiller: Würde der Frauen *(in originaler Schreibung)*

Ehret die Frauen! Sie flechten und weben
Himmlische Rosen ins irdische Leben,
Flechten der Liebe beglückendes Band,
Und, in der Grazie züchtigem Schleier,
Nähren sie wachsam das ewige Feuer
Schöner Gefühle mit heiliger Hand.

Ewig aus der Wahrheit Schranken
Schweift des Mannes wilde Kraft,
Unstät treiben die Gedanken
Auf dem Meer der Leidenschaft.
Gierig greift er in die Ferne,
Nimmer wird sein Herz gestillt,
Rastlos durch entleg'ne Sterne
Jagt er seines Traumes Bild.

Aber mit zauberisch fesselndem Blicke
Winken die Frauen den Flüchtling zurücke,
Warnend zurück in der Gegenwart Spur.
In der Mutter bescheidener Hütte
Sind sie geblieben mit schaamhafter Sitte,
Treue Töchter der frommen Natur.

Feindlich ist des Mannes Streben,
Mit zermalmender Gewalt
Geht der wilde durch das Leben,
Ohne Rast und Aufenthalt.
Was er schuf, zerstört er wieder,
Nimmer ruht der Wünsche Streit,
Nimmer, wie das Haupt der Hyder[1]
Ewig fällt und sich erneut.

Aber, zufrieden mit stillerem Ruhme,
Brechen die Frauen des Augenblicks Blume,
Nähren sie sorgsam mit liebendem Fleiß,
Freier in ihrem gebundenen Wirken,
Reicher, als er, in des Wissens Bezirken
Und in der Dichtung unendlichem Kreis.

Streng und stolz, sich selbst genügend,
Kennt des Mannes kalte Brust,
Herzlich an ein Herz sich schmiegend,
Nicht der Liebe Götterlust,
Kennet nicht den Tausch der Seelen,
Nicht in Thränen schmilzt er hin;
Selbst des Lebens Kämpfe stählen
Härter seinen harten Sinn.

Aber, wie leise vom Zephyr[2] erschüttert,
Schnell die aeolische Harfe[3] erzittert,
Also die fühlende Seele der Frau.
Zärtlich geängstigt vom Bilde der Qualen
Wallet der liebende Busen, es strahlen
Perlend die Augen von himmlischem Thau.

In der Männer Herrschgebiete
Gilt der Stärke trotzig Recht;
Mit dem Schwerdt beweist der Scythe[4],
Und der Perser wird zum Knecht.
Es befehden sich im Grimme
Die Begierden wild und roh,
Und der Eris[5] rauhe Stimme
Walte, wo die Charis[6] floh.

Aber mit sanft überredender Bitte
Führen die Frauen den Scepter[7] der Sitte,
Löschen die Zwietracht, die tobend entglüht,
Lehren die Kräfte, die feindlich sich hassen,
Sich in der lieblichen Form zu umfassen,
Und vereinen was ewig sich flieht.

[1] ***Hyder*** – *auch: Hydra; vielköpfiges schlangenartiges Ungeheuer in der griechischen Mythologie*
[2] ***Zephyr*** – *der säuselnde Westwind (griechische Mythologie)*
[3] ***aeolische Harfe*** – *Harfe, deren Saiten erklingen, wenn sie vom Wind in Schwingung versetzt werden (Aeolus = Gott der Winde)*
[4] ***Scythe*** – *Scythen: wildes Reitervolk*
[5] ***Eris*** – *griech. Göttin der Zwietracht*
[6] ***Charis*** – *griech. Göttin der Anmut*
[7] ***Scepter*** – *heute „das Zepter/Szepter“: Stab als Zeichen der Macht eines Herrschers*

4.7

Lesen Sie die nachfolgende INFO-BOX zum Gender-Begriff. Besprechen Sie anhand Ihrer Tabelle aus Aufgabe 4.6:

- Wie weit und in welchen Bereichen sind die 200 Jahre alten Vorstellungen von den Geschlechtern, die von Text 3, 4 und 5 vertreten werden, heute noch anzutreffen?
- Wie beeinflussen solche Anschauungen die Beziehungen zwischen Männern und Frauen?

Gestalten Sie dazu in Kleingruppen ein Plakat, das Sie vor der Klasse präsentieren.

GENDER — INFO-BOX

„Gender“

Mit **„Gender“** bezeichnet man **gesellschaftliche Rollenbilder und Zuschreibungen** von Wesenszügen an Männer und Frauen. Mit diesem Begriff kann man sie von körperlichen, „biologischen“ Aspekten (die meist unter dem Begriff „Sex“ zusammengefasst werden) unterscheiden.

„Richtige“ Männer, „richtige“ Frauen

Wenn wir uns als „richtige“ Männer und Frauen verhalten, folgen wir also gesellschaftlichen **Rollenbildern**. Wir spielen damit immer auch ein bisschen Theater, auch wenn wir es nicht bemerken. Das ist der Grund, warum Theater und Drama besonders geeignet sind, solche **Geschlechterrollen** „in Szene zu setzen“; man kann am Theater daher auch gut sehen, dass solche Gender-Zuschreibungen sich im Lauf der Geschichte sehr stark verändern und keineswegs „naturgegeben“ sind. Deshalb kann niemand sagen, wie Männer und Frauen „eigentlich sind“.

In den Anschauungen über Männer und Frauen hat sich um 1800 ein sehr folgenreicher **Wandel** ereignet. Wurde in früheren Zeiten die Frau als dem Mann zwar hinsichtlich Körperkraft u. a. unterlegen, aber **im Prinzip gleichartig** betrachtet, so setzte sich um 1800 die Auffassung durch, Männer und Frauen würden **in jeder Hinsicht entgegengesetzte Eigenschaften** aufweisen (und einander dann in der Ehe „ergänzen“).

Diese Entwicklung hängt eng mit der Entstehung der modernen bürgerlichen Familie zusammen: Männer gingen jetzt einem Beruf außer Haus nach, Frauen wurden für das „traute Heim“ zuständig und aus der Öffentlichkeit verdrängt. Erst im 20. Jahrhundert veränderten sich diese Rollen wieder grundlegend.

4.8

Lesen Sie den nachfolgenden So-geht's-Kasten „Einen lyrischen Text analysieren“.
Analysieren Sie danach Schillers „Würde der Frauen“ (Text 5). Bearbeiten Sie nur die Schritte 4 bis 6.

Achten Sie dabei auf folgende Besonderheiten des Gedichts:

- Das Gedicht besteht, wie Sie leicht feststellen können, aus einer Abfolge von „Frauen“- und „Männer“-Strophen; die hier geschilderten Positionen werden nicht nur durch den Inhalt voneinander abgegrenzt (wie Männer „sind“, wie Frauen „sind“ und was sie tun, wohin sie gehören usw.), sondern auch durch metrische Mittel. Welche? (zu Schritt 4 und 5)
- Welche Wörter und Begriffe setzt das Gedicht zur Beschreibung von Männern, welche zur Beschreibung von Frauen ein?
- Beschreiben Sie die Stellung, die das Gedicht in der Frage nach dem Verhältnis der Geschlechter zueinander einnimmt.

4.9 Wiederholen Sie, was folgende Begriffe bedeuten:
- Lyrisches Ich
- Jambus, Trochäus, Anapäst, Daktylus
- Strophe, Sonett, Freie Rhythmen
- Paarreim, Kreuzreim, umarmender Reim; Binnenreim, Assonanz

RP-Text

EINEN LYRISCHEN TEXT ANALYSIEREN — **SO GEHT'S**

Schritt 1: Lesen
- Lesen Sie den Text mehrmals und genau.
- Kennzeichnen Sie unklare Stellen; klären Sie sie später im Zuge der Analyse.
- Notieren Sie Ihre Gedanken, Fragen und Thesen bei der Lektüre.

Schritt 2: Eckdaten ermitteln
- Autor/in
- Titel und Bedeutung des Titels für den Text
- Entstehungszeit, wenn möglich: Zuordnung zu einer literarischen Epoche
- Inhalt (worum geht es? Was wird dargestellt?)
- Motiv (steht ein bestimmtes Motiv im Zentrum, z. B. Sehnsucht, Liebe, Natur ...?)

Schritt 3: die im Text dargestellte Welt
- Figuren
  a) Gibt es ein „lyrisches Ich" – d. h. einen/eine Sprecher/in, der/die „ich" sagt, aber oft nicht näher bestimmt ist?
  b) Gibt es ein „lyrisches Du", d. h. jemand, der/die angesprochen wird?
  c) Werden weitere Figuren genannt?
- Ort (werden Schauplätze oder andere Orte im Gedicht genannt? Welche?)
- Zeit
  a) Gibt es Hinweise auf die Zeit, in der das Gedicht angesiedelt ist?
  b) Gibt es „symbolische Zeiten", z. B. Jahreszeiten, die sich mit den Lebensaltern vergleichen lassen wie Frühling/Jugend, Winter/Alter usw.? Manche Jahreszeiten sind auch symbolisch traditionell mit Gefühlen verbunden, z. B. der Frühling („Lenz", „Mai") mit der Liebe.

Schritt 4: Struktur (Aufbau, Gliederung)
- Welche Strophen sind feststellbar (Zahl, Aufbau, liegt eine bestimmte Gedichtform wie z. B. das Sonett vor)? Wie hängen Inhalt und Strophenbau zusammen?
- Weitere Auffälligkeiten im Aufbau:
  a) Gibt es eine „Argumentation"?
  b) Ist eine bestimmte Abfolge von Bildern/Vergleichen feststellbar?
  c) Gibt es Wiederholungen oder Brüche, die den Text strukturieren?

Schritt 5: Metrum und Klangstrukturen
- Versmaß (z. B. Jambus, Trochäus): Jeden Vers genau analysieren auf Besonderheiten oder Abweichungen zu den anderen Versen.
- Klänge
  a) Liegen Reime oder freie Rhythmen vor?
  b) Bei Reimen: Reimschema beschreiben (z. B. abba cddc ...)
  c) Gibt es Binnenreime (Reime innerhalb einer Verszeile) und/oder Assonanzen („Vokalreime": lieben/frieren)?
  d) Versenden („Kadenzen"): stumpf (endet auf betonte Silbe)/klingend (endet auf unbetonte Silbe)

Schritt 6: Sprache
- Wörter und Wortwahl (welche Wörter/Wortfelder werden an welcher Stelle warum eingesetzt?)
- Sätze (dominieren bestimmte Satzarten wie z. B. Fragen?)
- Wiederholungsstrukturen (gibt es Motive/sprachliche Bilder, die das ganze Gedicht prägen? Werden immer wieder auftretende „Leitmotive" eingesetzt?)
- Bilder/Stilmittel/rhetorische Figuren
- Stil (z. B. nüchtern, blumig, sachlich, kunstvoll)

Übertragen Sie diese Übersicht auf Ihren PC; dann können Sie sie immer verwenden, wenn Sie einen lyrischen Text analysieren sollen.

3 BEZIEHUNGSTRAGÖDIEN: „PENTHESILEA“

In Heinrich v. Kleists (1777 – 1811) Trauerspiel „Penthesilea“ (1808) geht es um die in antiken Quellen belegte Fürstin des kriegerischen Frauenstammes der Amazonen. Die Amazonen entführen einmal im Jahr Männer als Kriegsgefangene zum Hochzeitsfest (dem „Rosenfest“); die daraus entstehenden männlichen Neugeborenen werden getötet, die Mädchen in den Stamm aufgenommen. Persönliche Liebesbeziehungen zwischen Amazonen und Männern sind verboten. – Als die Amazonen in den Kampf zwischen Griechen und Trojanern eingreifen, trifft Penthesilea auf den griechischen Helden Achill. Die beiden verlieben sich ineinander. Im Zweikampf – denn Penthesilea darf Achill nur als Kriegsbeute mit sich nehmen – siegt Achill, der in Bewusstlosigkeit gefallenen Penthesilea wird eingeredet, Achill sei ihr Gefangener, nicht umgekehrt, damit sie ihn nach den Normen der Amazonenwelt zum Geliebten nehmen kann. Als ihm erläutert wird, er würde nach dem Rosenfest wieder weggeschickt werden, klärt er Penthesilea über ihre tatsächliche Niederlage auf. – Penthesilea wird von den Amazonen befreit. Achill greift zu einer List: Er möchte sich absichtlich von Penthesilea besiegen lassen, um ihre Liebe zu gewinnen, und fordert sie erneut zum Zweikampf. Penthesilea aber, die sich gedemütigt glaubt, verfällt in Raserei.

4.10

Lesen Sie den folgenden Textausschnitt aus dem Drama. Lesen Sie langsam! Sie werden den Text noch besser verstehen, wenn Sie ihn auch laut lesen.
Verfassen Sie anschließend ein Interview zwischen einer an diesem sensationellen Fall interessierten Journalistin und der Augenzeugin Meroe. Die Journalistin möchte alles über die möglichen Motive, den Charakter der involvierten Personen und die Auslöser der Tat wissen – und mögliche Folgen: Wie wird Penthesileas Umfeld auf die Tat reagieren? (Umfang: ca. 500 Wörter)

Text 6:
Heinrich von Kleist: Penthesilea *(in originaler Schreibung)*

Heinrich von Kleist (1777–1811)

Meroe: O ihr, der Diana[1] heilge Priesterinnen,
Und ihr, Mars'[2] reine Töchter, hört mich an:
Die afrikanische Gorgone[3] bin ich,
Und wie ihr steht, zu Steinen starr ich euch.
Die Oberpriesterinn: Sprich, Gräßliche! was ist geschehn?
Meroe: Ihr wißt,
Sie zog dem Jüngling, den sie liebt, entgegen,
Sie, die fortan kein Name nennt –
In der Verwirrung ihrer jungen Sinne,
Den Wunsch, den glühenden, ihn zu besitzen,
Mit allen Schrecknissen der Waffen rüstend.
Von Hunden rings umheult und Elefanten,
Kam sie daher, den Bogen in der Hand:
Der Krieg, der unter Bürgern rast, wenn er,
Die blutumtriefte Graungestalt, einher,
Mit weiten Schritten des Entsetzens geht,
Die Fackel über blühnde Städte schwingend,
Er sieht so wild und scheußlich nicht, als sie.
Achilleus, der, wie man im Heer versichert,
Sie bloß ins Feld gerufen, um freiwillig
Im Kampf, der junge Tor, ihr zu erliegen:
Denn er auch, o wie mächtig sind die Götter!
Er liebte sie, gerührt von ihrer Jugend,
Zu Dianas Tempel folgen wollt er ihr:
Er naht sich ihr, voll süßer Ahndungen,
Und läßt die Freunde hinter sich zurück.
Doch jetzt, da sie mit solchen Greulnissen
Auf ihn herangrollt, ihn, der nur zum Schein
Mit einem Spieß sich arglos ausgerüstet:
Stutzt er, und dreht den schlanken Hals, und horcht,
Und eilt entsetzt, und stutzt, und eilet wieder:
Gleich einem jungen Reh, das im Geklüfft
Fern das Gebrüll des grimmen Leun vernimmt.
Er ruft: Odysseus! mit beklemmter Stimme,
Und sieht sich schüchtern um, und ruft: Tydide![4]
Und will zurück noch zu den Freunden fliehn;
Und steht, von einer Schar schon abgeschnitten,
Und hebt die Händ empor, und duckt und birgt
In eine Fichte sich, der Unglücksel'ge,
Die schwer mit dunkeln Zweigen niederhangt. –
Inzwischen schritt die Königin heran,
Die Doggen hinter ihr, Gebirg und Wald
Hochher, gleich einem Jäger, überschauend;
Und da er eben, die Gezweige öffnend,
Zu ihren Füßen niedersinken will:
Ha! sein Geweih verrät den Hirsch, ruft sie,
Und spannt mit Kraft der Rasenden, sogleich
Den Bogen an, daß sich die Enden küssen,
Und hebt den Bogen auf und zielt und schießt,
Und jagt den Pfeil ihm durch den Hals; er stürzt:
Ein Siegsgeschrei schallt roh im Volk empor.

Jetzt gleichwohl lebt der Ärmste noch der Menschen,
Den Pfeil, den weit vorragenden, im Nacken,
Hebt er sich röchelnd auf, und überschlägt sich,
Und hebt sich wiederum und will entfliehn;
Doch, hetz! schon ruft sie: Tigris! hetz, Leäne!
Hetz, Sphinx! Melampus! Dirke! Hetz, Hyrkaon![5]
Und stürzt – stürzt mit der ganzen Meut, o Diana!
Sich über ihn, und reißt – reißt ihn beim Helmbusch,
Gleich einer Hündin, Hunden beigesellt,
Der greift die Brust ihm, dieser greift den Nacken,
Daß von dem Fall der Boden bebt, ihn nieder!
Er, in dem Purpur seines Bluts sich wälzend,
Rührt ihre sanfte Wange an, und ruft:
Penthesilea! meine Braut! was tust du?
Ist dies das Rosenfest, das du versprachst?
Doch sie – die Löwin hätte ihn gehört,
Die hungrige, die wild nach Raub umher,
Auf öden Schneegefilden heulend treibt;
Sie schlägt, die Rüstung ihm vom Leibe reißend,
Den Zahn schlägt sie in seine weiße Brust,
Sie und die Hunde, die wetteifernden,
Oxus und Sphynx den Zahn in seine rechte,
In seine linke sie; als ich erschien,
Troff Blut von Mund und Händen ihr herab.
(Pause voll Entsetzen)
Vernahmt ihr mich, ihr Fraun, wohlan, so redet,
Und gebt ein Zeichen eures Lebens mir.
(Pause)

[1] **Diana** – *röm. Göttin der Jagd*
[2] **Mars** – *röm. Kriegsgott*
[3] **Gorgone** – *Schreckensgestalt in der griech. Mythologie; bei ihrem Anblick erstarrt man zu Stein*
[4] **Tydide** – *in der griech. Mythologie ein Königssohn; vom Vater wegen Mordes verstoßen*
[5] **Sphyinx, ...** – *Figuren der griech. Mythologie*

Nach der Tat wacht Penthesilea aus ihrer Trance auf; sie wird mit der Leiche Achills vor die entsetzte Oberpriesterin der Amazonen gebracht und versucht zu verstehen, was geschehen ist:

Penthesilea: Küßt ich ihn tot?
Die erste Priesterin: O Himmel!
Penthesilea: Nicht? Küßt' ich nicht? Zerrissen wirklich? sprecht?
Die Oberpriesterin: Weh! Wehe! ruf ich dir. Verberge dich!
Laß fürder ewge Mitternacht dich decken!
Penthesilea: – So war es ein Versehen. Küsse, Bisse,
Das reimt sich, und wer recht von Herzen liebt,
Kann schon das eine für das andre greifen.
Meroe: Helft ihr, ihr Ewgen, dort!
Prothoe: *(ergreift sie)* Hinweg!
Penthesilea: Laßt, laßt!
(Sie wickelt sich los, und läßt sich auf Knieen vor der Leiche nieder.)
Du Ärmster aller Menschen, du vergibst mir!
Ich habe mich, bei Diana, bloß versprochen,
Weil ich der raschen Lippe Herr nicht bin;
Doch jetzt sag' ich dir deutlich, wie ichs meinte:
Dies, du Geliebter, wars, und weiter nichts.
(Sie küßt ihn.)
Die Oberpriesterin: Schafft sie hinweg!
Meroe: Was soll sie länger hier?
Penthesilea: Wie manche, die am Hals des Freundes hängt,
Sagt wohl das Wort: sie lieb ihn, o so sehr,
Daß sie vor Liebe gleich ihn essen könnte;
Und hinterher, das Wort beprüft, die Närrin!
Gesättigt sein zum Ekel ist sie schon.
Nun, du Geliebter, so verfuhr ich nicht.
Sieh her: als *ich* an deinem Halse hing,
Hab ich's wahrhaftig Wort für Wort getan;
Ich war nicht so verrückt, als es wohl schien.
Meroe: Die Ungeheuerste! Was sprach sie da?
Die Oberpriesterin: Ergreift sie! Bringt sie fort!

Am Ende des Dramas bringt sich Penthesilea um, ohne Waffe, nur mit der Kraft ihrer Gefühle, die sie gegen sich selbst wendet:

Prothoe: So laß mich dir ein Wort, mein Schwesterherz –
(sie sucht ihr den Dolch wegzunehmen)
Penthesilea: Nun denn, und was? – – Was suchst du mir am Gurt?
– Ja, so. Wart gleich! Verstand ich dich doch nicht.
– – Hier ist der Dolch.
(Sie löst sich den Dolch aus dem Gurt, und gibt ihn der Prothoe.)
Willst du die Pfeile auch?
(Sie nimmt den Köcher von der Schulter.)
Hier schütt' ich ihren ganzen Köcher aus!
(Sie schüttet die Pfeile vor sich nieder.)
Zwar reizend wärs von *einer* Seite –
(Sie hebt einige davon wieder auf.)
Denn dieser hier – nicht? Oder war es dieser – ?
Ja, der! Ganz recht – Gleichviel! Da! Nimm sie hin!
Nimm alle die Geschosse zu dir hin!
(Sie rafft den ganzen Bündel wieder auf, und gibt ihn der Prothoe in die Hände.)
Prothoe: Gib her.
Penthesilea: Denn jetzt steig ich in meinen Busen nieder,
Gleich einem Schacht, und grabe, kalt wie Erz,
Mir ein vernichtendes Gefühl hervor.
Dies Erz, dies läutr' ich in der Glut des Jammers
Hart mir zu Stahl; tränk es mit Gift sodann,

Heißätzendem, der Reue, durch und durch;
Trag es der Hoffnung ewgem Amboß zu,
Und schärf und spitz es mir zu einem Dolch;
Und diesem Dolch jetzt reich ich meine Brust:
So! So! So! So! Und wieder! – Nun ists gut.
(Sie fällt und stirbt.)

Prothoe: *(die Königin auffassend)* Sie stirbt!
Meroe: Sie folgt ihm, in der Tat!
Prothoe: Wohl ihr!
Denn hier war ihres fernern Bleibens nicht.
(Sie legt sie auf den Boden nieder.)

TRAGÖDIE/TRAUERSPIEL — **INFO-BOX**

Die **Tragödie** (deutschsprachige Bezeichnung zumeist: **Trauerspiel**) ist die älteste Gattung des europäischen Theaters, sie entstand im antiken Griechenland im 5. Jahrhundert v. Chr. auf der Grundlage religiöser Kulte. Die wichtigsten antiken Tragiker sind **Aischylos** *(Orestie, Der gefesselte Prometheus)*, **Sophokles** *(König Ödipus, Antigone)* und **Euripides** *(Alkestis, Medea)*, die Stoffe stammen vor allem aus der Mythologie.

Für die Tragödie ist charakteristisch, dass der **tragische Held scheitert**, wenn er seinem Schicksal entgehen möchte und sich in Schuld verstrickt; die Tragödie endet meist mit dem **Tod des Helden**.

In der Neuzeit wird die Tragödienform wieder entdeckt; in Renaissance (William **Shakespeare**), Barock und Klassik (**Schiller**, Heinrich v. **Kleist**) spielt die Tragödie eine wichtige Rolle.

Sprachlich-rhetorisch ist die Tragödie in hohem Stil gehalten (Verse, metaphern- und effektreiche Sprache). Im Unterschied dazu ist die **Komödie** durch eine einfache Sprache und guten Ausgang gekennzeichnet.

4.11

Listen Sie auf, in welchen Aspekten sich die Figur der Penthesilea von dem bei Schiller (Text 5) vertretenen Frauenbild unterscheidet.
Schreiben Sie dann einen kurzen Nachruf auf Penthesilea (ca. 300 Wörter).

MÄNNER- UND FRAUEN-„ROLLEN“ — **INFO-BOX**

In der INFO-BOX „Gender“ wurden Männer- und Frauenbilder als **„Rollen“** bezeichnet und mit dem Theater verglichen. Es gibt Theorien, die darauf aufbauend behaupten, dass „Männlichkeit“ und „Weiblichkeit“ überhaupt erst dadurch entsteht, dass sich Menschen gemäß solchen Rollenbildern **verhalten**. Wichtiger als „biologische“ Unterschiede (über die es übrigens in verschiedenen Zeiten, Kulturen und Wissenschaften sehr unterschiedliche Ansichten gegeben hat und die daher gar nicht so „selbstverständlich“ sind, wie es uns scheint), sind daher diese **„Aufführungen“**, die wir alle jeden Tag im ganz gewöhnlichen Leben mitmachen. Man spricht von **„Performanz“** und **„Performativität“** (wie bei einer künstlerischen „performance“). Wir sind daher nach dieser Ansicht Schauspieler/innen, die vorgefertigte Rollen ausführen, ob wir das wissen und wollen oder nicht.

Text 7: *(in originaler Schreibung)*

Conchita Wurst: Super-Weiblichkeit mit Bart

Esther Hutfless und Elisabeth Schäfer

[...] Obzwar Tom Neuwirth – alias Conchita Wurst – ganz klar thematisiert, dass er ein schwuler Mann ist, hat er es geschafft, mit seiner Conchita-Performance kontinuierlich Verwirrung in der öffentlichen Diskussion seines Geschlechts zu stiften. In den vielfältigen Reaktionen auf die Erscheinung von Conchita Wurst steht immer wieder der Bart im Zentrum des Interesses. Bei der Durchgabe der jeweiligen Punktezahlen ihrer Länder beim Song Contest[1] haben einige ModeratorInnen mit Rasierern und Gesten auf den Bart der SängerIn angespielt. Die Performance von Weiblichkeit wird Conchita Wurst als Natürlichkeit abgenommen – der gezückte Rasierer in der Hand des Moderators zeigt: Es ist der Bart, dessen Rasur die Ordnung der Geschlechter wiederherstellen kann.

Conchita ohne Bart, das wäre eine richtige Frau. Dass aber in diesem Fall die Rasur eine klassisch biologistisch verstandene Weiblichkeit nicht herstellen kann, könnten wir alle wissen. Es ist ein offenes Geheimnis. Aber ein glaubhaftes. Damit ist Tom Neuwirth in einer breiten Öffentlichkeit die sensationelle Darstellung dessen gelungen, was in der Genderforschung [...] schon lange verhandelt wird. Geschlecht ist ein performativ hergestelltes. [...]

[1] **Song Contest** – *Conchita Wurst (Tom Neuwirth) gewann 2014 den 59. Internationalen Eurovision Song Contest in Kopenhagen, einen jährlich unter großem medialen Interesse stattfindenden Popmusikwettbewerb. Der Beitrag, mit dem Neuwirth/Wurst den Wettbewerb gewann, ist im Internet abrufbar.*

4.12 Der österreichische Sänger und Performer Tom Neuwirth (geb. 1988) tritt als weibliche „Kunstfigur" unter dem Fantasienamen „Conchita Wurst" auf, für die es auch eine erfundene Biographie gibt. Das Besondere an seinen/ihren Auftritten ist allerdings, dass er/sie einen schwarzen Vollbart trägt und damit „männliche" und „weibliche" körperliche Erscheinungsweisen durcheinanderbringt.
Gestalten Sie für eine Radiosendung eine Einleitung zu seiner/ihrer Person. Beschreiben Sie seine/ihre körperliche Erscheinung und wie diese „Kunstfigur" in der Performance in Erscheinung tritt.

4 ABSCHIEDE – DAS TAGELIED

4.13 Hören Sie den Text des Tageliedes „Sîne klâwen" von Wolfram von Eschenbach.
Lesen Sie dann den ganzen Text selbst laut – ordnen Sie davor die Strophen verschiedenen Sprechern/Sprecherinnen zu: Wächter, Dame und Erzähler.

SB PLUS

Text 8:
Wolfram v. Eschenbach: Sîne klâwen

„Sîne klâwen
durch die wolken sint geslagen,
er stîget ûf mit grôzer kraft;
ich sich in grâwen
tegelîch, als er wil tagen:
den tac, der im geselleschaft
Erwenden wil, dem werden man,
den ich mit sorgen în verliez.
ich bringe in hinnen, ob ich kan.
sîn vil mánigiu tugent mich daz leisten hiez."

„Wahtaer, du singest,
daz mir manige vreude nimt
unde mêret mîn klage.
maer du bringest,
der mich leider niht gezimt,
immer morgens gegen dem tage.
Diu solt du mir verswîgen gar.
daz gebiut ich den triuwen dîn.
des lôn ich dir, als ich getar,
sô belîbet hié dér geselle mîn."

„Er muoz et hinnen
balde und ân sûmen sich.
nu gib im urloup, süezez wîp.
lâze in minnen
her nâch sô verholn dich,
daz er behalte êre und den lîp.
Er gab sich mîner triuwen alsô,
daz ich in braehte ouch wider dan.
ez ist nu tac. naht was ez, dô
mit drúcken an brúst dîn kus mir in an gewan."

„Seine Klauen
sind durch die Wolken geschlagen.
Er steigt herauf mit großer Kraft.
Ich sehe ihn grauen,
täglich, so wie er jetzt tagen wird,
den Tag, der ihn um das Zusammensein mit der Geliebten
bringen will, den edlen Mann,
den ich voll Sorge eingelassen habe.
Ich bringe ihn wieder fort, wenn ich kann.
Seine hervorragenden Eigenschaften haben mich dazu bestimmt, dieser Pflicht nachzukommen."

„Wächter, du singst etwas,
das mir viel Freuden nimmt
und meinen Schmerz vergrößert.
Neuigkeiten bringst du mir,
die mir leider nicht gefallen,
immer morgens, wenn der Tag anbricht.
Von denen sollst du mir gänzlich schweigen.
Das befehle ich dir bei deiner Pflicht zur Treue.
Dafür belohne ich dich, wie ich es kann.
So bleibt mein Geliebter hier."

„Er muss nun einmal fort,
sogleich und ohne zu säumen.
Verabschiede ihn nun, schöne Frau.
Lass ihn dich später so im Verborgenen lieben,
dass er sein Ansehen und sein Leben behalten kann.
Er hat sich meiner Treue anvertraut,
sodass ich ihn auch wieder sicher von hier wegbringen sollte.

„Swaz dir gevalle,
wahtaer, sinc, und lâ den hie,
der minne brâht und minne enpfienc.
von dînem schalle
ist er und ich erschrocken ie,
sô nínder der mórgenstern ûf gienc
Ûf in, der her nâch minne ist komen,
noch ninder lûhte tages lieht.
du hâst in dicke mir benomen
von blanken armen, und ûz herzen niht."

Von den blicken,
die der tac tet durch diu glas,
und dô wahtaere warnen sanc,
si muose erschricken
durch den, der dâ bî ir was.
ir brüstlîn an brust si dwanc.
Der rîter ellens niht vergaz;
des wold in wenden wahtaers dôn:
urloup nâh und nâher baz
mit kusse und anders gap in minne lôn.

Es ist jetzt Tag. Nacht war es,
als in inniger Umarmung dein Kuss ihn von mir trennte."

„Was auch immer dir gefällt,
Wächter, das singe, aber lass den hier,
der Liebe schenkte und Liebe empfing.
Von deinem Gesang sind er und ich stets aufgeschreckt worden,
zu einem Zeitpunkt, da noch lange nicht der Morgenstern aufgegangen war
über ihm, der um der Liebe willen hergekommen ist,
und das Licht des Tages noch nicht leuchtete.
Du hast ihn mir immer wieder
aus dem hellschimmernden Armen gerissen, aber nicht aus dem Herzen."

Von den Blicken,
die der Tag durch die Scheiben warf,
und als Wächter sein Warnlied sang,
erschrak sie unwillkürlich
um seinetwillen, der dort bei ihr war.
Ihre zarten Brüste drückte sie an seine Brust.
Der Ritter erinnerte sich seiner Männlichkeit;
davon wollte ihn das Lied des Wächters abbringen:
Der Abschied, nah und immer näher,
gab ihnen im Kuss – und auch sonst – den Lohn der Liebe.

TAGELIED **INFO-BOX**

Das Tagelied ist eine Gattung der mittelhochdeutschen Literatur des Mittelalters. Es zeigt den Abschied des Ritters von der Dame nach einer heimlich gemeinsam verbrachten Nacht. Die Liebenden werden durch die Sonne, die Vögel oder durch einen vertrauten Wächter geweckt, beklagen die bevorstehende Trennung sowie die Gefahr einer Entdeckung und nehmen Abschied.

Ein Merkmal des Tageliedes ist der **nach Strophen aufgeteilte Dialog** zwischen Ritter und Dame oder zwischen Wächter und Dame.

Im Tagelied sind Mann und Frau weitgehend **gleichberechtigt**, weder Mann noch Frau wollen sich trennen, die Männer erscheinen eher passiv (der Mann will nicht kämpfen, sondern im Bett bleiben).

Das Tagelied ist eine Kunstform. Es beruht nicht auf wirklichen Erlebnissen, bildet die Wirklichkeit in keiner Weise ab.

WOLFRAM **INFO-BOX**

Wolfram von Eschenbach (um 1160/80 – um/nach 1220) ist – neben Gottfried von Straßburg – der wichtigste Erzähler der mittelhochdeutschen Literatur. Von ihm stammt das Versepos **„Parzival"**, die Geschichte eines Artusritters, der Gralskönig wird (viele moderne Geschichten vom Heiligen Gral gehen auf dieses Werk zurück).

Neben „Parzival" gehen auch die Epen „Willehalm" und „Titurel" auf Wolfram zurück; dazu sind neun Minnelieder unter seinem Namen überliefert.

4.14

Sie sind Juroren/Jurorinnen (Schiedsrichter/innen) beim „Sängerstreit auf der Wartburg", einem mittelalterlichen Literaturwettbewerb. Die beiden Gedichte von Wolfram (Text 8) und Dietmar (Text 9) sind in der Endrunde um den Titel des besten Tagelieddichters.

Beurteilungskriterien sind:

- Erfüllung der Merkmale (INFO-BOX)
- Gestaltung des Tag-Nacht-Übergangs
- Ist die Situation deutlich erkennbar?
- Charakterisierung der Liebenden
- Darstellung der Gefahr, entdeckt zu werden
- treffende Metaphern
- reine Reime

Bereiten Sie in Kleingruppen die Argumente für die Schlussplädoyers vor: die eine Hälfte der Klasse für die Überlegenheit des Wolfram-, die andere für die des Dietmar-Gedichtes.
Jede Gruppe kann einen/eine Vertreter/in in die Schlussdiskussion entsenden.

Text 9:
Dietmar von Aist: Slâfest du, vriedel ziere?

„Slâfest du, vriedel ziere?
wan wecket uns leider schiere;
ein vogellîn sô wol getân,
daz ist der linden an daz zwî gegân.“

Ich was vil sanfte entslâfen,
nu rüefest tû, kint wâfen.
liep âne leit mac niht sîn.
swaz du gebiutest, daz leiste ich, vriundin mîn.“

Diu vrouwe begunde weinen:
„Du rîtest hinnen und lâst mich eine.
wenne wilt du wider her zuo mir?
owê, du vüerest mîne vröide sant dir!“

„Schläfst du, schöner Freund?
Man weckt uns leider bald;
ein Vöglein, ein so schönes,
das hat sich der Linde ins Gezweig gesetzt.“

„Ich war ganz leicht eingeschlafen,
als du, Kind; ‚O weh‘ riefst.
Liebe ohne Leid kann es nicht geben.
Was du befiehlst, Geliebte, das tue ich.“

Die Dame begann zu weinen:
„Du reitest weg und lässt mich alleine.
Wann willst du wieder her zu mir kommen?
O weh, du führst meine Freude mit dir fort!“

Dietmar v. Aist: Abbildung aus der Großen Heidelberger Liederhandschrift („Codex Manesse“), die zwischen 1300 und 1340 geschrieben wurde. In dieser Form sind die Lieder und Gedichte des Mittelalters überliefert.

4.15 Bereiten Sie in Partner/innenarbeit eine Gedichtanalyse von einem der beiden Tagelieder (Text 8 und 9) nach Wahl vor. Benützen Sie dazu den So-geht's-Kasten „Einen lyrischen Text analysieren“ aus diesem Modul (Seite 66), arbeiten Sie alle Schritte 1 bis 6 aus.
Machen Sie sich Stichwortenotizen und tragen Sie Ihre Analyse einer anderen Zweiergruppe vor. Vergleichen Sie Ihre Ergebnisse.

Text 10:
Peter Rühmkorf: Tagelied *(in originaler Schreibung, 1979)*

[...]
Verdammter Morgen, bleiche Abschiedsstunde,
wenn uns der Schweiß gefriert.
Dein Finger paßt so schön in meine Wunde,
faß rein, daß sie sich spürt.
Und Biß um Biß sich aneinanderreihend
machen der Seele die Gestalt bewußt.
Scharf wie Makrelen, Plankton seihend,
schlürfen wir uns die Seufzer aus der Brust.
Die Nacht ist hin, die Dinge sind so sausend
(Ein Kuß noch draufgepappt)
Eh uns der schwarze Müllmann[1] 1 : 100 000
im Acheron[2] verklappt ...
Ein Blutsturz, gut, so steigt er, so verstrullt[3] er;
Schmerzböen, Tränenschauer, immer hinterher!
Das nimmt das Wasser alles auf die leichte Schulter;
das trägt die Flut ins Meer –

[1] **der schwarze Müllmann** – *der Tod*
[2] **Acheron** – *Totenfluss der griechischen Mythologie, über den der Fährmann Charon die Seelen der Verstorbenen ins Totenreich bringt*
[3] **verstrullen** – *norddeutsch für: ausfließen*

4.16
1. Vergleichen Sie das Tagelied von Peter Rühmkorf (Text 10) aus dem zwanzigsten Jahrhundert mit Text 8 und Text 9. Finden Sie Gemeinsamkeiten und Unterschiede im Hinblick auf die Textsorte „Tagelied“.
2. Erläutern Sie, inwiefern Wissen über das mittelalterliche Tagelied Ihr Verständnis des Textes verändert.

Modul 4 – Kompetenztest 1	
Kompetenzbereiche:	a) Textkompetenz b) Literarische Bildung
Was Sie können sollen:	a) Textinhalt erfassen, Textsinn verstehen, den Text reflektieren b) verschiedene Techniken der Texterfassung beherrschen c) Merkmale von Textarten und Genres feststellen und als Mittel der Textintention verstehen d) Ort, Figuren, Geschehen, Zeit als literarische Grundelemente benennen e) sprachliche Verfahren in ästhetischen Texten aufzeigen
Erlaubte Hilfsmittel:	Analyseraster
Testzeit:	70 Minuten

Aufgabe 1

Der folgende Textausschnitt (in originaler Schreibung) stammt aus August Wilhelm Schlegels Übersetzung von William Shakespeares „Romeo und Julia" (3. Akt, 5. Szene). Verfassen Sie eine vollständige Szenenanalyse (Umfang: 400 Wörter).
Vorarbeit: Analysieren Sie den Textauszug mit Hilfe des Analyserasters.

Julia: Willst du schon gehn? Der Tag ist ja noch fern.
Es war die Nachtigall, und nicht die Lerche,
Die eben jetzt dein banges Ohr durchdrang;
Sie singt des Nachts auf dem Granatbaum dort.
Glaub', Lieber, mir: es war die Nachtigall.

Romeo: Die Lerche war's, die Tagverkünderin,
Nicht Philomele; sieh den neid'schen Streif,
Der dort im Ost der Frühe Wolken säumt:
Die Nacht hat ihre Kerzen ausgebrannt,
Der muntre Tag erklimmt die dunst'gen Höh'n:
Nur Eile rettet mich, Verzug ist Tod.

Julia: Trau' mir, das Licht ist nicht des Tages Licht,
Die Sonne hauchte dieses Luftbild aus,
Dein Fackelträger diese Nacht zu sein,
Dir auf dem Weg nach Mantua zu leuchten;
Drum bleibe noch: zu gehn ist noch nicht Not.

Romeo: Laß sie mich greifen, ja, laß sie mich töten!
Ich gebe gern mich drein, wenn du es willst.
Nein, jenes Grau ist nicht des Morgens Auge,
Der bleiche Abglanz nur von Cynthias Stirn.
Das ist auch nicht die Lerche, deren Schlag
Hoch über uns des Himmels Wölbung trifft.
Ich bleibe gern: zum Gehn bin ich verdrossen. –
Willkommen, Tod! hat Julia dich beschlossen. –
Nun, Herz? Noch tagt es nicht, noch plaudern wir.

Julia: Es tagt, es tagt! Auf! eile! fort von hier!
Es ist die Lerche, die so heiser singt
Und falsche Weisen, rauhen Mißton gurgelt.
Man sagt, der Lerche Harmonie sei süß;
Nicht diese: sie zerreißt die unsre ja.
Die Lerche, sagt man, wechselt mit der Kröte
Die Augen: möchte sie doch auch die Stimme!
Die Stimm' ist's ja, die Arm aus Arm uns schreckt,
Dich von mir jagt, da sie den Tag erweckt.
Stets hell und heller wird's: wir müssen scheiden.

Romeo: Hell? Dunkler stets und dunkler unsre Leiden!

Die Wärterin kommt herein.

Wärterin: Fräulein! [...]

„Romeo und Julia" – Verfilmung mit Leonardo DiCaprio als Romeo und Claire Danes als Julia unter der Regie von Baz Luhrmann (1996)

Modul 4 – Kompetenztest 2	
Kompetenzbereiche:	a) Textkompetenz b) Literarische Bildung
Was Sie können sollen:	a) Textinhalt erfassen, Textsinn verstehen, den Text reflektieren b) verschiedene Techniken der Texterfassung beherrschen c) Merkmale von Textarten und Genres feststellen und als Mittel der Textintention verstehen d) Ort, Figuren, Geschehen, Zeit als literarische Grundelemente benennen e) Bezüge zwischen Texten herstellen f) sprachliche Verfahren in ästhetischen Texten aufzeigen
Erlaubte Hilfsmittel:	Analyseraster
Testzeit:	Aufgabe 1: 40 Minuten Aufgabe 2: 3 Minuten

Aufgabe 1 Analysieren Sie das folgende Tagelied in Stichworten mit Hilfe des Analyserasters.

Mönch von Salzburg

Das kchühorn

Untarn ist gewonlich reden ze Salzburg und bedeütt, so man izzet nach mittem tag über ain stund oder zwo.

Untarn slaf tut den sumer wol, der an
straf liblich ruen sol
pey der diren auf dem stro:
in der stiren macht es fro.

Sy:
Ich muzz hyn, mein traut gesell,
ich hab ze lang geslaffen hy pey dir.

Er:
Traut gespil, ge, wy got well,
ich laz dich schaiden nicht so pald von mir.

Sy:
Ja sint dy kchü noch ungemolchen,
darumb ist mir gach:
gespottet wurd mir von den volchen,
sold ich treiben nach.

ain frische, wolgemute diren kan und
waiz gelympf:
dar umb sorg nyman umb dy yren:
ez ist nür yr schympf.

Dy mit lust dem gesellen gut
drukt sein brust – hey, wy wol ez tut! –
der ist zoren, wer sey wekt mit dem horen und
erschrekt

Er:
Herczen Trost, wy wol ich spür,
daz du mir pist ain ungetrëuez weib!

Sy:
Dinst und lon ich gar verlür,
wizz got! nit, daz ich lenger hy beleib.
gehab dich wol, ich küm her wider,
so ich peldist kan,
und leg mich wider zu dir nyder, herczen libster man.

Mönch von Salzburg

Das Kuhhorn

Untarn ist ein in Salzburg gebräuchlicher Ausdruck und bezeichnet die Essenszeit mittags zwischen ein und zwei Uhr.

Ein Mittagsschlaf im Sommer tut gut, wenn
einer ohne Sorgen zärtlich
bei der Magd auf dem Stroh liegen kann. Das
bereitet Vergnügen.

Sie:
Ich muss fort, liebster Freund, ich habe schon zu
lange hier bei dir geschlafen.

Er:
Geh es, wie Gott will, Liebste,
ich lass dich nicht so schnell fort.

Sie:
Die Kühe sind doch noch nicht gemolken,
deshalb habe ich es so eilig.
Die Leute würden über mich spotten,
wenn ich als letzte hinterher käme.

Eine junge, aufgeweckte Magd
weiß genau, was sich schickt.
Deshalb kümmere sich niemand darum, wie
sie sich vergnügt.

Die umarmt ihren Liebsten leidenschaftlich,
drückt seine Brust – hei, wie gut das tut! –
Wer sie mit dem Horn weckt
und erschreckt, dem ist ihr Zorn sicher.

Er:
Liebster Schatz, ich spüre genau,
dass du mir untreu bist.

Sie:
Ich würde Arbeit und Lohn sicherlich verlieren,
weiß Gott, es geht nicht, dass ich noch länger hier
bleibe. Leb wohl, ich komme zurück,
so schnell ich kann,
und leg mich wieder zu dir, herzallerliebster Freund.

ain frische, wolgemute diren kan und
waiz gelympf:
dar umb sorg nyman umb dy yren:
ez ist nür yr schympf.

In dem lauzz, so der herter schreit:
ho, treib auzz! hoho, des ist zeit! sy erwachet
nach der mü: unbesachet sint dy kchü.

Das fügt wol ainem armen knecht,
dem gut und mut stet all zeit in dem saus;
gold und vechs ist ym nit recht,
ym fügt vil paz dy dyren in dem haus: wenn sy
des morgens fru wil haiczen, so wekt sy yn vor;
sein hercz kan sy zu freüden raiczen, daz ez
swebt empor.

ain frische, wolgemute diren kan und
waiz gelympf:
dar umb sorg nyman umb dy yren:
ez ist nür yr schympf.

Eine junge, aufgeweckte Magd
weiß genau, was sich schickt.
Deshalb kümmere sich niemand darum, wie
sie sich vergnügt.

In ihrem Versteck, als der Hirte ruft: „Hoho, treib aus!
Hoho, es ist Zeit!“ schreckt sie nach dem Liebesspiel
hoch denn die Kühe sind noch nicht versorgt.

So geht es einem armen Knecht,
der jederzeit nur auf sein Vergnügen aus ist. Auf Gold
und Hermelin kann er verzichten, ihm ist die Magd im
Haus viel lieber. Wenn sie früh am Morgen das Feuer
anmachen muss, weckt sie ihn zuvor.
Sie kann ihn so zur Liebe verführen,
dass er sich wie im siebten Himmel fühlt.

Eine junge, aufgeweckte Magd
weiß genau, was sich schickt.
Deshalb kümmere sich niemand darum, wie
sie sich vergnügt.

Aufgabe 2

a) Erläutern Sie, inwiefern es sich bei diesem spätmittelalterlichen Lied eines namentlich nicht bekannten Salzburger Dichters aus der zweiten Hälfte des 14. Jahrhunderts um ein Tagelied handelt. Gehen Sie dabei auf inhaltliche und gestalterische Merkmale ein.

b) Erläutern Sie an zumindest drei Aspekten, inwiefern sich dieses Tagelied von den hochmittelalterlichen unterscheidet.

Was ich jetzt kann und verstehe

Ich ...	Schätzen Sie sich ein (+2 = ganz gut, -2 = nicht)!			
	+2	+1	-1	-2
... kenne Kriterien, nach denen man Dramenszenen analysieren kann.				
... kann Dramenszenen analysieren.				
... kenne Kriterien, nach denen man Gedichte analysieren kann.				
... kann Gedichte analysieren.				
... kenne Merkmale der Gattungen Trauerspiel/Tragödie, bürgerliches Trauerspiel und Tagelied.				
... weiß, was die Textsorte Textanalyse ausmacht.				
... kann Textanalysen verfassen.				
... kenne den Unterschied von „Sex“ und „Gender“.				

Sind Sie mit Ihren Lernfortschritten zufrieden? – Wenn Sie noch weitere Anleitungen/Übungen brauchen, hilft Ihnen Ihre Lehrerin/Ihr Lehrer.

Modul 5 Sachtexte lesen und analysieren

Jasper Johns: Weltkarte, 1967–1971

Im Alltag treffen Sie ständig auf Sachtexte. Diese genau zu verstehen und zu durchschauen, gehört zu den wichtigsten sprachlichen Kompetenzen, die Sie besitzen sollten – außerhalb und innerhalb der Schule. Denn das genaue Verstehen ist eine Voraussetzung dafür, Sachtexte nutzen zu können.

In diesem Modul lernen Sie,
- **Sachtexte nach ihren Funktionen zu unterscheiden,**
- **Sachtexte genau zu betrachten,**
- **sie zu analysieren.**

1 FUNKTIONEN VON SACHTEXTEN

5.1

1. Besprechen Sie: Was bezweckt man mit den folgenden Textsorten?
2. Lesen Sie die INFO-BOX.
   a) Welche Funktion haben die angeführten Textsorten?
   b) Welcher Kategorie kann man die jeweilige Textsorte zuordnen?

- Testament regulierender Text
- Intro auf einer Website appellierender/ informierender Text
- Dankschreiben Kontakttext
- Kaufvertrag regulierender Text
- Bevollmächtigung regulierender Text
- Dissertation informierender Text
- Abholschein (Wäschereinigung) regulierender Text
- Leitartikel appellierender Text
- Reifeprüfungszeugnis regulierender Text
- Kochrezept informierender Text
- Garantieerklärung regulierender Text
- Mahnschreiben appellierender Text
- Lebenslauf informierender Text
- Scheidungsurteil regulierender Text
- Spielanleitung informierender Text
- Beileidschreiben Kontakttext

SACHTEXTE: FUNKTIONEN UND KATEGORIEN **INFO-BOX**

Texte erfüllen bestimmte Funktionen. Je nach diesen Funktionen lassen sich Texte zu bestimmten Kategorien zusammenfassen. Damit ist immer auch eine Absicht verbunden, die der Verfasser/die Verfasserin verfolgt.

Funktion/Absicht	Textkategorie	Beispiele
Veränderung des Wissens Absicht: informieren, seine Meinung/Position/Haltung bekannt geben (kann auch Wertungen beinhalten)	Informierende Texte	*alle Arten von Berichten (wissen, was war), Filmkritik (wissen, wie etwas ist), Gebrauchsanleitung (wissen, wie man etwas macht), Fachartikel*
Veränderung von Meinungen, Überzeugungen, Empfindungen und Wünschen Absicht: überzeugen, zur Einsicht bringen **Veränderung des Handelns und Verhaltens** Absicht: überreden	Meinungsorientierte und appellierende Texte	*Werbetext, Predigt, Rede, Zeitungskommentar, Erörterung, Aufruf*
Regelung des Handelns und Verhaltens Absicht: fordern	Regulierende Texte	*Schulordnung, Gesetzestext, Vertrag*
Beziehungen herstellen und pflegen	Kontakttexte	*Glückwunschschreiben, Ansichtskartentext*

- Jeder Text kann verschiedene Funktionen haben, gewöhnlich dominiert aber eine.
  Beispiel: *Ein Werbetext etwa ist in erster Linie appellierend, kann aber auch informieren.*
- Einzelne Textsorten können je nach Absicht und Situation unterschiedliche Funktionen erfüllen; *so kann etwa ein Leserbrief informierend oder meinungsorientiert/appellierend sein.*

2 SACHTEXTE ANALYSIEREN

2.1 Das Textverständnis sichern

Einen Text analysieren zu können, verlangt, dass man ihn genau erfasst. Das setzt oft wiederholtes Lesen voraus.

5.2

1. Wiederholen Sie die 5-Schritt-Lesemethode und Lesestrategien (Band 1, Modul 5). Ergänzen Sie danach den So-geht's-Kasten auf der folgenden Seite.
2. Lesen Sie Text 1 nach der 5-Schritt-Lesemethode:
   a) Fügen Sie Zwischenüberschriften ein und wenden Sie ein weiteres sprachliches oder ein visualisierendes Verfahren zur Sicherung des Textverständnisses an.
   b) Verknüpfen Sie das Gelesene mit eigenen Gedanken und Erfahrungen, indem Sie sich zu mindestens drei der in der INFO-BOX angeführten Punkte Notizen machen.
3. Vergleichen und besprechen Sie Ihre Ergebnisse.

DB 5 S. 63/64

SACHTEXTE GRÜNDLICH VERSTEHEN — SO GEHT'S

1. Wenden Sie die **5-Schritt-Lesemethode** an (ausführlich in Band 1, Modul 5).

5-Schritt-Lesemethode:
Die fünf Schritte sind:

1. Überfliegen (fällt auf: [illegible], Überschrift, ...)
2. Vorwissen aktivieren und Fragen stellen
3. intensives lesen
4. zusammenfassen (Stichworte)
5. zurückblicken

Lesestrategien:

Sprachliche:

- ______
- ______
- ______
- ______
- ______
- ______

Visualisierende:

- ______
- ______
- ______
- ______
- ______
- ______

2. **Verknüpfen Sie das Gelesene mit eigenen Gedanken, Erfahrungen, Fragen etc.:**
   - *Was im Text kann ich mit persönlichen Erfahrungen in Verbindung bringen?*
   - *Wofür kann ich eigene Beispiele anführen?*
   - *Welche Bilder entstehen in meinem Kopf?* – Stellen Sie sich Sachverhalte ganz konkret und bildlich vor.
   - Machen Sie sich während und nach der Lektüre Notizen:
     1. Neu ist für mich ...
     2. Ich wusste bereits ...
     3. Ich verstehe nicht ...
     4. Ich möchte fragen ...
     5. Darüber möchte ich sprechen ...

Text 1:

STANDPUNKT

Was wir so alles brauchen ... oder auch nicht

Nehmen wir einmal an, es gelingt, mit einer noch nie dagewesenen kollektiven Anstrengung der Menschheit, völlig aus den fossilen Energieträgern auszusteigen und damit den Klimawandel „in den Griff zu kriegen", sind unsere Probleme dann gelöst?, fragt sich **Jean-Marie Krier.**

Der Klimawandel lenkt unsere Aufmerksamkeit auf einen einzigen Aspekt der beispiellosen Ressourcenkrise[1], die unser Wirtschaftsmodell dem Planeten in den letzten Jahrzehnten beschert hat. Weltweit nimmt der Druck auf die Ressourcen, ob fossil oder nicht, ob erneuerbar oder nicht, permanent zu. Die zur Neige gehenden Vorräte an Erdöl oder an Zink, der aussterbende Tiger oder die überfischten Ozeane sollen als Beispiele genügen. Die Entwicklungen in China und Indien, wo hunderte Millionen Menschen versuchen, die materielle Wohlstandslücke zu den reichen Ländern zu schließen, verschärfen die Situation weiter.
Ein gutes Maß für den Druck auf die Ressourcen ist der so genannte Ökologische Fußabdruck, der anfangs der

1990er Jahre von Mathis Wackernagel und William Rees entwickelt worden ist. Dieses Maß, das für einzelne Menschen, Städte und Regionen, Länder und nicht zuletzt für den gesamten Planeten angewendet werden kann, rechnet den gesamten Verbrauch an Naturressourcen in dafür benötigte Bodenfläche um und stellt diesen Wert den zur Verfügung stehenden bio-produktiven Flächen gegenüber.

Seit vielen Jahren zeigt sich deutlich, dass die Menschheit weit über ihre ökologischen Verhältnisse lebt. Jahr für Jahr werden ungefähr 30 % mehr natürliche Ressourcen verbraucht, als von der Natur in einem Jahr nachproduziert werden. Der 9. Oktober gilt als der „Overshoot Day", der Tag eines jeden Jahres, an dem die Menschheit alle in jenem Kalenderjahr nachwachsenden Rohstoffe verbraucht hat und ab dem sie bis zum 31. Dezember auf Pump lebt. Fast drei Monate im Jahr leben wir also zu Lasten des über Jahrmillionen angehäuften Naturkapitals und zu Lasten der nachfolgenden Generationen.

Angenommen, es gelingt, die Ressourcenproduktivität weltweit um den Faktor 10 zu erhöhen, ist dann die Ressourcenkrise gelöst? Auch dann bliebe die extrem schiefe Verteilung, bei der rund 27 % der Weltbevölkerung ca. 80 % der Ressourcen verbrauchen, unverändert. Eine derart ungleiche Verteilung wird immer labil sein und keine Grundlage für eine friedliche Welt sein können. Was also angesagt ist, ist ein neuer Anlauf für mehr globale Fairness, für eine wirklich globale Partnerschaft „auf gleicher Augenhöhe".

So gesehen greifen viele der jetzt diskutierten Klimaschutz-Aktivitäten viel zu kurz. Nicht eine Einsparung um 20 % ist angesagt (wie vor kurzem von der EU als großer Erfolg verkauft), vielmehr geht es darum, den Energieverbrauch in unseren Ländern auf ein global kompatibles[2] Maß herunterzubringen. Zielmarke sind also zwei Tonnen CO_2-Äquivalente an Emissionen pro Person pro Jahr. Alles andere heißt, die Rechte anderer Menschen in anderen Teilen der Welt zu beschneiden. Für Österreich und den Großteil der EU bedeutet dies, den Energieverbrauch auf rund ein Fünftel des jetzigen zu reduzieren. Zurück in die Steinzeit also?

Noch immer wird uns der Blick auf die richtigen Fragen von der herrschenden Lehrmeinung der Ökonomie[3] verstellt. Wenn es wirklich so wäre, dass der Mensch ein Wesen mit unendlich vielen Bedürfnissen ist, die nie befriedigt werden können, dann hätten wir alle angesichts der begrenzten Ressourcen ein unlösbares Problem.

Manfred Max-Neef, chilenischer Ökonom und einer der Begründer der „Ökonomie nach menschlichem Maß", geht von einem anderen Menschenbild aus, welches Mensch und Natur wieder versöhnen kann. Für ihn gibt es neun menschliche Grundbedürfnisse, nämlich Subsistenz[4], Schutz, Liebe, Verstehen, Partizipation[5], Muße, kreatives Schaffen, Identität und Freiheit. Diese sind zu allen Zeiten und in allen Kulturen gleich. Das Einzige, das (sic!) sich ändert, ist die Art und Weise, wie diese Bedürfnisse befriedigt werden. Dass dies nicht nur mittels käuflicher Produkte passieren kann, versteht sich in unserer vom Shopping dominierten Welt nicht mehr ganz von selbst.

Es ist zu befürchten, dass viele gut gemeinte Aufrufe, z. B. zu einem das Klima schonenden Verhalten, im Sande verlaufen werden, wenn wir uns nicht stärker mit der fundamentalen Frage nach den menschlichen Bedürfnissen auseinandersetzen: Was braucht der Mensch? Und vor allem: Was gibt es mir, mich auf eine bestimmte Art und Weise zu verhalten?

Menschen, die ein zwei Tonnen schweres Auto in Bewegung setzen, um ihre 70 Kilo Lebendgewicht wohin zu bringen, wollen ja nicht die Umwelt schädigen, sondern etwas Anderes: Auf dieses „Andere" kommt es an. Nur dann, wenn sozial- und umweltverträgliches Verhalten einen ähnlichen Beitrag zur Identitätsbildung bieten kann wie ein PS-starkes Auto, ein prestigeträchtiger Job, ein großes Haus oder eine exotische Fernreise, nur dann werden die, die mit einem kleineren Fußabdruck leben wollen, auch zufriedene Menschen sein können.

(Aus: Südwind. Magazin für internationale Politik, Kultur und Entwicklung)

[1] ***Ressourcenkrise*** – *Ressource: (Rohstoff-)Quelle*
[2] ***kompatibel*** – *zusammenpassend, vereinbar*
[3] ***Ökonomie*** – *Wirtschaft*
[4] ***Subsistenz*** – *Selbstversorgungswirtschaft; alles, was man braucht, produziert man selber*
[5] ***Partizipation*** – *Teilhabe*

2.2 Darstellungsstrategien in Sachtexten

5.3

1. Studieren Sie die folgende INFO-BOX.
2. Setzen Sie die Analyse der Darstellungsstrategien im Text „Was wir so alles brauchen ... oder auch nicht" nach dem Muster des Beispiels in der INFO-BOX fort.
3. Stellen Sie danach die Thesen des Verfassers sowie die dazugehörigen Argumente übersichtlich zusammen.

DARSTELLUNGSSTRATEGIEN IN SACHTEXTEN **INFO-BOX**

Beim Verfassen von Sachtexten kann man aus fünf grundlegenden Strategien zur Darstellung des Themas wählen.

- **Beschreiben**: Sachverhalte werden aus einer neutralen Perspektive aneinandergereiht; zeitliche („davor", „danach") oder begründende Zusammenhänge („weil") werden nicht hergestellt. Die typischen Verknüpfungen sind „und" und „oder" (genannt oder gedacht). Dominiert eine subjektive Perspektive, spricht man von **Schildern**.
- **Erklären**: Sachverhalte werden begründend aufeinander bezogen; Grundidee: „weil/denn".
- **Argumentieren**: Der Zusammenhang zwischen Sachverhalten besteht in Schlussfolgerungen („Das eine ergibt sich aus dem anderen"); Grundidee: „also", „daher", „folglich"; häufig in Verbindung mit Erklärungen („weil"). These(n) und Argumente müssen enthalten sein.
- **Anweisen**: Sachverhalte werden so dargestellt, dass sie direkt zu Handlungen auffordern; Grundidee: „Machen Sie ...".
- **Erzählen**: Das Thema wird anhand eines konkreten Falls dargestellt, häufig in Form von zusammenhängenden Einzelereignissen. Ein entscheidendes Merkmal ist das zeitliche Nacheinander.

Gewöhnlich finden sich in Texten mehrere solcher Strategien.

Beispiel: „Was wir so alles brauchen ... oder auch nicht"
(Hinweise auf Darstellungsstrategien fett bzw. in eckigen Klammern eingefügt)

Beschreiben mit Erklären

Der Klimawandel lenkt unsere Aufmerksamkeit auf einen einzigen Aspekt der beispiellosen Ressourcenkrise, die unser Wirtschaftsmodell dem Planeten in den letzten Jahrzehnten beschert hat. **[DENN]** *Weltweit nimmt der Druck auf die Ressourcen, ob fossil oder nicht, ob erneuerbar oder nichterneuerbar, permanent zu. Die zur Neige gehenden Vorräte an Erdöl oder an Zink, der aussterbende Tiger oder die überfischten Ozeane sollen als Beispiele genügen.* **[UND]** *Die Entwicklungen in China und Indien, wo hunderte Millionen Menschen versuchen, die materielle Wohlstandslücke zu den reichen Ländern zu schließen, verschärfen die Situation weiter. [...]*

Erklären

Angenommen, es gelingt, die Ressourcenproduktivität weltweit um den Faktor 10 zu erhöhen, ist dann die Ressourcenkrise gelöst? **[DENN]** *Auch dann bliebe die extrem schiefe Verteilung, bei der rund 27 % der Weltbevölkerung ca. 80 % der Ressourcen verbrauchen, unverändert.*

Argumentieren mit Erklären

Eine derart ungleiche Verteilung wird immer labil sein und keine Grundlage für eine friedliche Welt sein können. Was ***ALSO*** *angesagt ist, ist ein neuer Anlauf für mehr globale Fairness, für eine wirklich globale Partnerschaft „auf gleicher Augenhöhe".*
So gesehen greifen viele der jetzt diskutierten Klimaschutz-Aktivitäten viel zu kurz. **[DENN]** *Nicht eine Einsparung um 20 % ist angesagt (wie vor kurzem von der EU als großer Erfolg verkauft), vielmehr geht es darum, den Energieverbrauch in unseren Ländern auf ein global kompatibles Maß herunterzubringen. Zielmarke sind* ***ALSO*** *zwei Tonnen CO_2-Äquivalente an Emissionen pro Person pro Jahr.*
[DENN] *Alles andere heißt, die Rechte anderer Menschen in anderen Teilen der Welt zu beschneiden.*
[FOLGLICH] *Für Österreich und den Großteil der EU bedeutet dies, den Energieverbrauch auf rund ein Fünftel des jetzigen zu reduzieren. Zurück in die Steinzeit* ***ALSO****?*
Noch immer wird uns der Blick auf die richtigen Fragen von der herrschenden Lehrmeinung der Ökonomie verstellt. **[DENN]** *Wenn es wirklich so wäre, dass der Mensch ein Wesen mit unendlich vielen Bedürfnissen ist, die nie befriedigt werden können, dann hätten wir alle angesichts der begrenzten Ressourcen ein unlösbares Problem. [...]*

5.4 Untersuchen Sie, welche Darstellungsstrategie(n) in Text 2 dominiert (dominieren).

Text 2:

Was ist ein ökologischer Fußabdruck?

Mit unserem Lebensstil haben wir viel Einfluss auf die Umwelt. Je nachdem wie viel wir mit dem Auto fahren, ob wir das Licht abdrehen oder brennen lassen, wenn wir aus dem Zimmer gehen, woher wir unsere Lebensmittel kaufen oder wie viel Müll wir erzeugen, verbrauchen wir mehr oder weniger Energie und natürliche Vorräte. Dieser Verbrauch kann mit dem „ökologischen Fußabdruck“ gemessen werden. Der ökologische Fußabdruck zeigt dir, wie viel Fläche der Erde nötig ist, um deinen Lebensstil aufrecht zu erhalten. Was heißt das jetzt? Wenn man die Welt gerecht aufteilt, dann bekommt jeder Mensch etwa 1,8 Hektar, um seinen Lebensstil aufrechtzuerhalten. So wie wir aber heute leben, brauchen wir durchschnittlich 2,2 Hektar pro Person. Das ist zu viel! Denn das ist mehr als die Erde über lange Zeit hinweg zur Verfügung stellen kann.

Wenn du viel mit dem Auto unterwegs bist, viel im Flugzeug sitzt, die Dinge, die du kaufst, weite Wege hinter sich bringen (Äpfel aus Südamerika oder Jeans aus China) oder du viele Sachen hast, die im Müll landen, dann ist dein Verbrauch vielleicht sogar noch höher!

Schau mal nach, wie es um deinen Fußabdruck bestellt ist.

(Quelle: DemokratieWEBstatt, das Onlineportal des österreichischen Parlaments für Kinder und Jugendliche)

5.5

Wiederholen Sie, wie man das Thema eines Textes präzise formuliert (Band 1, Modul 5).

Überprüfen Sie die im Folgenden angeführten Vorschläge für die Formulierung des Themas von Text 1.

- Was erscheint Ihnen passend, was nicht? Begründen Sie Ihre Ansicht zu jedem Vorschlag.
- Welcher drückt das Hauptthema aus, welcher ein Nebenthema? Stellen Sie den Zusammenhang zwischen Hauptthema und Nebenthemen dar.

Im Text „Was wir so alles brauchen ... oder auch nicht“ geht es ...

a) ... um den Klimawandel.
b) ... um den Ausstieg aus fossilen Energieträgern.
c) ... um die Notwendigkeit, unseren Lebensstil zugunsten des Klimas zu verändern.
d) ... um den Zusammenhang zwischen unseren Bedürfnissen, dem Schutz des Planeten und einer gerechteren Welt.
e) ... darum, dass derzeitige Klimaschutzmaßnahmen wirkungslos sind.
f) ... den ungerechten Verbrauch von Ressourcen.
g) ... die Bedeutung des Ökologischen Fußabdrucks.
h) ... die Veränderung der Bedürfnisse der Menschen.

Robert Rauschenberg: Schwarzmarkt (1961)

2.3 Fünf Schritte der Analyse von Sachtexten

5.6

1. Studieren Sie den folgenden So-geht's-Kasten.
2. Analysieren Sie danach Text 3 nach den im So-geht's-Kasten angeführten Kriterien. Sie brauchen Ihre Analyse nicht auszuformulieren, Stichworte genügen.

RP-Text

SACHTEXTE ANALYSIEREN **SO GEHT'S**

Die folgenden Tipps geben Ihnen eine Leitlinie zur Analyse von Sachtexten. **Nicht in jedem Fall werden Sie alle angeführten Gesichtspunkte sinnvoll bearbeiten können.** Übertragen Sie die folgende Tabelle auf Ihren PC; dann können Sie sie immer verwenden, wenn Sie einen Sachtext analysieren.

		Beispiel: ***„Was wir so alles brauchen ... oder auch nicht"*** *(Stoffsammlung für eine Sachtextanalyse)*
Schritt 1: Eckdaten	• Verfasser/in, Titel, Ort und Datum der Veröffentlichung • Medium, in dem der Text veröffentlicht wurde; evtl. Kurzcharakteristik des Mediums (= Sender) • Textsorte (wenn angegeben) • Zielgruppe (= Empfänger) • evtl. besondere Situation, in der der Text veröffentlicht wurde	***Verfasser:*** *Jean-Marie Krier* ***Titel:*** *Was wir so alles brauchen ... oder auch nicht* ***Ort/Datum:*** *April 2007* ***Textsorte:*** *erschienen in der Rubrik „Standpunkt" (→ meinungsorientierte Textsorte)* ***Medium:*** *Zeitschrift „Südwind"* ***Zielgruppe:*** *Leser/innen, die sich für internationale Politik, Kultur und Entwicklungspolitik interessieren (Untertitel der Zeitschrift)*

Schritt 2: Inhaltsanalyse	• **Thema** knapp und präzise formulieren, evtl. auch Nebenthemen!
	• **Inhalt** in Stichworten festhalten:
	  • Bei informierenden Texten: die wichtigsten Informationen.
	  • Bei meinungsorientierten Texten: Argumentation.
	• Wie ist der Text **inhaltlich aufgebaut**? **Beachten Sie dazu auch die dominierenden Darstellungsstrategien!**
		Thema: *Zusammenhang zwischen unseren Bedürfnissen und dem Schutz des Planeten*
		Inhalt: *Ressourcenkrise kommt durch Ökologischen Fußabdruck beklemmend zum Ausdruck – Menschheit verbraucht mehr als Natur nachproduzieren kann – Globale Ungerechtigkeit im Verbrauch bleibt auch bei erhöhter Produktivität der Ressourcen aufrecht – stellt Gefährdung des Friedens dar – Nötig: Neben Reduktion des Ressourcenverbrauchs Veränderung der Werte, nach denen Bedürfnisse befriedigt werden: Sozial- und Umweltverträglichkeit müssen Werte in der Bedürfnisbefriedigung werden.*
		Struktur: *Grobstruktur: Titel veranschaulicht das Thema – Lead: Stellt zentrale Frage – im Körper Dreiteilung: beschreibend-erklärender Problemaufriss – argumentativ-erklärende Diskussion des Problems – argumentativer Lösungsvorschlag als Forderung*

Schritt 3: Formanalyse	• Wie ist der Text **äußerlich/formal aufgebaut**, z. B. Überschriften, Zwischenüberschriften, Schriftart? • Was macht den Text (nicht) **lesefreundlich**? • Bei diskontinuierlichen Texten (vgl. INFO-BOX): Aus welchen Modulen setzt sich der Text zusammen? Wie sind die Module aufeinander bezogen?	*Äußere Form: Schlagzeile – Lead – Körper; Fettdruck einiger weniger Passagen.* *Lesefreundlichkeit durch Absatzgliederung, Lead, Hervorhebungen (Fettdruck).*
Schritt 4: Sprachanalyse	• Auffälligkeiten bezüglich der **Wortwahl**, z. B. Wortarten, Wortgut, Fachbegriffe • Auffälligkeiten bezüglich des **Satzbaus**, z. B. einfacher/komplexer Satzbau • **Sprachebene**, z. B. Fachsprache, Jargon • **Stilmittel und Bilder?** • **Redeweise**, z. B. emotionalisierend, sachlich, ironisch, belehrend, übertreibend etc.	***Wortwahl:*** *Fachbegriffe aus der Ökologie; am Beginn: „wir/uns" → das Problem geht alle an; Herstellung von Gemeinschaft mit den Lesern/Leserinnen. „Es": Darstellung des Problems als allgemeines, keine Nennung von Verantwortlichen, „Tätern"* ***Satzbau:*** *komplex; wiederholt Schlussfolgerung im Satzbau („wenn – dann")* ***Sprachebene:*** *Standardsprache mit einigen fachsprachlichen Begriffen (vgl. Wortwahl), selten Umgangssprache: „auf Pump leben", „was angesagt ist".* ***Stilmittel:*** *wiederholt rhetorische Fragen, mit denen neue Abschnitte eingeleitet werden; gelegentlich Bilder („zurück in die Steinzeit"; „im Sand verlaufen")* ***Redeweise:*** *streng sachlich (vgl. Fachsprache)*

Schritt 5: Kommunikationsanalyse	• Welcher **Textsorte** ist der Text zuzuordnen? • Welche **Funktion hat der Text?** • In welchem **größeren thematischen Zusammenhang** steht der Text (z. B. in der Öffentlichkeit diskutierte Themen; „ewige“ Lebensfragen)? • Welche **möglichen Absichten** werden mit dem Text verfolgt? • Was leistet der Text? Welchen **Nutzen** für **den Leser/die Leserin** hat er? Welche **Wirkung** entfaltet er beim Leser/bei der Leserin?	***Textsorte:*** *Kommentar* ***Textfunktion:*** *meinungsorientierter Text, der auf die Veränderung der Haltung/der Einstellung zielt* ***Thematischer Zusammenhang:*** *Klimawandel, globale Gerechtigkeit, Weltfrieden.* ***Absicht:*** *überzeugen, um Haltung der Leser/innen zu verändern; auch Verhaltensänderung.* ***Leistung/Nutzen für die Leser/innen:*** *eine neue Sichtweise eines Problems erhalten; das eigene Verhalten überdenken; Anstoß für Verhaltensänderung.*

KONTINUIERLICHE UND DISKONTINUIERLICHE TEXTE — **INFO-BOX**

Diskontinuierliche Texte sind solche, die nicht linear gelesen werden, z. B. Grafiken, Tabellen, Diagramme, Glossare, oder Kombinationen solcher Elemente mit einem Fließtext. Die einzelnen Module können zwar für sich gelesen werden, hängen aber zusammen.

Als **kontinuierliche Texte** bezeichnet man solche, die nur aus einem Fließtext bestehen. Sie werden grundsätzlich linear gelesen.

Text 3:

Karl-Markus Gauß: Die Inländer des Auslands

Vor einiger Zeit erzählte mir ein erboster österreichischer Pensionist, dass es mit seiner Liebe zu Mallorca vorbei sei und er die Wohnung, die er dort vor Jahren erstanden habe, wieder verkaufen werde. Was hatte ihm sein Paradies aus Sonne, Sangria und Sichtbeton verleidet? Zu viele Ausländer, klärte er mich auf. Das konnte ich ihm nachfühlen, denn warum soll man auf eine spanische Insel übersiedeln, wenn man dort erst wieder lauter Duisburger oder Eferdinger als Nachbarn hat und vom Besuch beim deutschen Zahnarzt bis zum Besäufnis im englischen Pub ausschließlich unter Ausländern bleibt? Mein wackerer Gesprächspartner hatte es aber anders gemeint.

Ihn ärgerte nicht, dass er es kaum je mit spanischen Inländern zu tun bekam, sondern dass neuerdings so viele Rumänen, Ukrainer und, ja, sogar Afrikaner auf Mallorca arbeiteten. Sein rassistischer Dünkel à la mode, der nicht mehr nach den Abstufungen der Hautfarbe, sondern jenen des Wohlstands geht, wuchs an der Tatsache, dass da Leute als Bauarbeiter, Kellner, Tagelöhner schufteten und trotzdem viel weniger Geld hatten als er, der gar nicht mehr zu arbeiten brauchte. Der schiere Anblick der Hungerleider war dazu angetan, ihm die Freude an dem Geld, das ihm zum Monatsersten überwiesen wurde, und an der Insel, auf der er sich mit seiner Bankomat-Karte ein natürliches Heimatrecht erworben zu haben meinte, zu vergällen.

An die Begegnung mit dem Österreicher, der sein spanisches Paradies der Muße verließ, weil dort zu viele Ausländer arbeiteten, wurde ich erinnert, als ich las, warum im vergangenen Jahr immerhin 200 000 Engländer ihre Heimat verlassen haben. Die englische Regierung hat eine Studie in Auftrag gegeben und herausgefunden, dass erstaunlich viele von ihnen in die Fremde zogen, weil sie sich über die vielen Fremden zuhause ärgerten. Wer es sich leisten kann, verkauft seine Wohnung in Birmingham, um ein Appartement an der sonnigen Algarve zu erwerben, und flieht so nicht nur den Regen, sondern auch die Ausländer, indem er selber zu einem wird. Verrückt? Nein, denn an der Algarve oder an der Costa Brava bleibt er unter seinesgleichen, und woher seinesgleichen auch immer stammt, es ist stets dieselbe Preisklasse. Und der zeitgemäße, von alten Vorurteilen freie Begriff des Ausländers hängt ja nicht mehr von Nationalität oder Staatsbürgerschaft ab, sondern vom Bankkonto. Ausländer ist, wer weniger Geld hat als man selbst und daher im begründeten Verdacht steht, es einem aus der Tasche ziehen zu wollen. Hat man hingegen die finanziellen Mittel dazu, darf man durch die Welt hetzen und sich doch überall als globalisierter Inländer heimisch fühlen. Zugleich aber bleiben Millionen, gleich wie lange sie sich schon an einem bestimmten Ort abrackern, auf ewig jene Ausländer, als die sie einst gekommen sind, und ihnen werden zahllose Inländer zugesellt, deren materielle Verhältnisse so prekär sind, dass sie in Gefahr geraten, im eigenen Land den Status von Inländern des Wohlstands einzubüßen.

(Aus: Lob der Sprache, Glück des Schreibens. Salzburg: Otto Müller Verlag 2014)

5.7

1. Studieren Sie die folgende INFO-BOX und den So-geht's-Kasten.
2. Erstellen Sie aus den Informationen eine Checkliste mit dem Titel „Verfassen einer Textanalyse (Sachtexte)“.

5.8

Thema: Ausländer
Verfassen Sie eine Textanalyse.

Situation: *Um weiteren PISA-Pleiten vorzubeugen, ist ein Institut beauftragt worden, die Textkompetenz junger Österreicher/innen verschiedener Altersstufen zu testen. Sie sind ausgewählt worden, an diesem Test teilzunehmen, und müssen in diesem Rahmen eine Textanalyse verfassen. Damit werden sowohl Ihr Textverständnis als auch Ihre Fähigkeit, Texte zu verfassen, überprüft.*

Lesen Sie „Die Inländer des Auslands“ von Karl-Markus Gauß (Text 3). Verfassen Sie danach Ihre Textanalyse und bearbeiten Sie dabei die folgenden Arbeitsaufträge:

- Geben Sie den Inhalt des Texts wieder.
- Untersuchen Sie Darstellungsstrategien und Sprache des Texts.
- Erläutern Sie die Argumentationslinie des Verfassers und seine zentrale These.

Schreiben Sie 405 bis 495 Wörter. Kennzeichnen Sie Absätze mittels Leerzeilen.
Vorarbeit/Planung: Verwenden Sie zur inhaltlichen Planung Ihres Texts Ihre Stichwortanalyse aus 5.6.
Vergessen Sie nicht, Ihren Text systematisch zu überarbeiten. Dabei hilft Ihnen auch Ihre Checkliste aus 5.7.

RP-Text

TEXTSORTE TEXTANALYSE (ANALYSE VON SACHTEXTEN) — INFO-BOX

Was ist eine Textanalyse?
Eine Textanalyse ist ein **beschreibender Text**, und zwar einer, der einen anderen Text beschreibt. Seine Funktion ist es, die Leser/innen über Eigenarten des analysierten Texts zu **informieren**.

Woraus besteht eine Textanalyse von Sachtexten?
Eine **vollständige Textanalyse** enthält die folgenden Teile:
Beschreibung von

- Eckdaten/Fakten
- Textstruktur/Aufbau
- kommunikative Funktion
- inhaltlicher Aussage (ohne Interpretation!)
- Sprache

(vgl. dazu den Raster zur Textanalyse)

Es kann auch sein, dass keine vollständige Analyse verlangt ist, sondern nur Teilaspekte. Beachten Sie daher besonders die Arbeitsaufträge.

Worum geht es?
Es geht darum, einen Text genau zu durchleuchten und unwiderlegbare Aussagen zu diesem Text zu treffen.

Worum geht es nicht?
In einer Textanalyse geht es also nicht darum, dass Sie interpretieren, Ihre eigene Meinung oder Ihre Sichtweise formulieren. Eine Textanalyse enthält auch keine Kritik.

Wie ist eine Textanalyse aufgebaut?
(siehe So-geht's-Kasten)

RP-Text

EINE TEXTANALYSE (EINES SACHTEXTS) VERFASSEN — SO GEHT'S

Führen Sie zuerst eine Textanalyse mit Hilfe des Rasters oben durch. Machen Sie sich genaue Aufzeichnungen.

Wenn Ihr Text keine vollständige Analyse zu enthalten braucht: Beachten Sie, was die Arbeitsaufträge von Ihnen verlangen. Übernehmen Sie vom Folgenden, was Sie aufgrund der Aufgabenstellung brauchen.

Möglicher Aufbau:
Der Aufbau kann sich an den fünf Schritten der Sachtextanalyse orientieren:

Einleitung: Fassen Sie zur **Orientierung** die Eckdaten (Basisinformation) zusammen, jedenfalls inklusive Textsorte!

Hauptteil: Formulieren Sie **im Falle einer vollständigen Analyse** die Ergebnisse der Inhalts-, der Aufbau-/Form- und der Sprachanalyse aus. Wenn keine vollständige Analyse zu machen ist, wählen Sie aus den folgenden Gesichtspunkten jene aus, die Sie benötigen.

- **Inhalt:**
  - Thema präzise formulieren
  - Inhalt knapp zusammenfassen; zusammenhängende, referierende Wiedergabe der wichtigsten Aussagen
  - Darstellungsstrategien
- **Aufbau/Form:**
  - formale Gestaltung (Überschriften, Zwischenüberschriften etc.)
  - inhaltlicher Zusammenhang zwischen den Teilen, Argumentationslinien, Thesen
  - textsortenspezifische Merkmale
- **Sprache:**
  - Wortwahl, Satzbau, Sprachebenen
  - Stilmittel und Bilder
  - Redeweise (z. B. ironisch, sachlich)

Beachten Sie für den Hauptteil:

- Stellen Sie nach Möglichkeit Verbindungen zwischen den einzelnen Schritten her.
  Statt *„Einige wenige Passagen sind fett gedruckt": Die drei großen inhaltlichen Abschnitte werden jeweils mit Fettdruck eingeleitet.*
  Der komplexe Satzbau mit vielen Über- und Unterordnungen entspricht dem argumentierenden und erklärenden Charakter des Texts.
- Verwenden Sie Beispiele aus dem Text, um zu illustrieren, was Sie meinen!
  Der sachliche Charakter des Texts kommt auch durch fachsprachliche Begriffe, und zwar aus der Ökologie, zum Ausdruck (etwa „fossile Energieträger", „Ressourcenproduktivität", „CO_2-Äquivalente").
- Wenn Sie Satzteile oder ganze Sätze wörtlich zitieren, müssen Sie diese unter Anführungszeichen setzen. Geben Sie dazu die Zeilennummer an.
  Als springenden Punkt nennt der Verfasser „sozial- und umweltverträgliches Verhalten" (Zeile 87 f.).

Schluss:

- **Kommunikationsanalyse**
  - Zusammenfassung der Ergebnisse Ihrer Analyse
  - Funktion des Texts im Kommunikationszusammenhang
  - evtl. Hinweise, in welchem thematischen Zusammenhang der Text steht
  - Leistung, Nutzen, Wirkung des Texts

  Alternativer Schluss:
  Äußern Sie sich im Schlussteil nur über Leistung, Nutzen und Wirkung des Texts.
  Stellen Sie in diesem Fall Angaben über Funktion, Thema, thematischen Kontext und Absicht in die Einleitung.

Stil und Sprache:

- Sie müssen **sachlich** formulieren. Achten Sie darauf, dass Sie Mittel der Redewiedergabe (z. B. indirekte Rede, Redebericht) verwenden, wenn Sie referieren, z. B. den Inhalt zusammenfassen.
- Geben Sie nicht einfach den Inhalt in den Worten des Texts wieder. Verallgemeinern Sie, abstrahieren Sie, verwenden Sie Fachvokabular (z. B. „These", „Appell", „Darstellungsstrategien").

Modul 5 – Kompetenztest	
Kompetenzbereiche:	a) Textkompetenz b) Schriftliche Kompetenz
Was Sie können sollen:	a) verschiedene Techniken der Texterfassung beherrschen Textinhalt erfassen, Textsinn verstehen, den Text reflektieren äußere und innere Gliederung eines Textes erkennen und den gedanklichen Aufbau erfassen wichtige und unwichtige Informationen unterscheiden, Informationen themenorientiert entnehmen und verknüpfen Intention sowie sach- und medienspezifische sowie sprachliche Mittel und deren Wirkung erkennen b) Textsorten aus dem privaten, öffentlichen, journalistischen Leben verfassen verschiedene Schreibhaltungen entwickeln Texte auf die eigene Schreibabsicht hin ausrichten
Erlaubte Hilfsmittel:	Lexikon, Wörterbuch
Testzeit:	Aufgabe 1: 15 Minuten Aufgabe 2: 20 Minuten Aufgabe 3: 40 Minuten

Aufgabe 1 Lesen Sie den Text „Teenagerklappe gefällig?" und erledigen Sie die folgenden Aufgaben:

a) Gliedern Sie den Text in Sinneinheiten, indem Sie Zwischenüberschriften in Form ganzer Sätze einfügen.
b) Stellen Sie den Textinhalt mit Hilfe eines visualisierenden Verfahrens dar.
c) Geben Sie pro Sinneinheit die dominierende Darstellungsstrategie an.

Aufgabe 2 Führen Sie eine vollständige Analyse von „Teenagerklappe gefällig?" nach den angeführten Kriterien durch. Notieren Sie Stichworte. Kriterien: Eckdaten – Inhaltsanalyse – Formanalyse – Sprachanalyse – Kommunikationsanalyse

Aufgabe 3 **Thema: Jugend und Gesellschaft**
Verfassen Sie eine Textanalyse.

Situation: *Um weiteren PISA-Pleiten vorzubeugen, ist ein Institut beauftragt worden, die Textkompetenz junger Österreicher/innen verschiedener Altersstufen zu testen. Sie sind ausgewählt worden, an diesem Test teilzunehmen, und müssen in diesem Rahmen eine Textanalyse verfassen. Damit werden sowohl Ihr Textverständnis als auch Ihre Fähigkeit, Texte zu verfassen, überprüft.*

Lesen Sie „Teenagerklappe gefällig?". Verfassen Sie danach Ihre Textanalyse und bearbeiten Sie dabei die folgenden Arbeitsaufträge:

- Geben Sie den Inhalt des Texts knapp wieder.
- Untersuchen Sie den Zusammenhang zwischen Darstellungsstrategien und Argumentation des Verfassers.
- Erläutern Sie detailliert, was der Verfasser kritisiert.

Schreiben Sie 405 bis 495 Wörter.

Teenagerklappe gefällig?

Zur Debatte um die angeblich zunehmende Gewaltbereitschaft bei Jugendlichen und mögliche Gegenstrategien nach dem Erziehungsmotto „mehr Härte": [...]

Arnold Schmid

Ende des Vorjahres wurde bekannt, dass das Parlament von Nebraska als einer der letzten US-Bundesstaaten die gesetzliche Einführung eine Babyklappe (anonyme Abgabestelle für Babys) beschlossen hat. Das Besondere daran: Man hatte im Gesetzestext vergessen, eine obere Altersgrenze anzugeben. Die Folge: Innerhalb kürzester Zeit wurden bei der Klappe 34 Kinder im Alter zwischen 5 und 17 Jahren deponiert (20 davon zwischen 13 und 17).

Jeder Mensch weiß, dass das Alter zwischen 13 und 17 Jahren eine sehr heikle Lebensphase darstellt, in der die jungen Menschen ihre Grenzen in der Gesellschaft auszuloten lernen. Eine schwere, aber unbedingt notwendige Aufgabe, die natürlich auch bedingt, dass sie zeitweise über diese Grenzen gehen, um diese Grenzen kennenzulernen. Diese Verhaltensweisen von Jugendlichen gibt es seit Menschengedenken. Neu ist dagegen, wie eine Gesellschaft darauf reagiert. Eine Statistik jagt

die andere – samt jeweils zugehöriger wissenschaftlicher Expertise –, nur um zu belegen, dass unsere Kinder und Jugendlichen außer Rand und Band sind. Der Tenor in den meisten Medienberichten zu dem Thema: Unsere Jugendlichen werden krimineller, gewaltbereiter, saufen sich das Hirn aus dem Kopf und dröhnen sich mit Drogen zu.
Darauf folgt ein „Verbesserungsvorschlag" nach dem anderen: Schnupperhaft für Jugendliche, Alkohol erst ab 18, Boxcamps für gewaltbereite Jugendliche, Strafmündigkeit nach unten setzen und viel Schwachsinn mehr. Es fehlt nur noch der Vorschlag zur Einführung der „Teenagerklappe" – wie oben erwähnt. Ich bin mir sicher, sie würde in Europa heftigen Zuspruch finden.
Klar: Die Nachricht, dass fünf Prozent unserer Jugendlichen gewaltbereit sind, verkauft sich besser, als die Information, dass 95 Prozent friedfertig sind. Die Jugendunruhen in London, Paris und vielen anderen französischen Städten, zuletzt auch in Athen, haben jedenfalls eines gezeigt: Diese Jugendlichen leben in tiefster Armut, Ausgegrenztheit und Hoffnungslosigkeit, werden aber in der Öffentlichkeit – zum Beispiel von Frankreichs Präsident Sarkozy – als „Abschaum" deklariert.
Fachleute nennen diesen Vorgang „Etikettierungstheorie": Je mehr Jugendlichen vermittelt wird, dass sie kriminell, gewaltbereit sind, unmäßig Alkohol trinken, Drogenjunkies sind etc., desto eher orientieren sie sich an diesen Etiketten und schlagen zurück.
Die Alternative wären Signale von Eltern, Lehrern, Stammtischdiskutanten, Medienverantwortlichen, Regierungen etc. an die Jugendlichen, etwa: Wir sind froh, dass ihr fast alle Konflikte verbal löst, eure Ausbildung und den Lehrberuf ernst nehmt, eure Freizeit meist sinnvoll verbringt und in der Regel, wenn etwas schiefgeht, daraus lernt und das ein für alle Mal abstellt. – Sie glauben nicht, dass die überwiegende Mehrheit der Jugendlichen sich so verhält? Sehen Sie, so wirkt die mediale Debatte über unsere Jugendlichen auch bei Ihnen. Wie wär's wenn wir alle einmal beginnen, das Positive an unserer Jugend hervorzuheben, bevor wir womöglich wirklich „Teenagerklappen" einführen?

(Aus: Der Standard, 8. Mai 2009)

Was ich jetzt kann und verstehe

Ich ...	Schätzen Sie sich ein (+2 = ganz gut, -2 = nicht)!			
	+2	+1	-1	-2
... kenne wichtige Textkategorien.				
... kann einen Sachtext systematisch erschließen.				
... kann Darstellungsstrategien unterscheiden.				
... kann das Thema eines Sachtexts formulieren.				
... kenne Kriterien der Sachtextanalyse.				
... kann Sachtexte analysieren.				
... kenne die Textsorte „Textanalyse".				
... kann eine „Textanalyse" eines Sachtexts verfassen.				

Sind Sie mit Ihren Lernfortschritten zufrieden? – Wenn Sie noch weitere Anleitungen/Übungen brauchen, hilft Ihnen Ihre Lehrerin/Ihr Lehrer.

Sprachgeschichte

Manchmal fallen einem Ähnlichkeiten zwischen Sprachen auf. Und manchmal fragt man sich, warum bestimmte Wörter anderswo im deutschen Sprachraum ganz anders klingen als zu Hause. Woher kommt eigentlich unsere Sprache? Sollte man wirklich glauben, dass das Deutsche Verwandte im Indischen Ozean hat? Und was spricht man eigentlich, wenn man „Hochdeutsch" spricht? Solchen Fragen können Sie in diesem Modul nachgehen.

Sie
- lernen Sprachfamilien und die Geschichte des Deutschen kennen,
- tauchen ein in die graue Vorzeit des Deutschen und seiner Verwandten und Sie
- lernen wichtige Station der Verschriftlichung des Deutschen kennen.

1 SPRACHFAMILIEN

Text 1:
Bernard Victorri: Eine Klassifikationsübung *(Ausschnitt aus einem Artikel)*

	zwei	drei	ich	du	wer?	nicht	Mutter	Vater	Zahn	Herz	Fuß	Maus	er trägt
A	ʔiθn-	θalāθ-	-ni	-ka	man	lā	ʔumm-	abū	sinn	lubb	rijl-	fār	yahmil-
B	ʃn-	šaloš	-ni	-ka	mi	lo	ʔem	aβ	šen	leβ	regel	ʕakbɔr	nośeh
C	duvā	tráyas	mām	tuvám	kás	ná	mātár	pitár-	dant-	hrd-	pád	mus-	bhárati
D	duva	θrayo	mam	tuvəm	čiš	naē-	mātar-	pitar-	dantan-	zərəd	paiðya		baraiti
E	duo	treîs	eme	sú	tís	ou(k)	mâter	pater	odōn	kardiā	pod-	mûs	phérei
F	duo	trēs	mē	tū	kwis	ne-	māter	pater	dent-	kord-	ped-	mūs	fert
G	twai	θreis	mik	θu	hwas	ni	aiθei	faðar	tunθus	haírtō	fōt		baíriθ
H	dó	trí	-m	tú	kía	ní-	maθir	aθir	dēt	kride	traig	lux	berid
I	iki	uč	ben-i	sen	kim	deyil	anne	baba	diš	kalp	ayak	sičan	tašıyor

6.1

In Text 1 finden Sie Wörter aus verschiedenen sehr alten Sprachen. Die Sprachen sind mit A bis I bezeichnet; die Wörter sind so geschrieben, wie man sie ausspricht.

- Betrachten Sie die Wörter und gruppieren Sie die Sprachen A bis I zu Sprachfamilien: Wie viele Familien schlagen Sie vor? Welche Sprachen gehören dazu?
- Erläutern Sie, nach welchen Überlegungen Sie die Familien gebildet haben.

PS: Lassen Sie sich von unbekannten Lautschriftzeichen nicht verunsichern. Sie müssen die Wörter nicht aussprechen können. Wenn Sie wissen wollen, für welche Laute einzelne Zeichen stehen: http://de.wikipedia.org/wiki/Liste_der_IPA-Zeichen#Sonstige. Dort finden Sie auch Hörbeispiele.

6.2

Betrachten Sie die folgende Grafik und lesen Sie die INFO-BOX. Ergänzen Sie die INFO-BOX mit Hilfe der Grafik. Besprechen Sie danach:

- Welche Gründe kann es geben, dass sich die Anzahl der Sprachen über die Jahrhunderte verringert?
- Welche Gründe könnte es dafür geben, dass auf kleinen Inseln in der Südsee sowie auf Papua-Neuguinea eine große Sprachendichte herrscht?
- Halten Sie es für wichtig, dass – auch „kleine" – Sprachen erhalten bleiben? Warum (nicht)?
- Das amerikanische Bildungsministerium veröffentlichte 1985 eine Liste von 169 Sprachen, die als „wichtig" bezeichnet wurden. Was macht Ihrer Ansicht nach eine „wichtige Sprache" aus? Sind andere Sprachen unwichtig?

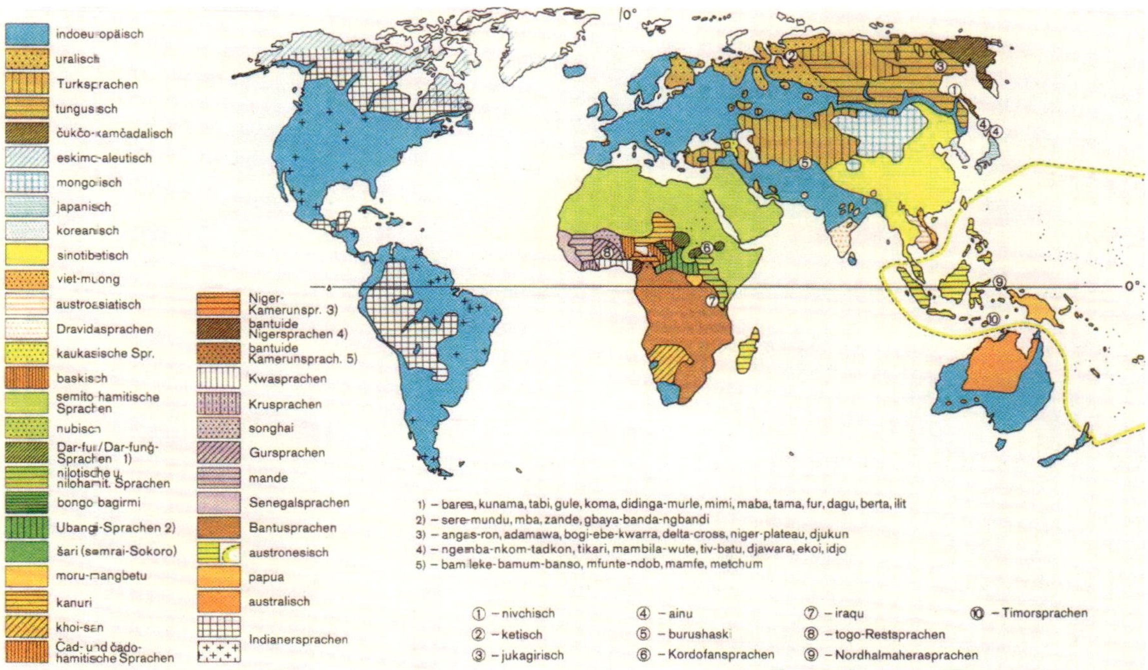

SPRACHFAMILIEN — ***INFO-BOX***

Auf der Erde gibt es ca. 6 500 bis 7 000 verschiedene Sprachen. Die Anzahl der Sprachen nimmt kontinuierlich ab. Schätzungen zufolge gab es im Jahr 1000 ca. 9 000 Sprachen, 2100 sollten es nur noch ca. 3 000 sein.
Die größte Sprachendichte herrscht auf Vanuatu, einem Inselstaat im Südpazifik (nördlich von Neuseeland, nordöstlich von Australien). Dort gibt es bei ca. 245 000 Einwohnern 108 Sprachen. Auch Papua-Neuguinea weist eine sehr hohe Sprachendichte auf.

Ähnlich wie in der Biologie, wo sich Beziehungen durch Gene erkennen lassen, kann man bei Sprachen Verwandtschaften erkennen. Solche Sprachen werden zu **Sprachfamilien** zusammengefasst. Die Wissenschaft rekonstruiert solche Verwandtschaften, es gibt für sie aber keine Dokumente.

Die am weitesten verbreiteten Sprachfamilien sind: ____________________, ____________________, ____________________, ____________________, ____________________

2 VOM INDOEUROPÄISCHEN ZUM HOCHDEUTSCHEN

2.1 Das Indoeuropäische und die Indoeuropäer

6.3 Betrachten Sie die beiden Grafiken unten und verbalisieren Sie die wichtigsten Informationen (erklären Sie sie jemandem, der sie nicht sieht).
Ergänzen Sie danach die INFO-BOX.

Der Stammbaum der indoeuropäischen Sprachfamilie in seiner geographischen Verteilung

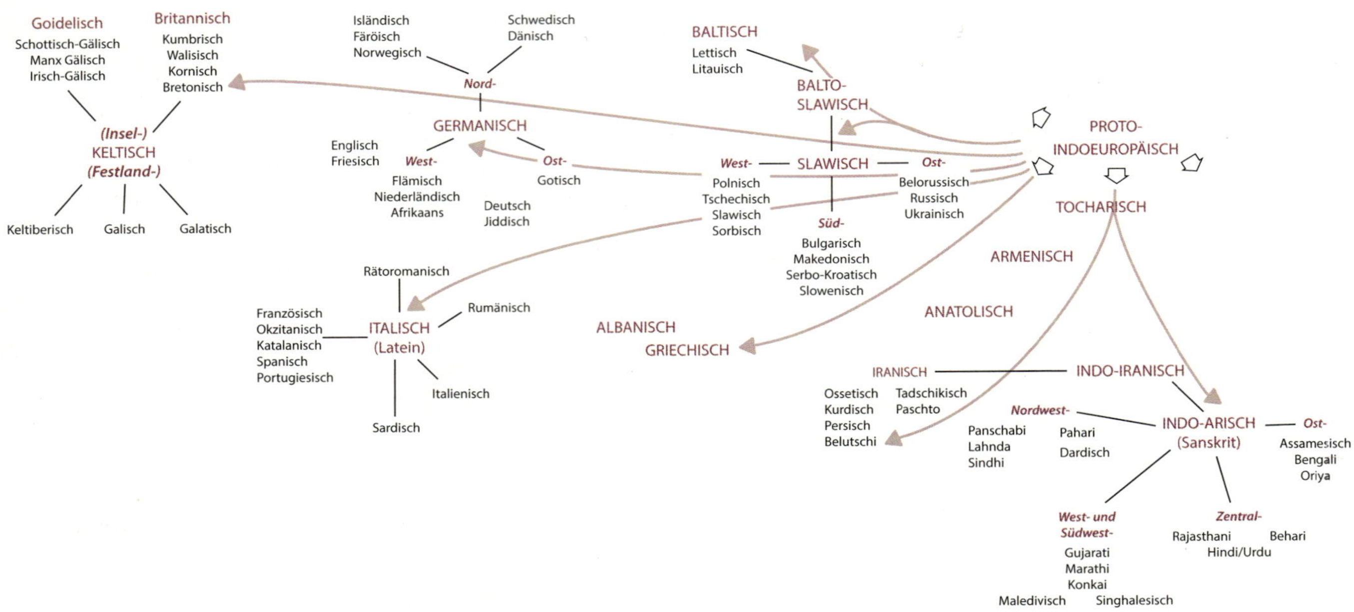

Quelle: nach Crystal, David: Die Cambridge Enzyklopädie der Sprache

Überlieferungszeiten indoeuopäischer Sprachen (Auswahl!)

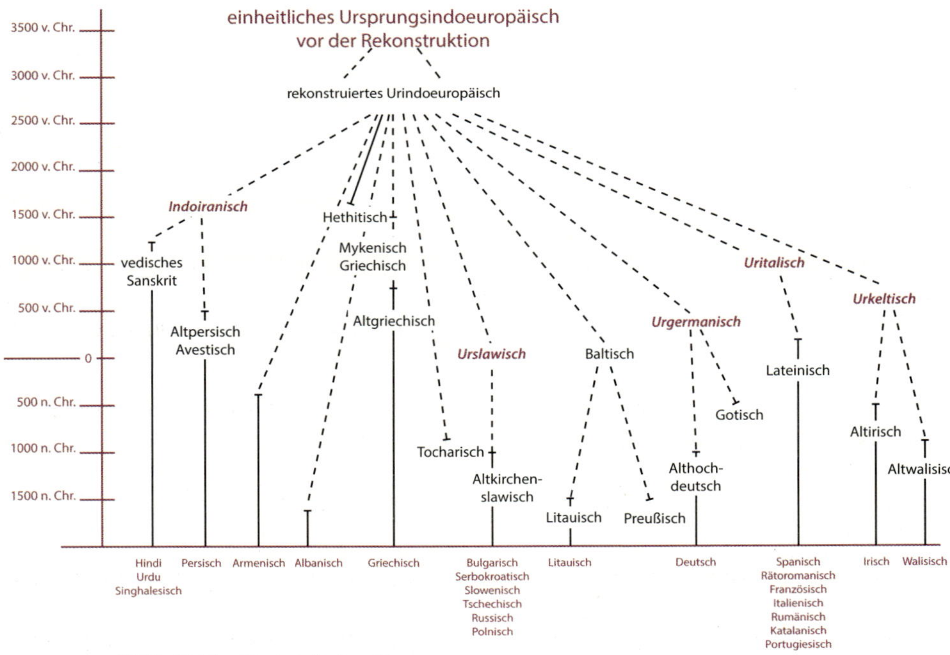

Nicht überlieferte Sprachformen sind kursiv gesetzt.

Quelle: nach dtv-Atlas Deutsche Sprache

DAS INDOEUROPÄISCHE — ***INFO-BOX***

Eine der größten Sprachfamilien ist die indoeuropäische (auch: indogermanische).
Eine indoeuropäische Sprache kann nicht direkt nachgewiesen werden, d. h., es gibt keine Dokumente oder Schriften in dieser Sprache. Sie ist eine wissenschaftliche Rekonstruktion.

Sprachen, die dem Indoeuropäischen angehören (Beispiele):

In Westeuropa: ______	In Nordeuropa: ______
In Osteuropa: ______	Im Mittleren Osten: ______
In Südeuropa: ______	In Afrika: ______

Überraschenderweise sind folgende Sprachen – über das Indoeuropäische – mit Deutsch verwandt.
(Beispiele): ______

Die folgenden europäischen Sprachen sind **nicht indoeuropäischen Ursprungs**; sie gehören zum **finno-ugrischen Zweig der uralischen Sprachfamilie**: Finnisch, Ungarisch, Estnisch, Samisch (Lappisch). Das Baskische (Nordspanien, Südwestfrankreich) ist eine völlig isolierte Sprache, sie ist mit keiner anderen bekannten Sprache verwandt.

6.4

Die vier heiligen Veden der Hindus (vedisches Sanskrit), die Schriften Zarathustras (avestisch) und die Wulfilabibel (gotisch) sind bedeutende Sprachdenkmäler indoeuropäischer Sprachen.

1. Erarbeiten Sie arbeitsteilig wichtige Informationen zu diesen drei Werken, sodass Sie in ca. drei Minuten alles Wichtige sagen können.
2. Gleichen Sie Ihre Informationen mit jenen ab, die dasselbe Werk wie Sie erarbeitet haben.
3. Bilden Sie Gruppen, in denen jedes Werk vertreten ist. Informieren Sie einander. Ziel: Jede/r weiß über alle drei Werke Bescheid.
4. Fassen Sie das, was Sie erfahren haben, schriftlich zusammen und gleichen Sie es mit jenen ab, die über dieselben Werke informiert worden sind.

6.5

Lesen Sie den folgenden Text (siehe Seite 92) und erstellen Sie eine Zusammenfassung im Ausmaß von ca. 250 Wörtern.

- Benennen Sie das Thema des Texts.
- Vergleichen Sie die im Text dargestellten wissenschaftlichen Positionen.
- Erschließen Sie, aufgrund welcher Umstände die jeweilige Position (nicht) zutreffend erscheint.

Achten Sie darauf, dass Sie Mittel der Redewiedergabe verwenden (vgl. Band 1), wenn Sie fremde Ansichten, Positionen, Meinungen etc. referieren.

OPERATOREN „BENENNEN“, „VERGLEICHEN“ UND „ERSCHLIESSEN“ — ***SO GEHT'S***

RP-Text

„Benennen“ heißt: Sie listen aus einem Text entnommene Informationen in möglichst treffenden Begriffen auf (vgl. auch Modul 5).
Beispiel: *Der Text „XY“ erklärt die Herkunft des Deutschen sowie seine Entwicklung in groben Zügen.* (Die Themen werden benannt.)

„Vergleichen“ heißt, dass Sie Sachverhalte, Aussagen, Texte etc. gegenüberstellen, wobei Sie genaue Kriterien verwenden. Diese Gegenüberstellung erfolgt, damit Sie Gemeinsamkeiten und Unterschiede feststellen können.
Beispiel: *Während Englisch auf das Germanische zurückgeht, stammt das Irische vom Keltischen ab.* (Vergleichspunkt: Herkunft)

„Erschließen“ (= „Untersuchen“) heißt, dass Sie an Texten, Textaussagen, Problemstellungen oder Sachverhalten etwas aufgrund von bestimmten Kriterien oder Aspekten erarbeiten.
Beispiel: *Diese Auffassung hält einer genauen Überprüfung nicht stand, weil sie vor allem auf Vermutungen beruht.* (Kriterium: Glaubwürdigkeit)

Text 2:

Martin Kuckenburg: Die Debatte um das Indoeuropäische

[...] Eine solche Sprache muss natürlich zu irgendeinem Zeitpunkt einmal von Menschen aus Fleisch und Blut gesprochen worden sein, und daher ist die Suche nach dem indoeuropäischen Urvolk und seiner Heimat so alt wie die indoeuropäische Sprachforschung. Das linguistische Material selbst lieferte in dieser Hinsicht einige Fingerzeige. So legten die rekonstruierten Naturbezeichnungen beispielsweise die Vermutung nahe, dass die indoeuropäische Ursprache irgendwo in der gemäßigten Klimazone entstanden sein muss, denn unter den Pflanzennamen sind zwar Birke, Ulme und Weide in ihrem Vokabular vertreten, nicht aber Olive oder Palme, und auch die Tiernamen verweisen mit Bär, Hirsch oder Elch eher in nördliche Breiten.

Die urindoeuropäischen Kulturbegriffe wiederum deuten auf eine Gesellschaft, in der der Ackerbau zwar bekannt war, wie Wortwurzeln für „Getreide", „Pflug" oder „Sichel" belegen, an Bedeutung jedoch offenbar bei weitem von der Viehzucht übertroffen wurde, der ein reiches und vielfältiges Vokabular entstammt. Man hielt danach vor allem „Herden" von „Rindern" und „Schafen", doch auch das „Schwein" ist im Wortschatz präsent. Für die Lokalisierungsfrage als besonders aufschlussreich gilt jedoch der Umstand, dass das Pferd von Anbeginn eine besondere Rolle im Weltbild der Indoeuropäer gespielt zu haben scheint, taucht sein Name (ckwos) doch als Wortelement in zahlreichen Personen- und Götternamen auf.

Da das Pferd nach Vermutung vieler Archäologen aber im 5. Jahrtausend v. Chr. in der Zone nördlich des Schwarzen Meeres domestiziert worden sein soll und die dortigen prähistorischen Kulturen überdies vorwiegend von der Viehzucht lebten, sahen und sehen viele Fachleute die weiten Steppengebiete der Ukraine und Südrusslands als die wahrscheinlichste Ursprungsheimat der indoeuropäischen Sprache und Kultur an. Die aus Litauen stammende und bis zu ihrem Tod 1994 in den USA lehrende Prähistorikerin Marija Gimbutas hat diese Hypothese in den 1970er und 1980er Jahren zu einem umfassenden und spektakulär aufbereiteten Modell ausgebaut.

Nach ihrer Auffassung handelte es sich bei den nordpontischen[1] Viehzüchtern um halbnomadische, patriarchalisch strukturierte und ausgesprochen expansive[2] Gruppen, die „wie alle historisch bekannten Indoeuropäer die todbringende Macht der scharfen Klinge verherrlichten". In drei Wellen, so Gimbutas, überrollten berittene Krieger aus diesen Kulturen zwischen 4400 und 2800 v. Chr. die umliegenden Regionen Europas und Asiens, vertrieben und unterjochten die dortigen Bevölkerungen und zwangen ihnen ihre Sprache, Lebensweise und Kultur auf. [...]

Seit etwa zwei Jahrzehnten macht indessen ein gänzlich anders gearteter Erklärungsansatz des britischen Prähistorikers Colin Renfrew von sich reden. Gleichsam als Gegenentwurf zu Gimbutas' kriegerischem Szenario präsentierte der Forscher 1987 ein Modell, das ganz auf der Annahme einer friedlichen, durch wirtschaftliche Faktoren bedingten Sprach- und Kulturausbreitung basiert. Nach Renfrew gab es „in der europäischen Vorgeschichte nur ein Ereignis, das weitreichend und in den Folgen radikal genug war", um als Auslöser für die Ausbreitung der indoeuropäischen Sprachen in Frage zu kommen, nämlich „die Einführung der Landwirtschaft". Diese löste erstmals um 8000 v. Chr. im Nahen Osten die zuvor überall auf der Welt praktizierte Nahrungsgewinnung durch Jagen und Sammeln ab und breitete sich in den folgenden 2500 Jahren über Anatolien, Griechenland und den Balkan bis nach Mitteleuropa aus – um 5500 v. Chr. war die bäuerliche Kultur am Rhein angelangt und im Laufe des 5. und 4. Jahrtausends fasste sie auch in Nordeuropa Fuß.

Ist dies alles bereits seit langem wohlbekannt, so war Renfrews Verknüpfung dieses weiträumigen „Neolithisierungsprozesses"[3] mit der indoeuropäischen Frage ein neuer und faszinierender Gedanke.

Nach seiner Theorie wurde die früheste indoeuropäische Sprache um 7000 v. Chr. von Bauern in Anatolien gesprochen, die sie 500 Jahre später zusammen mit dem Ackerbau nach Griechenland und von dort aus donauaufwärts nach Mitteleuropa trugen. Im Verlauf dieser Ausbreitung bildeten sich nach Renfrew unterschiedliche regionale Dialekte heraus, aus denen später die verschiedenen indoeuropäischen Sprachen und Sprachgruppen hervorgingen. Nicht aggressive Reiterkrieger, sondern friedliche Bauern hätten also die „Indoeuropäisierung" Europas vollzogen, und dieser Vorgang wäre nicht in Form einer abrupten Invasion, sondern als allmählicher, fast unmerklicher Prozess erfolgt – der Gegensatz zu Gimbutas' Unterwerfungsszenario könnte kaum größer sein. [...]

Der gewichtigste Einwand ergibt sich aber aus dem rekonstruierten urindoeuropäischen Wortschatz selbst. Dieser enthält nämlich eine ganze Reihe von Bezeichnungen für Kulturgüter, die nach heutigem Wissen erst seit dem 5. oder 4. Jahrtausend v. Chr. bekannt waren bzw. genutzt wurden – neben dem bereits erwähnten domestizierten Pferd zum Beispiel auch Begriffe wie „Kupfer", „Silber", „Rad", „Wagen", „Pflug", „Joch" und andere. Wenn die Ur-Indoeuropäer diese erst im 5./4. Jahrtausend erfundenen bzw. verwendeten Dinge aber bereits kannten und benannten, dann kann ihre Kultur auch erst um diese Zeit existiert haben und nicht mit der Erfindung und frühesten Ausbreitung der Landwirtschaft im 8. bis 6. Jahrtausend v. Chr. in Verbindung gebracht werden – so lautet das einfache, aber schlagende Gegenargument. [...]

[1] ***Pontus*** – *lat. Name der Landstriche um das Schwarze Meer*

[2] ***expansiv*** – *sich ausdehnend*

[3] ***Neolithisierung*** – *Verbreitung neuer Ackerbau- und Viehzuchtmethode nach Beginn der Jungsteinzeit*

2.2 Das Germanische

6.6 Lesen Sie die folgende INFO-BOX und ergänzen Sie sie mit Hilfe der Grafik auf Seite 90 oben.

VOM INDOEUROPÄISCHEN ZUM GERMANISCHEN — *INFO-BOX*

Das Germanische spaltete sich durch die sog. **erste („germanische") Lautverschiebung** vom Indoeuropäischen ab (Beispiele siehe unten).

Eine zweite Veränderung betraf die **Betonung**. Im Indoeuropäischen konnte jede Silbe betont werden, im Germanischen wurde die erste Silbe betont.
Beispiel: T**ei**len *und* **Ur**teil *gehen auf das Germanische zurück (die erste Silbe ist betont).* Ert**ei**len *muss jünger sein.*

Zu den germanischen Sprachen gehören z. B. ______________________.

Das Germanische bestand aus einer Reihe von Dialekten, z. B. Gotisch und Altsächsisch (Altenglisch).

Die erste („germanische") Lautverschiebung

INDOEUROP.	GERM.	INDOEUROP.	GERM.	INDOEUROP.	GERM.
p >	f	b >	p	bh >	b
ide. **penk^{w}e*	got. *fimf*	ide. **[s]leb*	got. *sleps*	ide. **bher*	ahd. *beran*
agr. *pente*	nhd. *fünf*		engl. *sleep*	aind. *bhalla-*	engl. *bear*
t >	th	d >	t	dh >	d
ide. **treyes*	got. *þreis*	ide. **dekm*	got. *taíhun*	ide. **widhewā*	got. *widuwo*
lat. *trēs*	engl. *three*	agr. *deka*	engl. *ten*	aind. *vidhávō*	engl. *widow*
k >	ch/h	g >	k	gh >	g
ide. **kerd-*	engl. *heart*	ide. **gel-*	ahd. *kel(a)*	idg. **ghost*	ahd. *gast*
lat. *cor*	nhd. *Herz*	lat. *gula*	nhd. *Kehle*		engl. *guest*

agr. = Altgriechisch, ahd. = Althochdeutsch, aind. = Altindisch, engl. = Englisch, got. = Gotisch, ide. = Indoeuropäisch, lat. = Latein, nhd. = Neuhochdeutsch

* heißt: Diese Form ist rekonstruiert, es gibt keine Belege.

6.7 Die germanische Lautverschiebung trifft auf Latein und in der Folge romanische Sprachen (z. B. Französisch, Italienisch, Spanisch, Portugiesisch, Rumänisch) – klarerweise – nicht zu. Finden Sie aus diesen Sprachen Entsprechungen zu den unten angeführten Wörtern, in denen der indoeuropäische Laut erhalten geblieben ist.

Hund – *cane (ital.)*	sit (engl.) –	Fuß –
tooth (engl.) –	hot (engl.) –	thunder (engl.) –
Feder –	Katze –	Lippe –
Kralle –	toe (engl.) -	mother (engl.) –
acht –	Vater –	Horn –

2.3 Das Althochdeutsche

„HOCHDEUTSCH" — *INFO-BOX*

Heute versteht man unter „Hochdeutsch" so viel wie „Schriftsprache".

Tatsächlich bedeutet **„Hochdeutsch"** ursprünglich jenes Deutsch, das im **Süden des deutschen Sprachraums** gesprochen wurde, also in Süddeutschland, Österreich und in der Schweiz. **Niederdeutsch** (Plattdeutsch) dagegen ist das Deutsch des nördlichen Sprachraums.

Hochdeutsch setzte sich ab dem 16. Jahrhundert als Sprache über Dialektgrenzen hinweg durch. Verantwortlich dafür waren v. a. wirtschaftliche Entwicklungen sowie die Bibelübersetzung Martin Luthers (ab 1522), die auf Hochdeutsch verfasst war.

Das Hochdeutsche entstand aus dem Germanischen, am wesentlichsten durch die **zweite (hochdeutsche) Lautverschiebung** (ab ca. 500 bis ca. 800 n. Chr.). Damit grenzt sich das Hochdeutsche z. B. vom Englischen, Niederländischen und von skandinavischen Sprachen ab.
Neben dieser Lautverschiebung kam es auch zu anderen lautlichen Veränderungen, z. B. wandelten sich bestimmte Vokale zu Zwielauten (Diphthongierung) – und umgekehrt (Monophthongierung.)

6.8 Unten finden Sie eine Gegenüberstellung von Beispielen aus Sprachen mit und ohne 2. Lautverschiebung. Studieren Sie die Beispiele und ergänzen Sie die Regeln. Welche Laute haben sich wie verschoben? (Achtung: Die Liste enthält die wichtigsten Erscheinungen, nicht alle Verschiebungen.)

Ohne 2. Lautverschiebung			Mit 2. Lautverschiebung	Regel			
Englisch	Niederländ.	Schwed.	Ahd. (Nhd.)	Germ.	>	Hochdt.	
pepper	peper	peppar	pfeffar (Pfeffer)	p	>	pf	
deep	diep	djup	tiuf (tief)	p	>	____	nach Vokal
tooth	tand	tand	zand (Zahn)	____	>	ts	
let	laten	(til)låta	lāzzan (lassen)	____	>	s	nach Vokal
secure	zeker	säker(t)	sichur (sicher)	____	>	ch	nach ____
red	rood	röd	rōt (rot)	____	>	____	
bear	---	bära	peran (tragen)	b	>	____	

DIE TEILUNG DES DEUTSCHEN SPRACHRAUMS — **INFO-BOX**

Die Konsonantenverschiebung führte zu einer Teilung des deutschen Sprachraums. Nördlich der sog. **Benrather Linie** – Benrath ist ein Ort bei Düsseldorf am Rhein – griff die 2. Lautverschiebung nicht. Deshalb haben niederdeutsche Dialekte (Norddeutschland) manche Ähnlichkeiten z. B. mit dem Englischen oder Niederländischen, etwa: *machen – maken (nd.)/make (engl.)*; *Wasser – Water (nd.)/water (engl.)*; *Pfund – Pund (nd.)/pound (engl.)*; *ich – ik (nd.)/ik (ndl.)*

Da die 2. Lautverschiebung in verschiedenen Regionen unterschiedlich griff, bildeten sich durch sie **verschiedene Dialekte** heraus. Manche Lautverschiebungen fanden nur in sehr begrenzten Gebieten statt, z. B. k > kch nur im Alemannischen *(Kind – Kchind)*.

6.9 Studieren Sie die folgenden Beispiele. Welche Regeln der 2. Lautverschiebung zeigen sich darin?

a) engl. *duck* – dt. *tauchen*
b) engl. *timber* („Bauholz") – dt. *Zimmer*
c) engl. *spade* – dt. *Spaten*
d) engl. *heap* – dt. *Haufen*
e) engl. *drink* – dt. *trinken*
f) engl. *plant* – dt. *Pflanze*
g) engl. *town* – dt. *Zaun*
h) engl. *weak* – dt. *weich*
i) engl. *tide* („Gezeiten") – dt. *Zeit*
j) engl. *daughter* – dt. *Tochter*

6.10 SB PLUS

1. Hören Sie sich die beiden althochdeutschen Texte an. Notieren Sie Wörter und Phrasen, die Sie verstehen oder mit dem Neuhochdeutschen in Verbindung bringen können.
Beim ersten Text handelt es sich um einen Zauberspruch, der helfen sollte, wenn sich ein Pferd das Bein verletzt hat. Der zweite Text ist ein Rezept „für die Krankheit der Frauen nach der Geburt" (so die Original-Überschrift in lateinischer Sprache).
2. Hören Sie die Texte ein zweites Mal und lesen Sie mit (Sie finden die Texte und Übersetzungen auf Seite 95).

ALTHOCHDEUTSCH (CA. 8. JH. BIS MITTE DES 11. JH.) — INFO-BOX

Das Althochdeutsche ist die **erste schriftlich überlieferte Form** dessen, was wir heute „Hochdeutsch" nennen. Es bestand aus verschiedenen Dialekten des süddeutschen Sprachraums, die relativ einheitlich waren.

Die Zentren der Schriftkultur waren **Klöster und Domschulen**, die durch die Christianisierung entstanden waren. Schriftkundige waren praktisch ausschließlich Geistliche, die Handschriften in Latein anfertigten. Althochdeutsches wurde hauptsächlich in solche lateinische Texte hineingeschrieben.

Bedeutende Texte in Althochdeutsch sind:

- das **Hildebrandslied:** eine kurze Erzählung in Versen, die davon berichtet, dass sich ein Vater (Hildebrand) und sein Sohn (Hadubrand) als feindliche Kämpfer gegenüberstehen.
- die **Merseburger Zaubersprüche:** Beschwörungsformeln zur Befreiung von Kriegsgefangenen bzw. als Pferdesegen.
- das **Evangelienbuch des Otfried von Weißenburg:** Zusammenschau der vier Evangelien, zum ersten Mal Endreim in deutscher Sprache.

Ansonsten ist die Reimform des Althochdeutschen der **Stabreim**.

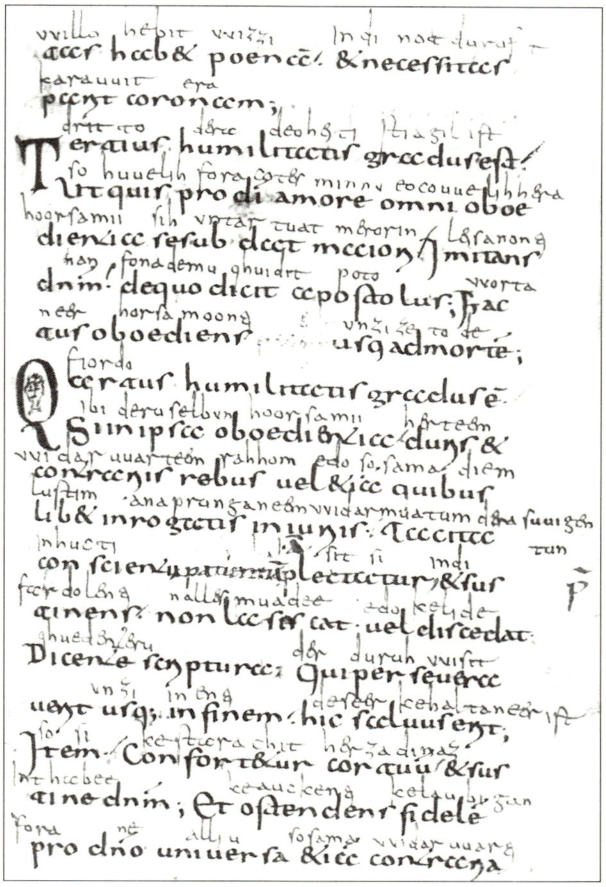

*Regel des Benediktinerordens, Stift St. Gallen, nach 799. Die deutsche Übersetzung wurde als **Interlinearversionen** zwischen die Zeilen des lateinischen Originaltexts geschrieben.*

Text 3:

Zweiter Merseburger Zauberspruch

Phol ende uuodan uuorun zi holza.
du uuart demo balderes uolon sin uuoz birenkit.
thu biguol en sinthgunt, sunna era suister,
thu biguol en friia, uolla era suister,
thu biguol en uuodan, so he uuola conda:
sose benrenki, sose bluotrenki,
sose lidirenki:
ben zi bena, bluot zi bluoda,
lid zi geliden, sose gelimida sin.

Übersetzung:

Phol[1] und Wodan[1] begaben sich in den Wald.
Da ward dem Fohlen des Balder[1] sein Fuß verrenkt.
Da beschwor ihn Sinthgund[2] und Sunna[2], ihre Schwester,
da beschwor ihn Frija[2] und Volla[2], ihre Schwester,
da besprach ihn Wodan, so gut er konnte:
Wie Knochenverrenkung, so Blutverrenkung,
so Gliedverrenkung:
Knochen zu Knochen, Blut zu Blute,
Glied zu Glied, auf dass sie zusammengeleimt seien.

[1] ***Phol, Wodan, Balder** – (süd-)germanische Götter*
[2] ***Sinthgund, Sunna, Fija, Volla** – (süd-)germanische Göttinnen*

Text 4:

Ad infimirtatem Mvliervm post partvm.[1]

Nim in der hirzis prunste, eines hirzzes gemahte *quod dicitur priapum* unte derriz fil harte unte senidiz file cleine unte pulueriz unte iz iz nun nath. in eine aie. So wir dir sin buz. unte wirt dir din liep. [...]

Übersetzung:

Nimm während der Hirschbrunft die Geschlechtsteile eines Hirschen, was *„Priapus" genannt wird*, und dörre sie sehr hart und schneide sie sehr klein und pulverisiere sie und iss sie neun Nächte in einem Ei. So wird dir besser sein und es wird dir dein Heil sein.

[1] ***Ad infimirtatem Mvliervm post partvm** – Für die Krankheit der Frauen nach der Geburt*

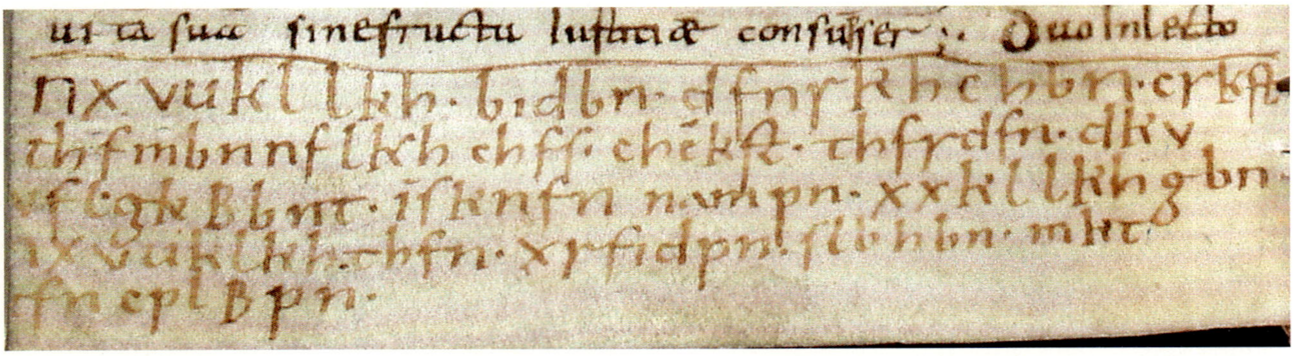

Aus den Trierer Teufelssprüchen (= aus der Stadt Trier; verfasst in einer Geheimschrift, in der Vokale durch die ihnen jeweils folgenden Konsonanten ersetzt werden; spätes 9. Jh.)

6.11

Text 5 ist ein sog. ahd. „Gespräch“. Es handelt sich dabei wohl um einen Sprachführer für Reisende. Sie finden links und kursiv den lateinischen Begriff, daneben den althochdeutschen (so sieht das Glossar im Original aus); rechts die neuhochdeutsche Übersetzung.

1. Lesen Sie den Text und vergleichen Sie einzelne ahd. Wörter mit den nhd. Inwieweit lässt sich die Bedeutung der ahd. Wörter erkennen?
2. Es gibt die Auffassung, dass dieses Glossar ursprünglich aus dem Bairischen stammt. Be- oder widerlegen Sie diese Position anhand des Texts.
3. Analysieren Sie anhand der Zeilen 1 bis 5 und 7 bis 10, wie das Glossar aufgebaut ist.
4. Für welche Reisenden dürfte der Sprachführer gedacht sein? Belegen Sie Ihre Ansicht.
5. Beschreiben Sie die Haltung und das Selbstbild eines Reisenden, der dieses Glossar tatsächlich verwendet.

Text 5:
Aus den Kasseler Glossen

Homo man
Caput haupit
Uerticem skeitila
Capilli fahs
Oculos augun
[...]
Tondit skirit
Tundi meo capilli skir min fahs
Radi me meo colli skir minan hals
Radi meo parba s kir minan part
Radices uurzun
[...]
Sapiens homo spaher man
Stultus toler
Stulti sunt tole sint
Romani uualha
Sapienti sunt spahe sint
Paioari peigira.
Modica est luzic ist
Sapienti spahe
In romana in uualhum
Plus habent mera hapent
Stultitia tolaheiti
Quam sapientia dehne spahi

Übersetzung:
Mann.
Haupt.
Scheitel.
Haare.
Augen.
[...]
Er schert.
Schere mein Haar!
Schere meinen Hals!
Schere meinen Bart!
Wurzeln.
[...]
Weiser Mann.
Dummer.
Dumme sind
die Romanen.
Weise sind
die Bayern.
Wenig ist
weise
unter den Welschen[1].
Mehr haben sie
Dummheit
als Weisheit.

[1] ***die Welschen** – die Romanen*

2.4 Vom Mittelhochdeutschen zum Frühneuhochdeutschen

Lesen Sei die folgende Information über das Mittelhochdeutsche, studieren Sie die Beispiele und ordnen Sie die Beispiele den beschriebenen Erscheinungen zu.

6.12

MITTELHOCHDEUTSCH (CA. MITTE DES 11. JH. BIS MITTE DES 14. JH.) **INFO-BOX**

Das Mittelhochdeutsche ist die **Sprache des hohen und späten Mittelalters**. Wie schon für das Althochdeutsche gilt: Es ist keine einheitliche Sprache, sondern es besteht aus einer Reihe verschiedener Dialekte – und: „Hoch" ist auch hier ein geografischer Begriff für das Süddeutsche.

Träger der deutschen Schriftkultur waren neben Geistlichen auch – meist adelige – Laien. Dass neben dem dominierenden Latein immer mehr die **Volkssprache** als Schreibsprache verwendet wurde, ist eine **gesamteuropäische Erscheinung**. Allerdings wurde nur ein Bruchteil dessen, was geschrieben wurde, auf Deutsch verfasst.

Was wurde in deutscher Sprache aufgeschrieben?

- **religiöse Gebrauchsliteratur**, z. B. Ausschnitte aus Evangelien, Bibelkommentare, geistliche Epik (zur religiösen Unterweisung der Laien), religiöse Gedichte und Legenden.
- **Übersetzungen**, z. B. auch naturwissenschaftlicher Schriften
- biologische und medizinische **Sachbücher**
- **Rechtstexte**, z. B. der „Sachsenspiegel", das erste Reichsgesetz in deutscher Sprache
- **Spielmannsepik**, das ist einfache Unterhaltungsliteratur (mündlich vorgetragen)
- **Heldendichtung** (mündlich überlieferte Erzählungen aus der Völkerwanderungszeit, z. B. das „Nibelungenlied")
- **höfische Ritterliteratur**, d. h. Epen und Lyrik (u. a. „Minnesang")

Im Spätmittelalter dringt das schriftliche Deutsch immer weiter in alle erdenklichen Lebensbereiche vor – allerdings nur für jenen kleinen Teil der Bevölkerung.

Wichtige sprachliche Entwicklungen:

- **Unbetonte Silben** werden **abgeschwächt**. V. a. bei den Endsilben entwickelt sich der für das Neuhochdeutsche typische Schwa-Laut [ə]. Wir sagen nicht ['fa:ter], sondern ['fa:tə] („Vater"). Beispiel Nr. ________
- Unbetonte Mittelsilben verschwinden. Beispiel Nr. ________
- Der Verfall von Endsilben betrifft auch Flexionsendungen. Im Mittelhochdeutschen sind sie nicht mehr so eindeutig. Daher
  - tritt zum Verb das **Personalpronomen**. Beispiel Nr. ________
  - stellt man vor das Nomen einen **Artikel**. Beispiel Nr. ________
- **Auslautverhärtung:** -b, -d-, -g werden am Wort- und am Silbenende zu -p, -t-, -k. Beispiel Nr. ________
- Der **Umlaut** wird zur Kennzeichnung des **Plurals** immer wichtiger. Beispiel Nr. ________

Beispiel Nr. 1:
ahd. *weralt* > mhd. *werlt* („Welt")
ahd. *suntarōn* > mhd. *sundern* („sondern")

Beispiel Nr. 2:
mhd. *hûs* – *hiuser* [y:] („ü") („Haus, Häuser")
mhd. *lamp* – *lember* („Lamm, Lämmer")

Beispiel 3:
ahd. *gestí* > mhd. *geste* („Gäste")
ahd. *spilôn* > mhd. *spilen, spiln* („spielen")

Beispiel Nr. 4:
ahd. *rītu* > mhd. *ich rīte* („ich reite")
ahd. *hôrtum* > wir *hôrten* („wir hörten")

Beispiel Nr. 5:
ahd. *līb* > mhd. *līp* (Gen.: lîbes; „Leib", „Körper")
ahd. *gab* > mhd. *er gap* (*wir gaben*; „er gab")

Beispiel Nr. 6:

	ahd.	mhd.
Nom. Pl.	taga / krefti	die tage / die krefte
Gen. Pl.	tago / kreftio	der tage / der krefte
Dat. Pl.	tagum / kreftim	den tagen / den kreften
Akk. Pl.	taga / krefti	die tage / die krefte

6.13

SB PLUS

1. Hören Sie Text 6. Machen Sie sich bei Bedarf Notizen zur Aussprache einzelner Laute oder Wörter.
2. Arbeiten Sie anschließend typische lautliche Veränderung vom Mittelhochdeutschen zum Neuhochdeutschen heraus, indem Sie die Tabelle auf Seite 99 ergänzen.
   Achtung: Die angeführten Vokale und Zwielaute geben die Aussprache, nicht die Schreibung an.

Text 6:
Walther von der Vogelweide: Herzeliebez vrowelîn

Herzeliebez vrowelîn,
got gebe dir hiute und iemer guot!
kund ich baz gedenken dîn,
des het ich willeclîchen muot.
waz mac ich nû sagen mê,
wan daz dir nieman holder ist? Owê, dâ
von ist mir vil wê.

Si verwîzent mir, daz ich
sô nider wende mînen sanc.
daz si niht versinnent sich,
waz liebe sî, des haben undanc!
siu getraf diu liebe nie,
die dâ nâch dem guote und nâch der
schœne minnent. wê wie minnent die!

Bî der schœne ist dicke haz,
zuo der schœne niemen si ze gâch.
liep tuot dem herzen baz,
der liebe gêt diu schœne nâch.
Liebe machet schœner wîp,
des mac diu schœne niht getoun, sine
gemachet nimmer lieben lîp.

Ich vertrage als ich vertruoc
und als ich zeiner wîle vertrage.
dû bist schœne und hâst genuoc,
waz mugen si mir dâ von gesagen?
Swaz si sagen, ich bin dir holt
und nim dîn glesîn vingerlîn vür einer
küneginne golt.

Hâst dû triuwe und stætekeit,
sô bin ich sîn âne angest gar,
daz mir iemer herzeleit
mit dînem willen widervar.
hâst aber dû der zweier niht,
sô müezest dû mîn niemer werden, ôwê ..., ob
daz geschiht!

Übersetzung:

Kleine Herrin der Herzeliebe,
Gott sei dir heute und allezeit gut!
Könnte ich dich noch schöner benennen,
dazu wäre ich herzlich gern bereit.
Was kann ich nun mehr sagen,
als dass dich niemand mehr liebt? Ach, tut mir
so weh.

Sie tadeln mich dafür,
dass mein Singen den Stand nicht achtet.
Dass sie nicht begreifen,
was Liebe ist, dafür sollen sie verwünscht sein
Die hat Liebe nie ergriffen,
die ihre Liebe nach Reichtum und Schönheit
richten; o weh, wie lieben die!

Mit Schönheit ist of Bosheit verbunden,
der Schönheit laufe niemand nach.
Liebe tut dem herzen besser,
die Schönheit folgt der Liebe nach.
Liebe macht die Frauen schöner:
Das kann die Schönheit nicht, sie allein macht
niemanden liebenswert.

Ich nehme den Tadel hin, wie ich ihn hinnahm
und ihn stets hinnehmen will.
Du bist schön und hast davon genug,
doch was können sie mir davon sagen?
Was immer sie sagen, ich liebe dich
und nehme dein gläseres Ringlein lieber als
das Gold der Königin.

Hast du Treue und Beständigkeit,
so bin ich da ganz ohne Sorgen,
dass du mir jemals mit Absicht
Leid zufügen könntest.
Hast du aber beides nicht,
so mögest du niemals mein werden. O weh ...,
wenn das geschehen sollte.

Vom Mittelhochdeutschen zum Neuhochdeutschen

1. Diphthongierung (Vokal wird Zwielaut)		2. Monophthongierung (Zwielaut wird Vokal)	
Mhd.	**Nhd.**	**Mhd.**	**Nhd.**
î Beispiele: dîn, bî, -lîn, wîp	___ Beispiele: ___	___ **iə** ___ Beispiele: ___	**langes i** Beispiele: Liebe, wie, niemals
iu Beispiele: hiute, triuwe	___ Beispiele: ___	___ Beispiele: ___	**u** Beispiele: Gut, Mut, zu
û Beispiele: hûs, lût	**au** Beispiele: ___	___ Beispiele: ___	**ü** Beispiele: müsstest

3. Wandel von Diphthongen		4. Vokaldehnung	
Mhd.	**Nhd.**	**Mhd.**	**Nhd.**
ei Beispiele: einer, leit	**ai** Beispiele: ___	Alle Kurzvokale werden in offenen Silben zu Langvokalen gedehnt.	
öu/öi Beispiele: böume, vröide	**oi** Beispiele: ___	Beispiele (die Vokale werden im Mhd. kurz gesprochen): sagen, mügen (ich mac)	Beispiele: ___
ou Beispiele: ___ ouge	**au** Beispiele: ___		

In manchen Dialekten wurde der Wandel von den Diphthongen (Zwielauten) zu den Monophthongen (einfachen Vokalen) nicht vollzogen. Z. B. heißt „liebe gute Brüder“ im bairischen Dialekt „liəbə guətə briədə“.

NEUHOCHDEUTSCH (AB 1350) — **INFO-BOX**

Die **Universitätsgründungen** im 14. und 15. Jahrhundert, die Ablösung des teuren Pergaments durch Papier aus Zellulosefasern sowie die Revolutionierung des **Buchdrucks** (Erfindung beweglicher metallener Letter) durch Johannes **Gutenberg** um 1440, vor allem aber **Martin Luthers Bibelübersetzung** bildeten die Grundlage einer einheitlichen deutschen **Schrift**sprache. Zwischen 1521 und 1534 übersetzte Luther zuerst das Neue und dann das Alte Testament. Die Prinzipien seiner Bibelübersetzung erläuterte er im „Sendbrief vom Dolmetschen“.
Die Periode von ca. 1350 bis ca. 1650 wird als **Frühneuhochdeutsch** bezeichnet.

Einen wesentlichen Anteil an der Entwicklung einer deutschen Standardsprache hatten die **Gebrüder Grimm**, die die Herausgabe eines umfassenden deutschen Wörterbuches begannen (1. Band: 1854; der 33. Band erschien erst 1960). In Deutschland wurde 1871 erstmals die Rechtschreibung durch Regel festgelegt. Dem schloss sich Österreich 1901 an.

6.14 Lesen Sie Text 7 und beantworten Sie die folgenden Fragen:

- Mit welchen sprachlichen Bildern beschreibt Martin Luther die Schwierigkeiten bei der Bibelübersetzung?
- Welche grundlegenden Überlegungen haben ihn bei seiner Arbeit geleitet?
- Formulieren Sie mit eigenen Worten einen Grundsatz, der laut Luther für das Übersetzen gelten soll.

Text 7:
Martin Luther: Sendbrief vom Dolmetschen *(in originaler Schreibung)*

[...] Ich habe mich des geflissen[1] im Dolmetschen, dass ich rein und klar Deutsch geben möchte. Und ist uns wohl oft begegnet, dass wir vierzehn Tage, drei vier Wochen haben ein einziges Wort gesucht und gefragt, haben's dennoch zuweilen nicht funden. Im Hiob[2] arbeiteten wir also, M. Philipps, Aurogallus und ich, dass wir in vier Tagen zuweilen kaum drei Zeilen kunnten fertigen. Lieber, nu es verdeutsch und bereit ist, kann's ein jeder lesen und meistern; lauft einer itzt mit den Augen durch drei, vier Blätter und stosst nicht einmal an, wird aber nicht gewahr, welche Wacken[3] und Klötze da gelegen sind, da er itzt über hin gehet wie über ein gehoffelt[4] Brett, da wir haben müssen schwitzen und uns ängsten, ehe denn wir solche Wacken und Klötze aus dem Wege räumeten, auf dass man künnte so fein daher gehen: Es ist gut pflügen, wenn der Acker gereinigt ist; aber den Wald und die Stöcke ausrotten und den Acker zurichten, da will niemand an. Es ist bei der Welt kein Dank zu verdienen; kann doch Gott selber mit der Sonnen, ja mit Himmel und Erden, noch mit seines eigenen Sohns Tod keinen Dank verdienen; sie sei und bleibt Welt des Teufels Namen, weil sie ja nicht anders will. [...]

Denn man muss nicht die Buchstaben in der lateinischen Sprachen fragen, wie man soll Deutsch reden, wie diese Esel tun, sondern man muss die Mutter im Hause, die Kinder auf der Gassen, den gemeinen Mann auf dem Markt drumb fragen und denselbigen auf das Maul sehen, wie sie reden, und darnach dolmetschen; so verstehen sie es denn und merken, dass man Deutsch mit ihnen redet.

Als wenn Christus spricht: „Ex abundantia cordis os loquitur". Wenn ich den Eseln soll folgen, die werden mir die Buchstaben fürlegen und also dolmetschen: „Aus dem Überfluss des Herzen redet der Mund." Sage mir, ist das Deutsch geredt? Welcher Deutscher versteht solchs? Was ist „Überfluss des Herzen" für ein Ding?

Martin Luther porträtiert von Lucas Cranach, dem Älteren; 1529.

Das kann kein Deutscher sagen, er wollt denn sagen, es sei, dass einer allzu ein gross Herz habe oder zu viel Herzes habe, wiewohl das auch noch nicht recht ist; denn „Überfluss des Herzen" ist kein Deutsch, so wenig als das Deutsch ist: Überfluss des Hauses, Überfluss des Kachelofens, Überfluss der Bank, sondern also redet die Mutter im Haus und der gemeine Mann: „Wes das Herz voll ist, des gehet der Mund über". Das heisst gut Deutsch geredt. [...]

[1] ***geflissen*** – *beflissen, sich eifrig bemühen*
[2] ***Hiob*** – *„Buch Hiob" (Teil des Alten Testaments)*
[3] ***Wacken*** – *auf einem Feld aus dem Boden ragende Steine*
[4] ***gehoffelt*** – *gehobelt*

DIE ENTWICKLUNG DER DEUTSCHEN SPRACHE IM ÜBERBLICK **INFO-BOX**

Geschichtliches	Zeit (ca.)	Sprachperioden	Veränderungen in der Sprache
Stammesherrschaften (z. B. Bayern, Sachsen, Franken ...), Christianisierung; Karolingerreich (687 – 911); erste schriftliche Quellen in deutscher Sprache	nach 600	**Frühalthochdeutsch**	Auswirkungen der 2. deutschen Lautverschiebung – Hochdeutsch grenzt sich von Niederdeutsch, Nordisch, Englisch u. a. ab.
Ottonische Kaiser (919 – 1024); Stammesherrschaften	750 bis 1050	**Althochdeutsch** Stammesdialekte; Latein als übliche Schriftsprache; Sprachdokumente hauptsächlich aus klösterlichen Aufzeichnungen	Abschwächung unbetonter Silben am Übergang vom Ahd. zum Mhd.
„Höfische Blütezeit" (1170 – 1230)	1050 bis 1350	**Mittelhochdeutsch** Deutsch als Standessprache des Rittertums, Entwicklung einer stammesübergreifenden gemeindeutschen Sprache	Personalpronomen und Artikel bilden sich heraus; Auslautverhärtung, Umlaut
Universitäten; Aufstieg der Städte, des Bürgertums; ab etwa 1460 Druck deutscher Bücher, 1521 – 1534 Luthers Bibelübersetzung. 1648: Ende des 30-jährigen Krieges	1350 bis 1650	**Frühneuhochdeutsch** Vielfalt von Dialekt-Schreibsprachen, daneben **Kanzleisprachen** (Sprache der regionalen Verwaltungsbehörden), die zu einer einheitlichen Sprache tendieren. Erfindung des **Buchdrucks fördert** Verbreitung geschriebener Sprache; 90 % Analphabeten; beginnender Schreibunterricht in „Elementarschulen", Einfluss der Universitäten. **Luthers Bibelübersetzung:** entscheidender Impuls zur Vereinheitlichung der Sprache	Diphthongierung, Monophthongierung, Wandel von Diphthongen, Vokaldehnung in kurzen, offenen Silben Diphthongierung dringt vom Süden in den Norden durch (keine Diphthongierung im Alemannischen)
18. Jh.: Aufklärung, Blüte der Universitäten. 1871: Gründung des deutschen Kaiserreiches. 19. Jh.: Industrialisierung	1650 bis 1950	**Neuhochdeutsch** Entwicklung einer deutsche Standardsprache: Normierung (Rechtschreib- und Grammatikregeln, Wörterbücher)	Verstärkte Vereinheitlichung und Normierung der Schriftsprache und Aussprache (Standardsprache)
20. Jh.: Beginnendes Informationszeitalter, verstärkter Einfluss des Angloamerikanischen.	heute	**Deutsche Gegenwartssprache**	Internationalisierung, Eindringen zahlreicher wissenschaftlicher Fachbegriffe, starker Einfluss des Angloamerikanischen; „Standardsprache" als die Sprache der Massenmedien. Verkürzungstendenzen (SMS).

Modul 6 – Kompetenztest	
Kompetenzbereich:	Sprachbewusstsein
Was Sie können sollen:	mit Sprachwandel in verschiedenen Formen als gesellschaftlichem Wandel vertraut werden: historische Sprachentwicklung
Erlaubte Hilfsmittel:	Lexikon, Wörterbuch, Internet, dieses Modul
Testzeit:	Aufgabe 1: 10 Minuten Aufgabe 2: 20 Minuten

Aufgabe 1 Wählen Sie fünf Wörter aus dem althochdeutschen Wessobrunner Gebet und erklären Sie an diesen Beispielen die zweite (althochdeutsche) Lautverschiebung.

Wessobrunner Gebet

Dat gafregin ih mit firahim firiuuizzo meista,
dat ero ni uuas noh ûfhimil,
noh paum ... noh pereg ni uuas, ni ...
nohheinîig
noh sunna ni scein,
no mâno ni liuhta,
noh der mâreo sêo. [...]

Übersetzung:

Das erfuhr ich unter den Menschen als der Wunder größtes,
dass Erde nicht war, noch oben der Himmel,
nicht Baum ..., noch Berg nicht war, noch ...
irgendetwas,
noch die Sonne nicht schien,
noch der Mond nicht leuchtete,
noch das herrliche Meer.

Aufgabe 2 Vergleichen Sie die drei Versionen des Beginns des christlichen „Vater unser"-Gebets. Wählen Sie je fünf Beispiele für Sprachwandelphänomene

a) vom Althochdeutschen zum Mittelhochdeutschen (z. B. Abschwächung unbetonter Silben, Auslautverhärtung)
b) vom Mittelhochdeutschen zum Neuhochdeutschen (z. B. Diphthongierung, Monophthongierung; Veränderung von Diphthongen, Vokaldehnung)

und erklären Sie diese.

(Kloster St. Gallen, 8. Jh.)

Fater unseer, thu pist in himile,
uuihi namun dinan,
qhueme rihhi din,
uuerde uuillo diin,
so in himile sosa in erdu.
prooth unseer emezzihic kip uns
hiutu,
oblaz uns sculdi unseero,
so uuir oblazem uns sculdikem,
enti ni unsih firleiti in khorunka,
uzzer losi unsih fona ubile.

(Martin Luther, 1522)

Vnser vater yn dem hymel.
Deyn name sey heylig.
Deyn reych kome.
Deyn wille geschehe
auff erde wie ynn dem hymel.
[...]

(Reinmar von Zweter, um 1300)

Got vater unser, dâ dû bist
in dem himelrîche gewaltic
alles des dir ist,
geheiliget sô werde dîn nam,
zuo müeze uns komen daz
rîche dîn.
Dîn wille werde dem gelîch
hie ûf der erde als in den himeln,
[...]

Reinmar von Zweter Abbildung aus dem Codex Manesse (umfangreichste und berühmteste deutsche Liedersammlung des Mittelalters), 14. Jh.

Was ich jetzt kann und verstehe

Ich ...	Schätzen Sie sich ein (+2 = ganz gut, -2 = nicht)!			
	+2	+1	-1	-2
... habe einen Überblick über die Entwicklung der deutschen Sprache.				
... weiß, was eine Sprachfamilie ist.				
... kenne die indoeuropäische Sprachfamilie.				
... weiß, welche Lautverschiebungen zur Herausbildung des Hochdeutschen wesentlich beigetragen haben.				
... kann Althochdeutsch von Mittelhochdeutsch unterscheiden.				
... kann mit Hilfe von Unterlagen lautliche Entwicklungen in der deutschen Sprache verfolgen.				
... kann drei althochdeutsche Texte nenne.				

Sind Sie mit Ihren Lernfortschritten zufrieden? – Wenn Sie noch weitere Anleitungen/Übungen brauchen, hilft Ihnen Ihre Lehrerin/Ihr Lehrer.

Modul 7

Erörtern und argumentieren

In diesem Modul geht es darum, über ein Thema nachzudenken und danach schriftlich Stellung zu nehmen. Dieses Nachdenken wird zumeist von einem Text ausgehen, in dem bereits jemand seine Gedanken dargelegt hat. Im beruflichen und privaten Alltag begegnen uns derartige schriftliche Texte u. a. als Kommentare, Postings oder Leserbriefe.
Bei der schriftlichen Reifeprüfung müssen Sie die Textsorten „Erörterung" und „Leserbrief" – ausgehend von fremden Texten – beherrschen.

Deshalb lernen Sie in diesem Modul,

- wie man eine (textbezogene) Erörterung verfasst,
- wie man einen Leserbrief verfasst.

Da es dabei auch immer um das Argumentieren geht, werden Sie auch Ihre Fähigkeiten im Diskutieren erweitern und reflektieren können.

1 DIE TEXTBEZOGENE ERÖRTERUNG

1.1 Der Bezug auf einen Text

Sie haben in der 5. Klasse bereits gelernt, was eine Erörterung ist. Unter anderem ist nun neu:

RP-Text

ERÖRTERUNG **INFO-BOX**

Wenn Sie bei der Reifeprüfung eine „Erörterung" verfassen müssen, dann handelt es sich um eine **textbezogene Erörterung**. Das heißt, dass Sie nicht nur aufgrund eines Themas oder einer Frage über ein Problem nachdenken und schreiben müssen, sondern Sie müssen **von einem vorgegebenen Text ausgehen**, in dem das Thema bereits behandelt wird.
Es geht also um **das Nachdenken über den Inhalt fremder Texte und eigenes Weiterdenken.**
(In diesem Modul ist mit „Erörterung" diese textbezogene Erörterung gemeint.)

7.1 Lesen Sie die beiden Texte auf den nächsten Seiten. Folgen Sie dabei den Anleitungen im folgenden So-geht's-Kasten.

ERÖRTERUNGEN SCHREIBEN, TEIL 1 **SO GEHT'S**

Schritt 1: Die Textbeilage(n) querlesen (überfliegen)

Schritt 2: Die Textbeilage(n) genau lesen, Stichworte markieren, vor allem diejenigen Teile, die Sie ansprechen wollen (widersprechen, kritisieren, zustimmen, näher erklären ...). Kurze Notizen zu neuen Ideen/Gedanken machen.

RP-Text

Text 1:

Komasaufen als Nachahmungshandlung

Suchtgift-Experte kritisiert britische Studie

London/Wien (pte) – Britische Forscher haben in einer Studie behauptet, dass nicht der Verfall der Sitten und der niedrige Preis für Alkoholika ausschlaggebend für den „Komasauf-Boom" unter den Jugendlichen sind. Der wesentliche Punkt, der Lust auf Alkohol in Strömen macht, ist der Nachahmungstrieb – und dabei folgen die meisten „Täter" dem Verhalten ihrer Freunde.

Mit Hilfe eines Computermodells simulierten[1] die Forscher in London das Verhalten im sozialen Netzwerk.[2] „Wenn man dieses Kampftrinken beenden will, muss man beim Nachahmungsverhalten ansetzen", ist ihre zentrale Erkenntnis. Die Studie an insgesamt 504 Jugendlichen im Alter von 18 bis 24 Jahren – zu gleichen Teilen männlichen und weiblichen Geschlechts – sollte untersuchen, wie viele sich am „Komasaufen" beteiligen und wie das mit dem sozialen Umfeld zusammenhängt, in dem sie sich bewegen. Den Begriff Komasaufen interpretierten die Forscher als festen Vorsatz, sich zu betrinken oder mindestens zehn Drinks an einem Abend mindestens einmal pro Woche zu konsumieren.

Experten wie der Direktor des Anton-Proksch-Instituts für Suchtgiftforschung, Michael Musalek, stehen diesem Studienergebnis allerdings sehr skeptisch[3] gegenüber. „Alleine schon der Ansatz ist sehr problematisch", meint Musalek gegenüber pressetext. Einerseits treffe man hier nicht die Kerngruppe – diese liege bei Jugendlichen jüngeren Alters – andererseits werde ein Hauptpunkt,

nämlich die leichte Verfügbarkeit des Alkohols, nicht ins Kalkül gezogen. „Nach anderen, empirisch belegten[4] Studien spielt die Verfügbarkeit von Alkohol eine wesentliche Rolle", so der Forscher. [...]

Dass der Nachahmungseffekt natürlich auch eine Rolle spiele, will Musalek nicht in Abrede stellen. „Gleich und gleich gesellt sich gern. Das ist ein logisches Verhalten." Als problematisch bezeichnet Musalek auch den in der Studie unterstellten Vorsatz der Betroffenen, sich betrinken zu wollen. „Nicht immer hat man so etwas vor, vielfach ergibt sich das aus der Situation", so der Experte. Und dabei komme der Verfügbarkeit des Suchtgifts eine bedeutende Rolle zu.

(Quelle: pressetext.austria, Autor: Wolfgang Weitlaner)

[1] ***simulieren*** *– im Versuch nachahmen, auch: vortäuschen*
[2] ***soziales Netzwerk/Umfeld*** *– Freunde, Bekannte, Familie, Vereine usw.*
[3] ***skeptisch sein*** *– etwas nicht glauben, einer anderen Meinung kritisch gegenüberstehen*
[4] ***empirisch belegt*** *– wissenschaftlich bewiesen (durch Umfragen, Erfahrungen, Versuche usw.)*

Text 2 *(in originaler Schreibung)*:

Mobbing in Schulen

Mobbing macht auch vor Österreichs Schultoren nicht halt. Angeblich wird jede/r Zehnte gemobbt.

Von Evelyn Modrian (Schülerin)

Mobbing – was ist das schon? Mal jemanden auslachen? Mal ein bisschen rempeln? Mal ein wenig verarschen? Jemanden vor anderen schlechtmachen? Lügen über ihn verbreiten? Bösartige SMS versenden? Einen fiesen Film ins Internet stellen?

Mobbing ist alles zusammen, es ist das gezielte „Fertigmachen" von Mitschülern/-innen, und das ist eine Gemeinheit, gegen die man hart vorgehen muss. Alle Klassenkollegen/-innen sind genauso gefragt, wie Lehrer/innen und Direktoren/-innen. Wenn ein Mobbingverdacht besteht, muss sofort gehandelt werden, bevor Schlimmes passiert. Warum wohl steigt die Selbstmordrate bei Jugendlichen an? Warum wohl sind Schüler Amok gelaufen, nachdem sie Abschiedsbriefe im Internet

veröffentlicht haben? Weil sie monate- oder jahrelang gemobbt wurden, das ist meine feste Überzeugung! Mobbing basiert auf Gruppendynamik. Dabei gibt es ein ganz einfaches Prinzip: In einer Gemeinschaft gibt es immer jemanden, der sich mehr behaupten kann als andere, eine „Führernatur". Ohne irgendeine Wahl kommt diese Person automatisch zur Führungsposition. Diesem Gruppenleader (Bub oder Mädchen) schließen sich einige andere an. Hat er mit jemandem Streit oder einen Konflikt, so „hetzt" er seine „Anhänger" gegen das Opfer auf. Dabei machen nahezu alle Mitglieder der Mobbergruppe mit, weil sie Angst haben, selber gemobbt zu werden. Aus dem gleichen Grund wird die Gruppe auch immer größer. Um auch ja in ihrer Gruppe anerkannt zu werden, denken sich die Gruppenmitglieder viele Dinge aus, um ihr Opfer fertigzumachen. Sie finden immer eine Schwachstelle oder einen Makel, mit dem sie es aufziehen können. Haupttäter und Mitläufer werden also zu den Mobbern, und kaum einer traut sich, davon etwas den Eltern oder Lehrer/innen zu verraten.
Man sollte daher das Thema in allen Schulen offen ansprechen. Dann wird sich schon jemand trauen, mit der Wahrheit herauszurücken.

(Quelle: Schülerzeitung „Die Ha(c)kler")

7.2 Studieren Sie die drei folgenden So-geht's-Kästen und lösen Sie zu Text 1 die folgenden Aufgaben:

1. Geben Sie die Ergebnisse der Studie sowie die Kritik daran wieder.
2. Fassen Sie die Kritik an den Ergebnissen zusammen:
   a) In einem einfachen Satz. Verwenden Sie einen Redebericht (vgl. Band 1, Modul 5).
   b) In drei Sätzen. Verwenden Sie die indirekte Rede.

RP-Text

OPERATOR „WIEDERGEBEN" — **SO GEHT'S**

„Wiedergeben" heißt, dass Sie Inhalte oder Zusammenhänge **in eigenen Worten** sachlich und fachsprachlich richtig formulieren.

Achten Sie darauf, dass Sie nicht einfach Phrasen und Sätze abschreiben. Einzelne (Fach-)Begriffe, deren Ersatz zu einer Sinnveränderung führen würde, dürfen Sie aber übernehmen.

Beispiel (zu Text 2; fett: wörtliche Übernahmen): *Die Verfasserin erläutert eine gewisse **Gruppendynamik** als Grundlage des Mobbings. Im Mittelpunkt stehe dabei ein **Anführer**, der im Falle eines Konflikts seine Gefolgsleute gegen seinen Gegner aufbringe. Sie würden allein wegen des Gruppendrucks mitmachen.*

RP-Text

OPERATOR „ZUSAMMENFASSEN" — **SO GEHT'S**

„Zusamenfassen" heißt, dass Sie Aussagen, Inhalte oder Zusammenhänge komprimiert und strukturiert darstellen, und zwar in sinnvoller Reihung und fachsprachlich richtig.

- „Komprimiert" heißt, dass Sie nur das Wesentliche und das sehr knapp formulieren. Übernehmen Sie nur zentrale Aussagen – und grundsätzlich keine Beispiele, Illustrationen oder Belege.
- Übernehmen Sie beim Zusammenfassen nicht automatisch die **inhaltliche Struktur** des Ausgangstexts, sondern ordnen Sie die Informationen so an, wie es in der Situation sinnvoll ist, z. B. vom Wesentlichen zum weniger Wesentlichen (siehe Modul 3).
- Auch beim Zusammenfassen müssen Sie **in eigenen Worten formulieren.**

- Verwenden Sie **Mittel der Redewiedergabe**, die Sie in Band 1 kennen gelernt haben:
  - indirekte Rede
  - Redebericht
  - Quellenangabe
  - Slipping und direkte Rede nur in äußersten Ausnahmefällen: wenn Ihre Leser/innen den „Originalton hören“ sollen.

Mit den Mitteln der Redewiedergabe gewährleisten Sie, dass immer klar ist: Sie geben fremde Aussagen wieder.

SPRACHBAUKASTEN: VERBEN FÜR DEN REDEBERICHT — ***SO GEHT'S***

Wenn Sie einen Redebericht –

Beispiel (zu Text 2): *Die Verfasserin erläutert den Zusammenhang zwischen Gruppendruck und Mobbing.*

– zur Wiedergabe fremder Äußerungen verwenden, können Ihnen die folgenden Verben nützlich sein:

Wenn jemand
- **einen Sachverhalt beschreibt:** erklären/erläutern, darstellen, veranschaulichen, schildern, thematisieren, untersuchen.
- **etwas beurteilt:** kritisieren, (ver-)urteilen, bewerten (als), schließen, schlussfolgern, unterstellen
- **eine Forderung erhebt:** verlangen, auffordern, zu bedenken geben, warnen
- **eine Position betont:** herausgreifen, hervorheben, akzentuieren, geltend machen, untermauern, verdeutlichen
- **eine Position prüft:** sich fragen, einwenden, entgegenhalten, einräumen, zubilligen, eingestehen
- **einer Position zustimmt:** zustimmen, sich anschließen, bejahen, beipflichten
- **eine Meinung ablehnt:** bezweifeln, in Zweifel ziehen, zurückweisen, unterstützen, infrage stellen

7.3 Fassen Sie die wesentlichen Aussagen von Text 2 in ca. 70 Wörtern zusammen.

1.2 Die Textsorte „Erörterung“

7.4 Lesen Sie die Informationen zur Textsorte Erörterung und beantworten Sie die angeschlossenen Fragen.

TEXTSORTE ERÖRTERUNG — ***INFO-BOX***

RP-Text

Was ist eine Erörterung?
In einer (textbezogenen) Erörterung entwickeln Sie **eigene Gedanken** zu einem Thema, das **in einem anderen Text bereits behandelt** worden ist. Das Thema müssen Sie **von verschiedenen Seiten betrachten** und argumentierend abhandeln.
Eine Erörterung wird im **Präsens** verfasst.

Woraus besteht eine Erörterung?
Eine Erörterung hat grundsätzlich zwei Teile:
- **Referatsteil:** In diesem Teil informieren Sie Ihre Leser/innen über Aussagen im Ausgangstext. Achten Sie darauf, was die Operatoren genau von Ihnen verlangen. Vielleicht dürfen Sie nur bestimmte Gesichtspunkte des Ausgangstexts berücksichtigen.
- **Argumentationsteil:** In diesem Teil entfalten Sie Ihre eigenen Gedanken, Sie argumentieren, erläutern, bewerten etc. Häufig ist es nötig, ein Thema von verschiedenen Seiten argumentierend zu betrachten.

Referatsteil und Meinungsteil können auch ineinanderfließen.

Worum geht es?
Es geht also darum, dass Sie einerseits **informieren** (Referatsteil) und **kritisch prüfen**, andererseits **überzeugen** (Argumentationsteil), indem Sie ausgiebig argumentieren und **das Thema aus verschiedenen Perspektiven betrachten**.

Worum geht es nicht?

Es geht **nicht darum, persönliche Meinungen zu äußern** oder subjektiv zu kommentieren (vgl. Modul 3), sondern aus der Argumentation werden Schlussfolgerungen abgeleitet.

Es geht auch nicht darum, die Entwicklung einer Position an die Leser/innen oder sonst jemanden zu **delegieren** (z. B. *„.... muss jede/r für sich selber entscheiden ..." / „... müssen die Politiker wissen ..."*).

Wie ist eine Erörterung aufgebaut?

Eine **Erörterung** zeigt die klassische Einleitung-Hauptteil-Schluss-Struktur.

- **Titel**
- Die **Einleitung** hängt sehr stark von der Situation ab. Sie hat die Grundfunktion, die Leser/innen zu orientieren und interessiert zu machen.
- Im **Hauptteil** wird der Sachverhalt oder eine Position kritisch geprüft. Man kann das Thema erläutern und muss eine eigene Position, die durch Argumente, Abwägen von Pro und Kontra, Erklärungen, Informationen und Beispiele gestützt wird. Aus den Überlegungen werden Schlussfolgerungen gezogen.
- Der **Schluss** bereitet die Leser/innen auf das Ende des Textes vor. Als Abschluss können Sie z. B. Folgendes verwenden: einen Vorschlag zur Änderung/Verbesserung; einen Ausblick in die Zukunft; einen Appell (eine Aufforderung, etwas zu unternehmen gegen, für ...); einen Bezug zur Einleitung (umschließender Rahmen).

a) Welche grundsätzliche Zweiteilung ist für textbezogene Erörterungen empfohlen?
b) Welche Funktion habe diese beiden Teile?
c) Welches Tempus hat der Referatsteil?
d) Wie können Sie in der Einleitung das Interesse der Leser/innen wecken? Nennen Sie Möglichkeiten.
e) Aus welchen drei Grundelementen setzt sich eine vollständige Argumentation zusammen?
f) Welche weiteren möglichen Elemente einer Argumentation gibt es?
g) Worauf können sich überzeugende Argumente stützen und was ist eher ungünstig?
Für e) bis g) finden Sie Hilfe in Band 1, Modul 10.

7.5 Wählen Sie eine der folgenden Behauptungen und stützen Sie sie mit Hilfe einer vollständigen Argumentation. Schreiben Sie ca. 100 Wörter.
a) Jugendliche Komasäufer/innen wollen ihrer Umgebung beweisen, dass sie auch schon erwachsen sind.
b) Bei Mobbing wegzuschauen ist fatal.
c) Raucherzonen, -höfe oder -ecken sind eine Gefahr für Jüngere.
Sie können die gewählte These auch argumentativ entkräften.

7.6 a) Lesen Sie die beiden Aufgaben unten (sie sind so formuliert wie bei der Reifeprüfung, außer dass unter einem Thema nicht zwei gleiche Textsorten zu schreiben sind).
b) Wählen Sie eine der beiden und verfassen Sie eine Erörterung. Folgen Sie dabei der Anleitung im So-geht's-Kasten.

Thema: Die Macht von Gruppen

Aufgabe 1: Verfassen Sie eine Erörterung.

Situation: *Ihre Klasse macht ein fächerübergreifendes Projekt zum Thema Alkohol. Am Ende dieses Projekts wird es ein große Schlussveranstaltung geben, bei der es Präsentationen, eine Ausstellung, Reden sowie ein kurzes Theaterstück geben soll. Eingeladen wird die gesamte Schulgemeinschaft (Schüler/innen, Eltern, Lehrer/innen). Zur Schlussveranstaltung soll auch eine kleine Broschüre mit Texten von Schülern/Schülerinnen entstehen. Sie verfassen dafür eine Erörterung.*

Lesen Sie den Bericht „Komasaufen als Nachahmungshandlung" (Textbeilage 1). Verfassen Sie dann eine Erörterung und bearbeiten Sie dabei die folgenden Arbeitsaufträge:

- Fassen Sie die wesentlichen Aussagen zusammen.
- Nehmen Sie zu den Kernaussagen kritisch Stellung.[1]
- Diskutieren Sie grundsätzlich die aufgezeigte Problematik.

Schreiben Sie 405 bis 495 Wörter. Markieren Sie Absätze durch Leerzeilen.

Aufgabe 2: Verfassen Sie eine Erörterung.

Situation: *Sie arbeiten mit anderen Schülern/Schülerinnen in einer Peer-Group, die sich um das konfliktfreie Zusammenleben der Schüler/innen kümmert. Neben anderen Veröffentlichungen soll auch eine schriftliche Diskussion der Textbeilage 2, geschrieben von einer Schülerin als Online-Information für die Schulkollegen/-kolleginnen, verfasst werden. Die Textbeilage sowie die Diskussion dazu sollen auf der Website der Schule veröffentlicht werden.*

OPERATOR „DISKUTIEREN" — ***SO GEHT'S***

„Diskutieren" heißt, eine These oder Problemstellung durch Argumente auf ihren Wert und ihre Stichhaltigkeit hin zu prüfen.
Man macht das **abwägend**, indem man **Pro und Kontra** berücksichtigt. Auf dieser Grundlage erfolgt eine **Schlussfolgerung bzw. eigene Stellungnahme.** Diese Schlussfolgerung bzw. Stellungnahme muss **widerspruchsfrei** sein.

RP-Text

Lesen Sie den Text „Mobbing in Schulen" (Textbeilage 2).
Verfassen Sie dann eine Erörterung und bearbeiten Sie dabei die folgenden Arbeitsaufträge:

- Fassen Sie die wesentlichen Aussagen der Textbeilage 2 zusammen.
- Nehmen Sie zu den Aussagen in Textbeilage 2 kritisch Stellung.
- Diskutieren Sie grundsätzlich die aufgezeigte Problematik.

Schreiben Sie 405 bis 495 Wörter. Markieren Sie Absätze durch Leerzeilen.

[1] Operator „kritisch Stellung nehmen": Modul 3

ERÖRTERUNGEN SCHREIBEN, TEIL 2 — ***SO GEHT'S***

RP-Text

Schritt 3: den situativen Kontext prüfen
Für welches Leser/innen-Publikum schreiben Sie die Erörterung?

Schritt 4: den eigenen Text planen

- Was verlangen die Operatoren?
- Geben die Operatoren eine bestimmte Struktur (Absätze, Abschnitte) vor?
- Aufbau planen:
  - Teil 1: Textkritik = das im Text Ausgesagte wird referiert, dann geprüft und bewertet.
  - Teil 2: das Thema weiterdenken, zu Ende denken, dialektisch betrachten (pro und kontra). Ihre Meinung zu dem im Text Ausgesagten argumentativ stützen!
- Wie beginnen Sie? Formulieren Sie unübliche Überschriften, ein Lead? Oder beginnen Sie mit einem „direkten Einstieg"? Auf jeden Fall müssen Sie die Referenz herstellen, sich auf die Textbeilage beziehen, deren Eckdaten anführen, z. B. *Im Kommentar/Bericht/ ... „Titel", erschienen in der Tageszeitung/dem Magazin ... am ..., beschäftigt sich N.N. mit .../erklärt N.N., warum/wie ... (Thema nennen).*
- Wie hören Sie auf (Schluss): Resümee? Lösung („hängt ab von")?
- Formulieren Sie eine treffende Überschrift für Ihren Text (muss nicht sein, ist aber sinnvoll).

Schritt 5: Formulieren

- Nicht zu viel vom Fremdtext wörtlich übernehmen, sondern eigenständig formulieren. (Wörtliche Zitate knapp halten, als Zitate kennzeichnen!)
- Argumentativ, sachlich, nicht meinungsorientiert schreiben.
- Beachten Sie: Ihre Argumente sollen überzeugend und ausreichend belegt sein. Nicht einseitig argumentieren! Eigenständig weiterdenken!
- Präzise formulieren, variantenreich im Satzbau.
- zuletzt einen Titel formulieren

Schritt 6: Text ruhen lassen

Schritt 7: Überarbeiten. Wesentliche Gesichtspunkte sind:

- Sind alle Arbeitsaufträge erfüllt? (Kennzeichnen Sie eventuell am Rand, wo sie erfüllt werden.)
- Passt Ihr Text zur vorgegebenen Situation?
- Ist die Textsorte umgesetzt (z. B. Referats-/Argumentationsteil, Elemente der Argumentation, Pro – Kontra)?
- Hat der Text die richtige Länge?
- Überarbeiten Sie den Text in normativer und stilistischer Hinsicht. Machen Sie sich dazu Ihre Schwächen in diesen Bereichen bewusst.

7.7 Wenden Sie eine kooperative Methode zur Überarbeitung Ihrer Texte an (vgl. Modul 1).

7.8 Lesen Sie die folgende Aufgabenstellung und die nachfolgende Schüler/innenarbeit. Folgen Sie dann den Arbeitsanweisungen zur Beurteilung dieser Arbeit. Beurteilen Sie die Arbeit im Rahmen einer Schreibkonferenz.

Thema: Bildung

Aufgabe: Verfassen Sie eine Erörterung.

Situation: *In der Tageszeitung „Der Standard" ist ein Zeitungsartikel zum „Nationalen Bildungsbericht", der auf die Homepage Ihrer Schule gestellt worden ist, erschienen. Als eine/e Vertreter/in der Schüler/innen im Website-Team ist es Ihre Aufgabe, diesen Artikel kritisch zu prüfen und eine Erörterung als Antwort auf diesen Text zu verfassen. Ihre Erörterung soll zum Zeitungsartikel auf die Website gestellt werden.*

Lesen Sie den beiliegenden Zeitungsbericht „Doppelt so viele Kinder mit anderer Erstsprache als Deutsch wie 1995" aus der Tageszeitung „Der Standard" und verfassen Sie dann eine Erörterung, wobei Sie folgende Arbeitsaufträge bearbeiten:

- Fassen Sie die wesentlichen Aussagen des Berichts und der angeschlossenen Grafik zusammen.
- Kommentieren Sie die zentralen Aussagen des Berichts.[1]
- Nehmen Sie Stellung zu den Aussagen der Unterrichtministerin.[2]
- Entwerfen Sie Vorschläge, wie man der „extremen Chancenungleichheit" beikommen könnte.

Schreiben Sie 405 bis 495 Wörter. Markieren Sie Absätze durch Leerzeilen.

[1] Operator „Kommentieren": siehe Modul 3
[2] Operator „Stellung nehmen": siehe Modul 3

Textbeilage:

Doppelt so viele Kinder mit anderer Erstsprache als Deutsch wie 1995

Bildungsministerin Schmied wiederholt ihre Forderung nach punktuellen Vorschulklassen, bevorzugt aber „integrative Ansätze"

Wien – Die Zahl der Schüler mit einer anderen Erstsprache als Deutsch hat sich zwischen 1995 und 2011 verdoppelt. Das zeigen Daten aus dem am Montag präsentierten „Nationalen Bildungsbericht". In dieser Zeit ist der Anteil der „einsprachig deutschsprachigen" Kinder an den Volksschulen von 88 auf 76 Prozent gesunken. „Daheim eine andere Sprache als Deutsch zu sprechen heißt aber nicht, dass die Kinder nicht Deutsch sprechen oder keine guten Leistungen bringen können", sagte Herausgeberin Barbara Herzog-Punzenberger bei einer Pressekonferenz.
Nach der erstmaligen Veröffentlichung im Jahr 2009 wird der Nationale Bildungsbericht alle drei Jahre und damit nun zum zweiten Mal vorgelegt. Untersucht werden darin unter anderem Bildungsausgaben und Chancengleichheit (siehe Ergebnisse im Detail). Demnach sind die Bildungsausgaben zwischen den Jahren 2000 und 2009 um 25 Prozent gestiegen. Laut den Autoren ist das österreichische Schulsystem „durch ein hohes Ausmaß an Chancenungleichheit und Kompetenzarmut" gekennzeichnet.
Ein Schwerpunkt lag heuer auf der Sprachförderung. Die Verdoppelung der Zahl mehrsprachiger Schüler zeigt sich in praktisch allen Bundesländern. In Kärnten, Niederösterreich, Salzburg, Tirol und Vorarlberg ist der Anstieg etwas niedriger, in Oberösterreich etwas höher, Wien und das Burgenland liegen etwa im Schnitt. Einzig die Steiermark ist mit mehr als einer Verdreifachung der Zahl der Kinder mit anderer Erstsprache (von rund 5.000 auf 16.000) ein Ausreißer.

Unterschiedliche Schultypen

Der Bildungserfolg von mehrsprachigen Schülern ist je nach Herkunftsgruppe unterschiedlich: Schüler, die daheim Polnisch, Slowakisch oder Ungarisch sprechen, sind zu einem höheren Anteil in Gymnasien als rein deutschsprachige Kinder, so Herzog-Punzenberger. Umgekehrt ist dagegen die Lage türkischsprachiger Kinder. Ähnliches zeigt die PISA-Studie 2009: Einsprachig deutschsprachige Kinder erzielten im Lesen im Schnitt 481 Punkte, Kinder mit Türkisch als Erstsprache 369 Punkte, Kinder aus dem bosnisch/kroatisch/serbischen (BKS) Sprachraum 412 und Kinder aus anderen Sprachgruppen 442 Punkte. Und: Zwölf Prozent der Schüler, die zuhause nur Deutsch sprachen, besuchen fast jede Woche eine Deutsch-Förderstunde in der Volksschule, 24 Prozent tun dies manchmal. Bei den Kindern, die daheim Türkisch sprechen, beträgt der entsprechende Anteil 27 Prozent (fast jede Woche) bzw. 37 Prozent (manchmal), bei den BKS-Kindern 19 (fast jede Woche) bzw. 29 Prozent (manchmal).
Deutliche Unterschiede gibt es auch bei den unterschiedlichen Schultypen: An den Bildungsanstalten für Kindergartenpädagogik beziehungsweise Sozial-

Immer mehr mehrsprachige Schüler

Schüler mit anderer Erstsprache als Deutsch

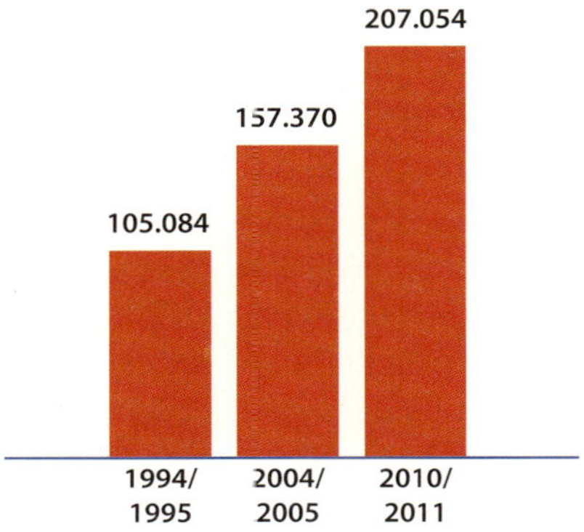

Nach Schultypen
2010/11

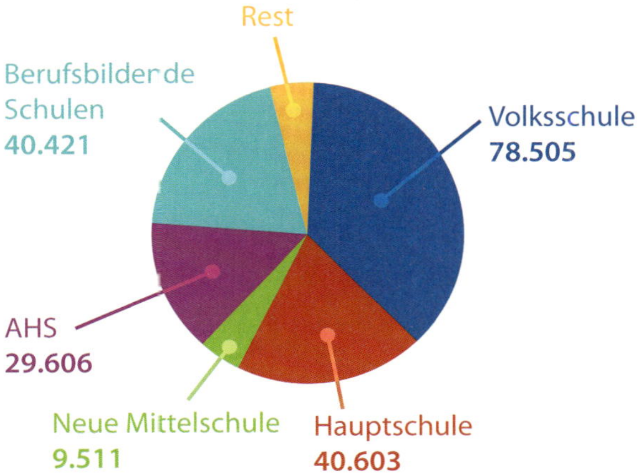

Quelle: nach APA/BMUKK

pädagogik liegt der Anteil der mehrsprachigen Schüler nur bei vier Prozent, an berufsbildenden höheren Schulen (BHS) mit Tourismusschwerpunkt bei fünf Prozent, an Handelsakademien dagegen bei 24 Prozent.

Migrantenkinder öfter in Sonderschulen

Auch sonst zeigt sich ein differenziertes Bild: Mehrsprachige Kinder werden überdurchschnittlich oft in Vorschulklassen (und damit als nicht schulreif) eingestuft, landen überdurchschnittlich häufig in Sonderschulen und finden sich umgekehrt unterdurchschnittlich oft in AHS. Gerade an den höheren Schulen zeigt sich aber auch eine Art Trendumkehr: Betrug der Anteil von Schülern mit einer anderen Erstsprache als Deutsch an AHS 1995 erst 4,6 Prozent, lag er im Schuljahr 2010/11 bereits bei 14,7 Prozent, an den BHS stieg er in diesem Zeitraum von 3,6 auf 12,7 Prozent.

Nachholbedarf gibt es laut Herzog-Punzenberger bei der Lehreraus- und -weiterbildung. Künftig solle es „keinen Lehrer geben, der nicht weiß, wie er kompetent mit der Mehrsprachigkeit der Schüler bzw. Eltern umgehen kann".

Schmied: „Wehret den Anfängen"

Unterrichtsministerin Claudia Schmied (SPÖ) will das Thema Sprachförderung und mehrsprachige Kinder an Schulen aus den kommenden Wahlkämpfen heraushalten. „Alles, was in Richtung Diskriminierung und Missbrauch dieses Themas für einen vermeintlichen Ausländerwahlkampf geht, bekommt von mir eine klare Absage", sagte Schmied bei einer Pressekonferenz am Montag. Es dürfe keine „Abwertungskultur" geben, „die dieses Land im vergangenen Jahrhundert schon einmal erlebt hat. Daher: Wehret den Anfängen."

Das Thema bedürfe einer seriösen und differenzierten Herangehensweise: Maßnahmen wie das verpflichtende Kindergartenjahr und die Sprachförderung an den Schulen seien richtig gewesen, die Anstrengungen müssten aber verstärkt werden, so Schmied. Ziel sei, dass alle Kinder mit spätestens zehn Jahren die Bildungssprache Deutsch beherrschen.

Fördermaßnahmen müssten im Kindergarten anders aussehen als im schulischen Bereich, betonte Schmied. Rücksicht müsse man auch auf die Unterschiede zwischen städtischem und ländlichem Raum legen. Schwerpunktprogramme an Volksschulen könnten durchaus auch ein Vorschuljahr für Kinder mit Sprachproblemen umfassen, sagte Schmied mit Bezug auf die jüngste Diskussion mit Integrationsstaatssekretär Sebastian Kurz (ÖVP). Gleichzeitig gab sie zu erkennen, „integrative Ansätze zu bevorzugen". Wenn Freunde oder Klassenkameraden die deutsche Sprache beherrschten und mit ihnen redeten, würde das die Motivation der Kinder zum Deutschlernen verstärken.

Kurz selbst will Schmied zu ihren Verbündeten zählen: „Es sollte zwischen uns kein Blatt passen, und schon gar nicht eines, das ein Papier der FPÖ ist."

Ausdehnen will Schmied auch die Sprachförderung an Schulen. Die derzeitige Befristung dieser Maßnahme sei „kein gutes Signal". Auch die Lehreraus- und -weiterbildung soll einbezogen werden: Deutschdidaktik sei nicht nur eine Frage der Deutschlehrer, sondern aller Pädagogen. [...]

(Quelle: Der Standard, 14. Jänner 2013)

Schüler/innenarbeit:

Sprachförderung ist alles

Der Artikel im Standard gibt wieder was wir schon seit Langen wissen: Österreichs Bildungswesen liegt im argen. Besonders klar zeigt der Nationale Bildungsbericht, der sich besonders mit Sprachförderung befasst hat dass benachteiligte Kinder (sozial oder von der nationalen Herkunft) ganz schlechte Chancen haben zu höherer Bildung zu kommen, und dass eine Veränderung besonders marckant ist, nämlich dass der Anteil der Schüler/innen mit Migrationshintergrund in Österreich in den letzten Jahren ganz deutlich gestiegen ist. Nur was man dagegen tun kann da scheiden sich die Geister.

Die Unterrichtsministerin will das Thema von Wahlkampfstreitereien heraushalten und nennt neben den bisherigen Maßnahmen wie das vepflichtende Kindergartenjahr und die Sprachförderung an den Schulen als Ziel, dass alle Kinder mit spätestens zehn Jahren die Bildungssprache Deutsch beherrschen. Dazu sei es notwendig die Sprachförderung an Kindergärten und Schulen deutlich zu verstärken. Beide Ansätze halte ich für richtig und wichtig, ich habe selbst in unserer Schule oft erlebt, dass Mitschüler an Sprachmängeln gescheitert sind und dann aus der Schule ausgeschieden sind, das man sicher vermeiden können hätte, wenn man die betroffenen rechtzeitig zusätzlich gefördert hätte.

Die Chancenungleichheit ist so was von klar: Kinder aus reichen – oder Akademikerfamilien haben weit bessere Chancen, weil die werden auch von zu Hause gefördert oder es können Nachhilfelehrer bezahlt werden. Eines ist bei dieser Debate offenkundig: viele Kinder kommen mit geringen Deutschkenntnissen in unseren Schulen. In dieser Situation hilft es wenig, sich über die Einstellung der Eltern zu beklagen, entscheidend ist was getan wird, damit alle Kinder (und ich meine wirklich alle: deutsch- und anderssprachige, bildungsferne und hochbegabte ...) eine ihren Talenten entsprechende optimale Schulbildung bekommen können. In Deutschland gehören die Vietnamesen und Chinesen zu den besten Schülern des Landes, wieso ist das bei uns nicht so?

Ich habe schon eine Vorstellung, wie man diese traurigen Zustände verbessern könnte: Man könnte schauen, wie andere Länder das machen. Die USA integrieren zB Einwanderer innerhalb einer Generation nahtlos. In den alten Kolonialländern wie England, Frankreich oder Holland funktioniert es auch nicht so schlecht. Man müsste also erforschen, was die anders oder besser machen.

Ich glaube, dass bei uns die Zuwanderer grundsätzlich schon die Chance auf Bildung haben, wie auch die Statistik zeigt, dass das aber nur funktioniert, wenn man diese Kinder von ganz Klein an besonders fördert, vor allem die Sprachkenntnisse.

(373 Wörter)

Aufgaben zur Schüler/innenarbeit:
Beurteilen Sie diese Erörterung und vergeben Sie (Schul-)Noten von 1 bis 5 für Inhalt, Textstruktur, Stil/Ausdruck und zur normativen Sprachrichtigkeit. Ermitteln Sie Stärken und Schwächen der Arbeit und begründen Sie Ihre Notenentscheidung ausführlich.

a) **Inhalt:**
- Sind alle Arbeitsaufträge erfüllt?
- Wurde der Inputtext richtig erfasst?
- Sind eigene Argumente klar erkennbar?
- Ist die Argumentation ausgewogen, nicht einseitig?
- Sind die Aussagen sachlich richtig? Gibt es unzulässige Verallgemeinerungen?
- Was bedeutet es, dass die vorgegebene Wortanzahl deutlich unterschritten wurde?

b) **Textstruktur:**
- Ist der Text gedanklich und formal sinnvoll strukturiert oder sind die Sätze/Absätze ohne Plan irgendwie aneinandergereiht?
- Entspricht die Struktur dem Textsortenmuster (z. B. Referats- und Argumentationsteil, Pro-Kontra-Diskussion; Argumentationen, Schlussfolgerungen)?
- Ist der Text zerhackt oder durchgehend zusammenhängend und frei von Gedankensprüngen?

c) **Stil/Ausdruck:**
- Ist der Text im Stil einer Erörterung verfasst (sachlich, nicht zu sehr meinungsbetont)?
- Ist der Stil variantenreich und fehlerlos?
- Ist der Wortschatz groß und die Wortwahl treffend?

d) **Normative Sprachrichtigkeit:** Bewerten Sie nicht Einzelfehler oder die Fehleranzahl, sondern Fehlerkategorien (welche Fehler gehören zur selben Kategorie).

2 DER LESERBRIEF

7.9

Lesen Sie die folgenden beiden Leserbriefe (Text 3 und Text 4) und beantworten Sie dann:

a) In welchem Verhältnis stehen die beiden Leserbriefe zueinander?
b) Aus welcher Emotion heraus wurden die beiden Leserbriefe geschrieben? Woran merkt man diese Gefühle? In welchem Tonfall wurde geschrieben?
c) Welche Absichten könnten Leserbriefschreiber (allgemein) haben?
d) In welchen Wendungen wird Ironie als Mittel zum Angriff eingesetzt? Markieren Sie diese Textteile.
e) Vergleichen Sie die Anzahl der stichhaltigen Argumente der beiden Leserbriefschreiber.
f) Welche Textstellen aus beiden Briefen halten Sie für inhaltlich wenig gelungen? Formulieren Sie Ihre Einwände! (Z. B. *Der Satz „…“ ist keine echte Begründung, sondern nur eine gefühlsgetragene Attacke auf …*)

Text 3:
Kinder nicht erwünscht?

Einer der größten Reiseveranstalter bietet Cluburlaube rund um die Welt an. Nicht selten liest man dann unter der genauen Beschreibung, wie weit die Wiener Schnitzel über den Teller hängen, und wörtlich: „Kinder unter 12 Jahren nicht erwünscht.“

Man gönnt sich ja sonst alles! Warum nicht auch Urlaube ohne Kinder? Wär' ja okay, wenn diese Herrschaften heute oder in Zukunft nur das an Pension erhielten, was sie selbst eingezahlt haben.

Das ist empörend. Noch empörender aber ist, dass sich daran keiner stößt. Warum sind Kinder nicht erwünscht? Stören sie die Pensionisten am Schnitzelverzehr? Oder sind Herr und Frau Kinderlos durch Kinderlärm in ihrer Konzentration beim Golfspiel beeinträchtigt?

[Name, Wohnort]

Text 4:
Lasst ihnen die verdiente Ruhe!

Der weitaus größte Teil der Tourismusbetriebe wirbt mit familien- und kinderfreundlichen Angeboten. Gut so. Aber was ist denn so empörend, wenn einige Betriebe auch Alternativen für ältere oder im Alltag gestresste Personen anbieten, wo Ruhe und Beschaulichkeit gefragt sind?

Wenn die Oma schon das ganze Jahr über die Enkerl betreut, damit sich die armen Eltern oder nur die Mama selbst verwirklichen können, darf sich dann die Oma nicht eine oder zwei Wochen in Ruhe ausrasten?

Hätte Opa früher mehr für seine Pension eingezahlt und weniger für die Kinder ausgegeben, könnte sich Bubi heute seinen Magister in die Haare schmieren. Auch das Erbe würde mager ausfallen! Als diese „Herrschaften“, wie sie der Leserbriefschreiber geringschätzig bezeichnet, jünger waren, haben sie sich nämlich in der Sorge um ihre Kinder und deren Zukunft solche Urlaube nicht leisten können.

[Name, Wohnort]

7.10

Lesen Sie die folgende Information und die Anleitung zum Leserbrief.
Stellen Sie danach die wesentlichen Unterschiede zwischen Leserbrief und Erörterung (siehe oben) fest, indem Sie die wichtigsten Merkmale der beiden Textsorten tabellarisch gegenüberstellen: Funktion(en), Aufbau, Argumentation(sstruktur), Sprache.

TEXTSORTE LESERBRIEF — ***INFO-BOX***

RP-Text

Was ist ein Leserbrief?

Mit einem Leserbrief äußert sich ein Leser/eine Leserin einer Zeitung/Zeitschrift in schriftlicher Form **zu einem Artikel oder sonstigen Beitrag** in der Zeitung/Zeitschrift oder allgemein zu **einem aktuellen Geschehen/Thema**.

Ein Leserbrief kann überwiegend **informierend** oder aber **argumentierend** und **appellierend** sein.

Woraus besteht ein Leserbrief?

Ein Leserbrief hat grundsätzlich zwei Teile:

- **Referenz** (am Beginn): Worauf bezieht sich der Leserbrief? Nennung des Artikels/Beitrags (Titel und Ausgabe der Zeitung/Zeitschrift) bzw. des aktuellen Geschehens/Themas.
- **Informations-/Argumentationsteil:** Im zweiten Teil bringt man knapp und präzise an, was man sagen möchte.

Worum geht es?
Es geht darum, für sein Anliegen die Öffentlichkeit zu suchen. Die Funktion des Leserbriefes ist es, **die öffentliche Meinung zu beeinflussen**, sei es durch Information, Argumentation oder Appell. Die Argumentation ist linear (nicht pro – kontra) und pointiert.

Worum geht es nicht?
Es geht nicht darum, Pro und Kontra abzuwägen.

Wie ist ein Leserbrief aufgebaut?
- Titel: Noch mehr als bei anderen Textsorten muss er Interesse wecken.
- Einleitung:
  - Referenz herstellen, d. h., an einen Artikel, ein aktuelles Geschehen oder Thema anknüpfen
  - präziser Hinweis auf das Thema
  - knappe Darstellung des Sachverhalts bzw. der Aussage(n), auf den/die man sich bezieht.
- Hauptteil:
  - Bereitstellung zusätzlicher Informationen oder
  - Argumentation
  - evtl. abschließender Appell
- Schluss:
  - Name, Kontaktdaten
  - Kein Schlussteil im üblichen Sinn!

LESERBRIEFE VERFASSEN — SO GEHT'S

RP-Text

Schritte 1 – 3: wie Erörterung (siehe Seite 105 und 109)

Schritt 4: Den eigenen Text planen
- Was verlangen die Operatoren?
- Geben die Operatoren eine bestimmte Struktur (Absätze, Abschnitte) vor?
- **Legen Sie fest, worauf Sie hinauswollen.** Skizzieren Sie die Argumentation, die Sie zu dem von Ihnen gewünschten Ziel führt.
- Am Beginn die Referenz herstellen: Worauf beziehen Sie sich?
  Beispiel: *In dem Kommentar (Titel) von (Name), erschienen am (Datum) in „N.N.", behauptet/will ... uns erklären/schreibt/ kritisiert Herr/Frau ..., dass ...*
- Wie soll Ihr Leserbrief enden? Appell? Pointe?
  Beispiel: *Und darum appelliere ich/fordere ich ... auf/wünsche ich mir sehr/ist es dringend notwendig ...*

Schritt 5: Formulieren
- Ganz wichtig: Eine **bestimmte Stilhaltung einnehmen**: ironisch, wütend, zustimmend, nüchtern-sachlich, gelassen, euphorisch ... Sehr wenig vom Fremdtext wörtlich übernehmen, eigenständig formulieren (wörtliche Zitate knapp halten, als Zitate kennzeichnen).
- Achten Sie darauf, für welches Medium Sie schreiben. Das bestimmt, wie einfach bzw. komplex Ihre Sprache ist. Verwenden Sie aber grundsätzlich einen eher einfachen Satzbau (keine Schachtelsätze).
- Hauptsachen in den Hauptsatz, Nebensachen in den Nebensatz.
- Argumente durch markante Beispiele belegen.
- Verwenden Sie Bilder und Stilmittel, z. B. Vergleiche, rhetorische Fragen.
  Beispiel: *Wer soll das bezahlen? Die Banken? Der liebe Gott? Nein, wir natürlich, wir, die Steuerzahler/-zahlerinnen, die Kleinen.*
- Keine Beleidigungen, Kraftausdrücke, Diskriminierungen!
- Formulieren Sie zuletzt einen zum Weiterlesen anregenden, das Weiterlesen provozierenden Titel.
  Beispiele: *„Falsche Aussagen!", „So kann es nicht weitergehen!", „Hier irrt Herr/Frau [Name] gewaltig!"*

Schritte 6 und 7: wie Erörterung (siehe Seite 109)

7.11

1. Wählen Sie aus Zeitungen und Zeitschriften drei Leserbriefe und beantworten Sie dazu die folgenden Fragen:
   a) Warum sprechen Sie die ausgewählten Leserbriefe an?
   b) Gelingt es den Leserbriefen, das Interesse zu wecken? Wodurch bzw. warum nicht?
   c) Wie wird am Beginn Referenz hergestellt?
   d) Welchem Anliegen will der/die Schreiber/in eine Öffentlichkeit verschaffen?
   e) Worauf will der/die Schreiber/in hinaus?
   f) Welche Anteile an Information, Argumentation bzw. Appell enthält der Leserbrief?
   g) Beurteilen Sie die Argumentation. Inwiefern ist sie (nicht) stichhaltig?
   h) In welcher Stilhaltung ist der Leserbrief verfasst?
2. Stellen Sie Ihre Analysen einander in Gruppen vor.

7.12

Folgen Sie beim Lösen der folgenden Aufgabe den Anleitungen im So-geht's-Kasten und den Informationen in der INFO-BOX.

Aufgabe: Verfassen Sie einen Leserbrief.

Situation: *Sie haben den Bericht „Doppelt so viele Kinder mit anderer Erstsprache als Deutsch wie 1995“ (Seite 110 f.) in der Zeitung „Der Standard“ gelesen und schreiben daraufhin einen Leserbrief mit klar erkennbarer Stilhaltung (ironisch, spöttisch, anklagend ...) an die Zeitung.*

Lesen Sie die Textbeilage und verfassen Sie dann den Leserbrief an die Zeitung „Der Standard“. Bearbeiten Sie dabei die folgenden Arbeitsaufträge:
- Geben Sie jene zentralen Inhalte wieder, zu denen Sie Stellung beziehen möchten.
- Erläutern Sie die Problemlage aus Ihrer eigenen Sicht.
- Kommentieren Sie in dem Bericht angesprochene Lösungsansätze aus Ihrer persönlichen Sicht.[1]

Schreiben Sie 270 bis 330 Wörter. Markieren Sie Absätze durch Leerzeilen.

[1] *Operator „Kommentieren“: siehe Modul 3*

7.13

Wählen Sie eine Methode zur kooperativen Überarbeitung von Texten, geben Sie einander Rückmeldung und überarbeiten Sie sodann Ihren Text.

7.14

Lesen Sie die folgende Aufgabenstellung und die nachfolgende Schüler/innenarbeit. Folgen Sie dann den Arbeitsanweisungen zur Beurteilung dieser Arbeit. Beurteilen Sie die Arbeit zuerst alleine. Beraten Sie danach in Gruppen, um zu einem gemeinsamen Urteil zu kommen. Argumentieren Sie.

Thema: Politikverdrossenheit

Aufgabe: Verfassen Sie einen Leserbrief.

Situation: *In der Tageszeitung „Kleine Zeitung“ erschien ein Zeitungsartikel zum Thema „Politikverdrossenheit der Jugend“. Sie reagieren darauf mit einem Leserbrief.*

Lesen Sie den Bericht „Jugend zeigt kaum Interesse an Politik“ (Textbeilage) aus der Tageszeitung „Kleine Zeitung“ und verfassen Sie dann einen Leserbrief, wobei Sie folgende Arbeitsaufträge bearbeiten:
- Fassen Sie die wesentlichen Aussagen des Berichts knapp zusammen.
- Kommentieren Sie die dargestellten Fakten und Meinungen.
- Appellieren Sie an die Leser/innen im Sinne Ihrer eigenen Position.

Schreiben Sie 270 bis 330 Wörter. Markieren Sie Absätze durch Leerzeilen.

Textbeilage:

Jugend zeigt kaum Interesse an Politik

Gleichgültigkeit anstelle von Protest
Seit Beginn des 21. Jahrhunderts waren Österreicher der Politik gegenüber noch nie so gleichgültig eingestellt wie im Jahr 2011. Besonders Jugendliche (Altersgruppe 16 bis 29) kehren dem politischen Geschehen völlig den Rücken. Nur zwölf Prozent der Jungen interessieren sich

überhaupt noch für Politik. Das ergab eine aktuelle Studie des ImasInstituts.

Die Studie zeigt signifikante Unterschiede in Hinblick auf Alter und Bildung. So geben von den über 50-Jährigen immerhin 33 Prozent an, sich stark für Politik zu interessieren. Bei Maturanten und Akademikern finden sich noch mehr Politikinteressierte (37 Prozent), während nur 16 Prozent der Personen mit Volks- oder Hauptschulbildung der Politik Aufmerksamkeit schenken.

Gleichgültigkeit resultiert oft aus Unzufriedenheit. Früher haben Jugendliche ihrem Frust in Form von Protest Ausdruck verliehen, heute sind sie weitgehend angepasster, so die aktuelle Jugendstudie 2011. Individuelle Selbstentfaltung ist ihnen wichtiger als Systemkritik. „Wir erleben heute eine Entkoppelung von Gesellschaft und Politik, die Politik hindert uns nicht daran, so zu leben, wie wir wollen“, erklärt Bernhard Heinzlmaier vom Institut für Jugendforschung. [...]

„Es geht uns zu gut“, sagen Jugendliche

Das Interesse an der Politik scheint also in den jungen Menschen gut zu schlummern. Warum ist aber etwa eine Protestbewegung gegen Missstände nicht vorstellbar? „Es geht uns einfach zu gut“, stellt Eva fest, „wir können uns über nichts mehr aufregen.“ „Egal, was in unserer Politik passiert, man wird nicht von heute auf morgen auf der Straße stehen. Deswegen ist die Motivation zum Protest nicht so hoch“, ergänzt Armin. Wolfgang nimmt daher auch sich selbst in die Pflicht: „Es sollte von beiden Seiten mehr Interesse gezeigt werden. Sowohl von der Jugend als auch von der Politik.“

(Quelle: „Kleine Zeitung“, 24. Sept. 2011)

Schüler/innenarbeit:

An Politikverdrossenheit seid ihr selber schuld, verehrte Politiker!

In dem Artikel „Jugend zeigt kaum Interesse an Politik“ (24. Sept. 2011, Kleine Zeitung, S. 11) wird eine Studie zitiert, die zeigt, wie wenig sich die Jugendlichen für Politik interessieren. Dazu gibt es Kommentare von einem Experten und einigen Jugendlichen, das übliche Gejammer, die üblichen Phrasen zu diesem Thema!

Meine Meinung dazu ist klar: Daran seid ihr selber schuld, ihr Politiker, weil ihr durch Koruptionsaffären und öffentliche Dummheiten jeden abschreckt, der sich interessieren würde. Wenn ich mir im Fernsehen eine Parlamentsdebatte anschaue, kommt mir das Kotzen, wie da blöd geredet, gelogen, attackiert wird, nur ganz selten hat man den Eindruck, dass da irgendwer echt betroffen ist, das alles ist nur eine miese Show! Und bei Themen, die einem wirklich interessieren wird von oben herab irgendwas diktiert, was mit unserem Leben nichts zu tun hat, ich denke dabei z. B. an die absurden Regelungen des geplanten neuen Jugendschutzgesetzes. Dazu kommt das armselige Verhalten der reichen Abgeordneten gegenüber die Ärmsten, gegen Asylanten, Bettler. Da muss man ja abgeschreckt werden. Und außerdem: viele Eltern interessieren sich schon nicht für Politik und das wird dann halt auch an die Kinder weitergegeben.

Wir Junge wären sicher motivierbar für die Politik, aber nicht motivierbar für Politiker, die nur viel versprechen und nichts halten, und unser Land immer weiter in die Schulden treiben. Sie reden von „Sparen“, aber dann müssen sie das auch vorleben. Unsinnige teure Werbung, zu viele Politiker, zu viele Packelei, ein völlig überflüssiger Bundesrat. Das sind einige Tatsachen die dazu beitragen, dass sich die Jugend von der Politik distanziert. Sie wollen uns mit politischen Schmäh nehmen, wir aber glauben ihnen nicht mehr. Ändert euch, dann ändern wir uns auch!

(276 Wörter)

Aufgaben zur Schüler/innenarbeit:

Beurteilen Sie den Inhalt dieses Leserbriefs und vergeben Sie (Schul-)Noten von 1 bis 5 für Inhalt, Textstruktur, Stil/Ausdruck und zur normativen Sprachrichtigkeit mit einer deutlichen verbalen Begründung für Ihre Notenentscheidung.

a) **Inhalt:**
- Sind alle Arbeitsaufträge erfüllt?
- Ist die Referenz hergestellt?
- Ist eine Schreibhaltung erkennbar?
- Gibt es nachvollziehbare und deutlich gemachte Argumente?
- Sind die Aussagen sachlich richtig? Gibt es unzulässige Verallgemeinerungen?

b) **Textstruktur:**
- Ist der Text gedanklich und formal sinnvoll strukturiert oder sind die Sätze ohne Plan irgendwie aneinandergereiht?
- Entspricht die Struktur dem Textsortenmuster (z. B. Teile; lineare Argumentation)?
- Ist der Text zerhackt oder durchgehend zusammenhängend und frei von Gedankensprüngen?

c) **Stil/Ausdruck:**
- Ist der Text im Stil eines Leserbriefs verfasst? Sind rhetorische Mittel eingesetzt worden?
- Ist der Stil variantenreich und fehlerlos?
- Ist der Wortschatz groß und die Wortwahl treffend?

d) **Normative Sprachrichtigkeit:**
Bewerten Sie nicht Einzelfehler oder die Fehleranzahl, sondern Fehlerkategorien (welche Fehler gehören zur selben Kategorie?).

7.15

Weitere Leserbriefe verfassen:
1. Schreiben Sie einen eigenen Leserbrief zum Arbeitsauftrag von Seite 115 *(Politikverdrossenheit)*!
2. Suchen Sie einen Text zu einem Thema, das Sie interessiert, aus einer Print- oder Online-Ausgabe einer Zeitung, formulieren Sie selbst einen Arbeitsauftrag mit Operatoren in der Art von Seite 115 und schreiben Sie dann einen Leserbrief.

3 MÜNDLICH ARGUMENTIEREN: ARGUMENTATIVE ROLLEN- UND ENTSCHEIDUNGSSPIELE

7.16

Spielen Sie im Folgenden Ihre Rollen möglichst überzeugend. Argumentieren Sie überzeugend, entkräften Sie die Argumente der anderen.

ÜBUNG 1 – DIE SCHULARBEIT

Thema: Die Schüler/Schülerinnen einer Klasse hätten am nächsten Tag Schularbeit in einem heiklen Gegenstand. Innerhalb der Klasse herrscht Einigkeit darüber, dass man die Schularbeit unbedingt verschieben müsste. In der folgenden Diskussion einer Gruppe von Schülern/Schülerinnen geht es darum festzulegen,
- wer den Lehrer/die Lehrerin bitten soll,
- wo und wann er/sie das tun soll(en),
- was die Auserwählten vorbringen müssten, damit das Unternehmen Aussicht auf Erfolg hat,
- wie man möglichen Gegenargumenten des Lehrers/der Lehrerin begegnen müsste.

Es diskutieren: (Namen und Geschlecht der folgenden Personen sind beliebig austauschbar)
- Sylvia – ist Klassensprecherin und bekannt dafür, oft recht energisch gegen Lehrer/innen aufzutreten.
- Ana – ist in dem betreffenden Fach besonders gut.
- Christoph – gilt als „Schleimer" und versteht es, sich einzuschmeicheln.
- Sladjan – ist rhetorisch besonders gut, er hat Talent, sich immer herauszureden.
- Martin oder Martina (je nachdem, ob mit einem Lehrer oder einer Lehrerin geredet werden soll) – ist besonders fesch und charmant – ihre/seine Reize könnten ziehen!
- Walter – gilt als sehr fleißig und total brav, stellt nie etwas an, ist nie aufmüpfig.
- Bianca – ist in dem betreffenden Fach sehr schlecht und würde, wenn sie die Schularbeit nicht positiv schriebe, wahrscheinlich negativ abgeschlossen werden.
- Daria – ist am nächsten Tag nicht da, weil sie zu einer kleinen Operation ins Spital muss.

Dazu kommt noch
- Judith – ihr wäre es egal, wenn man die Schularbeit am nächsten Tag schriebe – sie stellt sich als Diskussionsleiterin zur Verfügung.

Ablauf:
Die Akteure/Akteurinnen: Jede/jeder an diesem Rollenspiel Mitwirkende soll seine Rolle durchdenken (wie verhalte ich mich in dieser Rolle? Was sind meine Argumente? Welche Kompromisse kann ich eingehen?).
Jede/r Mitwirkende bekommt ein „Helferlein" (steht hinter ihr/ihm), das sie/ihn unterstützt, ihr/ihm einsagt.

Wiederholen Sie gemeinsam die Feedback-Regeln (vgl. Band 1, Modul 3).

Die Beobachter/innen:
Die restlichen Schüler/innen haben den Auftrag, einzelne Akteure zu beobachten und diesen Akteuren anschließend Feedback zu geben.

- Vereinbaren Sie vorab, wer wen beobachten soll. Am besten: Die Akteure/Akteurinnen wissen nicht, von wem sie beobachtet werden.
- Beobachten Sie nicht „alles“, sondern nach bestimmten Kriterien (vgl. die folgende INFO-BOX). Am besten: Die Akteure/Akteurinnen legen fest, worüber Sie Rückmeldung erhalten wollen.
- Die Beobachter/innen platzieren sich so, dass sie die Beobachteten gut sehen können, und machen sich Notizen.

Nach dem Rollenspiel:
1. Die Akteure/Akteurinnen beschreiben, wie die Diskussion aus ihrer Sicht verlaufen ist.
2. Die Beobachter/innen geben Rückmeldung entsprechend den Feedback-Regeln.

REDE- UND GESPRÄCHSVERHALTEN GESTALTEN UND BEOBACHTEN — **SO GEHT'S**

Das Verhalten in Gesprächs- und Redesituationen lässt sich nach folgenden Gesichtspunkten gestalten bzw. beobachten (nach A. Mönnich/C. Spiegel):

Zu 1. Situationsgestaltung: Wie gehen die Beteiligten mit der Situation um?
- Inwiefern ist das Verhalten (nicht) situationsangemessen?
- Wie ist das Zeitmanagement?
- Wie wird der Raum genützt?
- Wie werden Zuseher/innen berücksichtigt?

Zu 2. Funktion des Gesprächs: Wie setzen die Beteiligten die Funktion des Gesprächs um (z. B. *informieren, gemeinsame Lösung finden, Entscheidung fällen, Aspekte aufzeigen, sich durchsetzen*)?
- Inwiefern ist das Gespräch erfolgreich verlaufen?
- Was hat der/die Einzelne zum Gesprächserfolg beigetragen?
- Wie hat der/die Einzelne beigetragen, dass die Funktion des Gesprächs realisiert wird?
- Warum ist das Gespräch gescheitert? Wer hat dazu was beigetragen?

Zu 3. Organisation des Gesprächs: Wie organisieren die Beteiligten das Gespräch?
- Was trägt der/die Einzelne zur Organisation des Gesprächs bei (z. B. *das Gespräch einleiten, in ein Thema einführen, zu einem anderen Thema überleiten, sich mit einem Thema auseinandersetzen, das Gespräch beenden, Gesprächsergebnis sichern*)?
- Inwiefern ist der/die Einzelne eher aktiv bzw. passiv (agierend vs. reagierend)?
- Wie verhält sich der/die Einzelne beim Sprecherwechsel (z. B. *wartet, bis das Wort erteilt ist; unterbricht, lässt andere ausreden*)?
- Inwiefern hält der/die Einzelne Gesprächsregeln (nicht) ein?

Zu 4. Beziehung der Beteiligten: Wie gehen die Beteiligten miteinander um?
- Inwiefern zeigt der/die Einzelne (k)einen respektvollen Umgang mit anderen? Worin bestehen Unterschiede im Umgang mit anderen?
- Inwiefern geht der/die Einzelne im Gespräch auf andere ein, inwiefern lässt er/sie gelten, was andere sagen?
- Wie gestaltet der/die Einzelne seine/ihre Rolle, welches Bild schafft er/sie von sich?
- Wie geht der/die Einzelne mit den Beziehungen/Beziehungsproblemen in der Gruppe um?

Zu 5. Gestaltung des Themas: Wie gehen die Beteiligten mit dem Thema um?
- Was trägt der einzelne zur Vertiefung des Themas bei? Was bringt er/sie an Neuem ein?
- Bleibt der/die Einzelne beim Thema? Weicht er/sie davon (leicht) ab? Unter welchen Bedingungen?
- Was trägt der/die Einzelne dazu bei, dass alle dem Thema oder Unterthema gut folgen können?
- Was trägt der/die Einzelne zur sachlichen Lösung der Aufgabe/eines Problems bei?

Zu 6. Sprache: Wie formulieren die Beteiligten?
- Welche Sprechhandlungen (z. B. *behaupten, erklären, fordern, illustrieren, fragen, ...*) setzt der/die Einzelne ein?
- Inwiefern formuliert der/die Einzelne (nicht) präzise und verständlich?
- Worin zeigt sich in der Sprache Respekt für die anderen? Oder: Inwiefern tendiert der/die Einzelne, andere sprachlich zu diskriminieren oder herunterzumachen?
- Inwiefern spricht der/die Einzelne etwas direkt oder indirekt (verschleiernd) an?

Zu 7. Stimme und Körpersprache: Wie setzen die Beteiligten ihre Stimme und ihre Körpersprache ein?
- Inwiefern spricht der/die Einzelne (nicht) deutlich?
- Inwiefern nutzt der/die Einzelne verschiedene stimmliche Mittel (z. B. *laut – leise, Sprechtempo, Pausen, Rhythmus*)?
- Wie wirken Mimik, Gestik und Körperhaltung?
- Inwiefern setzt der/die Einzelne Mimik, Gestik und Körperhaltung gezielt ein?

ÜBUNG 2 – ABSTURZ IN DER WÜSTE

Thema: Sie sind Mitglied einer zehnköpfigen Reisegruppe, deren Flugzeug mitten in der Sahara abgestürzt ist. Die Piloten haben nicht überlebt, die Stewardess und zwei Passagiere sind schwer verletzt. Das Funkgerät ist beschädigt und die Trinkwasservorräte sind zerstört. Es gibt keinerlei Handyempfang. Die nächste Ansiedlung dürfte rund 90 km entfernt sein. Da Hilfe für die Verletzten dringend notwendig und die Chance, zufällig entdeckt zu werden, gleich null ist, beschließen die Unverletzten, dass zwei bis vier von ihnen den Marsch zur nächsten Ansiedlung wagen müssen.

Im Flugzeug befinden sich die unten angeführten, noch brauchbaren Gegenstände, die die Betroffenen auf dem Marsch zur nächsten Siedlung mitnehmen könnten. Sie können insgesamt 7 Gegenstände mitnehmen.

Ablauf:

a) Reihen Sie einzeln die Gegenstände je nach Wichtigkeit. Achten Sie darauf, dass niemand Ihre persönliche Reihung sieht. Ihre Aufgabe wird es sein, Ihre Reihung „durchzubringen".

b) Es diskutieren 6 Personen. Alle anderen sind Beobachter/innen (siehe Übung 1).
   - Diskussion ohne Leitung.
   - Alle Entscheidungen sollten einstimmig fallen, zumindest aber sollte jede/r „damit leben können".
   - Legen Sie dann gemeinsam fest, was und wie viel davon mitgenommen werden soll und was nicht.
   - Sie haben 15 Minuten Zeit, um zu einer gemeinsamen Entscheidung zu kommen.

Gegenstände:

(1) mehrere Fallschirme
(2) mehrere Salz- und Pfefferstreuer
(3) einige Kanister mit Benzin
(4) 8 Atemsprayflaschen, gefüllt mit Sauerstoff
(5) ca. 100 in Plastik eingeschweißte tiefgekühlte Fertig-Menüs
(6) Streichhölzer
(7) 10 Klappstühle aus Holz

(8) aufblasbare Schwimmwesten
(9) ein Notebook
(10) ein Verbandskasten
(11) eine Leuchtpistole mit Munition
(12) ein großes Brotmesser
(13) eine Flasche Sonnenschutzmilch
(14) ein großer Stoß Zeitungen
(15) einige intakte Flaschen Champagner
(16) Plastikbesteck
(17) 8 dicke Wolldecken
(18) ein großer Schulatlas
(19) ein leerer Blechkanister
(20) mehrere Handys

Auswertung der Übung:

1. Die Beteiligten beschreiben, wie für sie die Diskussion verlaufen ist.
2. Die Beobachter/innen geben kriteriengeleitet Rückmeldung.
3. Stellen Sie fest: Wer hat seine/ihre Position (am weitesten) durchgesetzt?
4. Besprechen Sie: Welches Diskussionsverhalten hat dazu geführt, dass man seine Position durchsetzt?

Modul 7 – Kompetenztest	
Kompetenzbereiche:	a) Schriftliche Kompetenz b) Textkompetenz
Was Sie können sollen:	a) Texte auf die eigene Schreibabsicht hin ausrichten b) Textaufbau erarbeiten c) ein dem Text entsprechendes, der Schreibabsicht angemessenes Format wählen und Sprach- und Schreibnormen einhalten d) Textinhalt erfassen, Textsinn verstehen, den Text reflektieren e) wichtige und unwichtige Informationen unterscheiden, Informationen themenorientiert entnehmen und verknüpfen f) den Text mit dem eigenen Wissens- und Erfahrungssystem verknüpfen
Erlaubte Hilfsmittel:	Lexikon, Wörterbuch
Testzeit:	Aufgabe 1 und 2: je ca. 60 Minuten

Aufgabe 1 Folgen Sie den Arbeitsanweisungen unten und schreiben Sie eine Erörterung.

Thema: Jugend heute

Aufgabe: Verfassen Sie eine Erörterung.

Situation: *Sie arbeiten für eine Jugendorganisation, die eine Broschüre mit dem Titel „Jugend heute: Wer wir sind" herausgeben wird. Sie tragen dazu einen Text in Form einer Erörterung bei, in dem Sie sich mit der Kritik an der „heutigen Jugend" auseinandersetzen.*

Lesen Sie das Interview „Generation mutlos" aus der Tageszeitung „Kurier". Verfassen Sie dann eine Erörterung und bearbeiten Sie dabei die folgenden Arbeitsaufträge:

- Fassen Sie die Kritik, die im Interview an den jungen Leuten formuliert wird, zusammen.
- Erläutern Sie die Kritikpunkte.
- Diskutieren Sie, inwiefern die geäußerte Kritik tatsächlich gerechtfertigt ist.

Schreiben Sie 405 bis 495 Wörter. Markieren Sie Absätze durch Leerzeilen.

Generation mutlos

Keine Mission, keine Vision, keine Revolution – Leistungsdruck und Kalkül haben jungen Menschen die Kritikfähigkeit genommen, sagt Jugendforscher Heinzlmaier.

Keine Mission, keine Vision, keine Revolution: Der Titel des Vortrags von Bernhard Heinzlmaier beim Forum Alpbach am Mittwoch verspricht eine brandheiße Diskussion. Dabei kann sich der Wiener Jugendforscher nicht nur auf zwanzig Jahre Erfahrung, sondern auch auf eine aktuelle Umfrage (Jugendwerte-Studie im Auftrag der Arbeiterkammer) beziehen. In dieser Umfrage beklagt bereits jeder dritte Interviewte unter den 14- bis 19-Jährigen, dass die Eltern zu viel Leistungsdruck auf ihn ausüben. Im KURIER-Interview erklärt Heinzlmaier, der mehr in Hamburg denn in Wien arbeitet, dass Jugendliche auch in anderen Ländern arg unter Druck sind und daher kaum zu Kritik fähig sind.

KURIER: Herr Heinzlmaier, in Ihrem Vortrag konstatieren Sie, dass die Jungen aus der Generation der Inszenierungsgesellschaft nicht kritikfähig sind. Warum nicht?

Bernhard Heinzlmaier: Für die Selbstreflexion und die kritische Auseinandersetzung mit aktuellen gesellschaftlichen Verhältnissen bekommt man heute keine Anerkennung mehr. In meiner Generation hat das Nicht-Mitmachen noch einen Wert gehabt. Heute wird nur mehr das Mitmachen belohnt, sodass die Jungen kaum noch Interesse haben, eine kritische Position einzunehmen. Die Kritikfähigkeit wird der Jugend nach wie vor systematisch abgewöhnt.

Was bedeutet dieses Mitläufertum für die Entwicklung einer Gesellschaft?
Das ist natürlich eine Katastrophe. Denn es ist ja kein großes Geheimnis: Kultureller Wandel kann nur durch eine Kultur der Gegensätze und Diskurse generiert werden. Heute regiert das Prinzip der Anpassung zum eigenen Vorteil. Gegenüber von unserem Institut hat eine große Wiener Bank ihre Büros. Daher sitzen an den Mittagstischen in unserem Viertel Menschen, die alle gleich aussehen und wahrscheinlich auch gleich denken.

Betrachten Sie dies als hausgemachtes Phänomen?
Nein, das ist in allen sogenannten westlichen Industrieländern dominant.

Warum sind die Jungen eigentlich so angepasst: Ist es die Angst, alleine gegen den Strom zu schwimmen, der Mangel an Alternativen oder ganz etwas anderes?
Schuld an der hohen Anpassungsbereitschaft sind die Erziehungsideale und Erziehungsinstitutionen. Die Jungen werden dazu erzogen, alles nach persönlichen Nützlichkeitserwägungen zu entscheiden. Es geht um Anpassung aus Kalkül. Man hat gelernt, dass es praktisch ist, keine Überzeugung zu haben. Ideale und Überzeugungen behindern nur bei der Jagd nach dem eigenen Vorteil.

Gibt es nicht auch Kritik?
Ja, die Occupy-Bewegung, die sich inzwischen von New York über Spanien bis nach Chile spannt, hat sich weltweit vernetzt. Es ist durchaus wahrscheinlich, was auch schon Kollegen konstatiert haben: Dass uns der arabische Frühling die Augen geöffnet hat, dass das Nicht-Mitmachen auch eine Option ist.

Ist das der „Aufstand der Ausgebildeten"?
So heißt auch das Buch des deutschen Politologen Wolfgang Kraushaar. Jedenfalls mehrt sich der Zorn jener, die bisher erbarmungslos alles richtig gemacht haben, nun aber sehen, dass das auch nicht belohnt wird. Es gibt auch mehr junge Menschen, die sagen: Ich bestehe auf meine Autonomie. In einem Konzern geben sie ja die Möglichkeit der selbstständigen Gestaltung ihrer Work-Life-Balance spätestens beim Portier ab.

Und was raten Sie den Eltern: Sollen Sie die Autonomiebestrebungen ihrer Kinder fördern oder zügeln?
Alle mir bekannten Studien laufen auf eines hinaus: Psychische Gesundheit, ein erfülltes Leben – das ist bei den Unangepassten wahrscheinlicher als bei den Angepassten. Wenn ich alle anderen Fähigkeiten, Lebenspläne und Visionen ständig unterdrücken muss, bleibt am Ende nur das grausame und intolerante Überlch von überehrgeizigen Eltern übrig. Was die Stromlinienförmigen oft zu leidenden Menschen macht.

Warum sind Sie heute eigentlich so ungern in Wien?
Das kann ich Ihnen schon sagen: Kritik und Widerspruch führen in Hamburg zu einer Debatte, in Wien hingegen meist zur Einleitung einer Intrige. Das wird auch nach diesem Interview nicht anders sein.

(Quelle: Kurier, 18. Aug. 2012)

Folgen Sie den Arbeitsanweisungen unten und schreiben Sie einen Leserbrief. **Aufgabe 2**

Thema: Jugend heute

Aufgabe: Verfassen Sie einen Leserbrief.

Situation: *Sie sind auf das Interview „Generation mutlos" (siehe oben) gestoßen und reagieren mit einem Leserbrief an die Redaktion der Tageszeitung.*

Lesen Sie das Interview „Generation mutlos" aus der Tageszeitung „Kurier". Verfassen Sie dann einen Leserbrief und bearbeiten Sie dabei die folgenden Arbeitsaufträge:

- Bennen Sie die Kritikpunkte an der Jugend, auf die Sie eingehen möchten.
- Nehmen Sie zu dieser Kritik kritisch Stellung.
- Appellieren Sie im Sinne Ihrer eigenen Position.

Schreiben Sie 270 bis 330 Wörter. Markieren Sie Absätze durch Leerzeilen.

Was ich jetzt kann und verstehe

Ich ...	Schätzen Sie sich ein (+2 = ganz gut, -2 = nicht)!			
	+2	+1	-1	-2
... kann wichtige Aussagen eines fremden Texts referierend zusammenfassen.				
... kann verschiedene Mittel der Redewiedergabe anwenden.				
... weiß, was eine Erörterung ist.				
... kann eine Erörterung verfassen.				
... kann die Qualität von Erörterungen und Leserbriefen beurteilen.				
... kann einen Leserbrief verfassen.				
... kenne die Unterschiede zwischen Erörterung und Leserbrief.				
... weiß, was beim Rede- und Gesprächsverhalten wichtig ist.				
... ich kann Rede- und Gesprächsverhalten gezielt beobachten.				

Sind Sie mit Ihren Lernfortschritten zufrieden? – Wenn Sie noch weitere Anleitungen/Übungen brauchen, hilft Ihnen Ihre Lehrerin/Ihr Lehrer.

Erzählende Texte erschließen

Modul 8

Wie gehen wir mit erfundenen Welten um? Was können wir an Fantasiewelten für die Wirklichkeit lernen? Wie kann man erfundene Personen beschreiben? Was bedeutet es, sich in eine andere Person hineinzuversetzen? Wie kann man erzählende Texte erschließen?

In diesem Modul

- **setzen Sie sich mit fantastischer Literatur auseinander,**
- **erproben Sie das Schreiben eigener literarischer Texte,**
- **wiederholen und vertiefen Sie wichtige Gesichtspunkte von erzählenden Texten,**
- **lernen Sie Kriterien kennen, nach denen Sie erzählende Texte analysieren können,**
- **lernen Sie, einen erzählenden Text zu analysieren.**

1 FIKTIONALE WELTEN – SCHWELLEN ÜBERSCHREITEN

8.1

Wir bewegen uns täglich nicht nur in einer, sondern in vielen verschiedenen „Welten". Wenn wir Romane, Erzählungen oder Comics lesen; wenn wir Filme oder Videos sehen, wenn wir in Computerspielen „versinken".

1. Besprechen Sie, in wie vielen und in welchen solcher „Welten" Sie sich in den letzten Tagen „bewegt" haben.
2. Nennen Sie als Leser/in, Seher/in oder als Spieler/in Unterschiede zwischen diesen verschiedenen Formen von „Welten": Wo sind Sie selbst aktiver? Worin besteht Ihre Aktivität? Wo benötigen Sie mehr Fantasie?

Stellen Sie Ihre Produkte einander vor.

Text 1:
Cornelia Funke: Tintenherz

Vorbemerkung: Im folgenden Textausschnitt hat eine Familie von Büchernarren ein bedrohliches Erlebnis. Die Figuren aus dem Roman „Tintenherz", der gerade gelesen wird, werden lebendig und stehen im Zimmer ...

„Die Geschichte gefiel uns", fuhr ihr Vater fort. „Sie war spannend, gut geschrieben und bevölkert mit den seltsamsten Wesen. Deine Mutter liebte es, von einem Buch ins Unbekannte gelockt zu werden, und die Welt, in die *Tintenherz* sie lockte, war ganz nach ihrem Geschmack. Manchmal ging es sehr finster zu, und jedes Mal, wenn es allzu spannend wurde, legte deine Mutter den Finger an die Lippen und ich las leiser, auch wenn wir sicher waren, dass du viel zu beschäftigt mit deinen eigenen Büchern warst, um einer finsteren Geschichte zu lauschen, deren Sinn du ohnehin noch nicht verstanden hättest. Draußen war es längst dunkel, ich erinnere mich, als wäre es gestern gewesen, es war Herbst, und es zog durch die Fenster. Wir hatten ein Feuer gemacht – die Schuhschachtel[1] hatte keine Zentralheizung, aber einen Ofen in jedem Zimmer – und ich begann mit dem siebten Kapitel. Da passierte es ...“

Mo schwieg. Er blickte vor sich hin, als hätte er sich in den eigenen Gedanken verirrt.

„Was?“, flüsterte Meggie. „Was passierte, Mo?“

Ihr Vater sah sie an. „Sie kamen heraus“, sagte er. „Plötzlich standen sie da, in der Tür zum Flur, als wären sie von draußen hereingekommen. Es knisterte, als sie sich zu uns umdrehten – so als entfaltete jemand ein Stück Papier. Ich hatte ihre Namen noch auf den Lippen: Basta, Staubfinger, Capricorn. Basta hielt Staubfinger am Kragen gepackt wie einen jungen Hund, den man schüttelt, weil er etwas Verbotenes getan hat. Capricorn trug schon damals gern Rot, aber er war neun Jahre jünger und noch nicht ganz so hager, wie er es heute ist. Er besaß ein Schwert, ich hatte noch nie eins aus der Nähe gesehen. Basta hatte auch eins am Gürtel hängen, ein Schwert und sein Messer, während Staubfinger ...“ Mo schüttelte den Kopf. [...]

[1] **Schuhschachtel** – *ironisch: die kleine Wohnung, in der die Familie wohnt*

8.2 Lesen Sie den obigen Textausschnitt.

- Verfassen Sie zu diesem Text eine kurze Meldung für die Online-Ausgabe einer österreichischen Tageszeitung: „Zwielichtige Gestalten bedrohen Familie. – Wie aus dem Nichts ...“ Genau wie Ihnen ist dem/der Journalisten/Journalistin noch vieles unklar und unverständlich ...

Oder:

- Gestalten Sie eine kurze Zuschaltung für eine Magazinsendung im Radio: Ein/e Reporter/in berichtet vom Ort des Geschehens.

Wie kommt man von einer Welt in die andere? In vielen Texten der fantastischen Literatur wird der Übertritt von einer Welt in die andere durch eine „Schwelle“ dargestellt (Türen u. a.). Man kann in fantastische Welten im Raum auch durch Schiffbruch gelangen, in der Zeit durch eine „Zeitmaschine“. Manchmal sind es auch Bücher („Buch-im-Buch“), durch die die Figuren einer Geschichte aus einer erfundenen Welt, die unserer ähnlich ist, in eine gelangen, die ganz anderen Gesetzen folgt (in der es z. B. übernatürliche Wesen, sprechende Tiere u. a. m. gibt oder in der die Naturgesetze aufgehoben sind).

8.3 Ergänzen Sie die Angaben der folgenden Tabelle mithilfe der unten stehenden Lösungen auf Seite 125. Recherchieren Sie gegebenenfalls im Internet.

Titel	„Schwelle“	Helden/Heldinnen	Andere Welt
	Buch	Mortimer Folchart/ Meggie	Capricorns Reich
Der König von Narnia (1950)		Peter, Susan, Edmund, Lucy	Narnia
Die unendliche Geschichte (1979)		Bastian Balthasar Bux	Phantásien
Harry Potter und der Stein der Weisen (1997)		Harry James Potter	
Coraline (2002)	Zimmertür	Coraline	
	Kaninchenbau	...	Wunderland
Utopia (1516)		Raphael Hythlodaeus	Insel Utopia

Die Zeitmaschine (1895)	Zeitmaschine	Zeitreisender	
	Schiffbruch	Lemuel	Liliput
	Zeitmaschine	T-800, Modell 801	Zukunft/Vergangenheit
Kinder- und Hausmärchen (1812): Frau Holle		Goldmarie und Pechmarie	Frau Holle

Zu ergänzen:

- Zukunft
- Schiffbruch
- *Alice im Wunderland* (1865)
- Kleiderkasten
- *Gullivers Reisen* (1726)
- *Der Terminator* (Film, 1984)
- *Tintenherz* (2003)
- Buch
- Brunnen
- Bahn (Bahnsteig 9¾)
- Alice

8.4

Erarbeiten Sie ein knappes mündliches Statement nach der Fünfsatz-Methode und tragen Sie es einander vor.

a) „Fantastische Filme und Romane sind Unsinn und lenken nur von wichtigen Dingen ab."
b) „Ohne die unmöglichen Welten der fantastischen Filme und Romane wäre das Leben viel ärmer."

FIKTIONALE UND NICHT FIKTIONALE TEXTE — ***INFO-BOX***

Fiktionale Texte (lat. *fingere*: gestalten, bilden, erdichten, sich etwas ausdenken) werden in der Umgangssprache auch als **Literatur** bezeichnet. Was in fiktionalen Texten zu lesen ist, erscheint Lesern/Leserinnen zwar als wirklich, es handelt sich aber um **„erfundene Wirklichkeit"** – die allerdings jede Menge von Elementen der „wirklichen Wirklichkeit" enthalten kann (z. B. Menschen, Orte, Zeiten, Gefühle, Werte, Ideale).
Zur **fantastischen Literatur** gehören fiktionale Texte, in denen – nach unserem Alltagsverständnis – unmögliche Ereignisse geschehen.

Nicht fiktionale Texte werden auch **Sachtexte, Gebrauchstexte** oder **expositorische Texte** genannt. Sie werden gewöhnlich mit konkreten Absichten produziert und sie erfüllen konkrete Funktionen, etwa Informieren (z. B. Bericht), Überzeugen (z. B. politische Rede).

8.5

Lesen Sie die INFO-BOX oben sowie Text 2 und Text 3. Einer der beiden Texte ist einer österreichischen Tageszeitung entnommen, der andere, ein literarischer Text, stammt von einem der wichtigsten österreichischen Autoren des 20. Jahrhunderts, Thomas Bernhard (1931 – 1989).

1. Besprechen Sie in Kleingruppen, welcher Text der Zeitungstext und welcher der literarische ist. Sammeln Sie möglichst viele Argumente für Ihre Ansicht. Beschreiben Sie Unterschiede
   a) im Gebrauch (wozu „[ge-]braucht" man den jeweiligen Text?),
   b) der Sprache (Wortwahl, Satzbau),
   c) des Stils (Genauigkeit, Sachlichkeit) und
   d) des Inhalts (z. B. auffällige Wiederholungen, Pointe).
2. Welche Merkmale von Text 3 würden in Text 2 ungewöhnlich wirken und umgekehrt? Warum ist das so?

Text 2:

Höhlenforscher stürzte ab und verletzte sich schwer

Schwer verletzt wurde Dienstagabend ein 31-jähriger Höhlenforscher aus Niederösterreich bei einem Absturz in Gußwerk (Bez. Bruck). Der Mann war beim Versuch in der Riesenschachthöhle einen neuen, durch die Eisschmelze freigelegten Gang zu erkunden rund 20 Meter tief abgestürzt. Dabei zog er sich etliche Brüche zu und blieb bewusstlos liegen. Er wurde von Begleitern notversorgt und in einer siebenstündigen Rettungsaktion aus der 120 Meter tiefen Höhle geborgen. Ein Hubschrauber brachte ihn in das LKH Amstetten.

Text 3:

Höhlenforscher *(in originaler Schreibung)*

Sogenannte Höhlenforscher, die es sich zur Lebensaufgabe gemacht haben, Höhlen zu erforschen und die immer das größte Interesse vor allem unter den großstädtischen Illustriertenlesern hervorrufen, haben unlängst auch die Höhle zwischen Taxenbach und Schwarzach erforscht, die bisher immer vollkommen unerforscht gewesen war, wie wir aus der Zeitung erfahren haben. Ende August und bei idealen Wetterverhältnissen, wie das *Salzburger Volksblatt* berichtet, seien die Höhlenforscher in die Höhle eingedrungen in der festen Absicht, gegen Mitte September wieder aus der Höhle herauszukommen. Als die Höhlenforscher aber auch Ende September noch nicht aus der Höhle zurückgewesen waren, hatte sich eine Rettungsmannschaft, die sich unter dem Titel *Höhlenforscherrettungsmannschaft* formiert gehabt hatte, in die Höhle aufgemacht, um den ursprünglich Ende August in die Höhle eingedrungenen Höhlenforschern zuhilfe zu kommen. Aber auch diese Höhlenforscherrettungsmannschaft ist bis Mitte Oktober nicht mehr aus der Höhle zurückgekommen, was die Landesregierung von Salzburg veranlaßt hat, eine zweite Höhlenforscherrettungsmannschaft in die Höhle zu schicken. Diese zweite Höhlenforscherrettungsmannschaft war aus den kräftigsten und mutigsten Männern des Landes zusammengesetzt und mit den modernsten sogenannten *Höhlenrettungsapparaturen* ausgerüstet gewesen. Diese zweite Höhlenforscherrettungsmannschaft war aber genauso wie die erste, zwar planmäßig in die Höhle eingedrungen, aber selbst Anfang Dezember nicht mehr aus der Höhle zurückgekehrt. Daraufhin war von dem für Höhlenforschung zuständigen Amte der Salzburger Landesregierung an eine Pongauer Baufirma der Auftrag vergeben worden, die Höhle zwischen Taxenbach und Schwarzach zuzumauern, was noch vor dem neuen Jahr geschehen ist.

8.6 Gestalten Sie Text 3 zu einer fantastischen Erzählung um, in der Sie aufdecken, was in der Höhle wirklich geschah. Schreiben Sie zumindest 400 bis 500 Wörter.
Benützen Sie dazu den So-geht's-Kasten „Einen fiktionalen erzählenden Text verfassen“ und die folgende INFO-BOX „Gattungen fantastischer Literatur“, um sich für eine bestimmte Gattung zu entscheiden.

EINEN FIKTIONALEN ERZÄHLENDEN TEXT VERFASSEN — SO GEHT'S

Wählen Sie bewusst und bestimmen Sie:

- **Figuren:**
  - Welche und wie viele Figuren sollen auftreten? Wie stehen sie zueinander?
  - Sind es Personen wie „du und ich“ oder durch besondere Eigenschaften ausgezeichnete Figuren?
- **Perspektive:**
  - Soll eine Figur der Geschichte selbst erzählen *(„Vor einigen Jahren ging ich eines Abends ...“)*?
  - Oder soll der Erzähler – wie in Text 3 – nicht als Person hervortreten, sondern nur als „Stimme“ erscheinen, die keiner Person zugeordnet werden kann *(„An einem Winterabend des Jahres 1998 ging ein junger Mann...“)*?
- **Ablauf der Ereignisse:**
  - Was soll aufeinander folgen? Wie hängen die Ereignisse zusammen?
  - Soll die Geschichte eine Einleitung haben, oder soll sie direkt in das Geschehen einsteigen?
  - Soll der Schluss offen oder geschlossen sein?
- **Charakter der Erzählung:**
  - Soll es eine „realistische“ Erzählung sein, in der sich Dinge ereignen, wie sie sich in unserer Welt ereignen können?
  - Oder soll es eine fantastische Erzählung sein, in der „Unmögliches“ geschieht?

- **Sprache und Stil:**
  - Sollen Sprache und Stil sachlich und nüchtern sein (z. B. wie eine Nachrichtenmeldung)?
  - Soll es ein blumiger oder geschwollener Stil sein (mit vielen Adjektiven und Adverbien)?
  - Soll es ein einfacher (wie in Märchen) oder ein komplexer Satzbau sein?
  - Soll es im Stil eines Liebesromans sein?
  - Charakterisieren Sie mit Sprache und Stil Ihren Erzähler (z. B. sachlich, emotional, nüchtern, vorlaut, schüchtern etc.). Entscheiden Sie, ob er in der Standardsprache oder in der Umgangssprache erzählen soll (aber mischen Sie nicht)!

GATTUNGEN FANTASTISCHER LITERATUR **INFO-BOX**

- **Utopien** sind Texte (meist Romane), die eine ideale, wünschenswerte Gesellschaft zeigen; der Name (griech. „Nicht-Ort") stammt von dem ersten neuzeitlichen Text dieser Art, der *„Utopia"* (1516) von Thomas Morus.
- **Dystopie:** das Gegenteil der Utopie, also die Darstellung einer schlechten, nicht wünschenswerten Gesellschaft (z. B. George Orwell, *„1984"*; Aldous Huxley, *„Schöne neue Welt"*).
- **Science-Fiction:** Texte und Filme, die oft in der Zukunft und/oder auf anderen Planeten spielen. Neben alternativen Gesellschaftsformen stehen vor allem deren fiktive technisch-wissenschaftliche Möglichkeiten im Mittelpunkt (z. B. *„Star Trek"*, *„Star Wars"*, *„Die Tribute von Panem"*).
- **Fantasy:** Texte und Filme, die auf Motiven aus Magie, Mythos und (Helden-)Epos beruhen (*„Harry Potter"*, *„Der Herr der Ringe"*).
- **Märchen:** kürzere Texte, die übernatürliche Elemente enthalten (z. B. sprechende Tiere, magische Dinge, Hexen und Zauberer). Die bekanntesten Märchen sind die „Kinder- und Hausmärchen" der Brüder Grimm, die auf traditionellen, mündlichen Erzählungen beruhen und einen charakteristischen Erzählstil haben (z. B. „Es war einmal ..."). Märchen, deren Verfasser/in bekannt ist, nennt man „Kunstmärchen".
- **Horror-Genre:** Texte und Filme, die schreckenerregende, oft auch auf übernatürlichen Phänomenen beruhende Ereignisse zeigen (Schauerroman, „gothic"; Geister- und Gespenster; Dämonen und Besessenheit. Beispiele: Der Film *„Der Exorzist"*; Bram Stoker, *„Dracula"*; Stephenie Meyer, *„Twilight"*-Serie.
- **Schauerballade:** eine Ballade mit unheimlichem Thema; beliebt v. a. im späten 18. und im 19. Jahrhundert. Beispiele: Gottfried August Bürger, *„Lenore"*; Johann Wolfgang v. Goethe, *„Der Erlkönig"*.

2 FIGUREN UND PERSPEKTIVEN – VERWANDLUNGEN

Text 4:
Henning Mankell: Die falsche Fährte *(Textauszug)*

Früh im Morgengrauen begann er seine Verwandlung. Er hatte alles sorgfältig geplant, damit nichts misslang. Er würde den ganzen Tag brauchen und wollte nicht riskieren, in Zeitnot zu geraten. Er nahm den ersten Pinsel und hielt ihn vor sich. Vom Tonbandgerät, das auf dem Fußboden stand, hörte er das vorbereitete Band mit den Trommeln. Er sah sein Gesicht im Spiegel an. Dann zog er die ersten schwarzen Striche über seine Stirn. Er spürte, dass seine Hand ruhig war. Also war er nicht nervös. Obwohl dies das erste Mal war, dass er seine Kriegsbemalung im Ernst anlegte. Bis zu diesem Augenblick war es eine Art von Flucht gewesen, seine Methode, sich gegen die Kränkungen, denen er ständig ausgesetzt war, zu schützen; jetzt machte er wirklich die große Verwandlung durch. Mit jedem Strich, den er auf sein Gesicht malte, schien er sein altes Leben weiter hinter sich zu lassen. Es gab kein Zurück mehr. Von diesem Abend an war das Spiel ein für allemal vorbei, und er würde in den Krieg hinausgehen, in dem Menschen richtig sterben mussten.

Das Licht im Zimmer war sehr stark. Er hatte die Spiegel sorgfältig ausgerichtet, um zu vermeiden, dass sie Licht zurückwarfen. Als er eingetreten war und die Tür hinter sich verschlossen hatte, begann er damit, ein letztes Mal zu kontrollieren, dass er nichts vergessen hatte. Doch alles war an seinem Platz. Die gut gereinigten Pinsel, die kleinen Porzellantassen mit Farben, Handtücher und Wasser. Neben der kleinen Drehbank lagen seine Waffen aufgereiht auf einem schwarzen Tuch: die drei Äxte, die Messer von unterschiedlicher Länge, die Spraydosen. Er dachte, dass dies der einzige Beschluss war, den er noch nicht gefasst hatte. Bevor es Abend wurde, müsste er wählen, welche dieser Waffen er mitnehmen wollte. Er konnte nicht alle mitnehmen. Er wusste jedoch, dass die Entscheidung sich von selbst ergeben würde, wenn er erst seine Verwandlung begonnen hatte. [...]

Die ersten Striche auf der Stirn sollten schwarz sein. Es war, als schnitte er zwei tiefe Kerben, öffnete sein Gehirn und leerte alle Erinnerungen und Gedanken aus, die ihm bisher durch das Leben gefolgt waren, die ihn gequält und gedemütigt hatten. Später würde er mit den roten und weißen Strichen weitermachen, mit den Ringen und Vierecken, und zum Schluss den schlangenartigen Ornamenten auf den Wangen. Von seiner weißen Haut würde nichts mehr zu sehen sein. Und dann würde die Verwandlung abgeschlossen sein. Was vorher gewesen war, würde verschwunden sein. Er war in Gestalt eines Tiers wiederauferstanden, und er würde nie mehr wie ein Mensch sprechen. Er dachte, dass er nicht einmal zögern würde, sich die Zunge abzuschneiden, wenn es notwendig würde.

8.7 Sie haben sich als Regieassistent/in für eine Literaturverfilmung des Thrillers „Die falsche Fährte“ (Text 4) beworben. Dem Bewerbungsschreiben beizulegen ist ein Persönlichkeitsbild der Figur aus Text 4. Angaben, die Ihnen fehlen, können Sie sinnvoll ergänzen, nur muss sich ein stimmiges Bild ergeben. Kontrollieren Sie die Vollständigkeit der Charakteristik mit den Angaben im folgenden So-geht's-Kasten. Umfang: ca. 400 Wörter.

EINE CHARAKTERISTIK EINER LITERARISCHEN FIGUR VERFASSEN — ***SO GEHT'S***

Einleitung

- Nennen Sie in der Einleitung die Figur und das Werk, um das es geht (Autor/in, Titel, Entstehungszeit und Textsorte).
- Geben Sie dann eine sehr knappe Inhaltsangabe des Textes oder des Textauszugs. Wenn möglich (wenn Sie einen vollständigen Text behandeln), machen Sie Angaben über die Rolle, die Ihre Figur in dem Werk spielt (Hauptfigur, Nebenfigur, ...).

Hauptteil

Behandeln Sie die folgenden Aspekte:

- äußere Merkmale (Geschlecht, Alter, Körperbau, Gesicht, Gestik, Mimik, Frisur, Sprache, Kleidung)
- lebensgeschichtlicher Hintergrund (soziale Herkunft, Beruf, wichtige biografische Stationen)
- Wertvorstellungen (z. B. politische und religiöse Überzeugungen, Vorbilder)

- wichtige Charakterzüge und typisches Verhalten
- Beziehungen zu anderen Figuren

Führen Sie auch Beispiele, Situationen und Szenen an, mit denen Sie Ihre Ausführungen illustrieren.

Schluss

Zusammenfassung der wichtigsten Züge (Achtung: keine Wiederholungen)

8.8

1. Vergleichen Sie in Gruppen Ihre Charakteristiken der Figur aus Text 4. Stellen Sie Gemeinsamkeiten und Unterschiede in Ihren Charakteristiken fest. Erläutern Sie, welche Stellen im Textauszug für Ihre Sichtweise besonders wichtig waren.
2. Schreiben Sie zwei kurze Drehbuchpassagen (vgl. Modul 11, Seite 167 f.; kurze Beschreibung des Schauplatzes: Innen/Außen, Tag/Nacht, Zimmereinrichtung, ... – Charakteristik der Situation/der Figur in einem Satz – Sprechtext der Figur und/oder Sprecher aus dem Off und Aktion),
   a) wenn die Zuschauer/innen wissen sollen, wer „er“ ist,
   b) wenn die Zuschauer/innen nicht wissen sollen, wer „er“ ist.

Text 5:
Franz Kafka: Die Verwandlung *(Textauszug in originaler Schreibung)*

Als Gregor Samsa eines Morgens aus unruhigen Träumen erwachte, fand er sich in seinem Bett zu einem ungeheueren Ungeziefer verwandelt. Er lag auf seinem panzerartig harten Rücken und sah, wenn er den Kopf ein wenig hob, seinen gewölbten, braunen, von bogenförmigen Versteifungen geteilten Bauch, auf dessen Höhe sich die Bettdecke, zum gänzlichen Niedergleiten bereit, kaum noch erhalten konnte. Seine vielen, im Vergleich zu seinem sonstigen Umfang kläglich dünnen Beine flimmerten ihm hilflos vor den Augen.
„Was ist mir geschehen?“ dachte er. Es war kein Traum. Sein Zimmer, ein richtiges, nur etwas zu kleines Menschenzimmer, lag ruhig zwischen den vier wohlbekannten Wänden. Über dem Tisch, auf dem eine auseinandergepackte Musterkollektion von Tuchwaren ausgebreitet war – Samsa war Reisender –, hing das Bild, das er vor kurzem aus einer illustrierten Zeitschrift ausgeschnitten und in einem hübschen, vergoldeten Rahmen untergebracht hatte. Es stellte eine Dame dar, die, mit einem Pelzhut und einer Pelzboa versehen, aufrecht dasaß und einen schweren Pelzmuff[1], in dem ihr ganzer Unterarm verschwunden war, dem Beschauer entgegenhob.
Gregors Blick richtete sich dann zum Fenster, und das trübe Wetter – man hörte Regentropfen auf das Fensterblech aufschlagen – machte ihn ganz melancholisch. „Wie wäre es, wenn ich noch ein wenig weiterschliefe und alle Narrheiten vergäße“, dachte er, aber das war gänzlich undurchführbar, denn er war gewöhnt, auf der rechten Seite zu schlafen, konnte sich aber in seinem gegenwärtigen Zustand nicht in diese Lage bringen. Mit welcher Kraft er sich auch auf die rechte Seite warf, immer wieder schaukelte er in die Rückenlage zurück. Er versuchte es wohl hundertmal, schloß die Augen, um die zappelnden Beine nicht sehen zu müssen, und ließ erst ab, als er in der Seite einen noch nie gefühlten, leichten, dumpfen Schmerz zu fühlen begann.

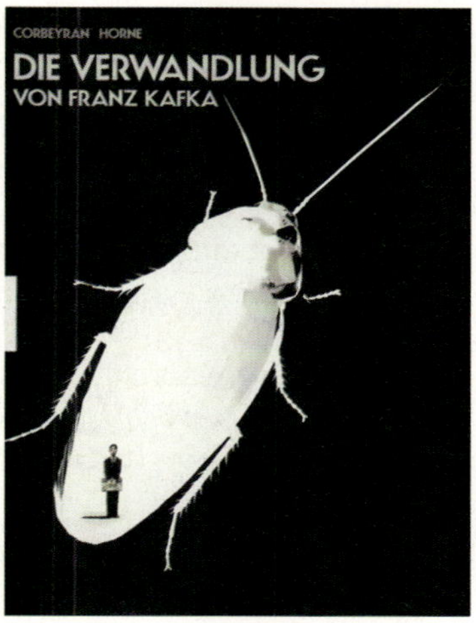

„Ach Gott“, dachte er, „was für einen anstrengenden Beruf habe ich gewählt! Tag aus, Tag ein auf der Reise. Die geschäftlichen Aufregungen sind viel größer, als im eigentlichen Geschäft zu Hause, und außerdem ist mir noch diese Plage des Reisens auferlegt, die Sorgen um die Zuganschlüsse, das unregelmäßige, schlechte Essen, ein immer wechselnder, nie andauernder, nie herzlich werdender menschlicher Verkehr. Der Teufel soll das alles holen!“ Er fühlte ein leichtes Jucken oben auf dem Bauch; schob sich auf dem Rücken langsam näher zum Bettpfosten, um den Kopf besser heben zu können; fand die juckende Stelle, die mit lauter kleinen weißen Pünktchen besetzt war, die er nicht zu beurteilen verstand; und wollte mit einem Bein die Stelle betasten, zog es aber gleich zurück, den bei der Berührung umwehten ihn Kälteschauer. [...]

[1] **Pelzmuff** – *schlauchförmiger Handwärmer aus Pelz*

8.9

Am Beginn von Franz Kafkas Erzählung „Die Verwandlung“ (1912) wird die Hauptfigur in ein „Ungeziefer“ „verwandelt“. Schreiben Sie zwei weitere Absätze (150 bis 200 Wörter), in denen sich Gregor an den Vorabend der Verwandlung erinnert: Was hat er gemacht? Was ist vorgefallen? Wie hat er sich gefühlt? Schreiben Sie im Stil und in der Perspektive von Text 5.

Bevor Sie schreiben: Wiederholen Sie wichtige Gesichtspunkte des Erzählens, indem Sie die beiden INFO-BOXen lesen.

ERZÄHLENDE TEXTE: WER SPRICHT? — INFO-BOX

Ein erzählender Text kann verschiedene **Darbietungsformen** aufweisen.

- Erzählerbericht: die Äußerungen **des Erzählers/der Erzählerin**: diese können beschreibend, kommentierend, bewertend etc. sein.
- Figurenrede: die Äußerungen von Figuren; diese können in verschiedenen Formen erscheinen:
    - direkte Rede/indirekte Rede
    - erlebte Rede: Wiedergabe der Gedanken einer Figur in **der Er-/Sie-Form**
    - innerer Monolog: Wiedergabe der Gedanken in der Ich-Form; gibt den Bewusstseinsstand einer Person in unvollständigen, gebrochenen oder Teilsätzen wieder. Typisch für den inneren Monolog sind die detaillierte Darstellung der Einzelheiten des Gedankenganges und der Wahrnehmungen.

ERZÄHLPERSPEKTIVE: WER SIEHT? — INFO-BOX

- Auktoriale Erzählperspektive: Der/die Erzähler/in weiß über die Figuren und die Handlung sehr viel (wie der „Auktor“, lat. für „Urheber“, der Geschichte). Oft kennt er/sie die Gedanken und Gefühle aller Figuren. In manchen Fällen schaltet er/sie sich mit Kommentaren in die Erzählung ein, greift in der Chronologie der Handlung vor oder zurück, oder er/sie spricht die Leser/innen direkt an. Die auktoriale Erzählperspektive ist immer eine Er- oder Sie-Erzählung, von den Figuren wird also in der dritten Person berichtet. Im Extremfall ist der/die auktoriale Erzähler/in allwissend.
- Personale Erzählperspektive: Wird ein Text aus der personalen Perspektive geschildert, teilt der/die Erzähler/in den Lesern/Leserinnen das Geschehen **aus dem Blickwinkel einer (im Geschehen mitspielenden) Figur** mit. Das Mitgeteilte ist also auf deren Erfahrung und Bewusstsein eingeschränkt.
- Eine besondere Form ist die Ich-Perspektive. In der Ich-Erzählung wird die Geschichte aus der Sicht eines/einer Erzählers/Erzählerin mitgeteilt, der/die als (fiktionale) Person auftritt und „ich“ sagt. Dieses „Ich“ darf man nicht mit dem/der realen Autor/in verwechseln. Selbst wenn es um Ereignisse aus dem wirklichen Leben des/der Autor/in geht („Autobiographie“), muss man Ich-Erzähler/in und Autor/in auseinanderhalten.
- Neutrale Erzählperspektive: Der/die Erzähler/in erzählt aus einer unbeteiligten Sicht, er/sie greift weder ins Geschehen ein noch wird aus der Perspektive einer der Figuren erzählt. Er/sie bleibt möglichst im Hintergrund, ist nicht spürbar – **vergleichbar mit einer Filmkamera**, die das Geschehen verfolgt.

8.10

RP-Text

Lesen Sie Kafkas „Die Verwandlung“ ganz und schreiben Sie eine Charakteristik der Figur des Gregor Samsa nach den Angaben des So-geht's-Kastens auf Seite 128 f. (ca. 400 Wörter).

OPERATOR „CHARAKTERISIEREN“ — SO GEHT'S

„Charakterisieren“ heißt: Personen oder Figuren durch äußere und innere Merkmale näher kennzeichnen.

Beispiel (sehr kurz): *Hamlet ist ein dänischer Prinz; er ist mittelgroß und blond. Er ist ein sehr nachdenklicher Mensch, der sich nicht rasch für eine Sache entscheiden kann.*

Den Versuch einer Bebilderung macht die Graphic Novel („gezeichneter Roman", Cartoonroman) der französischen Künstler Eric Corbeyran und Richard Horne (2009).

3 ERZÄHLENDE TEXTE ANALYSIEREN

BALLADE — ***INFO-BOX***

Eine Ballade ist eine meist spannende Erzählung **(epische Elemente)** in Gedichtform **(lyrische Elemente)**. Sie enthält oft auch **dramatische Elemente** (Dialog und Figurenrede; Aufbau wie ein Drama).

Wenn unheimliche und irrationale Züge dominieren, spricht man von Schauerballade. Das erste neuere Gedicht dieser Art war G. A. Bürgers „Lenore". Es erregte europaweit Aufsehen.

8.11

Hören Sie die Ballade „Lenore". Lesen Sie den Text (unten) mit.
Folgen Sie danach den angeschlossenen Aufgaben.

SB PLUS

Text 6:
Gottfried August Bürger: Lenore *(in originaler Schreibung)*

Lenore fuhr ums Morgenrot
Empor aus schweren Träumen:
„Bist untreu, Wilhelm oder tot?
Wie lange willst du säumen?" –
Er war mit König Friedrichs Macht
Gezogen in die Prager Schlacht,
Und hatte nicht geschrieben:
Ob er gesund geblieben.

Der König und die Kaiserin,
Des langen Haders müde,
Erweichten ihren harten Sinn,
Und machten endlich Friede;
Und jedes Heer, mit Sing und Sang,
Mit Paukenschlag und Kling und Klang,
Geschmückt mit grünen Reisern,
Zog heim zu seinen Häusern.

Und überall all überall,
Auf Wegen und auf Stegen,
Zog alt und jung dem Jubelschall
Der Kommenden entgegen.
Gottlob! rief Kind und Gattin laut,
Willkommen! manche frohe Braut.
Ach! aber für Lenoren
War Gruß und Kuß verloren.

Sie frug den Zug wohl auf und ab,
Und frug nach allen Namen;
Doch keiner war, der Kundschaft gab,
Von allen, so da kamen.
Als nun das Heer vorüber war,
Zerraufte sie ihr Rabenhaar,
Und warf sich hin zur Erde,
Mit wütiger Gebärde.

Die Mutter lief wohl hin zu ihr: –
„Ach, daß sich Gott erbarme!
Du trautes Kind, was ist mit dir?" –
Und schloß sie in die Arme.
„O Mutter, Mutter! hin ist hin!
Nun fahre Welt und alles hin!
Bei Gott ist kein Erbarmen.
O weh, o weh mir Armen!" –

„Hilf Gott, hilf! Sieh uns gnädig an!
Kind, bet ein Vaterunser!
Was Gott tut, das ist wohlgetan.
Gott, Gott erbarmt sich unser!“ –
„O Mutter, Mutter! Eitler Wahn!
Gott hat an mir nicht wohlgetan!
Was half, was half mein Beten?
Nun ist's nicht mehr vonnöten.“ –

„Hilf Gott, hilf! wer den Vater kennt,
Der weiß, er hilft den Kindern.
Das hochgelobte Sakrament
Wird deinen Jammer lindern.“ –
„O Mutter, Mutter! was mich brennt,
Das lindert mir kein Sakrament!
Kein Sakrament mag Leben
Den Toten wiedergeben.“

„Hör, Kind! wie, wenn der falsche Mann,
Im fernen Ungerlande,
Sich seines Glaubens abgetan,
Zum neuen Ehebande?
Laß fahren, Kind, sein Herz dahin!
Er hat es nimmermehr Gewinn!
Wann Seel' und Leib sich trennen,
Wird ihn sein Meineid brennen.“ –

„O Mutter, Mutter! Hin ist hin!
Verloren ist verloren!
Der Tod, der Tod ist mein Gewinn!
O wär ich nie geboren!
Lisch aus, mein Licht, auf ewig aus!
Stirb hin, stirb hin in Nacht und Graus!
Bei Gott ist kein Erbarmen.
O weh, o weh mir Armen!“ –

„Hilf Gott, hilf! Geh nicht ins Gericht
Mit deinem armen Kinde!
Sie weiß nicht, was die Zunge spricht.
Behalt ihr nicht die Sünde!
Ach, Kind, vergiß dein irdisch Leid,
Und denk an Gott und Seligkeit!
So wird doch deiner Seelen
Der Bräutigam nicht fehlen.“ –

„O Mutter! Was ist Seligkeit?
O Mutter! Was ist Hölle?
Bei ihm, bei ihm ist Seligkeit,
Und ohne Wilhelm Hölle! –
Lisch aus, mein Licht, auf ewig aus!
Stirb hin, stirb hin in Nacht und Graus!
Ohn ihn mag ich auf Erden,
Mag dort nicht selig werden.“ – –

So wütete Verzweifelung
Ihr in Gehirn und Adern.
Sie fuhr mit Gottes Fürsehung
Vermessen fort zu hadern;
Zerschlug den Busen, und zerrang
Die Hand, bis Sonnenuntergang,
Bis auf am Himmelsbogen
Die goldnen Sterne zogen.

Illustration zu „Lenore“ von Frank Kirchbach (1896)

Und außen, horch! ging's trap trap trap,
Als wie von Rosseshufen;
Und klirrend stieg ein Ritter ab,
An des Geländers Stufen;
Und horch! und horch! den Pfortenring
Ganz lose, leise, klinglingling!
Dann kamen durch die Pforte
Vernehmlich diese Worte:

„Holla, Holla! Tu auf, mein Kind!
Schläfst, Liebchen, oder wachst du?
Wie bist noch gegen mich gesinnt?
Und weinest oder lachst du?“ –
„Ach, Wilhelm, du? – So spät bei Nacht? –
Geweinet hab ich und gewacht;
Ach, großes Leid erlitten!
Wo kommst du hergeritten?“ –

„Wir satteln nur um Mitternacht.
Weit ritt ich her von Böhmen.
Ich habe spät mich aufgemacht,
Und will dich mit mir nehmen.“ –
„Ach, Wilhelm, erst herein geschwind!
Den Hagedorn durchsaust der Wind,
Herein, in meinen Armen,
Herzliebster, zu erwarmen!“ –

„Laß sausen durch den Hagedorn,
Laß sausen, Kind, laß sausen!
Der Rappe scharrt; es klirrt der Sporn.
Ich darf allhier nicht hausen.
Komm, schürze, spring und schwinge dich
Auf meinen Rappen hinter mich!
Muß heut noch hundert Meilen
Mit dir ins Brautbett eilen.“ –

„Ach! wolltest hundert Meilen noch
Mich heut ins Brautbett tragen?
Und horch! es brummt die Glocke noch,
Die elf schon angeschlagen.“ –
„Sieh hin, sieh her! der Mond scheint hell.

Wir und die Toten reiten schnell.
Ich bringe dich, zur Wette,
Noch heut ins Hochzeitbette." –

„Sag an, wo ist dein Kämmerlein?
Wo? Wie dein Hochzeitbettchen?" –
„Weit, weit von hier! – Still, kühl und klein! –
Sechs Bretter und zwei Brettchen!" –
„Hat's Raum für mich?" – „Für dich und mich!
Komm, schürze, spring und schwinge dich!
Die Hochzeitgäste hoffen;
Die Kammer steht uns offen." –

Schön Liebchen schürzte, sprang und schwang
Sich auf das Roß behende;
Wohl um den trauten Reiter schlang
Sie ihre Lilienhände;
Und hurre hurre, hop hop hop!
Ging's fort in sausendem Galopp,
Daß Roß und Reiter schnoben,
Und Kies und Funken stoben.

Zur rechten und zur linken Hand,
Vorbei vor ihren Blicken,
Wie flogen Anger, Heid und Land!
Wie donnerten die Brücken! –
„Graut Liebchen auch? – Der Mond scheint hell!
Hurra! die Toten reiten schnell!
Graut Liebchen auch vor Toten?" –
„Ach nein! – Doch lass die Toten!" –

Was klang dort für Gesang und Klang?
Was flatterten die Raben? –
Horch Glockenklang! horch Totensang:
„Laßt uns den Leib begraben!"
Und näher zog ein Leichenzug,
Der Sarg und Totenbahre trug.
Das Lied war zu vergleichen
Dem Unkenruf in Teichen.

„Nach Mitternacht begrabt den Leib,
Mit Klang und Sang und Klage!
Jetzt führ ich heim mein junges Weib.
Mit, mit zum Brautgelage!
Komm, Küster, hier! Komm mit dem Chor,
Und gurgle mir das Brautlied vor!
Komm, Pfaff, und sprich den Segen,
Eh wir zu Bett uns legen!" –

Still Klang und Sang. – Die Bahre schwand. –
Gehorsam seinem Rufen,
Kam's, hurre hurre! nachgerannt,
Hart hinters Rappen Hufen;
Und immer weiter, hop hop hop!
Ging's fort in sausendem Galopp,
Daß Roß und Reiter schnoben,
Und Kies und Funken stoben.

Wie flogen rechts, wie flogen links
Gebirge, Bäum und Hecken!
Wie flogen links, und rechts, und links
Die Dörfer, Städt und Flecken! –
„Graut Liebchen auch? – Der Mond scheint hell!
Hurra! die Toten reiten schnell!
Graut Liebchen auch vor Toten?" –
„Ach! Laß sie ruhn, die Toten." –

Sieh da! sieh da! Am Hochgericht
Tanzt, um des Rades Spindel,
Halb sichtbarlich, bei Mondenlicht,
Ein luftiges Gesindel. –
„Sasa! Gesindel, hier! Komm hier!
Gesindel, komm und folge mir!
Tanz uns den Hochzeitreigen,
Wann wir zu Bette steigen!" –

Und das Gesindel, husch husch husch!
Kam hinten nachgeprasselt,
Wie Wirbelwind am Haselbusch
Durch dürre Blätter rasselt.
Und weiter, weiter, hop hop hop!
Ging's fort in sausendem Galopp,
Daß Roß und Reiter schnoben,
Und Kies und Funken stoben.

Wie flog, was rund der Mond beschien,
Wie flog es in die Ferne!
Wie flogen oben über hin
Der Himmel und die Sterne! –
„Graut Liebchen auch? – Der Mond scheint hell!
Hurra! Die Toten reiten schnell!
Graut Liebchen auch vor Toten!" –
„O weh! Laß ruhn die Toten!" – – –

„Rapp! Rapp! Mich dünkt der Hahn schon ruft. –
Bald wird der Sand verrinnen –
Rapp! Rapp! Ich wittre Morgenluft –
Rapp! Tummle dich von hinnen! –
Vollbracht, vollbracht ist unser Lauf!
Das Hochzeitbette tut sich auf.
Die Toten reiten schnelle!
Wir sind, wir sind zur Stelle." – – –

Rasch auf ein eisern Gitterntor
Ging's mit verhängtem Zügel.
Mit schwanker Gert ein Schlag davor
Zersprengte Schloss und Riegel.
Die Flügel flogen klirrend auf,
Und über Gräber ging der Lauf.
Es blinkten Leichensteine
Rund um im Mondenscheine.

Ha sieh! Ha sieh! im Augenblick,
Huhu! ein gräßlich Wunder!
Des Reiters Koller, Stück für Stück,
Fiel ab, wie mürber Zunder.
Zum Schädel, ohne Zopf und Schopf,
Zum nackten Schädel ward sein Kopf;
Sein Körper zum Gerippe,
Mit Stundenglas und Hippe.

Hoch bäumte sich, wild schnob der Rapp,
Und sprühte Feuerfunken;
Und hui! war's unter ihr hinab

Verschwunden und versunken.
Geheul! Geheul aus hoher Luft,
Gewinsel kam aus tiefer Gruft.
Lenorens Herz, mit Beben,
Rang zwischen Tod und Leben.

Nun tanzten wohl bei Mondenglanz,
Rund um herum im Kreise,
Die Geister einen Kettentanz,
Und heulten diese Weise:
„Geduld! Geduld! Wenn 's Herz auch bricht!
Mit Gott im Himmel hadre nicht!
Des Leibes bist du ledig;
Gott sei der Seele gnädig!"

Aufgaben zu „Lenore":

Einzelarbeit:

1. Geben Sie der Ballade einen Untertitel („Lenore oder ...").
2. Streichen Sie so viele Strophen, dass die sieben wichtigsten übrigbleiben.

Gruppenarbeit:

3. Vergleichen und diskutieren Sie Ihre Lösungen. Argumentieren Sie! Einigen Sie sich auf jeweils eine Lösung.
4. Berichten Sie im Plenum.

8.12 An Ihrer Schule gibt es einen Wettbewerb, bei dem die beste Schauergeschichte prämiert wird. Es dürfen auch kreative Bearbeitungen bereits vorhandener Geschichten eingereicht werden. Schreiben Sie dazu eine Prosafassung von „Lenore".

Sie können die Geschichte

a) in ihrer Zeit belassen,
b) modernisieren, d. h., sie mit allen notwendigen Veränderungen in die heutige Zeit verlegen.

Machen Sie Ihre Geschichte durch die Verwendung der Gestaltungsmittel fantastischer Literatur (siehe INFO-BOX) besonders anschaulich.

GESTALTUNGSMITTEL FANTASTISCHER LITERATUR — ***INFO-BOX***

Literarische Autoren/Autorinnen können **besondere Wirkungen** erzielen, indem sie vom Gewohnten und/oder Erwarteten bewusst abweichen.
Abweichungen vom Gewohnten können Verwirrung und Desorientierung auslösen, daher sind sie in fantastischer Literatur besonders wirkungsvoll –

- **im Bereich „Fiktionale Welten und Schwellen":** wenn die Leser/innen im Unklaren gelassen werden,
  - ob und wie sich die dargestellte Welt von unserer Alltagswelt unterscheidet. In welcher Welt befinden wir uns gerade?
- **im Bereich „Figurencharakteristik":** wenn die Leser/innen im Unklaren gelassen werden,
  - wie die Figuren der Erzählung handeln und empfinden können. Handeln sie wie wir? Bei Kafka können Tiere wie Menschen handeln und fühlen ...
- **im Bereich „Erzählperspektive und Erzählerrede":** wenn die Leser/innen im Unklaren gelassen werden,
  - wer erzählt bzw. wer erlebt. Kann man sich auf die Informationen, die man erhält, verlassen?

Der **Film** hat ähnliche Möglichkeiten wie ein Erzähltext: „Perspektive" durch Kamerastandort, Zeitraffung und Rückblenden, Erzählerstimmen aus dem Off oder Einsatz von Erzählerfiguren usw.

Je genauer Sie sich mit einem Text befassen, desto leichter fällt Ihnen eine exakte Analyse. Die folgende Anleitung, die Sie bei der **Analyse von erzählenden und dramatischen Texten (auch erzählenden Gedichten)** anwenden können, dient dazu, sich Details von Texten unter verschiedenen Gesichtspunkten bewusst zu machen. Übertragen Sie die Tabelle auf Ihren PC, dann können Sie sie immer wieder verwenden, um einen Text zu analysieren.

8.13 Studieren Sie die Kriterien des folgenden Analyserasters sowie die Beispielanalyse zu „Lenore".

ERZÄHLENDE TEXTE ANALYSIEREN — SO GEHT'S

RP-Text

Machen Sie sich in einer Textanalyse möglichst genaue Notizen. Sie benötigen dazu Wissen über Sprache und Literatur, das Sie sich in den vergangenen Jahren angeeignet haben.
Sie werden nicht bei allen Texten alle Fragen der folgenden Tabelle sinnvoll beantworten können.

		Beispiel „Lenore"
Schritt 1: Lesen	Lesen Sie den Text genau. • Kennzeichnen Sie auffällige oder unklare Textstellen! • Notieren Sie Ihre ersten Eindrücke! Lesen Sie den Text noch einmal, eventuell mehrfach. • Notieren Sie Gedanken und Fragen! Mögliche Methoden: Brainstorming, Mindmap, Cluster, Fragenkanone. Klären Sie Unbekanntes!	• *Erzählung in gereimten Versen, Strophen* • *altertümliche Sprache: hadern (streiten), Hagedorn (stachlige Hecke), mich dünkt (ich meine)* • *spannende Geistergeschichte*
Schritt 2: Eckdaten	Wer ist der Autor/die Autorin des Texts? Wie lautet der Titel des Texts? • Wie steht er zum Inhalt des Texts? • Welche Hinweise (evtl. für die Textanalyse) gibt er? Ist eine Textsorte angegeben (z. B. Roman, Schauspiel, Tragödie)?	*Autor: Gottfried August Bürger* *Titel: „Lenore" – nennt die Hauptfigur* *Textsorte ist nicht angegeben*
Schritt 3: Formanalyse	Figuren: • Welche Figuren kommen vor? Was erfahren wir über sie? • Hauptfiguren – Nebenfiguren? • Welche Beziehung(en) haben sie zueinander? Bestehen Hierarchien, Abhängigkeiten usw.? (Mit diesen Fragen kann man die **Figurenkonstellation** grafisch darstellen.) • Welchen sozialen Milieus gehören die Figuren an? • Welche Handlungsmotive haben die Figuren? • Sind sie eher Typen oder individuell ausgeprägt? • Wodurch werden die Figuren charakterisiert (direkte oder indirekte Charakterisierung)?	*Hauptfigur ist Lenore – ihr Bräutigam (?) Wilhelm – 2. Hauptfigur, aber erst als Geisterreiter – wird in der Schlacht vermisst* *Nebenfigur: Mutter; mahnt die Tochter, Gott nicht zu lästern, denkt an mögliche Alternativen (Wilhelm hat vielleicht ein neues Leben begonnen), vertritt Ansprüche der Wirklichkeit, während Lenore im Wahnsinn versinkt*
	Ort(e): • Wo spielt der Text? Was kennzeichnet die Schauplätze? • Handelt es sich um genauer beschriebene Schauplätze? Welche Gegenstände oder Umstände werden genannt? • Handelt es sich um eher allgemeine, typische Orte (z. B. Stadt, Wald, Zimmer). Welche symbolische(n) Bedeutung(en) können diese Orte haben? • Auf welches soziale Milieu verweisen die Orte und damit verbundene Gegenstände?	*Nicht genannter Ort, vermutlich in Preußen (weil Wilhelm im preußischen Heer bei König Friedrich gedient hat), „hundert Meilen" (Z. 127; wohl: nördlich von) Böhmen bzw. Prag („Prager Schlacht"), wo sein Grab liegt* • *Symbolische Räume: Dem Ritt über weite Länder wird der Raum des Grabes bzw. Sarges gegenübergestellt („still, kühl und klein", „vier Bretter und zwei Brettchen"); ironische Reden des Geisterreiters: Brautgemach = Grab, Hochzeitsbett = Sarg*

Schritt 3: Formanalyse	**Zeit:** • Wann spielt der Text? • Welche (historische[n]) Zeit(en) ist/sind angegeben? • Handelt es sich um symbolisch verstehbare Zeiten (z. B. Herbst, Abend – Ende)?	• *Text beginnt „ums Morgenrot“, endet in der darauffolgenden Nacht* • *Jahreszeit unwichtig, dafür historische Zeit genau angegeben: „Prager Schlacht“, Friedensschluss = Ende eines Krieges zwischen König Friedrich (= Friedrich II. von Preußen) und Kaiserin (kann nur Maria Theresia sein), also Siebenjähriger Krieg (1756 – 1763), endet mit Hubertusburger Frieden (15. 2. 1763). Schlacht bei Prag: 6. 5. 1757* • *Wilhelm ist also schon mehrere Jahre im Krieg gewesen.* • *Die genauen Angaben stehen im Gegensatz zur fantastischen Handlung.*
	Handlung: • Gibt es eine Handlung? Wenn ja, halten Sie den Verlauf der Geschichte möglichst prägnant fest. • Achten Sie darauf, dass Sie dabei Begründungszusammenhänge herstellen. (Warum geschieht das, was geschieht?) • Liegen mehrere Handlungsstränge vor? In welchem Verhältnis stehen sie zueinander?	• *Eine Soldatenbraut muss annehmen, dass ihr Bräutigam tot ist, lästert Gott und wird vom toten Verlobten in einem Geisterritt in dessen weit entferntes Grab mitgenommen; sie stirbt, und ihre Seele wird Gott überantwortet* • *einsträngige, spannende Handlung, keine Abschweifungen*
Schritt 4: Die Struktur: Aufbau/Gliederung	• Wie ist der Text aufgebaut (Beginn/Einleitung; Abschnitte, Abschluss)? • Aus welchen Teilen setzt sich der Text zusammen (z. B. Handlung, Schilderung, Leser/innenansprache, direkte Rede)? **Struktur von Handlungen:** • Gliedern Sie die Handlung, indem Sie Handlungsschritte feststellen! Handlungsschritte sind solche Elemente, die der Handlung einen neuen Impuls oder eine neue Richtung geben. Oft sind sie am Erscheinen neuer Figuren, an Schauplatzwechsel oder an Zeitsprüngen zu erkennen. • Worin besteht der zentrale Konflikt (= Interessenwiderspruch)? • Gibt es einen Höhepunkt? • Der Schluss: Handelt es sich um eine geschlossene Handlung oder ist das Ende offen? (Eine Handlung ist geschlossen, wenn der zentrale Konflikt durchgespielt ist.)	*Teile:* • *Einleitung und Situationsdarstellung (Strophe 1 – 4)* • *Streitgespräch mit der Mutter, Gotteslästerung, Wahn (Strophe 5 – 12)* • *Ankunft des Bräutigams und Ritt (13 – 32, also längster Teil: zwei Drittel gegenüber einem Drittel)* • *Ende mit Kommentar der Geister (Strophe 33)* *Höhepunkt: Erreichen der „Brautkammer“, Bräutigam wird zum Gerippe, Lenores Tod* *Frage: Ist der Geisterritt „real“ oder eine Wahn- oder Fieberfantasie Lenores?*

Schritt 5: Die Sprache	**Merkmale der verwendeten Sprache können sehr vielfältig sein. Die folgenden Fragen bieten Anhaltspunkte. Beschränken Sie sich bei Bedarf nicht darauf!** Wörter: • Weist der verwendete Wortschatz Auffälligkeiten auf (z. B. Anglizismen, antiquiert, Slang)? • Welche Wortarten dominieren? Welchen Charakter erhält der Text dadurch (z. B. handlungsstarke Verben – Dynamik)? Ist eine Wortart auffallend abwesend? • Kann eine Anzahl von Wörtern bestimmten Sinnbezirken zugeordnet werden (z. B. Krieg/Gewalt, Liebe, Technik). • Können Schlüsselbegriffe identifiziert werden? Können diese symbolische Bedeutungen tragen? Ist der verwendete Wortschatz einer bestimmten Sprachvarietät zuzuordnen: z. B. Umgangssprache, Standardsprache, Dialekt; Fachsprache, Sprache einer sozialen Gruppe (Soziolekt) oder eines psychischen Zustands (Psycholekt)?	• *Auffälligkeiten im Wortschatz: nicht die altertümliche Sprache (die ist zeitgenössisch „aktuell"), aber die betonte Verwendung von Lautmalerei (trap trap trap, hop hop hop) – mit dieser „Volkstümlichkeit" wollte Bürger breite und auch ungebildete Bevölkerungskreise erreichen* • *Viele Wortwiederholungen, auch andere Arten von Lautmalerei (sausen, brausen)* • *Ironie: Brautbett = Sarg, ...*
	Sätze: • Welche Auffälligkeiten in Bezug auf Satzarten (Aussagesatz, Fragesatz, Befehlssatz) oder Satzformen (einfache Sätze, Satzgefüge, Satzperioden) gibt es? • Welche Auffälligkeiten in Bezug auf Satzglieder (Stellung, Umfang) liegen vor? • Welche Tempora werden verwendet? • Welche Auffälligkeiten in Bezug auf Aktiv/Passiv oder Indikativ/Konjunktiv liegen vor?	*Kurze Sätze, viele Frage- und Ausrufesätze, direkte Reden erzeugen einen dramatischen, atemlosen Eindruck*
	Wiederholungsstrukturen: Werden Wörter, Wortgruppen oder Sätze an entscheidenden Stellen wiederholt (**Leitmotive**)?	*Wiederholungsstrukturen erscheinen auf allen Ebenen (= wichtigstes Verfahren des Textes)*
	Bilder/Stilmittel/rhetorische Figuren: • Welche Vergleiche, Metaphern oder Symbole werden verwendet? • Welche Stilmittel und rhetorischen Figuren werden eingesetzt?	*Anaphern (Anfangswiederholungen)* *rhetorische Fragen* *Refrains*
	Stil: Wie lässt sich aufgrund der Sprachanalyse der Stil beschreiben: nüchtern, blumig, sachlich etc.?	*Stil: auf Spannung gerichtet, gedrängt*
	Textsorte: • Welcher Textsorte ist der Text aufgrund der Schritte 2 bis 4 zuzuordnen?	*„Lenore" ist eine Ballade: ein spannender erzählender Text in strophisch gegliederten Versen mit langen Dialogpassagen (d. h. epische, lyrische und dramatische Elemente). Aufgrund der inhaltlichen Elemente kann die Ballade als „Schauerballade" näher bestimmt werden.*

Schritt 6: Gattungs- und textsortenspezifische Merkmale	**Erzählform** **Erzählperspektive**	• *Auktorialer Erzähler; aber relativiert durch sehr häufige dialogische Figurenrede – vor allem beim Geisterritt wird dominant Figurenrede eingesetzt, das erzeugt Unsicherheit, ob Figuren oder nur Stimmen (im Kopf?) vorliegen* • *Interpretationsproblem: wird auktorialer Erzähler durch personalen Erzähler (aus Perspektive Lenores) abgelöst? Das würde auf Wahnvorstellung (vgl. Strophe 12!) deuten. Leser/in kann sich nicht mehr auf „Realität" des Erzählten verlassen = Merkmal von fantastischer Literatur*
	Redeformen: • **Erzählerbericht versus Figurenrede**	• *Erzählerbericht wird häufig durch Figurenrede unterbrochen: dadurch wird ein „dramatischer Eindruck" erzeugt, aber auch Unsicherheit über die „Wirklichkeit" des Erzählten (Deutungsmöglichkeit als Fiebertraum)*
	Zeitgestaltung: • **Erzählzeit – erzählte Zeit** • **Chronologie, Vorausdeutungen, Rückblenden**	• *Chronologische Erzählung, Vorausdeutungen durch Ironie und Wiederholung („Graut Liebchen auch vor Toten?" – nimmt Ende vorweg)* • *Geisterritt wird zeitlich durch natürliche Zeitdauer der Nacht bestimmt (Z. 109: Anbruch der Nacht – Z. 217: Hahnenschrei) (Wissen über Geister wird aufgerufen: Nachtgeschöpfe)*
	Besondere Verfahren: • **Rahmen- und Binnenhandlung** • **Montage**	• *keine Rahmenhandlung*

8.14 Wählen Sie zwei Schritte aus der oben angeführten Analyse und formulieren Sie sie als Text aus: Schreiben Sie in ganzen Sätzen und achten Sie auf einen gegliederten Aufbau Ihres Textes.

Text 7:
Washington Irving: Die Sage von Sleepy Hollow *(Textauszug)*

Vorgeschichte: Der abergläubische Ichabod Crane, Schullehrer in einem abgelegenen, von holländischen Siedlern bewohnten Dorf am Hudson, ist in die Tochter des reichsten Mannes im Dorf verliebt; Brom Bones, ein kräftiger Draufgänger, ist sein Rivale. In der Gegend lebt die Legende von einem hessischen Soldaten, der im amerikanischen Unabhängigkeitskrieg (1775 – 1783) besondere Grausamkeiten begangen haben soll; er spukt jetzt als Reiter, der seinen Kopf in der Hand trägt, in der Gegend und schlägt allen, die ihm zu nahe kommen, den Kopf ab. Als Ichabod von seiner Angebeteten auf einem Fest einen Korb bekommt und sich missmutig zum Nachhauseritt auf dem altersschwachen Pferd Gunpowder anschickt, hat er eine unheimliche Begegnung …

Als sich Ichabod dem Bach näherte, begann ihm das Herz wild zu klopfen. Er nahm jedoch all seinen Mut zusammen, gab dem Pferd die Sporen und versuchte schnell über die Brücke zu galoppieren. Aber statt vorwärtszutraben, brach der widerspenstige Gaul schräg aus und prallte mit seiner Breitseite gegen den Zaun. Ichabods Angst nahm durch diese Verzögerung noch zu, er riss die Zügel nach der entgegengesetzten Seite und stieß energisch mit dem anderen Fuß zu. Aber alles war umsonst. Sein Pferd trabte zwar los, aber nur um auf der anderen Wegseite in dichtes Brombeer- und Erlengestrüpp zu rennen. Der Schulmeister bearbeitete nun mit Peitsche und Sporen die dürren Rippen des alten Gunpowder, der schnaufend und schnaubend vorwärtssprang, aber dicht bei der Brücke plötzlich scheute und seinen Reiter beinahe kopfüber abgeworfen hätte. Da vernahm Ichabods feines Ohr auf einmal Getrampel im Sumpf neben der Brücke. Im dunklen Schatten des Wäldchens am Rande des Baches sah er ein unförmiges, riesiges schwarzes Ungeheuer. Es rührte sich nicht, sondern schien sich in der Dunkelheit hingekauert zu haben, ein riesenhaftes Ungetüm, das nur darauf zu warten schien, sich auf den Reiter zu stürzen.

Dem entsetzten Pädagogen standen vor Angst die Haare zu Berge. Was tun? Zum Umkehren und Fliehen war es zu spät, und welche Hoffnung konnte er schon haben, einem Geist oder Gespenst zu entfliehen, die auf Windesflügeln reiten konnten? Er raffte daher seinen letzten Rest Mut zusammen und fragte stammelnd: „Wer seid Ihr?“ Er erhielt keine Antwort und wiederholte seine Frage noch aufgeregter. Wieder keine Antwort. Da gab er dem stocksteif dastehenden Gunpowder abermals ein paar Tritte in die Weichen, schloss die Augen und stimmte mit unfreiwilliger Inbrunst einen Psalm an. Doch gerade in diesem Augenblick setzte sich das schwarze Ungeheuer in Bewegung und stand mit einem Satz plötzlich mitten auf der Straße. Die Nacht war zwar düster, aber nun konnte man doch einigermaßen die Umrisse des Unbekannten ausmachen. Es schien ein übergroßer Reiter auf einem hünenhaften schwarzen Ross zu sein. Er wollte Ichabod offenbar weder belästigen noch ihm Gesellschaft leisten, sondern hielt sich abseits am Weg und trabte an der blinden Seite des alten Gunpowder dahin, der nun seine Angst und Störrigkeit überwunden hatte.

Ichabod, dem dieser seltsame mitternächtliche Begleiter nicht sehr zusagte und der sich an Brom Bones' Abenteuer mit dem hessischen Reiter erinnerte, gab seinem Pferd jetzt die Sporen in der Hoffnung, den Fremden hinter sich zu lassen. Der aber spornte sein Ross ebenfalls an. Nun ließ Ichabod sein Pferd im Schritt gehen, weil er zurückzubleiben gedachte – der andere machte es ebenso. Ichabods Mut sank; er suchte den Psalm wieder anzustimmen, aber seine Zunge war so trocken, dass sie am Gaumen festklebte, und er brachte keinen einzigen Ton heraus. Das mürrische und hartnäckige Schweigen seines nicht weichenden Begleiters war irgendwie geheimnisvoll und furchteinflößend, und er merkte auch bald den schrecklichen Grund dafür. Als sie eine kleine Anhöhe emporritten, hob sich die Gestalt seines Begleiters von gigantischer Größe und in einen Mantel gehüllt deutlich gegen den Himmel ab. Und als Ichabod sah, dass der Reiter keinen Kopf hatte, war er vor Angst wie gelähmt. Aber sein Entsetzen wuchs noch, als er bemerkte, dass der Reiter den Kopf, der auf seinen Schultern hätte sitzen sollen, vor sich auf dem Sattelknopf trug. Seine Angst stieg nun ins Unermessliche, er hieb mit einem Hagel von Puffen und Fußtritten auf Gunpowder ein und hoffte, seinem Begleiter durch einen schnellen Spurt zu entkommen – aber das Gespenst hielt mit ihm Schritt. So jagten sie beide durch dick und dünn, und bei jedem Satz sprühte es Steine und Funken. Ichabods dünne Kleider flatterten in der Luft, als er auf der eiligen Flucht seinen langen dünnen Körper über den Kopf seines Pferdes reckte.

Sie hatten nun den Weg erreicht, der nach Sleepy Hollow abzweigt, aber der anscheinend von einem Dämon besessene Gunpowder schlug ihn nicht ein, sondern wandte sich nach der entgegengesetzten Richtung und sprengte zur Linken einen Hang hinunter. Dieser Weg führt durch eine sandige Schlucht, ist etwa eine Viertelmeile von Bäumen beschattet und überquert die in den Spukgeschichten berüchtigte Brücke, und gerade daneben erhebt sich der grüne Hügel, auf dem die weißgetünchte Kirche steht.

Bislang hatte die panische Angst des Pferdes seinem ungeschickten Reiter offensichtlich einen Vorteil bei dem schnellen Ritt gewährt, aber als Ichabod eben die Hälfte der Schlucht durchritten hatte, gab der Sattelgurt nach, und er spürte den Sattel nach unten rutschen. Er ergriff ihn am Knauf und wollte ihn festhalten, doch vergebens; und er konnte sich gerade noch halten und am Hals des alten Gunpowder festklammern, als der Sattel auf die Erde fiel und er das Pferd seines Verfolgers darüber hinwegtrampeln hörte. Einen Augenblick lang fürchtete er Hans van Rippers Zorn, denn es war dessen Sonntagssattel; aber es war jetzt keine Zeit für kleinliche Ängste. Das Gespenst folgte ihm hart auf den Fersen, und ungeschickt wie er war, hatte er größte Mühe, sich auf dem Pferd zu halten. Manchmal rutschte er auf die eine Seite, dann wieder auf die andere, ab und zu schüttelte es ihn auf dem hohen Widerrist seines Pferdes so derb, dass er wahrhaftig befürchtete, sich sämtliche Rippen zu brechen.

Eine Lichtung in den Bäumen ließ ihn dann voller Freude hoffen, dass die Kirchenbrücke bald erreicht sei, und an einem silbernen Stern, der sich im Bachgrund zitternd widerspiegelte, sah er, dass er sich nicht geirrt hatte. Gegenüber sah er die Mauern der Kirche schwach zwischen den Bäumen hindurchschimmern. Er musste daran denken, dass an dieser Stelle Brom Bones' gespenstischer Rivale verschwunden war. „Wenn ich nur die Brücke erreiche“, dachte Ichabod, „dann bin ich in Sicherheit!“ Aber da hörte er auch schon das schwarze Ross dicht hinter sich keuchen und schnaufen; er bildete sich sogar ein, seinen heißen Atem zu verspüren. Noch ein krampfhafter Stoß in die Rippen, und der alte Gunpowder sprengte auf die Brücke; er donnerte über die krachenden Holzplanken und gewann die andere Seite.

Jetzt war Ichabod einen Blick hinter sich, um zu sehen, ob sein Verfolger gemäß der Überlieferung in einer Feuer-und-Schwefel-Wolke verschwand. Aber da sah er, wie das Gespenst sich in den Steigbügeln reckte und gerade den Kopf nach ihm werfen wollte. Ichabod bemühte sich, dem schrecklichen Geschoß auszuweichen, doch es war zu spät. Es traf seinen Schädel mit einem entsetzlichen Krach, und er wurde kopfüber in den Staub geworfen, während Gunpowder, das schwarze Ross und der geisterhafte Reiter wie ein Wirbelwind weiterjagten.

Am nächsten Morgen fand man das alte Pferd ohne

Sattel und mit dem Zügel unter den Hufen ruhig vor dem Tor seines Herrn grasen. Ichabod erschien nicht zum Frühstück. Die Mittagsstunde kam, aber kein Ichabod. [...] Erkundigungen wurden eingezogen, und nach eifrigem Suchen fand man seine Spuren. An einer Stelle des zur Kirche führenden Weges wurde der in den Schmutz getrampelte Sattel gefunden; tief in die Erde gedrungene Spuren von Pferdehufen, offenbar von einem wilden Ritt herrührend, führten bis an die Brücke, neben der an einer breiten Stelle des Baches, wo das Wasser tief und schwarz war, der Hut des unglücklichen Ichabod und dicht daneben ein zerschmetterter Kürbis am Ufer gefunden wurden.

Man suchte auch im Bach, aber die Leiche des Schulmeisters war nicht zu finden. [...]

Der geheimnisvolle Vorfall gab beim nächsten sonntäglichen Kirchgang Anlass zu den mannigfaltigsten Vermutungen [...] und nach reiflicher Überlegung [...] schüttelte man den Kopf und kam zu der Schlussfolgerung, dass Ichabod vom hessischen Reiter mitgenommen worden sei. [...]

Allerdings brachte ein alter Bauer, der einige Jahre danach in New York zu Besuch war und von dem auch der Bericht über das Abenteuer mit dem Gespenst stammt, die Nachricht mit heim, dass Ichabod Crane noch am Leben sei; er habe die Gegend teils aus Furcht vor dem Gespenst und vor Hans van Ripper, teils wegen der erlittenen Kränkung über seine unerwartete Abweisung durch die Erbin verlassen und seinen Wohnsitz in einen anderen Landesteil verlegt.

8.15 Lesen Sie Text 7.
Was geschah in jener Nacht tatsächlich? Bereiten Sie „Geständnisse“ als Rollenmonologe vor:
a) Brom Bones: „Ich wollte ihn nur erschrecken, damit er verschwindet, ...“
b) Ichabod Crane: „Ich habe alles nur erfunden, ...“
c) Der Reiter ohne Kopf: „Jemand ist mir in jener Nacht zuvorgekommen, sonst ...“

Tragen Sie Ihre Monologe vor.

8.16 Verfassen Sie eine Textanalyse von Text 7. Bearbeiten Sie dabei die folgenden Arbeitsaufträge:
- Fassen Sie das Geschehen knapp zusammen.
- Erläutern Sie wesentliche Elemente der dargestellten Welt.
- Analysieren Sie gattungsspezifische Merkmale.
- Untersuchen Sie die Zeitgestaltung (Zeitraffung/Zeitdehnung).

Verwenden Sie als Hilfe den Analyseraster (So-geht's-Kasten auf Seite 135 ff.). Hinweise auf die Textsorte Textanalyse finden Sie in den Modulen 4 und 5.

Eine sehr bekannt gewordene Verfilmung von Washington Irvings „Sleepy Hollow“ von Tim Burton (1999) mit Johnny Depp als Hauptdarsteller setzt andere Akzente. Aus dem abergläubischen Lehrer ist hier ein aufklärerischer Untersuchungsrichter geworden, der Fälle mit ganz neuen Methoden löst. Er wird nach Sleepy Hollow geschickt, um eine rätselhafte Mordserie (Leichen werden ohne Kopf aufgefunden) zu klären. Da bekommt er es mit dem kopflosen Reiter zu tun ...

8.17 Sehen Sie sich den Film „Sleepy Hollow“ an und vergleichen Sie Text und Verfilmung unter dem Aspekt „Aberglaube und Vernunft“. An welchen Stellen von Film und Text können vernünftige und verstandesmäßige Erklärungen gegeben werden? Was ist in den beiden dargestellten Welten möglich und was nicht?
Für diese Aufgabe ist es von Vorteil, wenn Sie sich den ganzen Text besorgen; eine ältere Übersetzung ist zugänglich unter http://gutenberg.spiegel.de/buch/2452/32.

DVD-Cover der Verfilmung mit Johnny Depp als Hauptdarsteller

Modul 8 – Kompetenztest	
Kompetenzbereiche:	a) Textkompetenz b) Literarische Bildung
Was Sie können sollen:	a) Textinhalt erfassen, Textsinn verstehen, den Text reflektieren b) verschiedene Techniken der Texterfassung beherrschen c) Merkmale von Textarten und Genres feststellen und als Mittel der Textintention verstehen d) Ort, Figuren, Geschehen, Zeit als literarische Grundelemente benennen e) Bezüge zwischen Texten herstellen f) sprachliche Verfahren in ästhetischen Texten aufzeigen
Erlaubte Hilfsmittel:	Analyseraster
Testzeit:	50 Minuten

Aufgabe

Erarbeiten Sie Bausteine für eine Textanalyse von Goethes Ballade „Erlkönig". Verwenden Sie den Analyseraster „Erzählende Texte analysieren" (So-geht-Kasten Seite 135 ff.) und arbeiten Sie ihn – nach dem Vorbild der „Lenore"-Analyse – Punkt für Punkt durch.

Johann Wolfgang v. Goethe: Erlkönig (1782)

Wer reitet so spät durch Nacht und Wind?
Es ist der Vater mit seinem Kind;
Er hat den Knaben wohl in dem Arm,
Er fasst ihn sicher, er hält ihn warm.

Mein Sohn, was birgst du so bang dein Gesicht? –
Siehst, Vater, du den Erlkönig nicht?
Den Erlenkönig mit Kron' und Schweif? –
Mein Sohn, es ist ein Nebelstreif. –

„Du liebes Kind, komm, geh mit mir!
Gar schöne Spiele spiel' ich mit dir;
Manch' bunte Blumen sind an dem Strand,
Meine Mutter hat manch' gülden Gewand." –

Mein Vater, mein Vater, und hörest du nicht,
Was Erlenkönig mir leise verspricht? –
Sei ruhig, bleibe ruhig, mein Kind!
In dürren Blättern säuselt der Wind. –

„Willst, feiner Knabe, du mit mir gehn?
Meine Töchter sollen dich warten schön;
Meine Töchter führen den nächtlichen Reihn
Und wiegen und tanzen und singen dich ein."

Mein Vater, mein Vater, und siehst du nicht dort
Erlkönigs Töchter am düstern Ort? –
Mein Sohn, mein Sohn, ich seh' es genau;
Es scheinen die alten Weiden so grau. –

„Ich liebe dich, mich reizt deine schöne Gestalt;
Und bist du nicht willig, so brauch' ich Gewalt." –
Mein Vater, mein Vater, jetzt fasst er mich an!
Erlkönig hat mir ein Leids getan! –

Dem Vater grauset's; er reitet geschwind,
Er hält in Armen das ächzende Kind,
Erreicht den Hof mit Mühe und Not;
In seinen Armen das Kind war tot.

Illustration zu Goethes „Erlkönig" von Moritz von Schwind (1804 – 1871)

Was ich jetzt kann und verstehe

Ich ...	Schätzen Sie sich ein (+2 = ganz gut, -2 = nicht)!			
	+2	+1	-1	-2
... kann erzählende Texte in 6 Schritten analysieren.				
... kann Merkmale fiktionaler Texte benennen.				
... erkenne verschiedene Typen von Erzählern.				
... kann erzähltechnische Mittel auch in selbstverfassten fiktionalen Texten einsetzen.				
... kenne Merkmale fantastischer Literatur und kann Beispiele nennen.				

Sind Sie mit Ihren Lernfortschritten zufrieden? – Wenn Sie noch weitere Anleitungen/Übungen brauchen, hilft Ihnen Ihre Lehrerin/Ihr Lehrer.

Medien und Medienumbrüche

Der Umgang mit Medien ist für uns ganz selbstverständlich; wir benützen den ganzen Tag über eine Vielfalt von Kommunikationsmedien, Unterhaltungsmedien und Informationsmedien. Aber wie war das in früheren Zeiten? Welchen Einfluss hatten und haben Medien auf die Art, wie wir unser Leben und unsere sozialen Beziehungen gestalten? Für uns ist es auch selbstverständlich, dass das ganze Wissen, das Menschen geschaffen haben, uns – jedenfalls im Prinzip – auf Tastendruck zugänglich ist. In Zeiten vor der elektronischen Medienrevolution war das nicht so; der Zugang zu Wissen war ein Privileg weniger.

In diesem Modul
- reflektieren Sie Ihren Mediengebrauch,
- lernen Sie, wie Wissen und Medien zusammenhängen,
- sehen Sie am Beispiel historischer Medienumbrüche, wie tiefgreifend die Folgen sind, die neue Medien für unser Denken und unser Zusammenleben haben.

1 AUF MEDIEN AUFMERKSAM WERDEN

1.1 Mediennutzung

9.1

Überlegen Sie in Gruppen, welche Medien eine/ein Sechzehnjährige/r im Lauf eines Tages nutzt.
- Unterscheiden Sie dabei möglichst genau:
  - Printmedien: Buch, Zeitung etc.
  - elektronische Medien: Fernsehen, DVD, Internet etc.
  - Kanäle und Geräte – iPod, Notebook, iPhone etc.
  - Wie und welche Musik wird gehört?
- Finden Sie heraus, welche Medien Ihre Eltern genutzt haben, als sie in Ihrem Alter waren. Welche Medien gab es damals? Setzen Sie Ihre Ergebnisse in die folgende Tabelle ein.

Mediengebrauch Ihrer Generation (Mehrfachnennungen/Überschneidungen möglich!)

Musik	Kommunikation	Unterhaltung/Spannung	Information/Bildung
iPod	SMS	Buch	Tageszeitung/ Online?
		DVD	
		MP3	

Mediengebrauch Ihrer Elterngeneration (Mehrfachnennungen/Überschneidungen möglich!)

Musik	Kommunikation	Unterhaltung/Spannung	Information/Bildung
Audiokassette	Telefon	Buch	Tageszeitung
	Brief	Videokassette	

NEUE MEDIEN ***INFO-BOX***

- **Neue Medien** nennt man Medien, die Inhalte in digitaler Form übermitteln (E-Mail, DVD, CD-ROM).
- **„Digital Natives"** nennt man Personen, die schon mit der Nutzung digitaler Medien aufgewachsen sind (Geburtsjahrgänge ab etwa 1980) und die keine Zeit ohne Neue Medien erlebt haben.
- **Parallele Mediennutzung** (auch: Multitasking, Gegenteil: exklusive Mediennutzung) nennt man den gleichzeitigen Gebrauch mehrerer Medien (z. B. Musikhören und Hausübung machen, während man online ist).

1.2 Medienumbrüche/Medienwandel

Medien sind für unser Leben so wichtig, dass die Einführung neuer Medien oft auf große Widerstände stößt. Jeder Umbruch in der Mediennutzung war deshalb bis jetzt mit Unsicherheit, manchmal sogar mit Protest und Ablehnung verbunden. Die Einführung neuer Medien wurde und wird häufig für gesellschaftliche Probleme verantwortlich gemacht, Vorwürfe, die sich bis jetzt als unbegründet herausgestellt haben.

9.2

- Welche negativen/positiven Aussagen über die Auswirkungen der Mediennutzung für Jugendliche haben Sie schon (häufig) gehört? Notieren Sie verschiedene Meinungen.
- Überlegen Sie in Gruppen: Welche Aussagen lassen sich belegen, welche nicht?
- Geben Sie im Plenum einen kurzen Bericht darüber, was Sie herausgefunden haben.

Lesen Sie den folgenden Text.

Versetzen Sie sich dann in die Rolle eines überzeugten Gegners des Buchdrucks. Gestalten Sie einen kurzen schriftlichen **Rollenmonolog**. Sie sind Sekretär/in eines Fürsten, der sich gegen die Verbreitung der neuen Erfindung des Buchdrucks einsetzt. Formulieren Sie Ihre Gedanken. Benützen Sie die bei Faulstich erwähnten zeitgenössischen Argumente gegen den Buchdruck. Stellen Sie Ihre Figur als ernsthaft besorgt dar.

Gestalten Sie weitere Rollenmonologe:

a) Um 1840: Ein Maler tritt gegen das neue Medium **Fotografie** auf.

b) Um 2010: Ein/e besorgte/r Elternvertreter/in Ihrer Schule formuliert seine/ihre Einwände gegen **Egoshooterspiele.**

Text 1:
Werner Faulstich: Ein lauter Verbots-Ruf begleitet stets das Aufkommen neuer Medien

Im Mittelalter wurden etwa die „bösen“ Fahrenden – Musikanten, Spielleute, Spaßmacher, Akrobaten, Sänger, Witzeerzähler, Scholaren[1], Wanderkomödianten u. a. – durch die Kirche und die politischen Herrscher diskriminiert. Sie waren eine gefährliche Abweichung von der Norm, Bedrohung der eigenen Identität und ein ständiges Ärgernis, weil sie [...] populär waren und doch weder am religiösen Gemeinschaftsleben teilnahmen noch etwa Steuern zahlten. Die Fahrenden standen zu den Predigern und Herrschenden, die versuchten, ihre Schäflein bei der Stange zu halten, in einem Verhältnis klarer Medienkonkurrenz.

Die Bedrohung durch den Druck

Sebastian Brant: Das Narrenschiff. Illustration von Johannes Geiler v. Kayersberg (1445 – 1510)

Nach der Erfindung und Verbreitung des Drucks nahmen die Verbotsforderungen zu. Schon Sebastian Brant wetterte in seinem „Narrenschiff“[2] gegen die gedruckten Bücher und gegen das Lesen – im Gegensatz zu Predigt und mündlicher Belehrung. Die Argumente waren kurios [...]. So wurde argumentiert, durch den Druck würden Sinnentstellungen und Satzfehler des Ausgangsmanuskripts vervielfacht und häretische[3] Anschauungen verbreitet; ja sogar die Vervielfältigung der Bibel sei abzulehnen, weil sie ungelehrte Laien zur falschen Auslegung der Heilslehre führen und damit tödliche Verwirrung erzeugen könnte. Tatsächlich arbeitete das Verbot [...] für die Beibehaltung des Monopols[4] im Buchbesitz, im Lesenkönnen, in der Bibelinterpretation.

Übrigens erstreckten sich später dieselben Verbotsbemühungen auch gegen die Zeitung, nur jetzt primär aus der Perspektive der weltlichen Herrschaftsinstanzen.[5]

Die sich rapide verbreitende Zeitung wurde angeklagt, Lügen und Verleumdungen zu verbreiten, die öffentliche Meinung falsch zu beeinflussen, mit der Vielzahl der täglichen Informationen und Nachrichten eine unerträgliche Hektik ins Leben der Menschen zu bringen. Die Zeitung wurde in der berühmten „Zeitungsdebatte“ Ende des 17., Anfang des 18. Jahrhunderts als Medium der Lüge diffamiert. Sie schüre nur den Weltekel, befördere den Starkult, mache Leser süchtig und propagiere Parteilichkeit und die primitive Neu-Gier. Tatsächlich wurde mit der Zeitung das Informationsmonopol des absolutistischen Hofes [...] gebrochen. [...]

Die Abwehr von Fotografie und Telefon – der Kinofilm kriminalisiert, Fernsehen infantilisiert

Immer neue Medien provozierten immer neue Klagen und verzweifelte Abwehrstrategien. Auch die Fotografie wurde bekämpft [...]. Durch den Fotoapparat werde Wirklichkeit so reproduziert, wie sie sei – erstens eine Gotteslästerung durch einen teuflischen Apparat, zweitens eine Verkümmerung gegenüber der Malerei [...].

Im 20. Jahrhundert ging es Schlag auf Schlag: [...] Das Telefon wurde in den frühen 1930er Jahren als Verfall der Briefkultur beklagt [...]. Dem Kinofilm wurde im Verlauf der 1930er Jahre angeblich zweifelsfrei wissenschaftlich nachgewiesen, dass er die Jugend moralisch verdirbt und seine Zuschauerinnen und Zuschauer kriminalisiert. Das Fernsehen wurde in den 1970er und 1980er Jahren als Droge im Wohnzimmer kritisiert, die nur Wirklichkeit aus zweiter Hand bietet, bloßen Erlebnisersatz, und die uns süchtig macht bis zur Infantilisierung[6].

Gleichzeitig kam es zu einem kuriosen Umschwung: Die früher diffamierten Primärmedien wie das Theater und die früher abgelehnten Druckmedien wie das Buch wurden nun den kulturzerstörerischen elektronischen Medien als Garanten kultureller Güte und Werte entgegengehalten. Die Argumente orientierten sich wieder stark an Platon. So beklagte etwa Günther Anders[7] 1955/56, die Massenmedien lieferten uns weder die Ereignisse noch die Bilder von Ereignissen, sondern nur noch Phantome, Matrizen[8] zur bloßen Unterhaltung und Zerstreuung. Und natürlich lässt sich diese Kritik und der Ruf nach Verboten auch beim Comic-Heftchen nachzeichnen. Erinnert sei beispielsweise an die Schmutz- und Schunddebatten der 1920er und dann der 1950er Jahre, in den 1980er und 1990er Jahren zeitgemäß abgelöst von den Diskriminierungen und Anklagen kinder- und jugendverderblicher Game-Boys oder kulturzerstörerischer „Videoten“.

Der Aufschrei gegen Ego-Shooter

Heute also stehen Computer- und Netzspiele im Fokus der selbsternannten Kulturbewahrer, und wieder finden sich die alten Argumente um Spiel und Spaß gegen unverrückbaren Ernst und wahre Werte, um Abhängigkeit und Sucht gegen verantwortungsvolles und selbstbestimmtes Leben, um das Verwechseln von Fiktion mit Wirklichkeit, um Verbrechensverherrlichung und falsche Menschen- und Weltbilder.

[...] Die Analyse der sogenannten „Killerspiele“, eine genauere Betrachtung der Beiträge der Pädagogen und Politiker über den „Nahkampf im Kinderzimmer“ und die Befunde seriöser wissenschaftlicher Untersuchungen zu den Wirkungen der Spiele und zu den Spielern selbst lassen jedenfalls nichts erkennen, was sich von den Kulturschocks und Verbotsforderungen seit Anfang der Geschichte fundamental unterscheiden würde.

[1] **Scholaren** – *im Mittelalter „fahrende“, d. h. nicht sesshafte Schüler, Studenten oder Geistliche ohne festes Amt und festen Wohnort*

[2] **Sebastian Brant ... Narrenschiff** – *„Das Narrenschiff“ des Juristen und Politikers Sebastian Brant (1457 –1521) war einer der großen Bucherfolge der Frühen Neuzeit; das reich illustrierte Buch zeigt mit über hundert „Narren“ menschliches Fehlverhalten. Die Abbildung zeigt den „Büchernarren“, der viele Bücher sammelt, aber sie nicht versteht.*

[3] **häretisch** – *ketzerisch*

[4] **Monopol** – *Alleinbesitz*

[5] **weltliche Herrschaftsinstanzen** – *staatliche Obrigkeit (im Unterschied zur kirchlichen): Fürsten und ihre Verwaltung*

[6] **infantil** – *kindisch*

[7] **Günther Anders** *(1902 – 1992), österreichischer Philosoph*

[8] **Matrize** – *Form (eigentl. Gussform), in Günther Anders' Medientheorie bilden die Bilder des Fernsehens unsere Wirklichkeit nicht ab, sondern sie prägen umgekehrt unsere Weltwahrnehmung*

1.3 Medien und Sinne

Im Unterschied zu der dauernden akustischen Reizüberflutung durch Straßen- und Arbeitslärm und Medienpräsenz (TV, Radio, iPod), der wir heute ausgesetzt sind (und der wir uns aussetzen), sind frühere Zeiten durch ganz andere Ton- und Geräuschkulissen gekennzeichnet gewesen. Der folgende Text versucht zu rekonstruieren, was die Menschen vor der Industriellen Revolution und den Massenmedien „im Ohr“ gehabt haben.

Text 2:
Wolfgang Wagner: Was hörten die Menschen im Mittelalter?

Versuchen wir, uns 1000 Jahre zurückzuversetzen und den akustischen Tagesablauf eines mittelalterlichen Menschen nachzuvollziehen (da im frühen Hochmittelalter der größte Teil der Bevölkerung zur ländlichen, bäuerlichen Bevölkerung zu zählen ist, wollen wir einen Repräsentanten dieser Gesellschaftsschicht herausgreifen). Die mittelalterliche Lautsphäre ist anders zusammengesetzt als die heutige: Schätzungen gehen davon aus, dass in Frühkulturen (wie der frühmittelalterlichen) 69 Prozent aller Laute natürlichen Ursprungs sind. Nur 5 Prozent der Laute stammen hingegen von Werkzeugen, Maschinen und Verkehrsmitteln. Der Rest von 26 Prozent sind Menschenlaute (Rufe, Unterhaltung, Singen, ...).

Demgegenüber hat sich das Verhältnis heute umgekehrt: Nur 6 Prozent der Laute der gegenwärtigen durchschnittlichen Lautsphäre in Europa sind Naturlaute, 68 Prozent hingegen sind der Kategorie Werkzeuge, Maschinen, Verkehrsmittel zuzuordnen. Nur der Anteil der Menschenlaute blieb mit 26 Prozent gleich.

Wenn der mittelalterliche Mensch aufwacht, dann wohl auf Grund eines Hahnschreis oder eines anderen Tierlauts. Kein mechanisches oder elektronisches Geräusch eines Weckers läutet ihn aus dem Schlaf. Der erste Weg führt ihn entweder an die Feuerstelle zum Feuermachen oder in den Stall. Während für den heutigen Menschen das Wasserfließgeräusch aus einer Wasserleitung zu den ersten Geräuschen des Tages gehört, gibt es diesen Laut im Mittelalter noch nicht. Nun beginnt das Tagwerk. Der Mensch fährt nicht mit einem motorisierten und daher lauten Fahrzeug in die Arbeit. Die meisten Wege werden zu Fuß oder maximal mit Hilfe von Tierkraft zurückgelegt. Worin auch immer die Tätigkeit des mittelalterlichen Menschen bestehen mag, sie ist nicht verbunden mit dem lautstarken Geräusch einer Maschine. Während der Mensch seine Arbeit verrichtet, ist er entweder von Stille oder von Tier- und anderen Naturlauten umgeben – abgesehen natürlich vom Geräusch seiner eigenen Arbeit. Im Frühmittelalter wurde diese Stille nicht einmal von Glocken unterbrochen, denn die Glocke kommt erst zwischen dem 6. und 8. Jahrhundert nach Westeuropa, die Ostkirche verwendet Glocken gar erst seit 896. Sicherlich gibt es aber auch danach noch genug Kirchen ohne Glocken.

Während die Menschen zu Hause arbeiten oder wenn sie nach Hause zurückkommen, begleitet sie nicht so viel Hintergrundlärm oder Hintergrundmusik wie heute. Es gibt keine laute Eisenbahnlinie oder stark befahrene Straße, die an den Häusern vorbeiführen würde. Wenn Musik gehört wird, dann wird sie in unmittelbarer Nähe selbst produziert. Es gibt kein Radio- oder TV-Gerät, das Musik über weite Strecken und isoliert vom Musikerzeuger wiedergegeben hätte. (Man muss sich dabei vor Augen – oder wohl eher vor Ohren – halten, dass laut einer Studie nur 2 Prozent der heutigen Menschen in Westeuropa nie Radio hören). Die einzige Unterhaltung bieten also selbst produzierte Musik oder ein Gespräch.

Da die Wenigsten Lesen oder Schreiben können (oder sich Bücher leisten könnten), werden auch keine Bücher gelesen. Da man auch kaum ausreichend künstliches Licht erzeugen kann, geht man bald zu Bett und ist schließlich bald wieder von völliger Stille umgeben. Doch auch nicht ganz: Die Hütten der Menschen bieten fast keine Schallisolierung, und somit ist man der Lautsphäre der Natur voll und ganz ausgesetzt. Jeder stärkere Wind, jeder Tierlaut wird wahrgenommen, der Regen prasselt laut auf das Dach, vom Lärm der Stürme und Donner ganz zu schweigen.

9.4

Lesen Sie Text 2. Um den Unterschied im akustischen Umfeld zwischen Mittelalter und heute deutlich zu machen, machen Sie folgende Übung:
Tonprotokoll: Wählen Sie während der großen Pause einen Ort im Schulgebäude, an dem sich viele Schüler/Schülerinnen aufhalten bzw. bewegen. Notieren Sie in einem Zeitraum von fünf Minuten alle akustischen Wahrnehmungen (Klänge, Geräusche, Stimmen, Wortfetzen, medialer Lärm: Musik, ...).

Vergleichen Sie Ihre Ergebnisse mit denen Ihrer Mitschüler/innen.

9.5

Gestalten Sie mit dem protokollierten Material eine schriftliche Toncollage (wie ein Gedicht ohne Reime). Versuchen Sie, nur mit dem Gehörten auszukommen. Das können Laute, Geräusche, Wortfetzen oder Satzteile sein *(mpft, grrrr, ha-allo!)*.

Tragen Sie Ihre „Lautgedichte“ vor der Klasse vor.

1.4 Überlieferung

ÜBERLIEFERUNG IST VERÄNDERUNG — ***INFO-BOX***

Jede Überlieferung verändert das, was überliefert wird. Sie spart aus, lässt weg, fügt hinzu, gibt Inhalten eine andere Ausrichtung, interpretiert das Gehörte. So entstehen viele Varianten von mehreren Vorlagen.

Im Zeitalter vor dem Buchdruck (bis ca. Mitte des 15. Jahrhunderts) gab es nur zwei Möglichkeiten, Text zu verbreiten und zu überliefern:

- mit der Hand (ab)schreiben („**skriptural**“: geschrieben)
- auswendig lernen („**orale** Überlieferung“: von Mund zu Ohr).

Dort, wo im Mittelalter geschrieben wurde, wurde vor allem abgeschrieben. Um Texte zu erhalten und zu vervielfältigen, wurden **Manuskripte** (lat.: „mit der Hand geschrieben“) verliehen, ausgeborgt und immer wieder kopiert.

Viele Texte des Mittelalters, aber auch der Antike, die durch das Mittelalter überliefert worden sind, sind daher heute in mehreren Handschriften (Manuskripten) vorhanden. Diese Handschriften weichen mehr oder weniger stark voneinander ab, da beim Abschreiben **Fehler** entstehen und weitergetragen werden.

9.6

Stille-Post-Übung: Um einen Eindruck von mittelalterlichen Überlieferungsverhältnissen zu bekommen, übertragen Sie die folgende Strophe aus dem Nibelungenlied mit der Hand auf ein Blatt Papier. Ihr/e Sitznachbar/in schreibt ihn ab und lässt wiederum ihren/ihre Sitznachbarn/-nachbarin abschreiben. Wenn der Text so durch Ihre gesamte Gruppe/Klasse überliefert worden ist, kontrollieren Sie anhand des Ausgangstextes.

1 Ez wuohs in Burgonden ein vil edel magedîn
2 Daz in allen landen niht schœners mohte sîn,
3 Kriemhilt geheizen: si wart ein scœne wîp.
4 Dar umbe muosen degene vil verliesen den lîp.

Die sog. Handschrift C des Nibelungenliedes, erste Seite (heute in der Badischen Landesbibliothek in Karlsruhe/Deutschland). Können Sie den Textausschnitt aus Aufgabe 9.6 finden?

DAS MITTELALTERLICHE MÜNDLICHE HELDENEPOS **INFO-BOX**

Das **Nibelungenlied** (um 1200 aufgezeichnet) ist ein anonymes, vermutlich lange Zeit mündlich überliefertes **Epos** (erzählendes Langgedicht in Versen). Es enthält noch viele Merkmale der mündlichen Überlieferungstradition (Wiederholungen, Anreden der Hörer/innen usw.).

Der Text ist in 11 großen **Handschriften** und einigen Bruchstücken erhalten, die voneinander mehr oder weniger stark abweichen. Er umfasst 2 379 vierzeilige Strophen.
Das Epos enthält den bekannten Stoff von Siegfried und seiner Ermordung durch Hagen und die Rache seiner Frau Kriemhild an ihren Geschwistern am Hof des Hunnenkönigs Etzel (nach dem historischen Attila aus der Völkerwanderungszeit).

9.7

1. Lesen Sie das folgende Gedicht **einmal** durch (nicht öfter).
2. Formulieren Sie das Geschehen in eine Geschichte in Prosa um. Der Beginn könnte so lauten: „Ein paar schmutzige Teller und ein Glas Milch befanden sich neben ihr auf dem kleinen Tisch, der am ranzigen, zerrauften Bett stand."
3. Vergleichen Sie in Kleingruppen Ihre Texte. Besprechen Sie, in welchen Bereichen Ihre Textversionen voneinander abweichen (Inhalt, Länge, Form). Worauf führen Sie die Abweichungen zurück?

Text 3:

William Carlos Williams: Die letzten Worte meiner englischen Großmutter *(in originaler Schreibung)*

Ein paar schmutzige Teller
und ein Glas Milch
neben ihr auf dem kleinen Tisch
am ranzigen zerrauften Bett –

Runzlig und beinahe blind
lag sie, schnarchte, wachte
auf, mürrisch, raunzte
und schrie nach Nahrung:

Gebt mir was zu essen,
Sie lassen mich verhungern!
Ich bin in Ordnung! will nicht
ins Spital. Nein, nein, nein!

Gebt mir was zu essen!
Komm, ich bring dich,
sagt ich, ins Krankenhaus,
du bist bald auf der Höhe,

kannst tun was du willst.
Sie lächelte: Ja, erst
tust *du* was du willst,
dann komm ich dran. Au,

au! schrie sie, au,
als sie die Sanitäter
auf die Bahre hoben –
Das nennt ihr wohl

angenehme Pflege, was?
Ihr Kopf war ganz klar.
Ihr meint, ihr wüßtet es besser,
ihr jungen Leute,

aber ich kann euch sagen,
gar nichts wißt ihr.
Wir fuhren los, und
unterwegs

kamen wir durch eine lange Ulmen-
allee. Sie schaute eine Weile
aus dem Wagenfenster hin
und sagte: Was

ist das für ein flaumiges Zeug
da draußen? Bäume? Geht,
ich will nichts mehr davon wissen,
und drehte den Kopf weg.

2 MEDIEN IM MITTELALTER

Text 4:

Umberto Eco: Der Name der Rose *(Textauszug, in originaler Schreibung)*: **Das Skriptorium**

Ja, damals, in jener Stunde beginnender Dämmerung, erschien mit das Skriptorium wie eine fried- und freudvolle Werkstatt der Weisheit. In Sankt Gallen sah ich später ein ähnlich wohlproportioniertes Skriptorium, ebenfalls von der Bibliothek getrennt (in anderen Abteien pflegen die Mönche am selben Ort zu arbeiten, wo auch die Bücher aufbewahrt werden), aber dieses war noch viel schöner angelegt. Restauratoren, Kopisten, Rubrikatoren und Forscher saßen jeder an seinem eigenen Tisch, je einer vor jedem Fenster. [...] Severin erklärte uns, daß die im Skriptorium tätigen Mönche von den Gebeten zur Tertia, Sexta und Nona entbunden waren, damit sie das Tageslicht voll ausnutzen konnten und ihre Arbeit erst bei Einbruch der Dunkelheit zur Vesper zu unterbrechen brauchten.

Darstellung eines mittelalterlichen Skriptoriums von Jean Le Tavernier (15. Jh.)

Die hellsten Plätze waren den Restauratoren, den erfahrensten Miniaturenmalern und den Kopisten vorbehalten. Jeder Tisch hatte alles, was man zum Malen und zum Kopieren braucht: Tintenfässer, feine Federn, die einige Mönche mit winzigen Messerchen schärften, Bimssteine, um das Pergament zu glätten, und Lineale, um die Zeilenlinien zu ziehen. Neben jedem Schreiber oder auch am oberen Ende der schrägen Schreibfläche eines jeden Tisches stand ein Lesepult, auf dem der zu kopierende Codex ruhte, festgehalten durch eine bewegliche Maske, welche die gerade abzuschreibende Zeile einfaßte. Manche hatten auch goldene oder andersfarbige Tinten. Andere Mönche sah ich nur lesen und sich Notizen machen in Hefte oder auf kleine Täfelchen. [...]
Nachdem der Bibliothekar uns begrüßt hatte, führte er uns durch den Saal und stellte uns zahlreiche Mönche vor. Bei jedem von ihnen nannte er nicht nur den Namen, sondern auch die Art ihrer Tätigkeit, und bei allen bewunderte ich die Hingabe an ihre Wissenschaft und an das Studium der Worte Gottes. So lernte ich Venantius von Salvemec kennen, einen Übersetzer aus dem Griechischen und Arabischen sowie großen Verehrer von Aristoteles des gewiß größten Gelehrten aller Zeiten. Ferner Benno von Uppsala, einen jungen skandinavischen Mönch, der sich mit Rhetorik und Grammatik beschäftigte, Berengar von Arundel, den Adlatus des Bibliothekars, Aymarus von Alessandria, der Bücher kopierte, die der Bibliothek nur leihweise für ein paar Monate überlassen waren, und schließlich eine Reihe von Miniatoren aus verschiedenen Ländern [...].
Wir traten an den Tisch, an dem Adelmus gearbeitet hatte, und erblickten einen Stoß reich bemalter Bögen. Es waren Bögen aus feinstem Vellum, dem König der Pergamente, und der letzte war noch mit Klammern am Tisch befestigt. Gerade erst mit dem Bimsstein abgerieben, mit Kreide weich gemacht und mit dem Eisen geglättet, war er nur zur Hälfte mit Schrift bedeckt, doch der Maler hatte bereits begonnen, die Linien der Randfiguren mit winzigen Nadelstichen vorzuzeichnen. Die anderen Bögen waren indes schon fertig, und als wir ihrer ansichtig

Mappa mundi – Weltkarte aus dem 13. Jh.

wurden, konnten weder William noch ich einen Ausruf der Bewunderung unterdrücken. Es handelte sich um einen Psalter, an dessen Rändern sich eine für unsere Sinne verkehrte Welt abzeichnete [...]. Kleine Köpfchen mit Vogelfüßen, Tiere mit Menschenhänden auf dem Rücken, haarige Häupter, aus denen Füße wuchsen, zebragestreifte Drachen, Vierbeiner mit Schlangenköpfen, die Hälse verschlungen zu tausend unentwirrbaren Knoten, Affen mit Bockshörnern, Sirenen mit Vogelleibern und Libellenflügeln auf dem Rücken, Menschen ohne Arme, denen andere Menschen buckelförmig aus den Schultern wuchsen, Wesen mit Mäulern voller Zähne am Bauch, Menschenleiber mit Pferdeköpfen und Pferdeleiber mit Menschenbeinen [...].

9.8 Erarbeiten Sie sich Text 4, sodass für Sie keine Fragen mehr offenbleiben. Verwenden Sie dazu Nachschlagewerke aus Ihrer Schulbibliothek sowie elektronische Informationsmedien.

1. Füllen Sie die folgende Tabelle aus.
2. Recherchieren Sie – am besten über eine Internet-Suchmaschine –, welche der genannten Personen wirklich existiert haben. Sie werden Einträge zu allen Namen finden – aber Vorsicht!

Begriff	Erklärung
Skriptorium	
Restaurator	
Kopist	
Rubrikator	

Tertia, Sexta, Nona	
Miniator	
Rhetorik	
Vellum	
Psalter	

Lesetipp: Umberto Eco, „Der Name der Rose"

Der Roman **„Der Name der Rose"** (1980 erschienen) ist ein Kriminalroman um eine Reihe von Morden in einer italienischen Abtei im Jahre 1327. Der Gelehrte William von Baskerville und sein junger Schüler Adson von Melk (der die Geschichte erzählt) sind in politischer Mission in die Abtei gekommen (es geht um die Ketzerbewegungen des Spätmittelalters), bemühen sich jetzt aber um die Aufklärung der rätselhaften Todesfälle, die dem Muster der Apokalypse zu folgen scheinen. Alles dreht sich, wie sich herausstellt, um ein (natürlich handgeschriebenes) Buch, das nur mehr in einem einzigen Exemplar überliefert ist ...
Der Roman wurde 1986 mit Sean Connery verfilmt.

Der Autor, **Umberto Eco** (*1932), ist nicht nur Schriftsteller, sondern auch Mittelalter-Experte und war Professor für Semiotik (Wissenschaft von den Zeichensystemen) an der Universität Bologna/Italien.

Christine de Pizan (14./15. Jh.), französische Schriftstellerin und Philosophin

9.9

1. Lesen Sie den obigen Textausschnitt aus Umberto Ecos Mittelalter-Bestseller „Der Name der Rose" noch einmal genau durch. – Wenn Sie Gelegenheit haben, sehen Sie sich die entsprechende Stelle in der Verfilmung an *(30:20 – 32:12)*, damit Sie ein deutlicheres Bild von der Szene haben.
2. Schreiben Sie auf dieser Basis einen Artikel „Buchproduktion in einem mittelalterlichen Kloster" für ein Schüler/innenlexikon. Nehmen Sie dabei auch auf das Bildmaterial in diesem Abschnitt Bezug.

9.10

Ein mittelalterlicher Mönch (warum nicht z. B. Adson von Melk aus Umberto Ecos Roman?) besucht

- eine moderne Zeitungsredaktion oder
- eine Druckerei oder
- eine öffentliche Bibliothek.

Überwältigt von den vielen Eindrücken schildert er seinem Lehrer William in einem ausführlichen Brief seine Eindrücke.

Recherchieren Sie zuvor genau, was er wirklich sehen könnte. Wenn es möglich ist, besuchen Sie selbst eine solche Institution.
Umfang: 400 bis 500 Wörter

„TEILÖFFENTLICHKEITEN" IM MITTELALTER **INFO-BOX**

Die Medienkultur des Mittelalters ist dadurch gekennzeichnet, dass bestimmte Medien nur von bestimmten sozialen Gruppen gebraucht wurden.

Kloster

Die Schrift und die Lektüre waren Sache des **Gelehrtenstandes**, der fast vollständig von der **Geistlichkeit** gestellt wurde. Kleriker (Berufsgeistliche: Priester und Mönche) waren die wichtigsten Träger der **Schriftkultur** und der schriftlichen Überlieferung. Die Klöster, die auch die Aufgabe der höheren Schulen, teilweise von Universitäten erfüllten, enthielten **Bibliotheken** mit vielen hunderten oder tausenden (handgeschriebenen) Büchern (der „Kodex", beidseitig beschriebene Pergamentblätter zwischen zwei Holzbretter gebunden, der Vorläufer des heutigen Buches, hatte die Schriftrolle abgelöst); in **Skriptorien** (Schreibstuben) wurden Bücher vervielfältigt.

Hof

Die Medien des **Hofes** bzw. der **Burg** waren vor allem **mündlich**, Schrift spielte hier nur eine sehr geringe Rolle. Unterhaltungsfunktionen wurden von den „Medien" der **Sänger** übernommen, die von Hof zu Hof zogen und **Lieder** (gesungene Gedichte) und **epische Erzählungen** (Heldenepen wie das Nibelungenlied) vortrugen.

Land

Die ländliche Bevölkerung kam in der Regel ohne Schrift aus; ihre „Medien" waren **mündliche**: das gesprochene Wort des Pfarrers (die **Predigt**), **Lieder** und **Erzählungen** (Märchen, Sagen und Geschichten), die oft von halbprofessionellen Erzählern/Erzählerinnen, oft alten Frauen, vorgetragen wurden. Eine besondere Rolle spielten in der Winterzeit die weiblichen **Erzählgemeinschaften** der Spinnstuben.

3 MEDIENREVOLUTION DER FRÜHEN NEUZEIT: BUCHDRUCK

Der Autor diktiert dem Schreiber.
Rudolf von Ems, „Weltchronik" (13. Jh.)

Die älteste Darstellung einer Druckerei zeigt den Buchdruck als Totentanz. (1499)

9.11 Wählen Sie eine Figur aus den Abbildungen oben. Versetzen Sie sich in ihre Rolle und erläutern Sie einander, wer sie ist, was sie gerade macht und was rund um sie geschieht.
(Wählen Sie nicht die Skelette in der linken Abbildung!)

BUCHDRUCK **INFO-BOX**

Der Mainzer Feinschmied Johann Gensfleisch, genannt Gutenberg (ca. 1400 – 1468), entwickelte um 1440 auf der Grundlage älterer Techniken ein Verfahren, mit dem sich Texte sehr viel schneller und effizienter als zuvor vervielfältigen ließen.

Bei früheren Druckverfahren wie dem Holzschnitt wurden Bilder und Buchstaben als Negativ in eine Holzplatte geschnitzt, nach dem Druck war der Druckstock überflüssig. Für Gutenbergs neues Druckverfahren **„mit beweglichen Lettern"** wurden hingegen die einzelnen Buchstaben und Zeichen **(„Lettern")** gegossen und dann von einem **„Setzer"** in einem „Setzkasten" zu einer Druckplatte zusammengefügt; dieser **„Satz"** wurde dann mit Druckerschwärze eingestrichen und mit einer **„Presse"** – nach dem Vorbild der Weinpressen – unter hohem Druck auf Papier gepresst **(„gedruckt")**.

Viele Begriffe haben sich aus dieser jahrhundertelang verfeinerten Technik erhalten („Druck", „Druckerei"; die „Presse" für das Zeitungswesen) und sind in die elektronische Textverarbeitung eingegangen („Punkt" für Letterngröße; Namen von Schrifttypen; Begriffe wie z. B. „Blocksatz" für gleiche Zeilenlänge in Absätzen).

Die Einführung und Durchsetzung des Buchdrucks war einer der größten Medienumbrüche der Geschichte (vergleichbar mit dem Übergang zu den modernen Massenmedien und zum Internet). Wie jede Medienrevolution stieß der Buchdruck auf begeisterte Zustimmung, aber auch auf Skepsis und Ablehnung.

Text 5:
Johannes Trithemius[1]: Geschriebene Bücher sind besser als gedruckte Bücher

Geschriebenes, wenn man es auf Pergament bringt, wird an die tausend Jahre Bestand haben; Gedrucktes aber, da es auf Papier steht, wie lange wird es halten? Wenn Gedrucktes in einem Band aus Papier 200 Jahre Bestand haben wird, wird es hoch kommen, indessen gibt es viele, die der Meinung sind, dass durch den Stoff an sich der Druck sich verbrauche. Das wird die Zukunft entscheiden. Aber wenn auch viele Bücher gedruckt vorliegen sollten, so werden sie doch niemals in dem Umfang gedruckt werden, dass man nicht immer etwas zum Schreiben finden könne, was noch nicht gedruckt ist [...] Wer dem Buchdruck zuliebe die Tätigkeit des Handschreibens aufgibt, ist kein echter Freund des Tradierten: da er höchstens den Blick auf die Gegenwart richtet, sich aber keine Mühe gibt, die Nachfahren zu erbauen. [...] Mit geschriebenen Büchern nämlich lassen sich gedruckte niemals auf die gleiche Stufe stellen. Denn um die Rechtschreibung und sonstige Ausstattung der Bücher kümmern sich die Drucker gewöhnlich nicht. Wer aber abschreibt, verwendet darauf große Mühe.

*[1] **Johannes Trithemius** (1462 – 1515) – Gelehrter, Abt eines Klosters in Deutschland, in dem er eine der größten Bibliotheken der Zeit anlegte*

9.12

1. Lesen Sie Text 5 und nennen Sie die beiden Hauptargumente gegen den Buchdruck.
2. Sammeln Sie Gesichtspunkte, die a) dafür, b) dagegen sprechen, dass diese Argumentation auch auf heutige Probleme mit der Speicherung von Wissen und Daten zutreffen.
3. Führen Sie danach mit einem Partner/einer Partnerin eine Rollendiskussion. Eine/r spricht sich dafür, eine/r dagegen aus.

9.13

Schreiben Sie einen Blogeintrag, in dem Sie eine der folgenden Thesen vertreten:

a) „Wikipedia ist besser als jedes gedruckte Lexikon."
b) „Briefe sind besser als E-Mails."
c) „E-Books sind besser als gedruckte Bücher."
d) „Zeitungen sind besser als E-Papers."

Vergessen Sie nicht, ausgiebig zu argumentieren.

FOLGEN DER MEDIENREVOLUTION BUCHDRUCK, TEIL 1 — ***INFO-BOX***

Die Erfindung des Drucks mit beweglichen Lettern hatte sehr weitreichende Folgen, die erst in den folgenden Jahrzehnten und Jahrhunderten erkannt worden sind.

- Das Buch wurde von einem **Luxusartikel** zu einem gewöhnlichen **Gebrauchsgegenstand** (Taschenbuch seit dem 20. Jahrhundert!).
- Die **Zahl** der gedruckten Bücher explodierte.
- Die Bücher wurden – wenn auch langsam – immer **billiger**.
- Die Verfügbarkeit von schriftlichen Informationen war **nicht mehr an bestimmte Institutionen** (Klöster, Bibliotheken, Schulen und Universitäten) gebunden.
- Durch die große Verbreitung von Büchern und Bibliotheken wurde Information immer stärker **ortsunabhängig**.
- Die **Analphabetenrate** sank langsam, aber stetig; damit war gedruckte Information nicht mehr **bestimmten gesellschaftlichen Gruppen** vorbehalten.

9.14

Besprechen Sie in Kleingruppen:

1. Welche Medien/Kommunikationsformen werden heute verwendet, um politische Inhalte rasch zu verbreiten?
2. Wie gewinnt man Öffentlichkeit für ein gesellschaftliches Anliegen (Umweltfragen, Benachteiligung bestimmter gesellschaftlicher Gruppen)?

Halten Sie Ihre Ergebnisse schriftlich fest und berichten Sie darüber im Plenum.

FOLGEN DER MEDIENREVOLUTION BUCHDRUCK, TEIL 2 — ***INFO-BOX***

Die Medienrevolution Buchdruck hatte auch **politische** Folgen, indem eine **ganz neue Form der Öffentlichkeit** entstand.

- **Herrschende** konnten ihre Untergebenen rascher erreichen und ihre Ziele durchsetzen.
- **Unzufriedene** konnten ihre Anliegen sehr viel schneller verbreiten.
  Beispiele: *Reformationsbewegungen (ab 1517, z. B. Martin Luther), Bauernaufstände (etwa zur selben Zeit)*

Die Reformation, und vor allem ihr wichtigster Vertreter, Martin **Luther**, setzte von Anfang an auf das gedruckte Wort: Luther machte durch seine erfolgreiche **Bibelübersetzung** die Bibel weiten Kreisen der ungelehrten Bevölkerung zugänglich; durch **Flugblätter** und **Flugschriften** verbreiteten die Reformatoren ihre religiösen und politischen Ansichten.
Da sich auch ihre Gegner derselben neuen Medien bedienten, verbreiteten sich auch diese Medien und die Fähigkeiten, sie zu benützen – die Lesefähigkeit – immer mehr.

9.15

Gestalten Sie ein Flugblatt/einen Flyer, mit dem Sie

- einen neueröffneten vegetarischen Imbiss-Stand vor der Schule bewerben oder
- zu Protesten gegen die Hausschuhpflicht oder ihre drohende Einführung an Ihrer Schule aufrufen oder
- für freies WLAN in allen Schul- und Pausenräumen eintreten.

4 DIGITALE MEDIEN – NACH DEM BUCH

Lesen Sie Text 6 und benennen Sie die zentralen Gesichtspunkte der darin beschriebenen Medienrevolution. Erläutern Sie, was diese Entwicklung a) für Sie selbst, b) für die westliche Gesellschaft bedeutet.

9.16

Text 6:
Anne-Catherine Simon: Google baut die letzte Bibliothek

Der Internet-Gigant stellt alle Bücher früherer Zeiten ins Internet und verwirklicht damit einen alten Menschheitstraum. Noch gibt es die Sprachbarrieren – aber auch sie werden fallen.

Er lebte vor 2300 Jahren, aber es ist erst acht Jahre her, dass die Scanner von Google begonnen haben, seinen Traum in unvorstellbarem Tempo in die Tat umzusetzen. Alles Wissen der Welt wollte Ptolemaios II. in der Hauptstadt seines Reichs vereinen. Dafür kaufte er Bücher in Athen und anderen Zentren der Gelehrsamkeit oder ließ sie sich von anderen Herrschern schicken, und was nicht auf Griechisch war, ließ er übersetzen. Ptolemaios war nicht zimperlich. Sämtliche Schiffe im Hafen von Alexandria ließ er nach Büchern durchsuchen, beschlagnahmte sie und gab nur Kopien zurück. Auch von den Originalmanuskripten des Sophokles, Aischylos und Euripides erhielt der Staat Athen nur Abschriften wieder. Auch das wird manche an Google erinnern.
Eine halbe Million Bücher soll die Bibliothek von Alexandria schließlich enthalten haben, bevor sie der Legende nach in Flammen aufging; in Wirklichkeit weiß man weder, wann noch wie sie genau zerstört wurde. Jedenfalls hat der Traum ihre Vernichtung überdauert und in den großen mittelalterlichen Klosterbibliotheken ebenso weitergelebt wie in den Enzyklopädien der Aufklärung. Deren Erfinder Denis Diderot wollte, dass „die Arbeit der vergangenen Jahrhunderte nicht nutzlos für die kommenden Jahrhunderte gewesen sei". Das Motto könnte auch für den Belgier Paul Otlet gelten. Er richtete in Brüssel ein „Mundaneum" ein, in dem alles Wissen der Welt auf Karteikarten verzeichnet werden sollte. Bis 1934 waren es zwölf Millionen Stück, bevor die Nazis einen Teil der Karten vernichteten.
Zu den Erben des „Mundaneums" gehören das Internet, Wikipedia – und das Google Library Project, das früher Google Book Search hieß. Die Idee dahinter: Alle existierenden Bücher sollen gescannt und im Internet verfügbar gemacht werden, und – was die Wirkung noch einmal sagenhaft potenziert – sie sollen per Volltextsuche als Teil des Internets durchsuchbar sein. Es begann vor zehn Jahren als noch geheimes Projekt der Google-Gründer Larry Page und Sergey Brin. Zwei Jahre später, 2004, lieferte Google.com in Zusammenarbeit mit großen US-amerikanischen Bibliotheken die ersten Suchergebnisse aus gescannten Büchern. Im März 2012 verkündete Google dann die Überschreitung der 20-Millionen-Grenze. Das entspricht immerhin schon zwei Drittel aller Bücher, die im ersten halben Jahrhundert nach Erfindung des Buchdrucks gedruckt worden sind.

Neu: Der „Staubsauger-Scanner"

Die Gesamtzahl aller katalogisierten Bücher auf der Welt bezifferte Google übrigens am 5. August 2010 mit rund 130 Millionen. Das klingt viel, aber die Digitalisierung wird auch immer schneller. Erst vor wenigen Tagen präsentierte Google-Ingenieur Dany Qumsiyeh eine Art „Staubsauger-Scanner", der automatisch umblättert und bis zu 1000 Seiten dicke Bücher in etwa 90 Minuten vollautomatisch digitalisiert.
Jeder, der zunächst begeistert über seinen zufällig „erklickten" Fund ein Buch im Internet durchblättert, um es nach kürzester Zeit wieder frustriert über die vielen fehlenden Seiten wegzuklicken, weiß, wie eingeschränkt der Zugang zu den bereits erfassten Büchern derzeit ist. Wäre es nach Google gegangen, hätte das Unternehmen einfach alle Werke aus den Bibliotheksbeständen gescannt, bei denen es kein ausdrückliches Nein gegeben hat, nun ist es umgekehrt: Google muss mit allen Verlagen detaillierte Verträge aushandeln.
Aber auch wenn noch völlig ungewiss ist, welche Lösungen für jüngere Werke im Urheberrechtsstreit zwischen Autoren, Verlagen und Google letztendlich gefunden werden: Allein, dass wir in naher Zukunft auf den gesamten rechtefreien Buchbestand von der Erfindung des Buchdrucks bis ins 19. Jahrhundert zugreifen werden können, sprengt die Vorstellungskraft früherer Jahrhunderte.
Madrid, Barcelona, Lyon, München, Wien – etliche europäische Bibliotheken kooperieren schon mit Google. Die Österreichische Nationalbibliothek hat 2010 begonnen, ihren urheberrechtsfreien Bestand bis zum Jahr 1860 vom US-Unternehmen digitalisieren zu lassen. „Es ist die größte Public-private-Partnership, die wir in Österreich je hatten", sagt ÖNB-Direktorin Johanna Rachinger im Gespräch mit der „Presse". „Google zahlt die 30 Millionen Euro, das hätten wir sonst selbst finanzieren müssen." 100 000 Exemplare wurden schon nach Deutschland geliefert und dort gescannt, bis 2017 sollen es sechsmal so viele sein. Praktisch ist auch, dass die Bücher vor dem Scannen gereinigt und restauriert werden.

Die „Demokratisierung des Wissens"

Dass Google die Inhalte gratis zur Verfügung stellen muss, ist natürlich vertraglich festgelegt. „Es ist ein riesiger Schritt in Richtung Demokratisierung des Wissens, wenn diese Inhalte, die bisher so schwer zugänglich

waren, über das Internet in aller Welt abrufbar werden", meint Rachinger. „Und es bringt auch der Wissenschaft enorme Vorteile."
Was tun mit den Sprachgrenzen? Die meisten Österreicher hätten im Moment nichts davon, wenn Millionen arabischer, türkischer oder japanischer Bücher frei im Netz stünden. Aber die Übersetzungsprogramme kommen langsam, aber sicher einem weiteren Menschheitstraum näher, der Überwindung der Sprachgrenzen. Die automatische Übersetzung ist schon unvergleichlich weiter, als Gratisversionen auf Google oder Yahoo glauben lassen. Das verdankt sich nicht zuletzt den Textmassen, die das Internet bereithält. In den 1940er-Jahren hielt man es noch für ausreichend, Computer mit Vokabeln und Grammatikregeln zu füttern, um sie in professionelle Übersetzer zu verwandeln. Heute weiß man, dass Sprache viel zu komplex dafür ist. Die Forschung arbeitet nun vor allem statistisch. Auch dafür rafft Google Sprachdaten aller Art an sich, woher immer es sie nur kriegen kann.

Nach der Lösung ist vor der Lösung
Wenn das gesamte in Büchern enthaltene Wissen vergangener Jahrhunderte bald im Internet zu finden ist: Wie wird es strukturiert werden, wie werden sich die Suchmöglichkeiten etwa mithilfe des semantischen Webs entwickeln, wie frei wird das Wissen wirklich? Googles Lösung der Menschheitsfrage, wie man das „Wissen der Welt" allen zugänglich machen kann, wirft neue Probleme auf. Aber das haben Lösungen so an sich.

9.17 **Gruppenarbeit:** Suchen Sie über eine Suchmaschine eine digitale Version der Erstausgabe von Luthers Flugschrift „An den Christlichenn Adel", die 1521 in Wittenberg gedruckt wurde (z. B. bei Google Books).

Listen Sie auf, was man alles wissen und können muss, um von diesem digitalen Objekt optimalen Gebrauch zu machen.

9.18 **Gruppendiskussion:** Die Essenz aus Text 6 ist: Das gesamte Wissen dieser Welt ist allen zugänglich.

Ist dieser Fortschritt wirklich so groß? Was muss man wissen, um dieses Wissen zu nützen? Wer wird tatsächlich davon Gebrauch machen können? Gibt es Wissen, das nicht in Büchern steht? Wo sehen Sie Vorteile, wo Nachteile? Ist Gratis-Wissen tatsächlich „gratis" und wer bezahlt dann die Urheber/innen des Wissens? Könnte es sein, dass „gefährliches" Wissen nicht zugänglich gemacht wird? Wird es jemanden im Hintergrund geben, der „die Fäden zieht"?

Übernehmen Sie in der Diskussion eine der folgenden Rollen:

- Diskussionsleitung
- Krimiautor/in, die vom Verkauf seiner/ihrer Bücher lebt („Das Internet stiehlt meine Inhalte.")
- 16-jährige Schülerin/16-jähriger Schüler („Ich bin nicht so der/die Leser/in, lese nur, was ich muss.")
- 16-jährige Schülerin/16-jähriger Schüler („Wenn ich etwas wissen will, schaue ich auf Wikipedia, das genügt.")
- Geschichtestudent/in („Bücher sind teuer, ich spare mit dem Internet Geld.")
- Online-Freak („Je mehr im Internet zugänglich ist, desto demokratischer wird die Welt.")
- Mitarbeiter einer Bibliothek („Ohne meine Empfehlungen findet niemand zu dem Buch, das zu ihm/ihr passt.")

Modul 9 – Kompetenztest

Kompetenzbereich:	Mediale Bildung
Was Sie können sollen:	a) historische Grundkenntnisse über die Entwicklung der Medien haben b) gesellschaftliche Auswirkungen der Medien erkennen und ihre lebensgestaltenden Funktionen reflektieren
Erlaubte Hilfsmittel:	keine
Testzeit:	40 Minuten

Aufgabe

Lesen Sie den Text „Das letzte Buch".
Verfassen Sie einen Paralleltext: „Der letzte Computer".
Überlegen Sie, durch welches Medium der Computer abgelöst werden wird. Arbeiten Sie die Vorteile einer solchen neuen (noch nicht erfundenen) Medientechnologie heraus. Welche Verluste könnte es gegenüber dem Computer, wie wir ihn heute benutzen, geben? Bringen Sie in Ihrem Text eine klare Stimmung (melancholisch, bedrohlich, ironisch ...) zum Ausdruck. (Umfang: 200 bis 250 Wörter)

Marie Luise Kaschnitz: Das letzte Buch

Das Kind kam heute spät aus der Schule heim. Wir waren im Museum, sagte es. Wir haben das letzte Buch gesehen. Unwillkürlich blickte ich auf die lange Wand unseres Wohnzimmers, die früher einmal mehrere Regale voller Bücher verdeckt haben, die aber jetzt leer ist und weiß getüncht, damit das neue plastische Fernsehen darauf erscheinen kann. Ja und, sagte ich erschrocken, was war das für ein Buch? Eben ein Buch, sagte das Kind. Es hat einen Deckel und einen Rücken und Seiten, die man umblättern kann. Und was war darin gedruckt, fragte ich. Das kann ich doch nicht wissen, sagte das Kind. Wir durften es nicht anfassen. Es liegt unter Glas. Schade, sagte ich. Aber das Kind war schon weggesprungen, um an den Knöpfen des Fernsehapparates zu drehen. Die große weiße Wand fing sich an zu beleben, sie zeigte eine Herde von Elefanten, die im Dschungel eine Furt durchquerten. Der trübe Fluss schmatzte, die eingeborenen Treiber schrieen. Das Kind hockte auf dem Teppich und sah die riesigen Tiere mit Entzücken an. Was kann da schon drinstehen, murmelte es, in so einem Buch.

Was ich jetzt kann und verstehe

Ich ...	Schätzen Sie sich ein (+2 = ganz gut, -2 = nicht)!			
	+2	+1	-1	-2
... kann die Rolle von Medien in meinem Alltag verstehen.				
... verstehe Zusammenhänge von Mediengebrauch und seinen gesellschaftlichen Auswirkungen.				
... kenne elementare Techniken des Buchdrucks.				
... verstehe den Unterschied verschiedener Überlieferungsmedientechniken.				
... kann Vor- und Nachteile verschiedener Mediennutzungen erkennen.				

Sind Sie mit Ihren Lernfortschritten zufrieden? – Wenn Sie noch weitere Anleitungen/Übungen brauchen, hilft Ihnen Ihre Lehrerin/Ihr Lehrer.

Filme verstehen

Zugegeben: Filme ansehen kann jede/r. Sogar Katzen, sagt man. Wozu sich dann mit Filmen näher beschäftigen?
Dieses Modul will Ihnen nicht die Lust am Sehen, nicht das intensive Erleben und schon gar nicht die Emotionen, die sich bei manchen Filmen einstellen, austreiben. Ganz im Gegenteil: Nach diesem Modul sollten Sie mehr sehen und mehr verstehen. Hier lernen Sie kennen,
- **mit welchen Mitteln Filme uns ansprechen,**
- **welche Rolle Drehbuch, Trailer und Co. spielen und**
- **wie Sie sich gemeinsam mit Filmen auseinandersetzen können.**

1 WIE POPULÄRE FILME ERZÄHLEN

Die folgenden Informationen und Aufgaben sollen Ihre inhaltliche Auseinandersetzung mit Spielfilmen ergänzen und unterstützen. Wenden Sie Aufgaben, die sich dafür anbieten, auf einen gemeinsam gesehenen Film an!

1.1 Filmgenres: Was wir erwarten können

10.1 Betrachten Sie die Bilder und entscheiden Sie, zu welchem der folgenden Filmgenres sie **typischerweise** gehören könnten: Thriller, Actionfilm, Liebesfilm, Historienfilm, Drama, Fantasy, Horrorfilm. Begründen Sie Ihre Entscheidung.

Bild 1

Bild 2

Bild 3

10.2

Bild 4

1. Jeder/jedem in der Klasse wird ein Genre aus der Liste unten zugelost; nur der/die Betroffene darf wissen, um welches Genre es sich handelt.
2. Betrachten Sie Bild 4. Verfassen Sie einen Telefondialog (inkl. Regieanweisungen), den die Zuseher/innen in dieser Szene hören und der dem Ihnen zugelosten Genre entspricht.
3. Lesen Sie einander Ihre Dialoge in Gruppen vor und finden Sie heraus, zu welchem Genre der jeweilige Dialog gehört.

Es gibt eine Vielzahl von Genrebezeichnungen für Spielfilme, viele auch mit weiteren Unterteilungen. Hier finden Sie einige Beispiele:

- Komödie[1]
- Drama[1]
- Tragödie[1]
- Epos[1]
- Abenteuerfilm
- Katastrophenfilm
- Actionfilm – Actionkomödie
- Thriller – Actionthriller, Psychothriller, Politthriller, Agententhriller
- Horrorfilm
- Liebesfilm – Liebesdrama, Liebeskomödie, Romanze
- Fantasyfilm
- Science-Fiction-Film
- Tanzfilm
- Musicalfilm
- Kriminalfilm
- Kriegsfilm – Antikriegsfilm
- Historienfilm
- Heimatfilm
- Western
- Eastern (Martial-Arts-Film)

[1] Beachten Sie, dass diese Bezeichnungen beim Film etwas anderes bedeuten als in der Literatur.

10.3

Wählen Sie zwei Filmgenres, die Sie ansprechen bzw. die Sie gut kennen, und formulieren Sie ein typisches Handlungsmuster im Telegrammstil.

SPIELFILMGENRES — ***INFO-BOX***

Filmgenres bezeichnen Gruppen von Filmen, die inhaltlich-thematische und formal-gestalterische Ähnlichkeiten aufweisen.

Eine Aufgabe von Genrebezeichnungen ist es, bei den Zusehern/Zuseherinnen bestimmte **Erwartungen zu wecken**. Diese stellen so etwas wie einen Führer durch den Film dar, der das Entstehen der Geschichte im Kopf der Zuseher/innen unterstützt. Dabei spielen Filme auch mit den Erwartungen der Zuseher/innen.

Zu dem Bündel von **Konventionen** (Gewohnheiten), die Genres kennzeichnen, können gehören:

- Themen (z. B. Liebesfilm),
- Figuren und Handlungsmuster (z. B. Krimi) sowie typische Situationen (z. B. Duell),
- Zeit/Ort/Milieu (z. B. Science Fiction),
- Darstellungsweisen (z. B. Horror),
- Effekte (z. B. Action).

In einzelnen Fällen werden auch andere Gesichtspunkte, etwa die Zielgruppe (z. B. „Jugendfilm"), herangezogen.

Viele Spielfilme sind ein Genre-Mix, z. B. verbindet „Titanic" einen Liebesfilm mit einem Katastrophenfilm, was auch zu entsprechenden Bezeichnungen führt, z. B. „Liebesdrama", „Actionthriller".

10.4

Welche Erwartungen in Bezug auf Konventionen verbinden Sie mit den folgenden Filmgenres: Epos, Romanze, Horrorkomödie, Antikriegsfilm? Gehen Sie möglichst genau auf die in der INFO-BOX angeführten Gesichtspunkte ein. Verfassen Sie knappe Porträts in Form von Lexikoneinträgen.

10.5 Sehen Sie sich gemeinsam die Eröffnungsszenen („Vorspann“, „Maintitle Sequence“) verschiedener Filme an. Halten Sie fest und besprechen Sie:

- Was erfahren Sie (z. B. Zeit, Setting, Handlung, Figuren(-Beziehungen)?
- Welche Hinweise auf das Genre erhalten Sie? Deutet etwas auf einen Genre-Mix hin?
- Welche Erwartungen werden geweckt? Wodurch werden sie geweckt?

1.2 Figuren

10.6

1. Machen Sie ein Brainstorming zum Begriff „Held/in“. Beschreiben Sie anschließend, was Sie unter einem Helden/einer Heldin verstehen.
2. Besprechen Sie gemeinsam:
   a) Welche Idealvorstellungen repräsentieren Ihnen bekannte Filmhelden/-heldinnen?
   b) Was macht einen/eine „Antihelden/Antiheldin“ als Filmhauptfigur aus?
3. Wählen Sie eine der folgenden Schreibaufgaben:
   a) Fertigen Sie von einem/r Filmhelden/Filmheldin, von einer gewöhnlichen Hauptfigur und von einem filmischen Antihelden/einer Antiheldin ein Porträt in Form eines Fahndungsplakates an („Gesucht!“). Schließen Sie ein: Aussehen, Charaktereigenschaft, Verhaltensweisen, „bekannt für ...“.
   b) „X trifft Y“: Wählen Sie zwei Hauptfiguren aus möglichst unterschiedlichen Filmen und verfassen Sie ein fiktives Gespräch zwischen den Figuren über ein aktuelles Problem!

Bild 5

FILMFIGUREN — ***INFO-BOX***

Die Aufgabe von Filmfiguren ist es, Träger/innen der Handlung zu sein. Ohne Figuren keine Handlung (auch Tiere können Figuren sein)!
Die Handlung wird gewöhnlich dadurch ausgelöst und vorangetrieben, dass Hauptfiguren (**Protagonisten/Protagonistinnen**) vor eine Schwierigkeit, ein Problem, eine Aufgabe, einen Konflikt gestellt werden. Dies/e zu bewältigen, daran hindern sie die Gegenspieler/innen, die **Antagonisten/Antagonistinnen**, oder eine **antagonistische Kraft** (z. B. Naturgewalten oder auch innere Widerstände des Protagonisten/der Protagonistin).
Mit dieser Konstellation stellt sich für Zuseher/innen die **Schlüsselfrage**: Wird er/sie „es“ (was auch immer) schaffen?
Hinter den Interessen und Handlungsmotiven der Figuren stehen immer **Wünsche, Träume, ideale Vorstellungen, Werte**, die – wie unrealistisch Figuren und Handlungen auch sein mögen – auch in der Welt der Zuseher/innen eine Rolle spielen. Die Schlüsselfrage ist daher auch eine danach, welche Werte etc. sich durchsetzen (z. B.: Wird sich die Sorge um die eigene Familie gegen Machtgier durchsetzen? Kann die menschliche Zivilisation die Naturgewalten beherrschen?).

Stellen Sie in Gruppen ein Filmquiz zu bekannten Filmen für Ihre Mitschüler/innen zusammen, indem Sie die Schlüsselfragen von 5 bis 10 Filmen formulieren. Ihre Mitschüler/innen müssen den jeweiligen Filmtitel erraten. Achten Sie darauf, dass Sie nicht zu viel verraten, aber auch versteckte Hinweise geben, z. B. „Wird der Präsident die Flugzeugentführung heil überstehen?“ (Air Force 1)

10.7

Erstellen Sie für die wichtigsten Figuren eines Ihnen bekannten (aktuellen) Films die Profilseite in einem sozialen Online-Netzwerk (z. B. Facebook).

10.8

1.3 Dramaturgie

1. Rekonstruieren Sie den Plot eines Films, den Sie gut kennen, in Stichworten oder besorgen Sie sich eine Inhaltsangabe (z. B. Filmlexikon, www.imdb.com/language/de, http://www.djfl.de/).
2. Lesen und exzerpieren Sie die Informationen über die Bauform des populären Films sowie über Spannung. Untersuchen Sie danach, inwieweit der Aufbau des Films dem angeführten Muster entspricht.
   - Bestimmen Sie Hook, Point of Attack, Exposition und Plot Points des Films.
   - Welche Art der Spannung dominiert in diesem Film?
   - Zeichnen Sie die Spannungskurve des Films: Wo steigt die Spannung, wo fällt sie ab, wo befindet sich der Höhepunkt?
   - In welchem Teil eines Films entscheiden Sie, ob Sie ihn mögen oder nicht?
   - Syd Field, ein weltweit gefeierter Drehbuchautor, sagt, dass die ersten zehn Seiten des Drehbuchs (≈ die ersten zehn Minuten des Films) die wichtigsten sind. Inwieweit gilt das auch für Sie als Zuseher/in?

10.9

Text 1:
Syd Field: Bauform des populären Films

1. Akt: Set-up oder Exposition
[...] In diesem ersten Element der dramatischen Handlung, dem ersten Akt, stellt der Drehbuchautor die Figuren vor, legt die dramatische Prämisse (worum die Geschichte sich dreht) dar und setzt die Hauptfiguren mit den anderen Charakteren, die diese Welt bevölkern, in Beziehung. [...]

2. Akt: Konfrontation
[...] In diesem zweiten Akt stößt die Hauptfigur auf Hindernisse, die sie davon abhält, ihr dramatisches Grundbedürfnis zu erfüllen. Das Grundbedürfnis wird definiert als das, was die Figur im Lauf des Drehbuchs erreichen oder bekommen will. [...] In *Herr der Ringe: Die zwei Türme* müssen Frodo und seine Gefährten ein Abenteuer nach dem anderen bestehen, bis die Geschichte in der Schlacht in Helms Klamm ihren Höhepunkt findet.

3. Akt: Die Auflösung
[...] Der dritte Akt ist der Handlungsabschnitt, in dem sich die Geschichte auflöst. Es ist nicht das Ende; das Ende ist die besondere Szene, Aufnahme oder Sequenz, die wirklich am Schluss des Drehbuchs steht. [...]

Ein **Plot Point** ist ein Ereignis, eine Episode oder ein Vorfall, der in die Handlung eingreift und ihr eine neue Richtung gibt. [...] Ein Plot Point hängt immer unmittelbar mit der Hauptfigur zusammen. In *Herr der Ringe: Die Gefährten* ist es der Anfang der Reise, der Moment, in dem Frodo und Sam das Auenland verlassen, um sich auf ihren Weg durch Mittelerde zu machen. Der zweite Plot Point wiederum ist der Augenblick, in dem die Gemeinschaft des Rings Lothlorien erreicht und Galadriel (Kate Blanchett) Frodo erklärt, welches Schicksal Mittelerde ereilt, sollte der Ring den Schicksalsberg nicht erreichen. Frodo wird zum widerstrebenden Helden [...].
Plot Points müssen keine großartigen, dynamischen Szenen oder Sequenzen sein, in denen wichtige Entscheidungen getroffen werden wie [...] bei Frodo und Sam, die zum ersten Mal in ihrem Leben Auenland verlassen. [...]

BAUFORM EINES POPULÄREN FILMS — **INFO-BOX**

Syd Field beschreibt die modellhafte Bauform für den populären Film folgendermaßen:

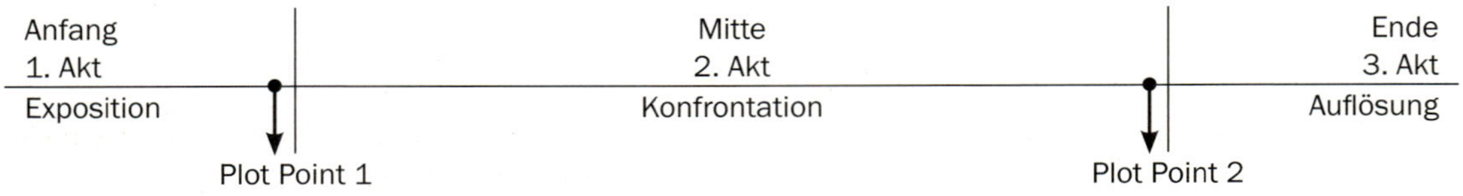

(Illustration nach Syd Field: Das Drehbuch)

Weitere wichtige Ereignisse im dramaturgischen Verlauf sind

- der **Point of Attack:** jenes Ereignis, das den Plot in Gang setzt, also am Beginn des zentralen Konflikts steht (*Der Herr der Ringe: Die Gefährten:* Frodo erhält von Gandalf den Ring).
- der **Höhepunkt:** die Lösung des zentralen Konflikts. Geschieht das nicht (z. B. in Fortsetzungsgeschichten), so bleibt das Ende offen.

Dazu kann es

- einen **Hook** geben: etwas Unerwartetes (Ereignis, Figur) innerhalb der ersten 10 Minuten; oft macht der Hook das Genre deutlich (z. B. eine Schießerei im Western); er soll die Zuseher/innen gefangen nehmen.

Damit könnte ein dramaturgischer Verlauf so aussehen:

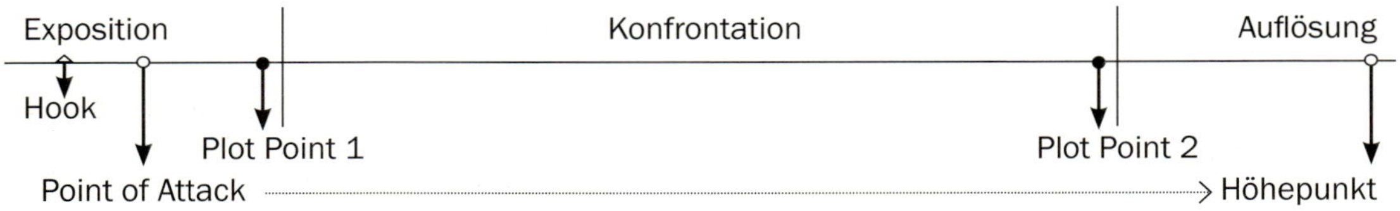

(Illustration nach Peter Hant: Das Drehbuch)

Solche Muster werden natürlich variiert und durchbrochen. So hat sich z. B. gezeigt, dass in TV-Filmen die Anzahl der Plot Points auch von der Anzahl der Werbeunterbrechungen abhängen kann.

Text 2:
Alfred Hitchcock: Suspense

„Wir reden miteinander, vielleicht ist eine Bombe unter dem Tisch, und wir haben eine ganz ungewöhnliche Unterhaltung, nichts Besonderes passiert, und plötzlich, bumm, eine Explosion. Das Publikum ist überrascht, aber die Szene davor war ganz gewöhnlich, ganz uninteressant. Schauen wir uns jetzt den Suspense an. Die Bombe ist unterm Tisch, und das Publikum weiß es. Nehmen wir an, weil es gesehen hat, wie der Anarchist sie da hingelegt hat. Das Publikum weiß, dass die Bombe um ein Uhr explodieren wird, und jetzt ist es 12 Uhr 55 – man sieht eine Uhr –. Diese unverfängliche Unterhaltung wird plötzlich interessant, weil das Publikum an der Szene teilnimmt. Es möchte den Leuten auf der Leinwand zurufen: Reden Sie nicht über so banale Dinge, unter dem Tisch ist eine Bombe, und gleich wird die explodieren!“

SPANNUNG — **INFO-BOX**

Spannung besteht zum einen aus der **Neugier**, wie die Geschichte weitergeht. Zum anderen entsteht Spannung aus dem unterschiedlichen Wissen von Protagonisten/Protagonistinnen und Zusehern/Zuseherinnen:

- **Mystery:** Die Zuseher/innen wissen genauso viel wie die Protagonisten/Protagonistinnen (z. B. im Kriminalfilm).
- **Überraschung:** Die Zuseher/innen wissen weniger als die Protagonisten/Protagonistinnen (z. B. wenn die Vorgeschichte einer Figur unbekannt ist, aber eine Rolle spielt).
- **Suspense:** Die Zuseher/innen wissen mehr als die Protagonisten/Protagonistinnen (vgl. Text 2).

1.4 Die „Sprache" des Films

Wie Zuseher/innen Figuren, Szenen, einen ganzen Film wahrnehmen, wird von der sogenannten Filmsprache gesteuert. Sie besteht aus

- dem Bild, das durch die Kamera festgelegt ist, und
- dem Ton, also der Sprache, der Musik und den Geräuschen.

Sie spielt eine wichtige Rolle für die Entstehung der Geschichte in den Köpfen der Zuseher/innen und wie sie die Geschichte verstehen. Diese Gestaltungsmittel wirken immer zusammen, nie alleine.

10.10

Lesen Sie die folgenden vier INFO-BOXen und bestimmen Sie in den Bildern 1 bis 11 möglichst viele der angegebenen filmsprachlichen Mittel.
Welche Wirkung erzielen diese Mittel in dem jeweiligen Bild?

EINSTELLUNGSGRÖSSE — *INFO-BOX*

... beschreibt, wie groß die Figuren, Ereignisse, Dinge etc. zu sehen sind. Die Übergänge zwischen den Einstellungsgrößen sind fließend.

- **Weit/Panorama:** Überblick über einen großen Raum, weite Landschaften; Figuren sind nicht oder kaum zu sehen
- **Totale:** zeigt den Schauplatz einer Handlung; Figuren und ihre Bewegungen sowie Einzelheiten sind gut erkennbar.
- **Halbtotale:** Figuren von Kopf bis Fuß
- **Amerikanisch:** Figuren vom Kopf bis zu den Oberschenkeln, sodass man etwa in einem Western sehen kann, wie jemand den Colt zieht.
- **Halbnah:** Figuren vom Kopf bis zur Hüfte
- **Nah:** Figuren vom Kopf bis zur Brust
- **Groß:** Gesicht einer Figur
- **Detail:** ein Teil des Gesichts bzw. Körpers oder ein kleinerer Gegenstand

Bild 6

Bild 7

KAMERAPERSPEKTIVE — *INFO-BOX*

... beschreibt, aus welchem Blickwinkel man etwas sieht. Alles ist möglich zwischen

- **Vogelperspektive** (extreme Obersicht),
- **Normalperspektive** (etwa auf Augenhöhe),
- **Froschperspektive** (Untersicht),
- **Top Shot** (Blick senkrecht nach unten).

ACHSENSTELLUNG — *INFO-BOX*

... beschreibt, in welchem Winkel die Blickrichtung der Kamera zur Handlungsachse (Bewegung im Bild, Blickrichtung) steht (vgl. Bild 9):

- Die Handlungsrichtung läuft **seitlich an der Kamera** vorbei.
- Die Handlungsachse steht in einem **rechten Winkel** zur Kameraachse. Die Zuseher/innen sind außenstehende Beobachter/innen.
- Handlungsachse und Kameraachse sind **identisch**. Die Zuseher/innen werden mit hineingezogen.
- **Schuss-Gegenschuss-Verfahren:** Die Zuseher/Zuseherinnen sehen z. B. zwei Gesprächspartnern abwechselnd über die Schulter, wobei der/die gerade Sprechende im Bild zu sehen ist. Die Zuseher/Zuseherinnen nehmen dabei die Sichtweise des jeweils Angesprochenen ein.

KAMERABEWEGUNG ***INFO-BOX***

- Schwenk (zur Seite)
- Neigung (nach oben/unten)
- Rollen (Schrägstellung)
- Kamerafahrt
- Kranfahrt
- Handkamera (Ruckeln und Unschärfe)
- Steadicam (mit Traggerüst am Kameramann befestigte Kamera)

Steadicam („Das Parfum"; links Regisseur Tom Tykwer)

- Zoom: Scheinbewegung der Kamera
- Schärfentiefe und -verlagerung: Aufmerksamkeitssteuerung durch die Veränderung von Schärfe und Unschärfe
- Subjektive Kamera: Die Zuseher/innen sehen das Geschehen durch die Augen einer Figur.

10.11 Filmen Sie, z. B. mit Ihrem Smartphone, eine Person bei einer alltäglichen Tätigkeit. Stellen Sie mehrere Einstellungen her (siehe unten) und erproben Sie dabei filmsprachliche Mittel, die Sie eben kennen gelernt haben. Sie brauchen diese Einstellungen für Aufgabe 10.14.

EINSTELLUNG ***INFO-BOX***

Eine **Einstellung** ist beim Film das, was zwischen dem Einschalten und dem Ausschalten der Kamera gefilmt wird. Gewöhnlich besteht ein Film aus einer großen Anzahl von Einstellungen.
Besteht eine ganze Folge von Szenen oder gar ein ganzer Film aus nur einer einzigen Einstellung (ohne Schnitt, Montage – siehe Seite 165), so spricht man von einer **Plansequenz**.

Bild 8

Bild 9

Bild 10

Bild 11

BELEUCHTUNG ***INFO-BOX***

Die Beleuchtung kann
- die **Aufmerksamkeit** der Zuseher/innen steuern,
- Figuren **charakterisieren**,
- **Stimmung und Gefühle** erzeugen,
- **Bedeutungen** und Interpretationen nahelegen.

10.12

Analysieren Sie die Beleuchtung in den Bildern 8 bis 11.
- Wie wird die Aufmerksamkeit gelenkt?
- Wie werden die Figuren charakterisiert?
- Welche Emotionen werden geweckt?
- Welche Stimmung wird erzeugt?
- Welche Bedeutungen werden durch die Beleuchtung hervorgerufen?

10.13

Lesen die Sie INFO-BOX über die Bildkomposition. Beschreiben und vergleichen Sie sodann die Bildkomposition in Bild 1 und Bild 6.
- Wie sind die Figuren und Dinge angeordnet, wie stehen sie zueinander? Wie stehen Sie zu den Zusehern/Zuseherinnen?
- Wie werden Farben und Beleuchtung eingesetzt?
- In welche Richtung verlaufen die Blicke?
- Wie ist das Verhältnis von Handlungs- und Kameraachse?
- Welche Fragen stellen sich den Zusehern/Zuseherinnen?
- Was bedeutet die Gesamtheit der Bildkomposition?

BILDKOMPOSITION ***INFO-BOX***

... ist die Gestaltung einer Einstellung: alles, was zu sehen und wie es angeordnet ist, z. B.
- Haltung der Figuren und ihre Position zueinander (z. B. Gruppierung),
- Ausstattung, Kostüme, Kulissen,
- Farben,
- räumliche Anordnung der Figuren und Gegenstände, Tiefe des Raumes,
- Make-up,
- Beleuchtung.

Bewegungs- und Blickrichtungen sind wichtig für die Steuerung der Neugier der Zuseher/innen, v. a. wenn sie aus dem Bild hinausweisen.

MONTAGE ***INFO-BOX***

... ist das Zusammenfügen der Einstellungen, nachdem diese gedreht worden sind. Sie ist das wichtigste filmische Gestaltungsmittel, weil durch sie erst die Bildung von Zusammenhängen möglich wird. Die Schnittfolge, v. a. die Länge der Einstellungen, spielt die Hauptrolle für das Tempo eines Films oder einer Szene (vgl. etwa die Dynamik in einem Musikvideo durch die extrem kurze Schnittfolge).

Wichtige Arten der Montage:
- **Harter Schnitt:** Der Übergang von einer Einstellung zur anderen ist deutlich zu sehen.
- **Weicher Schnitt:** Der Übergang ist für die Zuseher/innen kaum zu merken (typisch für das traditionelle Hollywood-Kino).
- **Blende:** weicher Szenenübergang, z. B. durch Verblassen einer Einstellung und allmähliches Aufblenden der nächsten; oder durch Dunklerwerden der ersten Einstellung.
- **Parallelmontage:** zwischen zwei Ereignissen, die gleichzeitig stattfinden, z. B. ein Abendessen der Familie im Esszimmer und das Eindringen der Entführer über die Terrassentür, wird hin- und hergeschnitten. Die Zuseher/innen sehen das natürlich nacheinander, haben aber den Eindruck, dass es gleichzeitig geschieht.
- **Cliffhanger:** Am Ende einer Folge einer Serie (Fernsehen) wird am Höhepunkt abgebrochen, gewöhnlich mit einer Großaufnahme.

10.14

Für diese Aufgabe brauchen Sie Ihre Handy- oder Smartphonekamera, ein Verbindungskabel sowie ein einfaches Schnittprogramm.

Stellen Sie mit dem Material aus 10.11 einen kurzen Film her. Setzen Sie Schnitttechniken (siehe INFO-BOX) bewusst ein, um bestimmte Wirkungen zu erreichen, z. B. einen „schnellen“ oder einen „langsamen“ Film.

10.15 Wählen Sie aus einem Film eine Szene aus, in der Musik eine wichtige Rolle spielt.

Spielen Sie in der Klasse nur die Musik vor (Bild wegschalten). Lassen Sie Ihre Kollegen/Kolleginnen beschreiben, welche Assoziationen die Musik hervorruft und welche Szene sie hinter der Musik vermuten. Zu welchem Genre passt die Musik?

Betrachten Sie dann die Szene und bestimmen Sie, welche Funktion die Musik hat.

SPRACHE, MUSIK UND GERÄUSCHE — ***INFO-BOX***

In Bezug auf Sprache, Musik und Geräusche unterscheidet man:
- On-Ton: Die Tonquelle ist im Bild.
- Off-Ton: Die Tonquelle ist nicht im Bild; auch „Voice-over" genannt („Erzähler aus dem Off").

Auch Musik und Geräusche werden nachträglich montiert. Sie tragen wesentlich zum Filmerlebnis bei, indem sie
- **Atmosphäre** schaffen (z. B. Straßenszene),
- **Stimmungen** und **Emotionen** hervorrufen,
- Szenen und Sequenzen **verbinden** (wenn etwa ein musikalisches Motiv immer wieder wiederholt wird),
- Szenen **kommentieren**; so werden etwa im Film „Good Morning, Vietnam" blutige Kriegsszenen mit dem Song „What a wonderful world" unterlegt, was einen zynischen Kommentar darstellt.

10.16 Sehen Sie sich gemeinsam eine Szene aus einem Film an.

Halten Sie detailliert fest, wie Sie diese Szene aufnehmen, und besprechen Sie gemeinsam:
- Worum geht es? Wer sind die Figuren? Wie stehen Sie zueinander?
- Welche Gedanken ruft die Szene bei Ihnen hervor, wie verstehen Sie sie?
- Welche Emotionen und Stimmungen ruft die Szene bei Ihnen hervor?
- Wie stehen Sie zu den Figuren: Sympathie, Antipathie, Nähe, Distanz? Worauf führen Sie Ihre Haltung den Figuren gegenüber zurück?

10.17 Sehen Sie sich die Szene aus 10.16 noch einmal an. Achten Sie dieses Mal genau auf die filmsprachlichen Mittel.

1. Fertigen Sie ein Einstellungsprotokoll an (siehe So-geht's-Kasten). Gehen Sie arbeitsteilig vor und sammeln Sie am Ende die einzelnen Beobachtungen.
2. Besprechen Sie, welche filmsprachlichen Mittel für Ihr Verstehen der Szene (vgl. 10.16) verantwortlich sind. Wie werden durch die Filmsprache Ihre Wahrnehmung und Ihre Emotionen geleitet?
3. Welche Aussage trifft der Film in dieser Szene im Zusammenspiel von Erzählweise (Genre, Figuren, Filmsprache) und Inhalt?

EINSTELLUNGS- UND SEQUENZPROTOKOLL ANLEGEN — ***SO GEHT'S***

Einstellungs- und Sequenzprotokolle sind Werkzeuge bei der **Filmanalyse.** Man führt sich damit die Bausteine einer Szene oder eines Films vor Augen – ähnlich wie bei der Analyse von Sach- oder literarischen Texten.
- Einstellung: jener Teil eines Films zwischen zwei Schnitten
- Szene: aufeinander folgende Einstellungen an einem Schauplatz; Ortswechsel = Szenenwechsel
- Sequenz: „Kapitel" eines Films; inhaltlich-thematische Einheit, bestehend aus mehreren Szenen

Legen Sie sich für ein Einstellungsprotokoll die folgende Tabelle an:

Einstellung Nr.	Handlung	Dialoge/ Sprache	Visuelle filmsprachliche Mittel			Akustische filmsprachliche Mittel	
			Einstellungslänge/ Montage Schnitt	Kameraperspektive, -einstellungsgrößen, -bewegung	Bildkomposition	Musik	Geräusche
1							
2							
3							
...							

Wenn Sie einen ganzen Film protokollieren müssen, empfiehlt sich ein **Sequenzprotokoll:**

Sequenz Nr.	Dauer	Inhalt		Wichtige filmsprachliche Beobachtungen
		Figuren	Schauplätze, Handlung	
1				
2				
3				
...				

Die Protokollvorlagen stehen auf der Verlagswebsite als Download zur Verfügung: www.hpt.at/SB_170025.

2 DREHBUCH, TRAILER UND CO.

2.1 Vor dem Dreh

TEXTGRUNDLAGEN EINES FILMS — ***INFO-BOX***

Die erste Idee für einen Film wird gewöhnlich in einem

- **Exposé** formuliert: eine Art Inhaltsangabe über einige wenige Seiten, die auch Auskunft über die Hauptfiguren, das Genre sowie Ort und Zeit gibt. Der nächste Schritt ist das
- **Treatment,** in dem die Geschichte mit allen Handlungssträngen ausformuliert ist, Genre, Dramaturgie und Spannung sind klar dargestellt, allerdings ohne Dialoge und ausgestaltete Szenen. Es ist Teil eines Pakets, zu dem auch Besetzungsvorschläge (Stars!) gehören können. Das ermöglicht es dem Produzenten/der Produzentin, wirtschaftliche Chancen des Films einzuschätzen, z. B. ob er gute Verkaufsargumente bietet.
- Das **Drehbuch** ist die detaillierte Ausarbeitung aller Ideen, der technischen Anweisungen und der Dialoge.
- Ein **Storyboard** ist die gezeichnete Version des Drehbuchs (nach Art von Comicstrips), in der einzelne Einstellungen entworfen werden. Für große Filmproduktionen zeichnen auch mehrere Künstler/innen verschiedene Versionen, um dem/der Regisseurin verschiedene Perspektiven zu liefern.

10.18

Lesen Sie den Drehbuchauszug aus „Der Da Vinci Code – Sakrileg" und sehen Sie die Auszüge aus dem Storyboard an.

1. Kennzeichnen Sie jene Stellen im Drehbuch, an denen sich die Arbeit der folgenden Beteiligten zeigt: Maskenbildner/in, Requisiteur/in, Kostümbildner/in, Cutter/in (Schnittmeister/in).
2. Ordnen Sie die einzelnen Bilder des Storyboards den entsprechenden Stellen im Drehbuch zu und ergänzen Sie das Drehbuch um Anweisungen für den Kameramann (Einstellungsgröße, Perspektive).
3. Vielleicht haben Sie Gelegenheit, die Umsetzung des Regisseurs mit Drehbuch- und Storyboardauszug zu vergleichen ...

Text 3:
Der Da Vinci Code – Sakrileg *(Beginn des Drehbuch, deutsche Übersetzung)*

EINBLENDE

FRANZÖSISCHE LANDSCHAFT – AUSSEN/TAG

Ein altes Landhaus aus Bruchsteinen gemauert, auf dem Kamm eines grasbedeckten Hügels, die Fenster erleuchtet, Rauch steigt aus dem Schornstein.

SPRUNGSCHNITT[1] NÄHER

Der Schein kann trügen. Die Szene ist nicht so friedfertig. GERÄUSCHE von einer Auseinandersetzung drinnen. Die wütende Stimme eines Mannes, dann die eines jungen Mädchens.

SPRUNGSCHNITT NÄHER

Die schwere Holztür schwingt auf. Ein Mädchen von vielleicht vierzehn Jahren stürmt heraus, ein hübsches Gesicht, tränennass.

[1] **Sprungschnitt** – *Schnittart, bei der aus einer langen Einstellung Teile herausgeschnitten werden; Bild- und Zeitsprünge entstehen*

Sie stolpert ein paar Schritte weit, wendet sich zum Haus zurück, Wut und Enttäuschung in den Augen, als ein Schatten die Tür ausfüllt.

SPRUNGSCHNITT NÄHER
Auf die Augen halten
TITELSEQUENZ

LOUVRE – GRANDE GALERIE – INNEN/NACHT

AUGEN von Meistern gemalt blicken von den Wänden des gewaltigen Saals herab. (OVER) GERÄUSCHE nähern sich, ungewöhnliche Geräusche für diesen Raum. Verzweifeltes ÄCHZEN, HASTENDE SCHRITTE auf dem Marmorboden.

Ein MANN rennt durch den Gewölbegang der Galerie. Er bewegt sich zu schnell, sein Herz schlägt zu wild für seinen siebzig Jahre alten Körper. Der Mann ist JACQUES SAUNIÈRE, und er rennt um sein Leben.

Saunière packt das Gemälde neben sich, einen großen Caravaggio[2], hebt es mit aller Kraft herunter und stellt es an der Wand auf den Boden.

Ein gewaltiges METALLGITTER fährt KRACHEND am Eingang der Galerie herab und verwandelt den Raum in einen goldenen Käfig.

STIMME (over)
Halt. Bleiben Sie stehen.

Saunière blickt auf. Vielleicht drei Meter entfernt, auf der anderen Seite des Gitters, steht ein MANN: Auffälliger als die Mönchskluft des Mannes sind sein schlohweißes Haar, seine geisterhaft helle Haut und die Albinoaugen. Der Mann ist SILAS. In der Hand hält er eine Waffe.

SILAS
Sagen Sie mir, wo es ist.

SAUNIÈRE
Bitte, ich weiß nicht ...

SILAS
Sie und Ihre Brüder besitzen etwas, das Ihnen nicht gehört.

SAUNIÈRE
Ich weiß überhaupt nicht, wovon Sie reden.

[2] ***Caravaggio*** – *italienischer Maler*

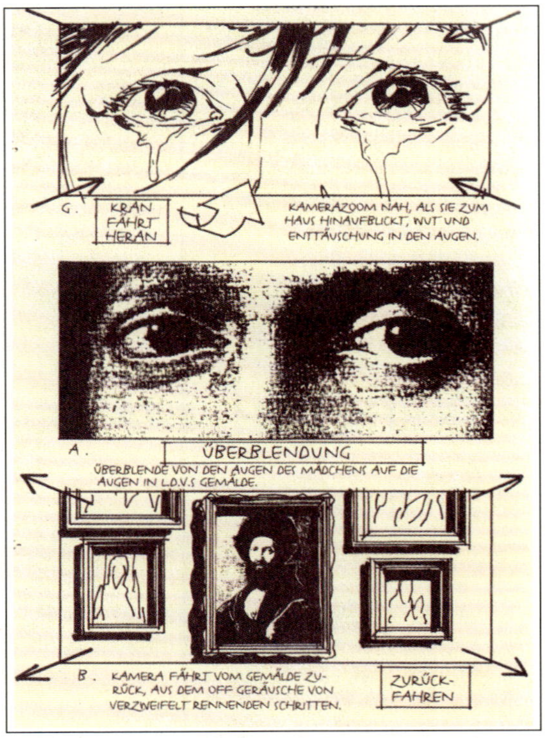

Nr. 1

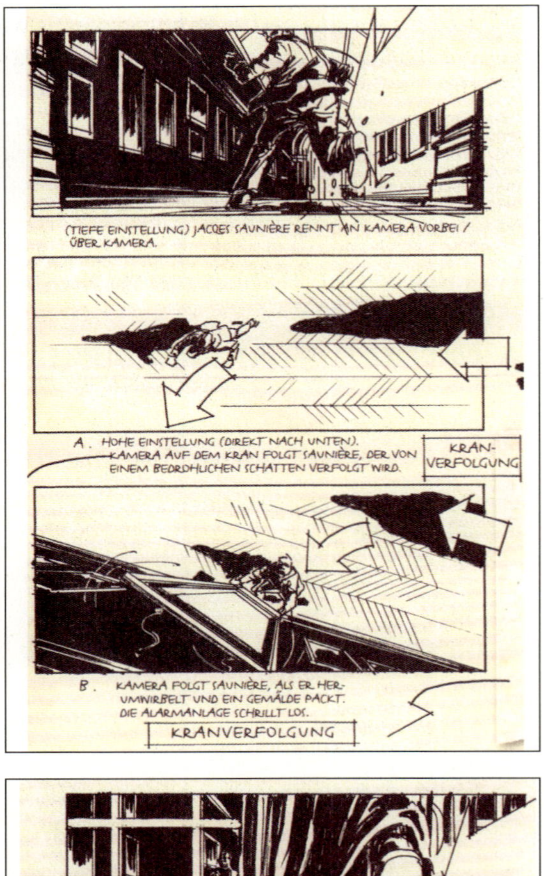

Nr. 2

Nr. 3

Nr. 4

Nr. 5

Nr. 6

10.19

Stellen Sie sich vor, die untenstehenden Situationen A und B sollen Szenen in einem Film sein. Setzen Sie sie in den entsprechenden Teil eines Drehbuchs um. Entscheiden Sie zuerst, wie viele Szenen es werden sollen. Vergleichen Sie und besprechen Sie, welche Stärken der Sprache und welche Stärken des Films hier zum Tragen kommen.

A. Außer einer gewissen Unruhe war von ihrem Zorn nichts zu merken. Aber in ihrem Inneren kochte und brodelte es, sodass sie sich kaum auf ihre Arbeit konzentrieren konnte.

B. Den ganzen Sommer verbrachte sie damit, auf eine Nachricht von ihm zu warten.

2.2 Vor dem Sehen

Trailer und Plakate sind traditionelle Werbemittel für einen Film. Während Trailer früher auch eine Länge von 5 bis 8 Minuten hatten, sind sie heute zirka eineinhalb Minuten lang – sie mussten **fernseh- und internettauglich** gemacht werden. Die Szenen eines Trailers können ein Zusammenschnitt aus dem Film sein, häufiger werden sie aber eigens gedreht.

10.20

Die beiden nebenstehenden Plakate sind Beispiele, wie mit Starimages geworben wird. (Anmerkung: Nicole Kidman und Tom Cruise waren verheiratet und zur Zeit von „Eyes Wide Shut" das „Traumpaar" Hollywoods.)

1. Welche Bedeutungen werden durch bildsprachliche Elemente erzeugt? Wie interpretieren Sie die Blicke?
2. Wie wird Sprache eingesetzt?
3. Welche Erwartungen in Bezug auf Thema/Inhalt und auf das Genre werden geweckt?

10.21

Sehen Sie sich den Trailer eines aktuellen Films, den Sie (noch) nicht gesehen haben, an (Sie finden den Trailer auf der Website des Films). Stellen Sie fest, welche Erwartungen an den Film geweckt werden:

- Welche konkreten Informationen erhalten Sie durch Bild und Ton?
- Welche Erwartungen in Bezug auf das Thema werden geweckt?
- Welche Stimmung vermittelt der Trailer?
- Was kennzeichnet die Filmsprache?
- Mit welchen Mitteln wird auf Film-Genre bzw. Genre-Mix hingewiesen?
- Wird mit dem Image von Darstellern/Stars gearbeitet?
- Analysieren Sie die gesprochene Sprache und Einblendungen.
- Was ist das Werbe-Argument des Trailers?

Modul 10 – Kompetenztest	
Kompetenzbereiche:	a) Mediale Kompetenz b) Schriftliche Kompetenz
Was Sie können sollen:	a) Mediensprachen als Zeichensysteme verstehen; künstlerische Ausdrucksformen rezipieren, vergleichen und zueinander in Beziehung setzen b) Textsorten aus dem privaten, öffentlichen, journalistischen Leben verfassen; verschiedene Schreibhaltungen entwickeln
Erlaubte Hilfsmittel:	keine
Testzeit:	Aufgabe 1: 50 Minuten Aufgabe 2: 30 Minuten (ohne Filmsichtung)

Aufgabe Sehen Sie eine Szene aus einem Film an. Sie können die Szene zweimal ansehen.

a) Notieren Sie in Stichworten, wie Sie die Szene verstehen, Ihre Eindrücke und die Wirkung der Sequenz auf Sie.
b) Analysieren Sie die Erzählweise (Genre, filmsprachliche Mittel, Figuren).
c) Erklären Sie den Zusammenhang zwischen dem, wie Sie den Film verstehen und der Erzählweise schriftlich. Was ist dafür verantwortlich, dass Sie den Film so verstehen, wie Sie ihn verstehen?

Was ich jetzt kann und verstehe

Ich ...	Schätzen Sie sich ein (+2 = ganz gut, -2 = nicht)!			
	+2	+1	-1	-2
... weiß, was Filmgenres sind.				
... weiß, wie populäre Filme typischerweise aufgebaut sind.				
... weiß, wodurch in einem Film Spannung entsteht.				
... kenne filmsprachliche Mittel.				
... kann filmsprachliche Mittel in Filmen erkennen.				
... weiß, auf welchen Textgrundlagen ein Film beruht.				
... kenne die Wirkungsweise von Filmplakaten und Trailern.				

Sind Sie mit Ihren Lernfortschritten zufrieden? – Wenn Sie noch weitere Anleitungen/Übungen brauchen, hilft Ihnen Ihre Lehrerin/Ihr Lehrer.

Sprachen übersetzen – Kulturen verstehen

Modul 11

In einer Welt, in der Nachrichten, aber auch Bücher, Filme und Spiele zunehmend an globale Märkte gerichtet sind, sind Übersetzungen allgegenwärtig. Gerade deshalb nimmt man sie für selbstverständlich und achtet höchstens dann darauf, wenn Übersetzern/Übersetzerinnen einmal ein Fehler unterläuft.

In diesem Modul

- setzen Sie sich mit Übersetzungen auseinander,
- können Sie anhand von Übersetzungen Ihre Sensibilität für Sprache erhöhen,
- lernen Sie, worauf es bei Übersetzung, also beim gezielten Sprachgebrauch ankommt,
- setzen Sie sich anhand von Übersetzungen mit Kulturen und kulturellen Konventionen auseinander.

1 ÜBERSETZEN

Text 1:

Joanne K. Rowling: Harry Potter and the Sorcerer's Stone

Harry quickly looked down again as Professor McGonagall silently placed a four-legged stool in front of the first years. On top of the stool she put a pointed wizard's hat. This hat was patched and frayed and extremely dirty. Aunt Petunia wouldn't have let it in the house. [...]

"Potter, Harry!"

As Harry stepped forward, whispers suddenly broke out like little hissing fires all over the hall.

"*Potter*, did she say?"

"*The* Harry Potter?"

The last thing Harry saw before the hat dropped over his eyes was the hall full of people craning to get a good look at him. Next second he was looking at the black inside of the hat. He waited.

"Hmm," said a small voice in his ear. "Difficult. Very difficult. Plenty of courage, I see. Not a bad mind either. There's talent, oh my goodness, yes – and a nice thirst to prove yourself, now that's interesting. ... So where shall I put you?!"

Harry gripped the edges of the stool and thought, *Not Slytherin, not Slytherin*.

"Not Slytherin, eh?" said the small voice. "Are you sure? You could be great, you know, it's all here in you head, and Slytherin will help you on the way to greatness, no doubt about that – no? Well, if you're sure – better be GRYFFINDOR!"

11.1

Recherchieren Sie, ob „Harry Potter" in alle Sprachen, die in Ihrer Klasse gesprochen werden (die Sprachen des Fremdsprachenunterrichts, in Ihre Erst- oder Zweitsprachen), übersetzt wurde.

1. Erstellen Sie zuerst gemeinsam im Plenum eine Liste aller Sprachen, die auf die eine oder andere Weise in Ihrer Klasse „vertreten" sind.
2. Füllen Sie die folgende Tabelle aus – nennen Sie jeweils den Titel des ersten Bandes in der betreffenden Sprache sowie den/die Übersetzer/in.
3. Vergleichen Sie: Bedeuten die übersetzten Titel in allen Sprachen genau dasselbe? Wenn nicht: Was könnten Gründe dafür sein?
4. Begründen Sie, warum es eine englische und eine amerikanische Fassung von Harry Potter gegeben hat.

Titel der Übersetzung	Sprache	Übersetzer/in
Harry Potter and the Sorcerer's Stone	*Amerikanisches Englisch*	
Harry Potter ve Felsefe Taşı		*Ülkü Tamer*

11.2

1. Übersetzen Sie Text 1 ins Deutsche.
2. Sie selbst, Ihr/e Lehrer/in und/oder Ihre Schulbibliothek besitzen sicher die deutschsprachige Ausgabe „Harry Potter und der Stein der Weisen". Vergleichen Sie Ihre Übersetzung mit der offiziellen deutschen Übersetzung und der Ihrer Mitschüler/innen.
3. Führen Sie bei Ihren Übersetzungsübungen ein ganz genaues Protokoll. Notieren Sie 3 bis 5 für Sie entstehende Fragen und Probleme sowie die von Ihnen gefundenen Lösungen.
4. Berichten Sie darüber im Plenum.

ÜBERSETZUNG: VON SPRACHE BIS KULTUR — ***INFO-BOX***

Unter Übersetzung versteht man die Wiedergabe eines Textes in einer anderen Sprache („interlinguale Übersetzung"). Man unterscheidet dabei **Ausgangssprache** (Sprache, aus der übersetzt wird) bzw. **Ausgangstext** (Text, der übersetzt wird) und **Zielsprache** (Sprache, in die übersetzt wird) bzw. **Zieltext** (übersetzter Text; Ergebnis der Übersetzung).

In einem weiteren Sinn kann man auch in anderen Bereichen von Übersetzung sprechen:

- bei der „Übersetzung" von Texten **in ein anderes Medium** („intermediale Übersetzung": z. B. die Verfilmung eines Romans);
- bei der „Übersetzung" von Texten **innerhalb derselben Sprache** („intralinguale Übersetzung"), aber aus einer anderen Sprachstufe (Mittelhochdeutsch/Neuhochdeutsch, Dialekt/Hochsprache) oder mit veränderter Funktion;
- schließlich bei „Übersetzungs"-Vorgängen bei der **Begegnung zweier Kulturen** („interkulturelle Übersetzung"): eigene und fremde Bedeutungen, Vorverständnisse und Verhaltensweisen müssen „übersetzt" werden, damit Kommunikation funktionieren kann.

Text 2:
Joanne K. Rowling: Harry Potter y la piedra filosofal

Harry bajó la vista rápidamente, mientras la profesora McGonagall ponía en silencio un taburete de cuatro patas frente a los de primer año. Encima del taburete puso un sombrero puntiagudo de mago. El sombrero estaba remendado, raído y muy sucio. Tía Petunia no lo habría admitido en su casa. [...]

—¡Potter, Harry!

Mientras Harry se adelantaba, los murmullos se extendieron súbitamente como fuegos artificiales.

—¿Ha dicho Potter?

—¿Ese Harry Potter?

Text 3:
Joanne K. Rowling: Harry Potter ve Felsefe Taşı

Harry başını hemen indirdi; Profesör McGonagall, yeni öğrencilerin önüne dört ayaklı bir tabure yerleştirdi sessizce. Taburenin üstüne de sivri uçlu bir büyücü şapkası koydu. Yamalar içindeydi şapka, eski püsküydü, son derece kirliydi. Petunia Teyze olsa, onu evin kapısından içeri sokmazdı. [...]

"Potter, Harry!"

Harry bir adım atınca, alev hışırtılarını andıran fısıltıların yükseldiğini duydu salonda.

"*Potter* mı dedi?"

"Şu *ünlü* Harry Potter mı?"

Lo último que Harry vio, antes de que el sombrero le tapara los ojos, fue el comedor lleno de gente que trataba de verlo bien. Al momento siguiente, miraba el oscuro interior del sombrero. Esperó.
— Mm —dijo una vocecita en su oreja—. Difícil. Muy difícil. Lleno de valor, lo veo. Tampoco la mente es mala. Hay talento, oh vaya, sí, y una buena disposición para probarse a sí mismo, esto es muy interesante... Entonces, ¿dónde te pondré?
Harry se aferró a los bordes del taburete y pensó: „En Slytherin no, en Slytherin no".
—En Slytherin no, ¿eh? —dijo la vocecita—. ¿Estás seguro? Podrías ser muy grande, sabes, lo tienes todo en tu cabeza y Slytherin te ayudaría en el camino hacia la grandeza. No hay dudas, ¿verdad? Bueno, si estás seguro, mejor que seas ¡GRYFFINDOR!

Şapka gözlerine inmeden önce Harry'nin son gördüğü şey, salondakilerin onu dikkatle süzmeleri oldu. Sonra da şapkanın içindeki karanlığı gördü. Bekledi.
"Hmm," diye incecik bir ses geldi kulağına. "Güç. Çok güç. Bakıyorum, bayağı gözüpek. Kafa da fena değil. Yetenek de var, evet, öyle - kendini kanıtlama tutkusu... bak, bu ilginç... Seni nereye yollasam acaba?"
Harry taburenin kenarlarına sımsıkı yapışıp, "Slytherin olmasın, Slytherin olmasın," diye düşündü.
İnce ses, "Slytherin olmasın, ha?" dedi. "Emin misin? Biliyor musun, büyük usta olabilirsin sen, hepsi kafanın içinde, Slytherin de büyük ustalık yolunda çok şey kazandırabilir sana - hayır mı? Eh, öyle istiyorsun madem - GRYFFINDOR!"

11.3

In Text 1 geht es um jene Episode aus dem ersten Band der Harry-Potter-Serie, in der Harry seinem „Haus" zugeteilt wird. In Hogwarts wird diese Zeremonie mit einem Zauberhut bewerkstelligt, der den Kandidaten/Kandidatinnen aufgesetzt wird und der dann den Namen von einem der vier Häuser ausspricht.
An welche Art von Hut man dabei aber denkt, hängt entscheidend von der Wortwahl ab.

1. Welche Lösungen finden Text 2 und 3 - Übersetzungen ins Spanische und ins Türkische - für dieses Problem? Suchen Sie mit Hilfe des englischen Textes die Wörter in Text 2 und 3 heraus, die den Hut bezeichnen.
2. Finden Sie mit Hilfe von Wörterbüchern, Bildwörterbüchern oder des Internets heraus, an welche Art von Hut ein/e Leser/in der spanischen bzw. türkischen Ausgabe zuerst denken wird.
3. Fertigen Sie dann eine Zeichnung des Hutes aus a) englischer, b) spanischer und c) türkischer Sicht an. Bedenken Sie, dass sich auch die Vorstellungen von Magie, Zauberei und auch von Schule und Internat ganz grundsätzlich unterscheiden können, je nach dem Kulturkreis, dem Sie angehören.

2 GEDICHTE ÜBERSETZEN

Im Jahr 1609 erschien in London ein Band mit Gedichten von Shakespeare, dem damals schon berühmten britischen Dramenautor. Es handelt sich um 154 Gedichte in Form des Sonetts, eine damals besonders populäre Form. Vor allem in der deutschsprachigen Literatur gibt es viele hundert Übersetzungen des ganzen Zyklus und einzelner Gedichte daraus. Besonders bekannt ist das Sonett Nr. 18, das das „lyrische Du" mit einem Sommertag vergleicht. (Es folgt auf eine Reihe von Sonetten, in der der junge Mann zum Heiraten aufgefordert wird, weil seine große Schönheit vergänglich ist und nur in einem Sohn weiterleben kann. Am Ende von Sonett Nr. 18 macht das Ich allerdings klar, dass ein Weiterleben vor allem im Gedicht möglich sein wird, und zwar genau in dem Gedicht, das es gerade verfasst hat ...)

SONETT — ***INFO-BOX***

Ein **Sonett** (von ital. sonare, klingen, Pl. Sonette) ist ein Gedicht in vierzehn Zeilen, das üblicherweise aus zwei vierzeiligen („Quartette") und zwei dreizeiligen Strophen („Terzette") besteht.

Die von Shakespeare verwendete Form hat drei Strophen im Kreuzreim (abab) und wird mit einem paargereimten Zweizeiler („couplet") abgeschlossen („Shakespeare-Sonett"). Die Verszeile zeigt einen Jambus (Senkung [unbetont] - Hebung [betont]) und hat fünf Betonungen („fünfhebiger Jambus").

Sonette werden oft zu einem Zyklus zusammengefasst. Ein **Zyklus** ist eine Reihe von eng aufeinander bezogenen Gedichten, in der z. B. eine Entwicklung, eine Geschichte (der Ablauf einer Liebesgeschichte, wie vielleicht in Shakespeares Sonetten) o. Ä. dargestellt werden kann.
Den/die Sprecher/in in einem Gedicht nennt man **„lyrisches Ich"**, den Angesprochenen/die Angesprochene **„lyrisches Du"**. Damit soll angezeigt werden, dass „Ich" und „Du" nicht mit realen Personen verwechselt werden dürfen.

Text 4:
William Shakespeare: Sonett Nr. 18

Shall I compare thee to a summer's day?
Thou art more lovely and more temperate;
Rough winds do shake the darling buds of May,
And summer's lease hath all too short a date;

Sometime too hot the eye of heaven shines,
And often is his gold complexion dimm'd;
And every fair from fair sometime declines,
By chance or nature's changing course untrimm'd;

But thy eternal summer shall not fade,
Nor lose possession of that fair thou ow'st;
Nor shall Death brag thou wander'st in his shade,
When in eternal lines to time thou grow'st:

So long as men can breathe or eyes can see,
So long lives this, and this gives life to thee.

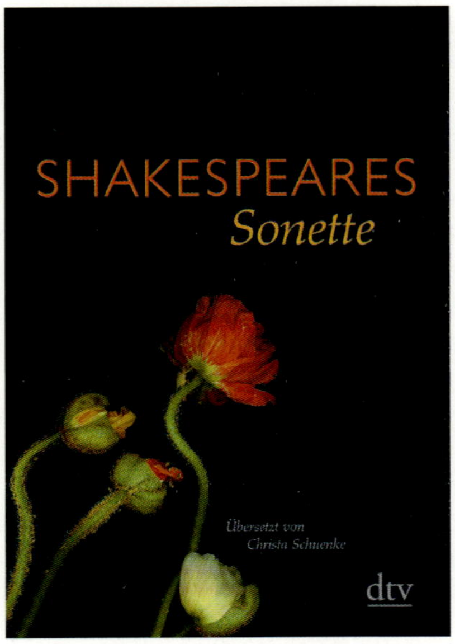

11.4 Diskutieren Sie in Kleingruppen verschiedene Möglichkeiten, die erste Strophe des Gedichts zu übersetzen. Erproben Sie verschiedene Varianten.

Benützen Sie dazu Ihr Englisch-Wörterbuch oder ein Online-Wörterbuch. Die Übersetzung von Klaus Reichert (Text 5) wird Ihnen dabei helfen; Sie können aber auch jede andere Übersetzung (Text 6 und 7) zu Rate ziehen.

Beachten Sie:

1. Das Gedicht ist über vierhundert Jahre alt und muss daher zugleich in unsere Sprache, in unsere Kultur und auch in unsere Zeit übersetzt werden.
2. Manche Wörter haben ihre Bedeutung verändert, manche Wörter werden gar nicht mehr verwendet.
3. Auch die Grammatik ist nicht mehr ganz dieselbe (für Sprecher/innen des Deutschen aber leicht verständlich: „thou“ [„du“] und „thee“ [„dich“] für „you“; „thou ow[e]st“ für „you owe“).

Text 5:
William Shakespeare: Sonett Nr. 18
übersetzt von Klaus Reichert

Soll ich dich einem Sommertag vergleichen? Viel schöner bist du und viel ebenmäßiger. Die zarten Maienblüten schütteln rauhe Winde und die dem Sommer eingeräumte Zeit ist allzu kurz:

Es strahlt manchmal das Himmelsaug zu heiß, und oftmals scheint der Goldglanz eingetrübt, und alles Schöne heißt bald nicht mehr Schönes, da es das Los, da es der Wechsel der Natur um seinen Namen brachte.

Doch nicht vergehen soll dein ewiger Sommer, auch nicht verlieren, was ganz Dein: die Schönheit. Auch soll nicht rühmen sich der Tod, du gingst in seinem Schatten, wenn du in ewigen Zeilen mit der Zeit verschmilzt:

So lange Menschen atmen, Augen sehn, so lang lebt dies, und dies gibt dir dein Leben.

LITERARISCHE ÜBERSETZUNG — ***INFO-BOX***

Literarische Texte sind Texte, die nicht auf Eindeutigkeit, sondern auf **Vieldeutigkeit** abzielen. Anders als z. B. bei Gebrauchsanweisungen, Nachrichtentexten oder Lehrbüchern, die eindeutig sein müssen, sollen literarische Texte möglichst vielschichtig sein.

Literarische Übersetzung ist daher immer wieder als eigentlich unmöglich bezeichnet worden.
Die Übersetzung von literarischen Texten steht allerdings immer vor besonderen **Entscheidungen**: Wenn nicht alle formalen Eigenschaften eines Textes und alle seine Bedeutungen übersetzt werden können, welche sind wichtiger? Was muss „geopfert“, was muss „gerettet“ werden (**„Übersetzungsgewinn“ und „Übersetzungsverlust“**)? Welche **Lösungen** können für ein bestimmtes **Übersetzungsproblem** gefunden werden?

Literarische Übersetzung ist damit selbst eine **kreative Tätigkeit.**
Man spricht daher auch oft nicht mehr von einem – gut oder schlecht übersetzten – „Original", sondern von zwei im Prinzip gleichberechtigten **Versionen** desselben Textes. Viele große literarische Autoren/Autorinnen waren daher auch immer wieder selbst als Übersetzer/innen tätig.

Zugleich ist sie eine Form der **Interpretation** eines literarischen Textes, weil sie bestimmte Bedeutungen des übersetzten Textes erst sichtbar macht (so wie man ein Musikstück bei der Aufführung „interpretiert").

Text 6:
William Shakespeare, Sonett Nr. 18
übersetzt von Dorothea Tieck (1826)

Vergleich' ich Dich dem Tag im holden Lenze?
Du bist weit süßer, bist Dir immer gleich:
Der Sturm zerreißt des Mayen Blüthen-Kränze,
Und kurze Zeit nur steht des Frühlings Reich.

Bald scheint zu heiß herab des Himmels Licht,
Bald hüllt in Wolken sich die goldne Spur.
Kein Schönes, dem nicht Schönheit oft gebricht,
Des Schmuck's beraubt durch Zufall und Natur.

Jedoch Dein ew'ger Lenz soll nie verblühn;
Nichts diese Zierde, die Dir eigen, kränken;
Der Tod nie prahlend in sein Reich dich ziehn,
Da ew'ge Zeilen ew'ge Dauer schenken.

So lang', als Augen sehn und Menschen leben,
Lebt dies, um ew'ge Jugend Dir zu geben.

Text 7:
William Shakespeare, Sonett Nr. 18
übersetzt von Stefan George (1909)

Soll ich vergleichen einem sommertage
Dich der du lieblicher und milder bist?
Des maien teure knospen drehn im schlage
Des sturms und allzukurz ist sommers frist.

Des himmels aug scheint manchmal bis zum brennen –
Trägt goldne farbe die sich oft verliert –
Jed schön will sich vom schönen manchmal trennen
Durch zufall oder wechsels lauf entziert.

Doch soll dein ewiger sommer nie ermatten:
Dein schönes sei vor dem verlust gefeit.
Nie prahle Tod – du gingst in seinem schatten ...
In ewigen reimen ragst du in die zeit.

Solang als menschen atmen – augen sehn
Wird dies und du der darin lebt bestehn.

EINE ÜBERSETZUNG BEURTEILEN/ÜBERSETZUNGEN VERGLEICHEN — ***SO GEHT'S***

Um eine Übersetzung beschreiben oder beurteilen zu können, muss man systematisch vorgehen und Abweichungen bzw. Veränderungen auf allen Ebenen des Textes erfassen. Im Prinzip geht es um einen Vergleich zweier Texte (oder von zwei „Versionen").

- sprachliche **Form** (Verse/Prosa/rhythmische Prosa)
- **Satzgrammatik** (Satztyp [Frage/Aussage, ...], direkte/indirekte Rede; Satzgefüge [Hauptsatz/Nebensatz])
- **Stil** (Ausdrucksweise, das „Wie" einer Aussage oder eines Textes): wird der Stil beibehalten oder verändert (sachlich/spannend/...; bei Übersetzungen älterer Texte: modernisierend oder altertümlich; Stilebene: hoher Stil/umgangssprachlich/derb; hochsprachlich/dialektal; mündlich/schriftlich)
- **Wörter und Begriffe**
- sprachliche **Bilder** (Metaphern, Vergleiche)
- **Lautstruktur** (Vokale und Konsonanten)
- **Realien** (Sachen und Sachverhalte, das „Was" einer Aussage oder eines Textes): Zeit, Ort, Dinge
- **Figurennamen**
- **Gattung** und **Textfunktion** (Gebrauchsanleitung, Roman, Brief, ...)

11.5 Vergleichen Sie die Übersetzungen von Reichert, Tieck und George. Benützen Sie dazu die folgende Tabelle auf Seite 176 (— = in der Übersetzung nicht beibehalten/verändert; ✓ = in der Übersetzung beibehalten).

	Reichert	Tieck	George
Form/Gattung			
Sonettform/Strophen	— Prosa	✓ Sonett	
Vers	✓ jambisch	✓ Jambus, fünf Hebungen/Zeile	✓ Jambus, fünf Hebungen/Zeile
Satzgrammatik, Wortstellung			
"Thou art more lovely" (V. 2) Subjekt – Prädikat – Prädikatsnomen (Gleichsetzungsnominativ)	— „Viel schöner bist du"	✓ „Du bist viel süßer"	
"So long as men can breathe or eyes can see" (V. 13)	✓ „So lange Menschen atmen, Augen sehn"	—	✓ „Solang als menschen atmen — augen sehn"
	—	—	—
Stil (hoch/mittel/niedrig)			✓ hoch
Wörter und Begriffe			
"eternal summer" (V. 9)		✓ „Lenz" (= Frühling)	
Bilder (Metaphern, Vergleiche)			
"eye of heaven" (V. 5)	✓ „Himmelsaug"	— „Himmels Licht"	
Lautstruktur			
"lovely" (V. 2)		— süßer	✓ lieblich

Die folgenden Versionen des Sonetts Nr. 18 stammen von einem Lyriker und einer Lyrikerin der Gegenwart, dem österreichischen Autor Franz Josef Czernin (geb. 1952), der selbst auch Sonette geschrieben hat, und von der deutschen Lyrikerin und Romanautorin Ulrike Draesner (geb. 1962), die ihre Versionen der Shakespeare-Sonette „Radikalübersetzungen" genannt hat.

Text 8:

William Shakespeare: Sonett Nr. 18
„Übersetzung" von Franz Josef Czernin (1999)

mit dem, was blüht und reift, soll ich dich selbst vergleichen?
du erst machst blumen schön, bringst maßvoll sie zum sprechen:
was treibt, das wird vertrieben, stürmisch muss verstreichen,
was drängt; bald platzt, was ins kraut schiesst so wild, muss brechen,

doch dein aug nicht. – die sonne? ist nicht stets besonnen,
sie brennt auf sich zu sehr; was färbt, oft färbt zu schön,
was schön tut, wendet blatt zu schnell; und kaum begonnen,
zerronnen bild ist schon, sich jedes ding muss drehn

und drehn und pflanzen, ach, auch fort; doch du, hier blauend,
sollst nicht verbleichen, was anhimmelt jetzt, bewahre
mit haut dich, haar; nie hier dein herz zerreisse, schauend
durchdringe stets sich selbst, ja überall dich offenbare

voll sinn: solang wir sind uns so im hauch, im wort,
lebendig und geflügelt stehst an diesem ort.

William Shakespeare

Text 9:

William Shakespeare: Sonett Nr. 18
„Radikalübersetzung" von Ulrike Draesner (1999)

einem sommertag vergleichen, dich?
gesünder bist du, besser temperiert:
stickstoffwinde nagen die teuren maiknospen an,
geleaste sommerzeit fault dattelbraun, zu schnell:
zu viel UV strahlt durchs ozonloch ab und brennt,
oft ist der sonne teint von smog verhängt;
alles helle beugt periodisch helles in den fall,
chaotisch ist zufall, genetisch unser roulette;
doch in deinem zeitimmunen sommer tanzt keine zelle den fado[1],
keine verliert, dem du dich verdankst, ihr DNA-eldorado[2];
noch wird der tod prahlen, in seinem schatten wandre deine pracht,
wenn als buchstabenhelix[3] du der zeit entwächst;
solange einer atmen kann, solange augen sehn,
solange lohnt auch dies und klont dir leben ein.

[1] ***Fado*** *– portugiesischer Liedstil, meist traurig-melancholisch*
[2] ***Eldorado*** *– Traumland, Wunschland, Paradies*
[3] ***Buchstabenhelix*** *– Anspielung auf die „Doppelhelix" (gewundene Strickleiter, Schraubenlinie) der DNA, die hier mit dem Gedicht verglichen wird; dessen Buchstaben werden mit dem Code der DNA verglichen (A-C-T-G)*

11.6

Führen Sie ein Streitgespräch: „Darf man so übersetzen wie Czernin und Draesner?"

Bilden Sie zwei Gruppen, die gegenteilige Positionen in dieser Frage vertreten.
Mögliche Argumente in der Debatte sind:

- Nähe/Ferne zum Ausgangstext
- Treue zum Autor/zum „Original"
- Freiheit der Kunst
- Zeitgemäßheit und Modernität, veränderte Erwartungen der heutigen Leser/innen
- „Übersetzung soll literarische Klassiker zugänglich machen" (literarische Bildung)
- die Klassiker aktualisieren
- „Jede Übersetzung verändert den Text"

11.7

1. Verfassen Sie eine eigene „Übersetzung" bzw. eine Version des Shakespeare-Gedichts (Text 4). Entscheiden Sie selbst, wie nahe Sie – und in welcher Hinsicht – Sie an Shakespeares Ausgangstext bleiben wollen: gereimt/ungereimt, in Versen, als Sonett oder in Prosa, Beibehaltung oder Veränderung der sprachlichen Bilder (Metaphern und Vergleiche), Satzbau, moderne oder altertümliche Sprache, ...
2. Schreiben Sie eine kurze Einführung, in der Sie Ihre Entscheidungen rechtfertigen (100 bis 150 Wörter).
3. Verfassen Sie eine Parodie auf Shakespeares Sonett Nr. 18. Ersetzen Sie den „Sommertag" wahlweise durch a) einen nebligen Novembertag, b) durch ein Sommergewitter nach einem schwülen Tag. Achten Sie darauf, wie sich dabei das Bild des/der Angesprochenen verändert.

3 KULTUREN „ÜBERSETZEN"

Text 10:
Hartmann Schedel: Weltchronik (1493): Gestalten der Menschen in fernen Ländern
(in originaler Schreibung)

Von mancherlay gestaltnus der menschen schreiben Plinius: Augustinus vnd ysidorus die hernachgemelten ding. In dem land india sind menschen myt hundskoͤpffen vnd reden pellende. neren sich mit fogelgefeng vnd klaiden sich mit thierhewtten. Item ettlich haben allain ein aug an der stirnn ob der nasen vnnd essen allain thierfleisch. Item in dem land libia werden ettlich on hawbt geporn vnd haben mund vnd augen. Ettlich sind bederlay geslechts. die recht prust ist in manlich vnd die lingk weibisch vnd vermischen sich vndereinander vnd gepern. Item gegen dem paradis bey dem fluss Ganges sind etlich menschen die essen nichts. dann sie haben so klainen mund das sie das getranck mit einem halm einfloͤssen vnd leben vom gesmack der oͤpffel vnd plumen. vnd sterben pald von boͤßem gesmack. Daselbst sind auch lewt an nasen eins ebnen angesichts. Ettlich haben vnden so groß lebfftzen das sie das gantz angesicht damit bedecken. Item ettlich an zungen. die deuͤdten einander ir maynung mit wincken als die closterlewt. Item in dem land Sicilia haben ettlich so große oren das sie den gantzen leib damit bedecken. Item in dem land ethiopia wandern etlich nidergebogen als das vih. vnd ettlich leben vierhundert iar. Item ettlich haben hoͤrner. lang nasen vnd gayßfuͤss das findest du in sand Anthonius gantzer legend. Itez in ethiopia gein dem nidergang sind lewt mit einem prayten fuͤss. vnd so schnell das sie die wilden thier erfolgen. Item in dem land Scithia haben sie menschen gestalt vnd pferds fuͤess. Item alda sind auch lewt fuͤnff elnpogen langk vnd werden nicht kranck bis zum tod. Item in den geschichten des grossen Alexanders liset man das in india menschen seyen mit sechs henden. Item ettlich nacket vnd rawh in den fluͤßen wonend. ettlich die an henden vnd fuͤßen sechs finger haben. ettlich in den wassern wonende halb menschen vnd halbs pferds gestalt habende. Itez weiber mit perten bis auff die prust auff dem hawbt eben vnd an har. Item in ethiopia gegen dem nidergang haben ettlich vier awgen. So sind in Eripia schoͤn lewt mit kranchßhelsen vnnd snebeln. Doch ist als Augustinus schreibt nit zuglawben das ettliche menschen an dem ort der erden gegen vns da die sunn auff geet. so sie wider nider geet die versen gegent vnsern fuͤßen keren. Doch ist ein grosser streyt in der schrifft wider den wone des gemaynen volcks. das geringßumb allenthalben menschen auff der erden seyen. […]

11.8 SB PLUS

1. Hören Sie den Auszug aus Schedels „Weltchronik".
2. Fertigen Sie danach eine Übersetzung von Schedels Text über die „Wundervölker" an.

11.9

Erklären Sie den Zusammenhang zwischen dem Textauszug Schedels und seiner Entstehungszeit. Lesen Sie dazu die INFO-BOX und Text 11.

Stellen Sie dann den Inhalt von Text 10 in schriftlicher Form verständlich dar, indem Sie ihn zusammenfassen und mit Hilfe des Texts 11 erläutern.

SCHEDELS „WELTCHRONIK" — ***INFO-BOX***

Der Nürnberger Arzt und Historiker **Hartmann Schedel** (1440 – 1514) fasste in seiner **„Weltchronik"** – ein Jahr nach Kolumbus' Landung in Amerika – noch einmal das gesamte Wissen seiner Zeit, also des ausgehenden Mittelalters, zusammen. Er beruft sich dabei weniger auf glaubwürdige und gesicherte Augenzeugenberichte als auf Schriftsteller, die in der Tradition hohes Ansehen besitzen: auf den Naturhistoriker Plinius d. Älteren und die Kirchenväter Augustinus und Isidor von Sevilla, die das Wissen der Antike an das Mittelalter weitergaben. Dass die Informationen aus diesen Texten zu Schedels Zeit schon 1000 bis 1500 Jahre alt waren, war im Mittelalter ein Argument *für* und nicht *gegen* ihre Glaubwürdigkeit.

Text 11:

Wolfgang Metternich: Wunderliche und sagenhafte Völkerschaften *(Textauszug)*

Das Unheimliche ist immer auch die Angst vor dem Fremden. Fremd war zu allen Zeiten auch das, was sich außerhalb der vertrauten Umgebung, hinter Bergen und Meeren oder einfach ganz weit weg abspielte. Eine nicht verständliche Sprache, ein anderes Aussehen, andere Sitten, Gebräuche und Verhaltensweisen genügen schon, um eine Distanz zwischen Menschen herzustellen. [...] In der Antike hatten die Griechen alle, die nicht griechisch sprachen oder auch nicht die olympischen Götter verehrten, *bárbaroi*, d. h. Stammler genannt. Daraus wurde bald eine Bezeichnung für alle Fremden, die aber nicht unbedingt abwertend gemeint war. Schon früh wurden daraus aber auch die – aus Sicht der Griechen – kulturell Unterlegenen. Vor allem im Römischen Reich wurden alle Völkerschaften, die nicht an der griechisch-römischen Bildung teilhatten, als Barbaren bezeichnet. Einen gebildeten Römer als Barbaren zu bezeichnen, galt als Beleidigung. Im Verlaufe der Spätantike wurden unter dem Einfluss des Christentums aus den kulturell auf einer niederen Stufe angesiedelten „Fremden" dann die Heiden, die nicht zum christlichen Glauben bekehrt waren. Die fremden und exotischen Völkerschaften dürfen jedoch nicht mit Fabeltieren und -wesen verwechselt werden. Sie galten dem Mittelalter immer als Menschen. Schon die frühen griechischen Schriftsteller hatten Beschreibungen von fernen Ländern und ihren Bewohnern geliefert. Zu den berühmtesten unter ihnen gehört Herodot von Halikarnassos [...]. Schon er übernahm Informationen vom Hörensagen und von älteren Schriftstellern, war auch nicht frei von dem Bestreben, Anekdoten und Legenden in seine vielfach sehr genauen Darstellungen einzufügen. [...] Herodot schrieb im 5. Jahrhundert [...] noch vor dem Eroberungszug Alexander des Großen, der dann Indien und damit den Rand der damals bekannten Welt endgültig in einen kulturellen Austausch mit Griechenland brachte. [...] Damit war der Weg frei für die fantastische Ausgestaltung einer faszinierenden und wundersamen Welt, die dann im Mittelalter in vielen Traktaten und Dichtungen das Bild von den monströsen Völkerschaften und den seltsamen Tieren des Ostens bestimmten. [...] Die Menge dieser so eigenartig gestalteten Völker wuchs bis zum Mittelalter zu einer kaum noch zu überschaubaren Zahl an. Hartmann Schedel fasst am Ende des Mittelalters 21 von ihnen im Bild in seiner Weltchronik von 1493 zusammen, ohne sie allerdings beim Namen zu nennen.

„Kopffüßler", Ormesby-Psalter (14. Jh.)

Text 12:

Georg Forster: Reise um die Welt (1777) *(Textauszug in originaler Schreibung)*

Auf dem Rückwege kamen wir an einer Insel vorbey, die eine weit hervorragende Felsenspitze hatte, auf welcher wir einen Menschen sehr laut rufen hörten. Da dies niemand anders als einer von den Eingebohrnen seyn konnte, so nannten wir diese Insel *Indian-Island*, d. i. Indianer-Insel, und näherten uns dem Ufer derselben, um zu erfahren, von wem die Stimme herkäme. Als wir weiter heran kamen, entdeckte man, daß es ein Indianer war, der mit einer Keule oder Streit-Axt bewafnet, auf der Felsenspitze stand, und hinter ihm erblickte man in der Ferne, am Eingang des Waldes, zwo Frauenspersonen, deren jede einen Spieß in der Hand hielt. Sobald wir mit dem Boot bis an den Fus [!] des Felsen hingekommen waren, rief man ihm in der Sprache von *Taheiti* zu: *Tayo Harre maï*, d. i. Freund komm hier! Allein das that er nicht, sondern blieb an seinem Posten, auf seine Keule gelehnt stehen und hielt in dieser Stellung eine lange Rede, die er bey verschiednen Stellen mit großem Nachdruck und Heftigkeit aussprach, und alsdenn zugleich die Keule um den Kopf schwenkte. Da er nicht zu bewegen war näher zu kommen, so gieng Capitain *Cook* vorn ins Boot, rief ihm freundlich zu und warf ihm sein und andrer Schnupftücher hin, die er jedoch nicht aufangen wollte. Der Capitain nahm also etliche Bogen weiß Papier in die Hand, stieg unbewaffnet auf dem Felsen aus und reichte dem Wilden das Papier zu. Der gute Kerl zitterte nunmehro sichtbarer Weise über und über, nahm aber endlich, wiewohl noch immer mit vielen deutlichen Merkmalen von Furcht, das Papier hin. Da er dem Capitain jetzt so nahe war, so ergrif ihn dieser bey der Hand und umarmete ihn, indem er des Wilden Nase mit der seinigen berührte, welches ihre Art ist sich unter einander zu begrüßen. Dieses Freundschaftszeichen benahm ihm mit einemmale alle Furcht, denn er rief die beyden Weiber zu sich, die auch ungesäumt herbey kamen, indeß daß von unsrer Seite ebenfalls verschiedne ans Land stiegen, um dem Capitain Gesellschaft zu leisten. Nunmehro erfolgte zwischen uns und den Indianern eine kleine Unterredung, wovon aber keiner etwas rechtes verstand, weil keiner in des andern Sprache hinreichend erfahren war.

GEORG FORSTER: „REISE UM DIE WELT" — **INFO-BOX**

James Cook war ein britischer Seefahrer und Entdecker (1728 – 1779). Er unternahm von 1768 an insgesamt drei große Entdeckungsreisen in den südlichen Pazifik („Südsee"). Wie damals üblich, reiste er mit einem kleinen Team von Naturforschern, Ärzten, Astronomen und Malern zur Dokumentation. An Cooks zweiter Reise (1772 – 1775) nahm der spätere Naturforscher, Schriftsteller, Aufklärer und Revolutionär **Georg Forster** (1754 – 1794) teil und verfasste darüber eine wichtige Reisebeschreibung, die zum Vorbild der neueren Reiseliteratur werden sollte. Vor allem seine Beschreibung der friedlichen Menschen von Tahiti wurde berühmt.

11.10 Lesen Sie den obigen Text aufmerksam durch und notieren Sie alle Handlungen, die hier beschrieben werden und der Herstellung von Kontakt zwischen den Figuren dienen. Achten Sie dabei auf sprachliche (verbale) und nicht sprachliche (nonverbale) Aktionen.

INTERKULTURELLES VERSTEHEN — **INFO-BOX**

Um miteinander kommunizieren und um Erzähltes verstehen zu können, ist eine minimale Gemeinsamkeit zwischen den Beteiligten nötig – und zwar in mehreren Bereichen:

- **Sprache,**
- **Körpersprache** (Mimik, Gestik; auch einfache Gesten können kulturell unterschiedliche Bedeutung haben: in Bulgarien z. B. bedeutet Kopfnicken: „nein"),
- geteilte Meinungen über die **Bedeutung von einzelnen Handlungen** (Begrüßungsrituale, Ausdruck von Gefühlen, ...),
- das **kulturelle Wertesystem** (was in einer Kultur erwünscht, möglich oder verboten ist: religiöse Tabus, Umgang mit dem anderen Geschlecht, ...).

11.11 Text 12 enthält eine große Anzahl von Handlungen; nur ein Teil von ihnen dient tatsächlich der Verständigung. Welche Erwartungen oder Theorien über den Anderen und seine Art zu kommunizieren, zu denken und zu handeln sind mit ihnen verbunden? Was sagen sie über das Verhältnis zwischen den Kommunizierenden aus (wer hält den Anderen für über- bzw. unterlegen, für den Gast, den Eindringling, den Feind?)?

Was bedeutet das „Papiergeschenk" von Captain Cook an den „Indianer"?

Es gibt mehrere Möglichkeiten:

- Friedensangebot durch eine „weiße Fahne" – das hat aber nur Sinn, wenn der Andere dieses Symbol auch kennt;
- ein Begrüßungsgeschenk – wobei zu beachten ist, dass es für den Schenkenden keinen materiellen Wert hat; die wertlosen Glasperlen, mit denen Columbus die „Wilden" beschenkt hat, bedeuten eigentlich: ich schenke dir etwas, obwohl ich weiß, dass du nicht einmal weißt, dass es wertloses Zeug ist, d. h., ich zeige dir damit deine Unterlegenheit;
- ich bin der Forscher und du bist nur mein Forschungsobjekt (wie ein seltenes Tier für einen Naturforscher), auf dieses Papier schreibe ich für gewöhnlich meine Aufzeichnung über „primitive" Kulturen (diese Bedeutung muss Cook aber gar nicht bewusst sein).

Entscheiden Sie sich für eine der drei angebotenen Möglichkeiten und begründen Sie Ihre Entscheidung vor der Kleingruppe.

11.12 Suchen Sie in Kleingruppen mögliche Bedeutungen der folgenden Handlungen in Text 12:

1. „Keulenschwingen"
2. Benennen („Taufen" der Insel: Was bedeutet es, einem Menschen/einem Land/einem Objekt einen Namen zu geben? Wer darf Namen geben? Wann und bei wem „gelten" sie? Hatten sie vorher keinen?)
3. „Nasenkuss"
4. Gespräch ohne gemeinsame Sprache

Besprechen Sie Ihre Ergebnisse dann im Plenum.

In dem folgenden Text des österreichischen Schriftstellers Christoph Ransmayr (geb. 1954) wird ein Reiseerlebnis von der Insel Java in Indonesien erzählt. Am Ende der Regenzeit fährt der Erzähler auf der Ladefläche eines offenen Transportwagens mit dreißig Mitreisenden über Land; vor ihnen fährt ein anderer gleichartiger Wagen mit einer Gruppe von Landarbeitern, „Hirten oder Schlachtern", wie der Erzähler vermutet, mit Ziegen, Schafen und kleinen schwarzen Schweinen. Er hat eine Zeitung dabei, die er einem Straßenhändler abgekauft hat, um später seine nassen Schuhe damit ausstopfen zu können; lesen kann er sie nicht, da er die Sprache des Landes nicht beherrscht.

Text 13:
Christoph Ransmayr: Der Weg nach Surabaya. Protokoll einer Lastwagenfahrt
(in originaler Schreibung)

[...] Als nun einer der vorausfahrenden Hirten oder Schlachter diese Zeitung in meinen Händen sah, hielt er seine Fäuste vor die Augen wie ein Fernglas und lachte. Meinte er tatsächlich mich? Ich strich die Zeitung glatt, hob sie hoch und zeigte ihm die Titelseite. Ein Fußballspieler war darauf zu sehen, der in Hüfthöhe über dem Boden zu schweben schien. Der Mann flog einem unsichtbaren Ball nach und auf einen Sieg oder eine Niederlage zu – ich konnte Überschriften und Bildunterschriften ebensowenig verstehen wie den Rest des Textes, war er doch in jener Kunstsprache abgefaßt, die auf den dreitausend bewohnten und elftausend unbewohnten Inseln Indonesiens als Landessprache gilt.
Diese *Bahasa Indonésia* ist einfach und vielfältig zugleich. Ein Konglomerat aus dem Malaiischen, Sundanesischen, Javanischen ... und nahezu dreihundert weiteren Sprachen und Dialekten des Archipels, kennt diese Sprache kein grammatikalisches Geschlecht und keine Deklination und keinen bestimmten oder unbestimmten Artikel ... Was immer eines ihrer Wörter bedeutet, bedeutet es vor allem in einem größeren Zusammenhang. Übersät mit Begriffen aus dem Hindi, dem Arabischen und dem Chinesischen, ist diese Sprache aber nicht nur der aus tausend Buchten zurückschlagende Widerhall in einem Labyrinth der Kulturen, sondern bewahrt mit ihren niederländischen Lehnwörtern auch die Erinnerung an Kolonialherren, die hier noch Jahre nach dem Zweiten Weltkrieg wüteten. Eine Hilfssprache also, die einen Waranjäger aus Borneo oder Neuguinea mit einem Busfahrer aus Sumatra und einem Steuerbeamten aus Jakarta sprechen läßt, ohne das Gespräch in eine der sogenannten *Weltsprachen* zu zwingen.
Ich verstand zwar nicht, was über und unter den Bildern geschrieben stand, konnte die Wörter aber immerhin *lesen*, weil nach politischen und militärischen Niederlagen der europäischen Eroberer schließlich doch das lateinische Alphabet über andere, rätselhaftere Schriften triumphierte.
Der Hirt oder Schlachter vor mir freute sich über das, was er sah oder verstand, und bedeutete mir mit dem Zeige- und Mittelfinger seiner rechten Hand das universale *V*. Seine Mannschaft hatte offensichtlich gewonnen.
Damit wurden nun auch seine Freunde oder Mitreisenden auf mich oder den dahinsegelnden Fußballspieler aufmerksam. Sie riefen etwas, das ich nicht verstand, immer wieder, bis ihr Wort- oder besser: *Zeichen*führer eine wegwerfende Geste machte, die ich als *Umblättern!* deutete.
Auch das geschah. Es war nicht einfach. Der Fahrtwind schlug mir die Blätter, die ich nun eines nach dem anderen hochhielt, immer wieder ins Gesicht. Die Straße war zwar nicht breiter, aber besser und wieder schattig geworden. Ich zeigte den Vorausfahrenden Bilder von Bewaffneten und Verwundeten oder Toten, die in zwei Reihen vor einem Panzerfahrzeug lagen, auch an ein Haus ohne Dach erinnere ich mich, an eine Zeremonie – eine Amtsübergabe? – in irgendeinem prunkvollen Saal, an einen Fahnenwald vor einem schwarzen Himmel und an eine Frau, die bis an die Brust in der Flut stand und etwas rettete, ein Bündel, ein Kissen, Feuerholz oder ein eingewickeltes Kind – *was* sie hoch über ihrem Kopf hielt, war nicht zu erkennen ...
Der Abstand zwischen uns und den Hirten oder Schlachtern wurde größer, schrumpfte dann wieder zur nächsten Nähe – und blieb insgesamt gleich. An Überholen war auch nach zehn, fünfzehn Kilometern nicht zu denken. Die Vorausfahrenden hatten ihre Aufmerksamkeit meiner Zeitung zugewandt und waren zu einem von der Fahrt geschüttelten Publikum geworden, das jetzt nicht nur sehen, sondern auch hören wollte.
Der Wort- oder Zeichenführer zeigte jedenfalls mit den zum *V* gespreizten Fingern auf seine Augen, schrieb imaginäre Zeilen in die Luft und machte dann, wie mir schien, den klappernden Schnabel einer Ente oder irgendeines anderen schnatternden Vogels nach, und ich meinte zu verstehen: *Lies vor!*
Also begann ich den Vorausfahrenden unter dem Gelächter der Reisenden beider Lastwagen eine Überschrift zuzurufen – und noch eine und las schließlich den ganzen Text unter dem Bild des Fußballspielers vor, *schrie* mehr, als ich las, die Geschichte vom fliegenden Mann. Da die lateinisch geschriebene *Bahasa Indonésia* für einen deutschsprachigen Fremden nahezu phonetisch zu lesen ist, wurde dieser Vortrag nur dann schwierig, wenn eine Steigung den Fahrer zum Schalten zwang und jedes Wort im Diesellärm unterging.
Bahasa bedeutet in dieser Sprache übrigens Sprache und *orang* heißt Mensch, Zunge *lidah*, Wort *kata*, Feuer *api*, Zeit *waktu*, König *raja*, Wunde *luka*, Sonne *matahari* und *laut* das Meer. Ein bißchen verdächtig klingt eigentlich nur das Wort für Schriftsteller: *penulis*.
Ich las also Satz für Satz, Worte, die ich nicht verstand. Ich weiß nicht, ob alle meine Zuhörer lesen konnten, wußte aber, daß *sie* verstanden, was ich las. So fuhren wir an Kakaoplantagen vorüber, fuhren unter ungeheuren, grellweißen Kumuluswolken dahin, die sich über

dem Vulkan auftürmten und seinen Kegel bis in die Stratosphäre zu überhöhen schienen.

Ich weiß nicht, ob meine Zuhörer mich für einen rotköpfigen Narren oder bloß für einen etwas plump gestalteten Ausländer hielten, mit dem die Fahrzeit schneller verging. Sie klatschten gelegentlich, lachten oft, und einer, der ein schwarzes Ferkel zwischen seinen Beinen eingeklemmt hielt, zog dem Vieh manchmal die Ohren hoch wie einer Fledermaus. Ob er das Schweinchen, das sich wand und vergeblich zur Wehr setzte, dadurch zur äußersten Aufmerksamkeit zwingen oder bloß in die Karikatur eines Zuhörers verwandeln wollte ... Auch das weiß ich nicht.

Masih berapa jauh ke Surabaya?

Wie weit ist es noch bis Surabaya?

Als der Vulkan schließlich im Dunst hinter uns allmählich eins wurde mit dem Himmel und die Bergstraße zur Küste abfiel, an der schon das weiße Band der Brandung und das graue der Nationalroute rauschte, hatte ich die Zeitung längst wieder zusammengefaltet, waren nur noch das Meer und Motoren zu hören. Die Reisenden dösten, hielten sich müde an den Bordwänden fest, schwankten der Erleichterung einer staubfreien Asphaltstraße entgegen. Obwohl also längst wieder alles beim alten und eine Geschichte gelesen, erzählt und vielleicht auch schon wieder vergessen war, brachte der Abschied noch einmal Leben ins Publikum. Gemeinsam hatten wir aus Zeichen und Lauten eine Sprache, aus einem Spiel eine Geschichte und aus der Straße eine Zeile gemacht – und waren uns doch während der ganzen Reise nicht so nahe gekommen wie in den Augenblicken des Abschieds. Noch bevor wir in den Strom der Nationalroute einbogen, nützte unser Fahrer die Breite einer langgezogenen Kurve, um hupend und blinkend zum Überholmanöver anzusetzen.

Was dann geschah, war so heiter, so federleicht und selbstverständlich, als sei es längst zwischen uns abgesprochen: Als unsere Fahrzeuge für Sekunden nebeneinander auf die Einmündung zurollten, streckten einige der Hirten oder Schlachter ihre Arme aus, die Handflächen offen – und einige von uns, darunter auch ich, klatschten mit ihren Händen dagegen, einen Gruß – oder einer dem anderen einen freundlichen Applaus? Dann übergab ich dem letzten von ihnen im letzten Augenblick und wie einem schon zurückfallenden Staffelläufer – die Zeitung; die Geschichte vom fliegenden Mann.

Selamat jalan, selamat tinggal!

Gute Reise, leben Sie wohl!

Auf die von Lastwagen zu Lastwagen gerufenen Wünsche konnte ich endlich ein Wort aus dem Gedächtnis zurückschreien. Es war das erste, das ich in der Sprache meiner Zuhörer lesen *und* verstehen *und* sprechen gelernt hatte: *Terimakasih!*

Das bedeutet *Ich danke Ihnen.*

11.13 Vergleichen Sie Text 12 und Text 13 schriftlich miteinander: Wie geht man mit Situationen, in denen sprachliche Verständigung nicht möglich ist, um?

Verfassen Sie einen Beitrag für eine Schüler/innenzeitung mit dem Schwerpunktthema „Interkulturelles Verstehen“. Beginnen Sie mit einer Inhaltsangabe der Texte. Richten Sie Ihre Erklärung an jemanden, der/die die Texte nicht kennt und sich auch noch nicht mit dem zugrundeliegenden Problem beschäftigt hat. Umfang: 500 bis 600 Wörter.

HÖRSPIEL **PROJEKT**

Ziel des Projekts: Erarbeitung eines Hörspiels „Der Weg nach Surabaya“ und Produktion
Dauer: 5 Stunden

Schritt 1:

- Arbeiten Sie in kleineren Gruppen Text 13 in das Skript eines Hörspiels um. Im Unterschied zu einer Dramatisierung oder Verfilmung haben Sie beim Hörspiel die Möglichkeit, neben den Stimmen der Figuren auch eine Erzählerstimme vorzusehen; an die Stelle der Bilder treten beim Hörspiel akustische Reize (Stimmengewirr, Tierstimmen, Motorengeräusche, ...). Achten Sie darauf, dass die Geschichte verständlich bleibt!

Schritt 2:

- Recherchieren Sie Tonmaterial oder überlegen Sie, wie Sie Geräusche u. a. mit einfachen Mitteln imitieren können;
- für die Zeitungslektüre suchen Sie (über eine Internet-Suchmaschine) einen für Ihre Zwecke geeigneten Text aus einer indonesischen Tageszeitung (z. B. „Kompas“ oder „Suara pembaruan“).

Schritt 3:

- Nehmen Sie Ihr Hörspiel mit den Ihnen zur Verfügung stehenden Mitteln (Aufnahmegeräte, PC- oder Laptop-Mikrophone, iPods, ...) auf. Die Spieldauer sollte 5 Minuten nicht überschreiten!
- Präsentieren Sie Ihr Hörspiel vor der Klasse.

Modul 11 – Kompetenztest	
Kompetenzbereiche:	a) Textkompetenz b) Sprachreflexion
Was Sie können sollen:	a) subjektive Bedingungen der Textrezeption reflektieren; fremde Weltsichten und Denkmodelle erfassen und empathisch aufnehmen und einer kritischen Betrachtung unterziehen b) die Beziehung von Sprache und außersprachlicher Wirklichkeit als Problem erkennen c) sich mit innerer und äußerer Mehrsprachigkeit auseinandersetzen
Erlaubte Hilfsmittel:	keine
Testzeit:	40 Minuten

Aufgabe

In der Graphic Novel *Persepolis* (2004) erzählt die iranische Autorin Marjane („Marji") Satrapi von ihrer Jugend. Sie musste mit vierzehn Jahren aus politischen Gründen den Iran verlassen und lebte unter anderem auch einige Zeit in Wien. Eine Mitschülerin nimmt sie über Weihnachten mit nach Tirol zu ihrer Familie.

Fertigen Sie zwei Prosafassung des untenstehenden Ausschnittes an, einmal aus der Sicht Marjis und einmal aus der Sicht ihrer Freundin Lucia. Beschreiben Sie vor allem die Gefühle der Mädchen in der neuen Situation.

Was ich jetzt kann und verstehe

Ich ...	Schätzen Sie sich ein (+2 = ganz gut, -2 = nicht)!			
	+2	+1	-1	-2
... weiß über wichtige Probleme des Übersetzens Bescheid.				
... kenne die wichtigsten Begriffe, mit denen man Übersetzungen beschreiben kann.				
... kann Übersetzungen analysieren.				
... kann bewusst und kritisch übersetzen.				
... kenne Zusammenhänge zwischen sprachlicher und kultureller Übersetzung.				

Sind Sie mit Ihren Lernfortschritten zufrieden? – Wenn Sie noch weitere Anleitungen/Übungen brauchen, hilft Ihnen Ihre Lehrerin/Ihr Lehrer.

Protokolle verfassen

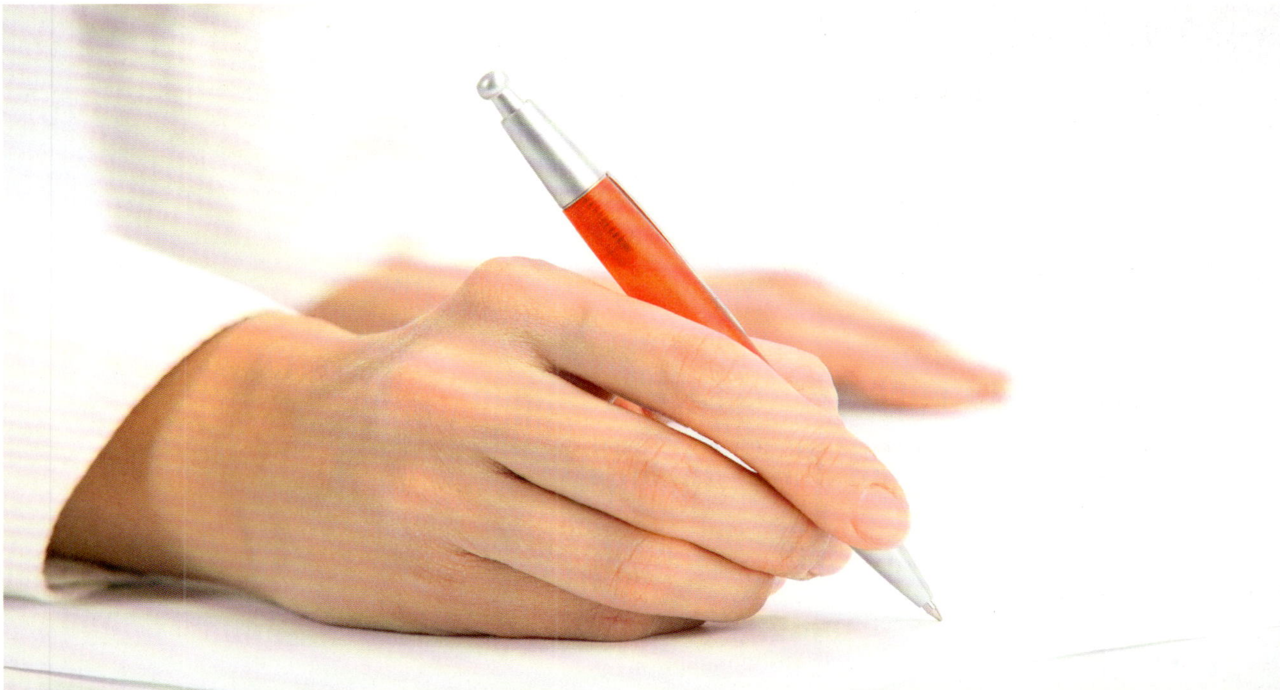

Protokolle sind in vielen Zusammenhängen, nicht nur in beruflichen, gang und gäbe.

Was Sie dabei beachten müssen und wie das Protokollieren formal richtig geschieht, erfahren Sie in diesem Exkurs.

PROTOKOLLE — ***INFO-BOX***

Protokoll im weiteren Sinn:

Protokollierung kann in zeitlicher Hinsicht in drei Grundtypen unterteilt werden:

1. die A-priori-Protokollierung („im Voraus"), die Regelung eines künftigen Ablaufs (**Konzept**),
2. die Jetzt-Protokollierung, die unmittelbare Beobachtung eines aktuellen Ablaufs (**Monitoring**),
3. die A-posteriori-Protokollierung („im Nachhinein"), die Dokumentation eines gewesenen Ablaufs (**Logging**).

Wo eine korrekte Durchführung festgelegter Abläufe auch im Nachhinein überprüfbar sein sollte, umfasst ein Protokoll Monitoring und Logging, z. B. in Form einer (abgehakten) **Checkliste**.

Protokoll im engeren Sinn:

Darunter versteht man eine bestimmte informierende Textsorte, nämlich die schriftliche Zusammenfassung einer Sitzung, Besprechung, Verhandlung, Konferenz etc. Solche Protokolle müssen unterschiedliche Anforderungen erfüllen: Sie dienen als Urkunde, Dokumentation, Beweismittel und zur Information anderer (Nicht-Teilnehmer/innen).

Arten von Protokollen:

Der Anlass und die Aufgabe bestimmen die **Art** eines Protokolls, das heißt, **was** schriftlich festzuhalten ist und **wie** das geschehen muss:

1. **Vernehmungsprotokoll**, z. B. zu Betriebsunfällen, zu Zeugenaussagen usw. Schriftlich fixiert wird all das, was wichtig für eine spätere (Gerichts-)Verhandlung ist.
2. **Beschluss-/Ergebnisprotokoll:** Diese Protokollart hält nur die gefassten Beschlüsse und die daraus resultierenden Konsequenzen fest. Es wird also nur das **Ergebnis** festgehalten, nicht aber der Verlauf.
3. **Vollprotokoll** (Parlamentsdebatte, wissenschaftliche Kongresse): gibt den Verlauf einer Sitzung wörtlich wieder. Es wird nur dort verfasst, wo jedes Wort Bedeutung hat oder Bedeutung erlangen könnte.
4. **Verlaufsprotokoll** (Konferenz, Vereinssitzung, Vertreterbesprechung usw.): ist die in der Praxis am häufigsten verwendete Protokollart. Die einzelnen Besprechungspunkte werden nicht zur Gänze, sondern **je nach ihrer Wichtigkeit** unterschiedlich wiedergegeben, manchmal genauer, manchmal nur in kurzen Zusammenfassungen.
5. **Gedächtnisprotokoll:** Jemand hält im Nachhinein – aus dem Gedächtnis – fest, was geschehen ist, gesprochen worden ist etc.

1 PROTOKOLLE IM WEITEREN SINN

E.1

1. Verfassen Sie in Gruppen ein Konzept (eine Planung)
   - für ein Klassenfest am Semester- oder Schulschluss,
   - für ein Buffet am Elternsprechtag,
   - für ein Konzert einer Band Ihrer Wahl im Turnsaal oder auf der Sportanlage.
2. Verfassen Sie eine Checkliste (mit einer Spalte zum Abhaken) zu diesem Konzept, was zu welchem Zeitpunkt zu erledigen ist.

2 PROTOKOLLE IM ENGEREN SINN

2.1 Protokollanlässe und deren Anforderung

E.2 Ergänzen Sie die folgende Tabelle.

Protokollanlässe	Nennen Sie je 1 **Beispiel** dafür, **was** unbedingt protokolliert werden muss.	Nennen Sie den **Grund** dafür, **warum** man dieses Beispiel **protokollieren** muss.
Privater Bereich		
Vereinssitzung		
Mieter/innen-Versammlung (z. B. wegen Erhöhung der Mieten)		
Schadensfall-Verhandlung (z. B. Wasserrohrbruch)		
Bau-Verhandlung		
Betrieblicher Bereich		
Vorstandssitzung		
Besprechung der Abteilungsleiter/innen		
Besprechung der Arbeitnehmer/innen		
Öffentlicher Bereich		
Zeugeneinvernahme		
Gerichtsverhandlung		
Sitzung des Landtages, des Nationalrates usw.		

2.2 Formale Gestaltung von Protokollen

E.3

Lesen Sie das nachfolgende Beispiel genau und ergänzen Sie die Tabelle danach, indem Sie in Stichworten notieren, was in welchem Teil enthalten sein muss.

TITELTEIL

Protokoll
der 3. Klassenratssitzung
der 6A-2014/15

Tag: 26. März 2015 — *Wann?*
Zeit: 9:25 - 10:15 Uhr
Ort: Klassenzimmer der 6A — *Wo?*
Vorsitz: Lisa Pepic
Protokollführerin: Miriam Weiglein — *Wer?*
Anwesende: Schüler/innen der 6A (lt. Klassenliste), Prof. Dorfrichter
Abwesende: Markus Dornhelm (krank) — *Wer nicht?*

Tagesordnung:
1) Begrüßung, Eröffnung, Tagesordnung — *Was?*
2) Klassenkasse
3) Sitzplan

HAUPTTEIL

TOP 1: Begrüßung, Eröffnung, Tagesordnung
Lisa begrüßt und gibt die Tagesordnung bekannt.

TOP 2: Klassenkasse
Bettina (Klassenkassierin) berichtet, dass die Klassenkasse praktisch leer ist. Da noch einige Ausgaben auf die Klasse zukommen, schlägt sie vor, dass jede/r 10,00 € in die Klassenkasse einzahlt.
Der Vorschlag wird nach einer kurzen Diskussion einstimmig angenommen.

TOP 2: Sitzplan
Emin und Christian verlangen, dass der Sitzplan geändert wird, weil sie vom Unterricht weniger mitbekommen, da sie ganz hinten sitzen. Deshalb möchten sie weiter vorne sitzen. Fast alle, die in den beiden letzten Reihen sitzen, schließen sich dieser Forderung an.
Die Schüler/innen, die in den vorderen Reihen sitzen, lehnen diese Forderung ab. Sie fürchten, dann vom Unterricht ebenfalls weniger mitzubekommen.
Prof. Dorfrichter schlägt vor, darüber zu reden, welche gemeinsamen Interessen alle haben, und danach über Maßnahmen nachzudenken, die diesen Interessen entsprechen.
Die Diskussion zeigt, dass es eigentlich nicht um den Sitzplan geht, sondern darum, vom Unterricht möglichst viel mitzubekommen. Es wird diskutiert, was sich einerseits bei den Lehrer/innen, andererseits bei den Schüler/innen ändern soll, damit das Ziel erreicht wird. Folgende Maßnahmen werden festgelegt:

Maßnahmen, die die Lehrer/innen betreffen:
1. Sie sollen am Whiteboard größer, schöner und mit dunklen Farben schreiben.
2. ... statt des Whiteboards häufiger den Beamer einsetzen.
3. ... auch diejenigen ansprechen und mit einbeziehen, die weiter hinten sitzen.
4. ... sich in der Klasse mehr bewegen.
5. ... Fragen, die einzelne Schüler/innen stellen, nicht nur für diese, sondern für alle beantworten.

Maßnahmen, die die Schüler/innen betreffen:
1. Nur zum Thema sprechen.
2. In einer Lautstärke sprechen, dass jede/r es verstehen kann.
3. Die Schüler/innen in den beiden vorderen Reihen reduzieren den Lärm.
4. Diejenigen, die es sich vorstellen können, weiter hinten zu sitzen, sollen für 2 Wochen mit anderen die Plätze tauschen.
5. Emin und Christian überlegen, wie man die Tische anders stellen könnte.

Wer macht was?
1. Miriam und Marianne sprechen mit den Lehrer/innen. Termin: 2. April 2015.
2. Johanna schreibt die Maßnahmen für die Schüler/innen auf ein Plakat, das in der Klasse aufgehängt wird. Termin: 30. März 2015.
3. Emin und Christian stellen ihren Vorschlag am 2. April 2015 vor.
4. Am 6. Mai 2015 überprüfen wir, ob die Maßnahmen eingehalten wurden und ob sie etwas gebracht haben.

SCHLUSSTEIL

Linz, 26. März 2015

....
Protokollführerin

Verteiler
Klassenvorstände
Schüler/innen der Klasse (Protokoll auf Moodle)
Prof. Dorfrichter

Was muss in jedem der drei Teile enthalten sein?

Titelteil	Hauptteil	Schlussteil

E.4

- Verfassen Sie ein Verlaufsprotokoll über eine Unterrichtsstunde nach obigem Muster.
- Die Protokolle werden von verschiedenen Schülern/Schülerinnen am Beginn der nächsten Stunde vorgelesen und verglichen. Diskutieren Sie: Wo gibt es gravierende Unterschiede? Wodurch könnten diese entstanden sein?
- Redigieren auf Grund der Diskussion (falls erforderlich)!

PROTOKOLLE VERFASSEN — ***SO GEHT'S***

Schritt 1:
Die Fakten für den **Protokoll-Titelteil** notieren.

Schritt 2: Freies Mitschreiben
- Das Vorgetragene/Gesagte/Geschehene **stichwortartig** notieren, und zwar so, dass der Sinn klar erkennbar bleibt!
- Heben Sie Überschriften deutlich hervor!

Schritt 3: Reinschrift (PC):
- Formal übersichtlich und schön gestalten (siehe Muster).
- Tempussystem des Präsens verwenden (Präsens/Perfekt).
- Nur indirekte Rede verwenden (Konjunktiv I), *z. B.: Der Schüler Walter Widerstand erklärt, er sei nicht vorbereitet und verzichte auf die Prüfung.*

Schritt 4: Nachbereitung/Kontrolle/Redigieren
Als Protokollführer/in dürfen Sie Fehler korrigieren, den Stil verbessern, Unverständliches (z. B. nicht eindeutige Notizen) verständlich machen, Unvollständiges ergänzen.

Keinesfalls dürfen Sie Inhaltliches verändern, umdeuten, weglassen etc. Mit Ihrer Unterschrift verbürgen Sie sich für die Richtigkeit des Protokolls.

Ausblick auf die Reifeprüfung

Im Rahmen der Reifeprüfung müssen Sie
- **eine „Vorwissenschaftliche Arbeit" verfassen – zu einer klar abgegrenzten Themenstellung, die nicht notwendigerweise einem Unterrichtsfach zugeordnet sein muss,**
- **schriftliche Prüfungen absolvieren – in mehreren Fächern, auch in Deutsch –,**
- **mündliche Prüfungen bestehen – in Fächern, die Sie sich auswählen; Sie können Deutsch wählen.**

In diesem Abschnitt finden Sie zu Ihrer Orientierung grundlegende Informationen über die schriftliche Reifeprüfung aus Deutsch und über die „Vorwissenschaftliche Arbeit".

1 DIE SCHRIFTLICHE REIFEPRÜFUNG AUS DEUTSCH

Bei der Reifeprüfung müssen Sie im Fach Deutsch zu einer schriftlichen Prüfung antreten. Dabei sollen Sie innerhalb von 5 Stunden zwei Texte verfassen, und zwar zwei verschiedene Textsorten.
Wie eine Aufgabenstellung bei der Reifeprüfung aussieht (= das Format), haben Sie in Modul 1 dieses Bandes kennen gelernt (S. 8). Im gesamten Band finden Sie immer wieder Aufgaben, die in diesem Format gestellt sind.
Bei der schriftlichen Reifeprüfung sollen Sie insgesamt neun Textsorten beherrschen. Mit „KOMPETENZ:*DEUTSCH*" werden Sie darauf bestens vorbereitet. Hier finden Sie eine Übersicht sowie Hinweise darauf, wo Sie Informationen, Anleitungen und Übungen finden.

TEXTSORTEN BEI DER SCHRIFTLICHEN REIFEPRÜFUNG IM FACH DEUTSCH ***INFO-BOX***

Textsorte	Was ist das?	Zu finden in „KOMPETENZ:*DEUTSCH*" ...
Zusammenfassung	Verkürzung einer oder mehrerer Textvorlagen zur Wiedergabe der wichtigsten Informationen	Basisteil 5. Klasse Basisteil 7./8. Klasse: Wiederholung und Vertiefung
Leserbrief	Man äußert sich als Leser/in einer Zeitung oder einer Zeitschrift zu einem Artikel oder einem aktuellen Thema; gewöhnlich stark meinungsorientiert; richtet sich an die allgemeine Öffentlichkeit	Basisteil 6. Klasse Basisteil 7./8. Klasse: Wiederholung und Vertiefung
Offener Brief	Eine öffentliche Aufforderung an eine oder mehrere Personen, die in der Öffentlichkeit steht/stehen, etwas Bestimmtes zu tun oder zu unterlassen.	Basisteil 7./8. Klasse

Kommentar	Eine journalistische Textsorte, ein subjektiver und wertender Text, der die Meinung der Leser/innen beeinflussen will.	Basisteil 5. Klasse Basisteil 6. Klasse: Vertiefung Basisteil 7./8. Klasse: Wiederholung und Vertiefung
Erörterung	Ein Thema wird von verschiedenen Seiten betrachtet und argumentierend behandelt.	Basisteil 5. Klasse Basisteil 6. Klasse: Vertiefung Basisteil 7./8. Klasse: Wiederholung und Vertiefung
Empfehlung	Ein Text, der auf der Grundlage von Information, Argumentation und Bewertung eine Empfehlung ausspricht.	Basisteil 7./8. Klasse
Meinungsrede	Die schriftliche Fassung einer Rede, in der man die Zuhörer/innen mit Hilfe von Argumenten von seiner Meinung zu überzeugen versucht.	Basisteil 7./8. Klasse
Textanalyse	Ein Text, der beschreibt, wie ein anderer Text beschaffen ist. Er informiert über den analysierten Text. Eine Textanalyse kann sich auf • Sachtexte, auch diskontinuierliche, oder • literarische Texte beziehen.	Basisteil 6. Klasse Basisteil 7. /8. Klasse: Wiederholung und Vertiefung
Textinterpretation	In einer Interpretation schreibt man einem Text Bedeutung zu. Man erklärt einen Text, entwickelt eigene Gedanken und gibt ihm Sinn und Gehalt. Auch eine Textinterpretation kann sich auf • Sachtexte (linear oder diskontinuierlich) oder • literarische Texte beziehen.	Basisteil 7./8. Klasse

Für das spezielle und intensive Training für die schriftliche Reifeprüfung aus Deutsch empfehlen wir Ihnen den Band **„KOMPETENZ:*DEUTSCH* – Trainingsteil für die neue Reife- und Diplomprüfung“** (siehe Seite 196).

2 DIE „VORWISSENSCHAFTLICHE ARBEIT“

In der AHS ist von allen Maturantinnen und Maturanten eine sogenannte **„vorwissenschaftliche Arbeit“** zu einer frei gewählten, aber **klar eingegrenzten Themenstellung** zu verfassen. Diese Themenstellung muss nicht unbedingt einem Unterrichtsfach zuzuordnen sein, die Arbeit daran wird aber von einem/einer fach- und sachkompetenten Lehrer/in betreut und begleitet werden.

Mit der „Vorwissenschaftlichen Arbeit“ (abgekürzt **„VWA“**) ist also ein Prozess verbunden, der bereits in der siebenten Klasse beginnt: mit der Themensuche, mit ersten Recherchen, mit der Suche nach einem/r Betreuer/in, mit der Ausformulierung des Themas und mit der Einreichung bei der und der Genehmigung des Themas durch die Schulbehörde.

Die VWA ist eine **„abschließende Arbeit auf vorwissenschaftlichem Niveau“**, das heißt, dass Sie mit dieser Arbeit zeigen, dass Sie das Rüstzeug für wissenschaftliche Arbeit gelernt und dass Sie eine gute Vorbildung für das Studium an Universitäten und Fachhochschulen haben.

Die VWA im engeren Sinn, also die von Ihnen zu einem **selbstgewählten Thema** verfasste schriftliche Arbeit soll ca. 40 000 bis 60 000 Zeichen umfassen, das sind **20 bis 30 Seiten**, formatiert in einem elektronischen Textverarbeitungsprogramm, der Seitenumfang hängt dabei stark von der Art der Arbeit ab – gibt es Tabellen, Abbildungen, Skizzen? – und ist daher nur ein ungefährer Wert.

Das Thema können Sie frei wählen, es sollte aber auf jeden Fall mit Ihren persönlichen Interessen zusammenhängen und es darf nicht zu weit gefasst sein. Die **Fakten**, die Sie dazu brauchen und recherchieren, können entweder aus der **Fachliteratur** stammen (Fachbücher, Artikel in wissenschaftlichen Zeitschriften aus Bibliotheken oder elektronischen wissenschaftlichen Quellen) oder aus Ihrer **eigenen Arbeit** (z. B. Befragungen in Ihrer Gemeinde mit Fragebögen, naturwissenschaftliche Experimente). Beispiele für solche Themen sind etwa „Ursachen der Jugendarbeitslosigkeit in St. Pölten aus der Sicht von betroffenen Jugendlichen" oder „Graffitis als Ausdruck jugendlicher Lebenswelten am Beispiel der Graffiti-Szene in der Stadt Graz"; in anderen Wissensbereichen können Themenstellungen aber auch ganz anders aussehen.

Beurteilt wird nicht nur die **schriftliche Ausarbeitung**, sondern auch deren **Präsentation** sowie die **Diskussion** der Arbeit vor der Reifeprüfungskommission. Die VWA umfasst also einen ganzen Prüfungsteil der Reifeprüfung. Sie ist neben der schriftlichen und der mündlichen Matura eine **dritte „Säule" der Reifeprüfung**.

Zur VWA gehören also Kompetenzen von der Themenfindung und -formulierung (7. Klasse, 1. Semester) über die Abfassung (8. Klasse, 1. Semester) sowie Präsentation und Diskussion vor einer Kommission (8. Klasse, 2. Semester; vor der schriftlichen Matura).

Im nächsten Band „KOMPETENZ:*DEUTSCH*" wird sich ein ausführliches Modul mit der VWA befassen (7./8. Klasse, Modul 1: Vorwissenschaftliches Arbeiten). In der untenstehenden INFO-BOX finden Sie eine Aufstellung über die Arbeitsschritte und die Kompetenzen, die Sie für die VWA benötigen; und wo diese Kompetenzen im vorliegenden Lehrwerk vermittelt werden.

KOMPETENZEN FÜR DIE VORWISSENSCHAFTLICHE ARBEIT — ***INFO-BOX***

Kompetenzen	Zu finden in „KOMPETENZ:*DEUTSCH*" ...
• Eine Recherche planen und durchführen – Ideen sammeln – Das Recherchethema eingrenzen – Zitieren – Informationen beschaffen – Exzerpieren	Basisteil 5. Klasse Basisteil 7./8. Klasse: Wiederholung und Vertiefung
• Lesen und Zusammenfassen	Basisteil 5. Klasse Basisteil 7./8. Klasse: Wiederholung und Vertiefung
• Informieren und Kommentieren – Infografiken nutzen: Diagramme lesen und gestalten, Grafiken verbalisieren	Basisteil 6. Klasse
• Sachtexte lesen und analysieren	Basisteil 6. Klasse Basisteil 7./8. Klasse
• Argumentieren	Basisteil 5. Klasse, Basisteil 6. Klasse Basisteil 7./8. Klasse
• Schreibkompetenz entwickeln/Stil	Basisteil 6. Klasse Basisteil 7./8. Klasse
• Eigene Texte bewerten und überarbeiten	Basisteil 5. Klasse Basisteil 7./8. Klasse
• Präsentieren	Basisteil 5. Klasse Basisteil 6. Klasse Basisteil 7./8. Klasse
• Diskutieren/Mündliches Argumentieren	Basisteil 5. Klasse

Stichwortverzeichnis

Musical-Reise nach London für 2 Personen

Rolle B

Situation: Ihre Klasse hat an einem Plakatwettbewerb teilgenommen und tatsächlich den ersten Preis gewonnen: eine Musical-Reise nach London für 2 Personen. An der Ausarbeitung des Plakats waren 10 Personen beteiligt. Sie meinen, Ihnen und Ihrer Freundin/Ihrem Freund stünde die Reise am ehesten zu, weil die Grundidee für das Plakat von Ihnen beiden stammt; weil Sie mit Ihrem grafischen Talent an der konkreten Umsetzung den größten Anteil hatten; weil Sie es durch Beziehungen schafften, dass für die Klasse praktisch keine Kosten entstanden sind; weil Sie durch Ihren Einsatz dafür sorgten, dass man den Einreichtermin einhalten konnte.

Ladendiebstahl

Rolle B

Raisa und ihre Freundin Tabea gehen einkaufen. In einem Outlet-Markt für Markenkleidung probiert Tabea eine Jacke an. Raisa schaut sich inzwischen noch etwas um. Als Tabea aus der Kabine kommt, gibt sie Raisa zu verstehen, dass sie unter ihrem Mantel die Jacke trägt. Möglichst unauffällig verlässt sie das Geschäft. Raisa schafft es allerdings nicht mehr. Zwei Kaufhausdetektive halten sie an und wollen ihre große Tasche, in der sie ihren Einkauf aus anderen Läden trägt, kontrollieren. Sie finden nichts. „Dann war es die andere", meint einer der Detektive.
Sie bringen Raisa zum Marktleiter. „Wer ist deine Freundin. Name, Adresse", herrscht dieser sie an. Sie schweigt. „Mach schon", meint der Manager, „sonst zeigen wir dich auch an. Wegen Mitwisserschaft."
Was soll Raisa tun? – Sie vertreten folgende Position: Raisa soll jedenfalls nichts sagen, sondern zuerst mit ihrer Freundin sprechen. Sie soll versuchen, Tabea dazu zu bringen, die Jacke zurückzugeben, und ihr auch auseinandersetzen, in welch missliche Lage sie sie, Raisa, gebracht hat. Beim Marktmanager soll sie als Pfand den Kaufpreis, 299,00 €, hinterlegen.

Ladendiebstahl

Rolle C

Raisa und ihre Freundin Tabea gehen einkaufen. In einem Outlet-Markt für Markenkleidung probiert Tabea eine Jacke an. Raisa schaut sich inzwischen noch etwas um. Als Tabea aus der Kabine kommt, gibt sie Raisa zu verstehen, dass sie unter ihrem Mantel die Jacke trägt. Möglichst unauffällig verlässt sie das Geschäft. Raisa schafft es allerdings nicht mehr. Zwei Kaufhausdetektive halten sie an und wollen ihre große Tasche, in der sie ihren Einkauf aus anderen Läden trägt, kontrollieren. Sie finden nichts. „Dann war es die andere", meint einer der Detektive.
Sie bringen Raisa zum Marktleiter. „Wer ist deine Freundin. Name, Adresse", herrscht dieser sie an. Sie schweigt. „Mach schon", meint der Manager, „sonst zeigen wir dich auch an. Wegen Mitwisserschaft."
Was soll Raisa tun? – Sie vertreten folgende Position: Raisa ist weder schuldig noch verantwortlich. Sie hat Tabea weder angestiftet noch unterstützt. Was Tabea macht, ist deren Sache. Raisa soll die gewünschte Auskunft nicht geben, weder über sich selber noch über Tabea. Mitwisserschaft kann man ihr vermutlich nicht nachweisen. Festgehalten darf sie auch nicht werden. Sie sollte dem Laden empfehlen, ein effizientes Sicherungssystem für die Waren einzuführen.

Textquellenverzeichnis

Modul 1

Seite 6: Thúy, Kim: Der Klang der Fremde. Aus dem Französischen von Andrea Alvermann und Brigitte Große. München: Kunstmann 2010. Für die Idee zu den Aufgaben 1.1 und 1.2 danken die Autorin und der Autor Dr. Sabine Fuchs, Graz.

Seite 11: Philipps, Carolin: Tränen in Tijuana. In: Topic. Das junge Magazin, Heft 188, September 2007.

Seite 12: Kapitel 3.1.1 nach Merz-Grötsch, Jasmin: Texte schreiben lernen. Grundlagen, Methoden, Unterrichtsvorschläge. Seelze: Kallmeyer in Verbindung mit Klett Erhard Friedrich Verlag 2010.

Seite 18: Kooperative Überarbeitungsmethoden in Kapitel 3.2 in Anlehnung an: Merz-Grötsch, Jasmin: Texte schreiben lernen. Grundlagen, Methoden, Unterrichtsvorschläge. Seelze: Kallmeyer in Verbindung mit Klett Erhard Friedrich Verlag 2010 und Fix, Martin: Texte schreiben. Schreibprozesse im Deutschunterricht. 2. Aufl. Paderborn: Ferdinand Schöningh Verlag 2008.

Seite 19: „Textwanderung" nach: Graub, Herwig/Seidler, Burkhard: Wenn Texte wandern ... Schüler beurteilen Schülertexte. In: Praxis Deutsch, 194, 2004.

Seite 22: Formular „Deck- und Reflexionsblatt zu einem Portfoliobeitrag" in Anlehnung an: Winter, Felix/Schwarz, Johanna/Volkwein, Karin: Unterricht mit Portfolio. Überlegungen zur Didaktik der Portfolioarbeit. In: Schwarz, Johanna/Volkwein, Karin/Winter, Felix (Hrsg.): Portfolio im Unterricht. 13 Unterrichtseinheiten mit Portfolio. Seelze-Velber: Kallmeyer in Verbindung mit Klett Erhard Friedrich Verlag GmbH 2008.

Modul 2

Seite 24: Loriot: Feierabend. In: Loriots dramatische Werke. Zürich: Diogenes 1981.

Seite 26 ff.: Grundgesetze der Kommunikation nach: Watzlawick, Paul/Beavin, Janet H./Jackson, Don D.: Menschliche Kommunikation. Formen, Störungen, Paradoxien. 12. Aufl. Bern: Huber 2011; Schulz von Thun, Friedemann: Miteinander reden 1. Störungen und Klärungen. Reinbek bei Hamburg: Rowohlt Taschenbuch Verlag 2001.

Seite 29: Herrndorf, Wolfgang: Tschick. Roman. 6. Aufl. Berlin: Rowohlt 2010.

Seite 31: Hochgatterer, Paulus: Wildwasser. 3. Aufl. Reinbek bei Hamburg: Rowohlt Taschenbuch Verlag 2001.

Seite 37: Turrini, Peter: Die Wirtin. In: Turrini Lesebuch. Stücke, Pamphlete, Filme, Reaktionen etc. 3. Aufl. Wien–Zürich: Europaverlag 1989.

Modul 3

Seite 42: Jugendliche gehen lieber ins Fitnessstudio als auf den Sportplatz. http://diepresse.com/home/panorama/jugend/565949/Jugendliche-lieber-im-Fitnessstudio-als-am-Sportplatz, 12. Sept. 2013.

Seite 49: Obernosterer, Sarah: Die Utopie vom Fairtrade-Handy. In: http://blog.roteskreuz.at/helpstarsredaktionsblog/2013/02/15/uber-die-utopie-vom-fairtrade-handy/#, 14. Sept. 2013 (außerdem: http://derstandard.at/1361240582074/Ueber-die-Utopie-vom-Fairtrade-Handy).

Seite 50: Beschreibung der Textsorte „Kommentar" nach: Staud, Herbert/Taubinger, Wolfgang: Textsortenkatalog. https://www.bifie.at/node/1498, Stand: 8. Nov. 2011.

Seite 54: Lobo dos Prazeres, Rui: Schluss mit der Heuchelei! *(unveröffentlicht, mit freundlicher Genehmigung; deutsch von W. Schörkhuber)*

Modul 4

Seite 58: Emilia Galotti. In: Harenberg Lexikon der Weltliteratur. Autoren – Werke – Begriffe. Vollst. überarb. u. aktualisierte Studienausgabe. Dortmund: Harenberg Lexikon Verlag 1994.

Seite 59: Haider-Pregler, Hilde: Mitreißende Klassiker-Aneignung. Akademietheater: Andrea Breth inszenierte Lessings „Emilia Galotti". In: Wiener Zeitung, 23. Dez. 2003.

Seite 60: Lessing, Gotthold Ephraim: Emilia Galotti. Stuttgart: Reclam 1986.

Seite 63: Frau und Mann im Brockhaus-Lexikon 1815. In: Hausen, Karin: Die Polarisierung der „Geschlechtscharaktere" – Eine Spiegelung der Dissoziation von Erwerbs- und Familienleben. In: Werner Conze (Hg.): Sozialgeschichte der Familie in der Neuzeit Europas. Neue Forschungen. Stuttgart: Klett 1978.

Seite 63: Schiller, Friedrich: Würde der Frauen. In: Gedichte. Hrsg. von Norbert Oellers. Stuttgart: Reclam 1999.

Seite 67: Kleist, Heinrich von: Penthesilea. Ein Trauerspiel. In: Sembdner, Helmut: Sämtliche Werke und Briefe. München: dtv 2001.

Seite 69: Hutfless, Esther/Schäfer, Elisabeth: Conchita Wurst: Super-Weiblichkeit mit Bart. In: Der Standard, 13. Mai 2014.

Seite 70: Wolfram von Eschenbach: Sîne klâwen. In: Gedichte und Interpretationen. Mittelalter. Hrsg. von Helmut Tervooren. Übersetzt von Jürgen Kühnel. Stuttgart: Reclam 1993.

Seite 72: Dietmar von Aist: Slâfest du, vriedel ziere? Text und Übersetzung nach: Rohrbach, Gerdt: Studien zur Erforschung des mittelhochdeutschen Tageliedes. Ein sozialgeschichtlicher Beitrag. Göppingen 1986.

Seite 72: Rühmkorf, Peter: Tagelied. In: Ders.: Haltbar bis Ende 1999. Gedichte. Reinbek: Rowohlt 1987.

Seite 73: Shakespeare, William: Romeo und Julia. In: Sämtliche Werke in vier Bänden. Hrsg. von Günther Klotz. Berlin: Aufbau 2000.

Seite 74: Mönch von Salzburg: Das kchühorn. In: Booklet zur Schallplatte „Der Mönch von Salzburg. Lieder des Mittelalters. Gruppe Bärengässlin. Dortmund: Verlag „pläne" GmbH 1980.

Modul 5

Seite 78: Krier, Jean-Marie: Was wir so alles brauchen ... oder auch nicht. In: Südwind. Magazin für internationale Politik, Kultur und Entwicklung, 04/2007.

Seite 81: Was ist ein ökologischer Fußabdruck? http://www.demokratiewebstatt.at/thema/thema-umwelt-und-klima/woher-kommt-die-dicke-luft/was-ist-ein-oekologischer-fussabdruck/, 1. Sept. 2013.

Seite 83: Karl-Markus Gauß: Die Inländer des Auslands. In: Lob der Sprache, Glück des Schreibens. Salzburg: Otto Müller Verlag 2014.

Seite 86: Schmid, Arnold: Teenagerklappe gefällig? In: Der Standard, 8. Mai 2009.

Modul 6

Seite 88: Victorri, Bernard: Die Debatte um die Ursprache. In: Spektrum der Wissenschaft, Dossier 1/2000: Evolution der Sprachen.

Seite 92: Kuckenburg, Martin: Die Debatte um das Indoeuropäische. In: Wer sprach das erste Wort? Die Entstehung von Sprache und Schrift. 2., aktualisierte Aufl. Stuttgart: Konrad Theiss Verlag 2010.

Seite 95: Zweiter Merseburger Zauberspruch. In: Mittelalter I. Hrsg. von Hans-Jürgen Koch. Stuttgart: Reclam 1976 (Die deutsche Literatur in Text und Darstellung , 1).

Seite 95: Ad infimirtatem Mulíervm post partvm. In: Althochdeutsche Literatur. Eine kommentierte Anthologie. Übersetzt, herausgegeben und kommentiert von Stephan Müller. Stuttgart: Reclam 2007.

Seite 96: Aus den Kasseler Glossen. In: Althochdeutsche Literatur. Eine kommentierte Anthologie. Übersetzt, herausgegeben und kommentiert von Stephan Müller. Stuttgart: Reclam 2007.

Seite 98: Walter von der Vogelweide: Herzeliebez vrowelîn. In: Deutsche Lyrik des frühen und hohen Mittelalters. Edition der Texte und Kommentare von Ingrid Kasten. Übersetzungen von Margherita Kuhn. Frankfurt/Main: Deutscher Klassiker Verlag 2005.

Seite 100: Luther, Martin: Sendbrief vom Dolmetschen. In: Lohse, Bernhard: Martin Luther. Eine Einführung in sein Leben und Werk. München: C. H. Beck 1997.

Seite 102: Wessobrunner Gebet. In: Althochdeutsche Literatur. Eine kommentierte Anthologie. Übersetzt, herausgegeben und kommentiert von Stephan Müller. Stuttgart: Reclam, 2007.

Seite 102: St. Gallener Paternoster. In: Althochdeutsche Literatur. Eine kommentierte Anthologie. Übersetzt, herausgegeben und kommentiert von Stephan Müller. Stuttgart: Reclam 2007.

Seite 102: Reinmar von Zweter: Got Vater Unser. Heidelberg, Universitätsbibliothek, cpg 350 (Teil D), f.10r

Seite 102: Luther, Martin: Vater unser. In: Die Bibel nach der Übersetzung Martin Luthers. Standardausgabe mit Apokryphen. Stuttgart: Deutsche Bibelgesellschaft 1985.

Modul 7

Seite 105: Weitlaner, Wolfgang: Komasaufen als Nachahmungshandlung. In: pressetext.austria, 14. Aug. 2008.

Seite 105: Modrian, Evelyn: Mobbing in Schulen. Schülerzeitung „Die Ha(c)kler", Liezen 2003.

Seite 110: Doppelt so viele Kinder mit anderer Erstsprache als Deutsch wie 1995. In: Der Standard, 14. Jänner 2013 (http://derstandard.at/1356427606567/Zahl-von-Kindern-mit-anderer-Erstsprache-seit-1995-verdoppelt, 14. Jänner 2013).

Seite 113: Kinder nicht erwünscht? In: Kleine Zeitung, 18. Juli 2000.

Seite 113: Lasst ihnen die verdiente Ruhe. In: Kleine Zeitung, 23. Juli 2000.

Seite 115: Jugend zeigt kaum Interesse an Politik. In: Kleine Zeitung, 24. Sept. 2011.

Seite 118: Rede- und Gesprächsverhalten: In Anlehnung an: Mönnich, Annette/Spiegel, Carmen: Kommunikation beobachten und beurteilen. In: Becker-Mrotzek, Michael (Hrsg.): Mündliche Kommunikation und Gesprächsdidaktik. Baltmannsweiler: Schneider Verlag Hohengehren 2009.

Seite 120: Generation mutlos. In: Kurier, 18. Aug. 2012 (http://kurier.at/lebensart/gesundheit/generation-mutlos/808.699, 18. Aug. 2012).

Modul 8

Seite 123: Funke, Cornelia: Tintenherz. Hamburg: Cecilie Dressler Verlag 2003.

Seite 126: Höhlenforscher stürzte ab. In: Salzburger Nachrichten, 18. Aug. 2010.

Seite 126: Thomas Bernhard: Höhlenforscher. In: Der Stimmenimitator. Frankfurt/Main: Suhrkamp 1987.

Seite 128: Mankell, Henning: Die falsche Fährte. Übersetzt von Wolfgang Butt. Wien: Zsolnay 1999.

Seite 129: Kafka, Franz: Die Verwandlung. In: Ders.: Ein Landarzt und andere Drucke zu Lebzeiten. Frankfurt/Main: Fischer 1994.

Seite 131: Bürger, Gottfried August: Lenore. In: Gedichte und Interpretationen. Deutsche Balladen. Hrsg. v. Gunter E. Grimm. Stuttgart: Reclam 2001.

Seite 138: Irving, Washington: Die Sage von Sleepy Hollow und andere unheimliche Geschichten. Frankfurt: Insel 2009.

Seite 141: Goethe, Johann Wolfgang von: Der Erlkönig. In: Ders.: Hamburger Ausgabe. Hrsg. von Erich Trunz. Bd. 1: Gedichte und Epen. München: dtv 1988.

Modul 9

Seite 145: Faulstich, Werner: Ein lauter Verbots-Ruf begleitet stets das Aufkommen neuer Medien. http://www.bpb.de/gesellschaft/medien/verbotene-spiele/63531/einstieg-in-die-debatte?p=all, 25. Sept. 2013 (Bundeszentrale für politische Bildung, Bonn).

Seite 146: Wagner, Wolfgang: Hören im Mittelalter – eine Annäherung. In: Bernius, Volker u. a. (Hg.): Der Aufstand des Ohrs – die neue Lust am Hören. Reader neues Funkkolleg. Göttingen: Vandenhoeck & Ruprecht 2006.

Seite 149: Williams, William Carlos: Die letzten Worte meiner englischen Großmutter. In: Thalmayr, Andreas (= Enzensberger, Hans Magnus) (Hg.): Das Wasserzeichen der Poesie oder Die Kunst und das Vergnügen, Gedichte zu lesen. Frankfurt/Main: Eichborn1985.

Seite 149: Eco, Umberto: Der Name der Rose. München: Hanser 1982.
Seite 153: Trithemius: Zit. nach Hans Widmann: Vom Nutzen und Nachteil der Erfindung des Buchdrucks – aus der Sicht der Zeitgenossen des Erfinders. Mainz: Gutenberg-Gesellschaft 1973.
Seite 155: Simon, Anne-Catherine: Google baut die letzte Bibliothek. In: Die Presse, 24. Nov. 2012.
Seite 157: Kaschnitz, Marie Louise: Das letzte Buch. In: Das Buch zum Buch. Hrsg. von Christa Jansohn. Leipzig: Reclam 1998.

Modul 10
Seite 161: Field, Syd: Bauform des populären Films: In: Die Grundlagen des Drehbuchschreibens. Schritt für Schritt vom Konzept zum fertigen Drehbuch. Überarbeitete und aktualisierte Neuausgabe. Deutsch von Kerstin Winter. Berlin: Autorenhaus Verlag GmbH 2007.
Seite 162: Hant, Peter: Das Drehbuch. Praktische Filmdramaturgie. 2. Aufl. Frankfurt am Main: Zweitausendeins 2000.
Seite 162: Hitchcock, Alfred: Überraschung und Suspense. In: Truffaut, Francois: Mr. Hitchcock, wie haben Sie das gemacht? München: Heyne 2003.
Seite 167: Der Da Vinci Code – Sakrileg: In: The Da Vinci Code. Das offizielle Begleitbuch zum Film. Hinter den Kulissen des Blockbusters. Akiva Goldsmann. Vorwort von Dan Brown, Ron Howard und Brian Grazer. Nachwort von John Calley. Bergisch Gladbach: Verlagsgruppe Lübbe GmbH & Co KG 2006.

Modul 11
Seite 171: Rowling, Joanne K.: Harry Potter and the Sorcerer's Stone. New York u. a.: Scholastic Inc. 1999.
Seite 172: Rowling, Joanne K.: Harry Potter y la piedra filosofal. Übersetzt von Alicia Dellepiane. 14. Aufl. Barcelona: Emecé Editores 2000.
Seite 172: Rowling, Joanne K.: Harry Potter ve Felsefe Taşı. Übersetzt von Ülkü Tamer. Istanbul: YKY 2003.
Seite 174: Englischer Text und Übersetzung: William Shakespeare: Die Sonette – The Sonnets. Dt. v. Klaus Reichert. Frankfurt/M.: Fischer TB 2007.
Seite 175: Shakespeares Sonette in der Übersetzung Dorothea Tiecks. Krit. hrsg. v. Christa Jansohn. Tübingen: Francke 1992.
Seite 175: Shakespeare Sonett Nr. 18: Übersetzt von Stefan George. In: William Shakespeare: The Sonnets – Die Sonette. Engl. und in ausgew. deutschen Versübersetzungen. Mit Anmerkungen und Nachwort hrsg. v. Raimund Borgmeier. Stuttgart: Reclam 2011.
Seite 176: Shakespeare Sonett Nr. 18: Übersetzt von Franz Josef Czernin. In: Franz Josef Czernin, William Shakespeare: Sonnets /Übersetzungen. Zweisprachige Ausgabe. München: Hanser 1999
Seite 177: Shakespeare Sonett Nr. 18: Übersetzt von Ulrike Draesner. In: Ulrike Draesner: twin spin. 12 Shakespeare-Sonette. In: Schreibheft 52 (1999).
Seite 178: Schedel, Hartmann: Weltchronik 1493. Hrsg. v. Stephan Füssel. Köln: Taschen 2001
Seite 179: Metternich, Wolfgang: Wunderliche und sagenhafte Völkerschaften. In: Teufel, Geister und Dämonen. Das Unheimliche in der Kunst des Mittelalters. Darmstadt: Primus Verlag 2011.
Seite 179: Forster, Georg: Reise um die Welt. In: Georg Forster: Werke in vier Bänden. Hrsg. v. Gerhard Steiner. Leipzig o. J.
Seite 181: Ransmayr, Christoph: Der Weg nach Surabaya. Reportagen und kleine Prosa. Frankfurt/M.: Verlag S. Fischer 2004.
Seite 183: Satrapi, Marjane: Persepolis. Bd. 2: Jugendjahre. Wien: Ueberreuter 2006.

Bildquellenverzeichnis

Modul 1: Seite 6: Fotolia © Jenny Sturm; Seite 11 f.: Tränen in Tijuana (3 Fotos). In: Philipps, Carolin: Tränen in Tijuana. In: Topic. Das junge Magazin, Heft 188, September 2007.

Modul 2: Seite 24: Fotolia © Erni; Seite 26: Fotolia © Benjamin Huseman; Seite 28: Fotolia © thingamajiggs

Modul 3: Seite 40: Fotolia © olly; Seite 42: Fotolia © Christian Schwier; Seite 46: Fotolia © Andreas Edelmann; Fotolia © Diana Kosaric; Seite 52: Fotolia © Andreas Edelmann

Modul 4: Seite 58: Emilia Galotti. Akademietheater 2002. © Bernd Uhlig; Seite 59: Booklet zur DVD „Emilia Galotti". Aufführung des Wiener Burgtheaters. Inszenierung: Andrea Breth. ZDF-Theater-Edition. ZDF Enterprises GmbH 2005. Copyright by Bel Air Edition GmbH und Friedrich Berlin Verlagsgesellschaft mbH; Seite 67: Wikimedia Commons; Seite 69: www.conchitawurst.com © Julian Laidig; Seite 72: Wikimedia Commons; Seite 73: In: Herles, Wolfgang (Hrsg.): Bücher, die Geschichte machten. München: cbj 2007;

Modul 5: Seite 76: In: Kunst des 20. Jahrhunderts. Hrsg. v. Ingo F. Walther. Tl. 1. Köln: Taschen 2012; Seite 78: Fotolia © Mopic; Seite 81: In: Kunst des 20. Jahrhunderts. Hrsg. v. Ingo F. Walther. Tl. 1. Köln: Taschen 2012

Modul 6: Seite 88: Sprachverteilung im 1. Jahrtausend v. Chr. In: Berger, Ruth: Wie kamen die indogermanischen Sprachen nach Europa?. In: Spektrum der Wissenschaft, 8/2010; Seite 89: Sprachfamilien. In: König, Werner: dtv-Atlas Deutsche Sprache. Mit 155 Abbildungsseiten in Farbe. Grafiker: Hans-Joachim Paul. 17. Aufl. München: dtv 2011 (Schrift bearbeitet); Seite 90: Der Stammbaum der indoeuropäischen Sprachfamilie. Nach: Crystal, David: Die Cambridge Enzyklopädie der Sprache. Übersetzung und Bearbeitung der deutschen Ausgabe von Stefan Röhrich, Ariane Böckler und Manfred Jansen. Frankfurt/Main: Campus Verlag 1993.; Seite 90: Überlieferungszeiten indogermanischer Sprachen. Nach: dtv-Atlas Deutsche Sprache. Mit 155 Abbildungsseiten in Farbe. Grafiker: Hans-Joachim Paul. 17. Aufl. München: dtv 2011.; Seite 95: In: Masser, Achim (Hrsg.): Die lateinisch-althochdeutsche Benediktinerregel Stiftsbibliothek St. Gallen. Cod. 916. Göttingen: Vandenhoeck & Ruprecht 1997 (= Studien zum Althochdeutschen, Band 33); Seite 96: Trierer Teufelsspruch (http://images.wikia.com/althochdeutsch/de/images/0/07/Trierer_teufelsspruch.jpg), 19. Nov. 2013; Seite 100: Wikimedia Commons; Seite 102: Wikimedia Commons

Modul 7: Seite 104: Fotolia © JENS; Seite 105: Fotolia © davidundderriese; Seite 106: Fotolia © Shooting Ankauf; Seite 117: Fotolia © K.-P. Adler; Seite 119: Fotolia © Franziska Angele

Modul 8: Seite 123: Fotolia © Happy Alex; Seite 128: Buch-Cover: „Die falsche Fährte" © dtv; Seite 129: Corbeyran/Horne: Die Verwandlung von Franz Kafka. München: Knesebeck 2010; Seite 131: Corbeyran/Horne: Die Verwandlung von Franz Kafka. München: Knesebeck 2010; Seite 132: Wikimedia Commons; Seite 139: Buch-Cover: „Sleepy Hollow" © Insel Taschenbuch; Seite 140: DVD-Cover: „Sleepy Hollow" © Paramount Pictures; Seite 141: Wikimedia Commons

Modul 9: Seite 143: Handymännchen: NZZ-Folio 5/2010; Seite 145: Wikimedia Commons; Seite 148: „Uns ist in alten Mären ...". Das Nibelungenlied und seine Welt. Ausstellungskatalog herausgegeben von der Badischen Landesbibliothek Karlsruhe und dem Badischen Landesmuseum Karlsruhe. Primus Verlag 2004; Seite 149: Wikimedia Commons; Seite 150: Wikimedia Commons; Seite 151: Wikimedia Commons; Seite 152: In: Horst Wenzel u. a. (Hrsg.): Die Verschriftlichung der Welt. Bild, Text und Zahl in der Kultur des Mittelalters und der Frühen Neuzeit. Wien: KHM 2000; In: Giesecke, Michael: Der Buchdruck in der frühen Neuzeit. Frankfurt/Main: Suhrkamp 1991.

Modul 10: Seite 158: „Shining". In: D'Agostini, Paolo: And Action! Legendäre Kinofilme. Wiesbaden: White Star Verlag GmbH 2008. (Einstiegsbild links, Bild 1); Seite 158: „Alice im Wunderland" In: Alice im Wunderland. Das Buch zum Film. Text von Jo Casey & Laura Gilbert. München: Dorling Kindersley Verlag GmbH 2010. (Einstiegsbild rechts); Seite 158: „Nikita". In: D'Agostini, Paolo: And Action! Legendäre Kinofilme. Wiesbaden: White Star Verlag GmbH 2008. (Bild 2); Seite 158: „Sympathy for Mr. Vengeance". In: Bailey, Andrew: Cinema Now. Hrsg. von Paul Duncan. Köln: Taschen Verlag 2007. (Bild 3); Seite 159: „Das Vaterspiel" (Szenenfoto): *Abdruck mit persönlicher Genehmigung von Regisseur Michael Glawogger*; Seite 160: „Cat Woman". In: D'Agostini, Paolo: And Action! Legendäre Kinofilme. Wiesbaden: White Star Verlag GmbH, 2008; Seite 160: „Fluch der Karibik". In: D'Agostini, Paolo: And Action! Legendäre Kinofilme. Wiesbaden: White Star Verlag GmbH, 2008; Seite 160: „Shrek" In: Hopkins, John: Shrek. Aus dem Sumpf auf die Leinwand. Berlin: Schwarzkopf & Schwarzkopf 2004; Seite 160: „Sprich mit ihr". In: D'Agostini, Paolo: And Action! Legendäre Kinofilme. Wiesbaden: White Star Verlag GmbH, 2008; Seite 160: „Die wunderbare Welt der Amelie". In: D'Agostini, Paolo: And Action! Legendäre Kinofilme. Wiesbaden: White Star Verlag GmbH, 2008; Seite 160: „Lara Croft, Tomb Raider 1". In: Jones, Alan: Lara Croft: Tomb Raider. Das offizielle Begleitbuch. Nürnberg: Burgschmiet Verlag BSV 2001. (Bild 5); Seite 162: „Das Bourne Ultimatum". In: D'Agostini, Paolo: And Action! Legendäre Kinofilme. Wiesbaden: White Star Verlag GmbH, 2008; Seite 163: „Das Parfum". In: Das Parfum. Das Buch zum Film. Das vollständige Drehbuch von Andrew Birkin & Bernd Eichinger & Tom Tykwer, mit zahlreichen Fotos aus dem Film, Berichten über die Entstehung des Films, Gesprächen mit Tom Tykwer und Bernd Eichinger sowie einem Essay von Verena Lueken. Zürich: Diogenes Verlag AG 2006. (Bild 6); Seite 163: „Herr der Ringe". In: D'Agostini, Paolo: And Action! Legendäre Kinofilme. Wiesbaden: White Star Verlag Gmb, 2008. (Bild 7); Seite 164: „Das Parfum". Das Buch zum Film. Das vollständige Drehbuch von Andrew Birkin & Bernd Eichinger & Tom Tykwer, mit zahlreichen Fotos aus dem Film, Berichten über die Entstehung des Films, Gesprächen mit Tom Tykwer und Bernd Eichinger sowie einem Essay von Verena Lueken. Zürich: Diogenes Verlag AG 2006; Seite 164: „Sieben". In: D'Agostini, Paolo: And Action! Legendäre Kinofilme. Wiesbaden: White Star Verlag GmbH 2008. (Bild 8); Seite 164: „Das Vaterspiel" (Szenenfoto): *Abdruck mit persönlicher Genehmigung von Regisseur Michael Glawogger.* (Bild 9); Seite 164: „Herr der Ringe". In: D'Agostini, Paolo: And Action! Legendäre Kinofilme. Wiesbaden: White Star Verlag GmbH 2008. (Bild 10); Seite 164: „The Descent – Abgrund des Grauens". In: Bailey, Andrew: Cinema Now. Hg. von Paul Duncan. Köln: Taschen Verlag 2007. (Bild 11); Seite 168 f.: Storyboard zu „Der Da Vinci Code – Sakrileg". In: The Da Vinci Code. Das offizielle Begleitbuch zum Film. Hinter den Kulissen des Blockbusters. Akiva Goldsman. Vorwort von Dan Brown, Ron Howard und Brian Grazer. Nachwort von John Calley. Bergisch Gladbach: Verlagsgruppe Lübbe GmbH & Co KG 2006; Seite 169: DVD-Cover: „Eyes Wide Shut" © 1999 Warner Bros. Package Design (DVD: Warner Home Video GmbH 2000); Seite 169: „True Lies". In: Das Filmplakat. Herausgegeben von Wolfgang Beilenhoff und Martin Heller. Museum für Gestaltung Zürich. Zürich/Berlin/New York: Scalo Verlag 1995.

Modul 11: Seite 171: Fotolia © JPS; Seite 171: Buch-Cover „Harry Potter and the Sorcerer's Stone" © Scholastic; Seite 174: Buch-Cover „Shakespeares Sonette" © dtv; Seite 178: Schedel:Weltchronik. In: Metternich, Wolfgang: Teufel, Geister und Dämonen. Das Unheimliche in der Kunst des Mittelalters. Darmstadt: Primus Verlag 2011; Seite 179: Schedel: Weltchronik. In: Metternich, Wolfgang: Teufel, Geister und Dämonen. Das Unheimliche in der Kunst des Mittelalters. Darmstadt: Primus Verlag 2011; Seite 183: Satrapi, Marjane: Persepolis. Bd. 2: Jugendjahre. Wien: Ueberreuter 2006.

Exkurs: Seite 185: Fotolia © Andrey Bandurenko

Ausblick: Seite 189: Fotolia © peshkova

LÖSUNGSHEFT

hpt

BASISTEIL
6. KLASSE

AICHNER
SCHÖRKHUBER

KOMPETENZ: DEUTSCH

SPRACHBUCH FÜR ALLGEMEIN BILDENDE HÖHERE SCHULEN

In diesem Heft finden Sie die Lösungen zu den geschlossenen Aufgaben.

1. Auflage 2015 (1,00)

Satz: LIGATUR – Brigitte Puschmann, 1120 Wien
Druck: Brüder Glöckler GmbH, 2752 Wöllersdorf

Modul 1

1.1
2.: 30. Jänner 1968; Vietnamkrieg

1.3
2.:
- Kommentar
- Ja (Rolle: Mitarbeiter/in einer Service-Website; Adressaten/Adressatinnen: Schüler/innen, Website)
- benennen, erklären, überprüfen, beurteilen

1.4
a) Beispiele: Exzerpt aus einem Schulbuch, Schwindelzettel
b) Beispiele: Bericht auf einer Website, Produktbeschreibung, Inhaltsangabe einer Erzählung (als Hausübung), Posting in einem sozialen Netzwerk, Liebesgedicht, Bewerbungsschreiben
Schwierig: Inhaltsangabe (keine echte Kommunikationssituation), Liebesgedicht (literarischer Text)

1.5 (Beispiele)
- persönliche Eindrücke, Beobachtungen und Erfahrungen: 18 – 34
- Zitate: 38 – 41
- Aussagen (von Beteiligten ...): 48 – 50
- Hintergründe: Kasten „Wissenswertes“
- Fakten: 9 f.

1.11
2.: Text A: du-bezogen; Text B: sachbezogen; Text C: ich-bezogen

Modul 2

2.4
a) Inhaltsebene: Jemand soll den Raum verlassen (Befehl). – Selbstoffenbarung: Ich bin sauer, ich fühle mich von dir gestört. – Beziehung: Du bist eine Nervensäge. – Appell: Verlass den Raum.
b) Inhaltsebene: Der Platz neben mir gehört jemand anderem. – Selbstoffenbarung: Ich bin unsicher und möchte nicht, dass Sie sich hierhersetzen. Ich will Distanz halten. – Beziehung: Ich halte Sie für überlegen. – Appell: Setzen Sie sich nicht hierher.
c) Inhaltsebene: Frage, was „das“ ist/soll. – Selbstoffenbarung: Ich bin ganz schön erstaunt, dass du dein Smartphone eingeschaltet hast. – Beziehung: Ich halte dich für unverfroren. – Appell: Schalte das Smartphone aus.

2.5
a) Die Gesprächspartner/innen sind miteinander vertraut. Der/die Antwortende kann problemlos die vermutete Befindlichkeit des Gegenübers ansprechen.
b) Die Antwort ist herablassend. Der/die Antwortende scheint sich überlegen zu fühlen.
c) Die Beziehung scheint angespannt. Die Schülerin wagt es zu provozieren.

2.6
1.:
- Sachohr: Was ist das Thema? Worum geht es?
- Appellohr: Was soll ich machen? Was wird von mir erwartet?
- Beziehungsohr: Wie sieht mich der/die andere? Was hält der/die andere von mir?
- Selbstoffenbarungsohr: Was sagt der/die andere über sich selbst? Wie fühlt sich der/die andere gerade?

2.:
a) Selbstoffenbarungsohr
b) Appellohr
c) Sachohr

2.8
a) Sachohr
b) Appellohr
c) Selbstoffenbarungsohr
d) Beziehungsohr

Modul 3

3.3
1. „Jugendliche gehen lieber ins Fitnessstudio als auf den Sportplatz"
2. „Österreichische Jugendliche", „Sport", „Fitnessaktivitäten"
3. (zu „Sport"): „Trendsportarten, Beachvolleyball und Snowboarden", „klassischen Sportarten wie Fußball und Skifahren"
   (zu „Fitnessaktivitäten"): „Fitnesscenter", „privaten Fitnessräumen", „Jogger"
4. 2. Satz
5. Der Text lässt sich von unten Absatz für Absatz kürzen. Der Anordnung der Informationen im ersten und im zweiten Satz entspricht die Anordnung der Detailinformation: 1. Sport – Details zum Sport; 2. Fitnessaktivitäten – Details zu Fitnessaktivitäten; 3. Quelle: Studie – Interpretation der Studienergebnisse durch die Studienautoren
6. Die Absätze lassen sich nicht sinnvoll umstellen.
7. Zu den zuvor dargestellten Sachverhalten werden Einzelheiten geliefert.

3.7 (Lösungsmöglichkeiten)
a) ohne etwas zu sagen
b) Anmerkungen
c) etwas dazu sagen
d) bekannt geben
e) Erläuterungen, Erklärungen
f) beschreiben, erklären und kritisieren

3.10

a) Thema: Ausbeutung durch die Benützung von Smartphones
b) Anlass: Ankündigung, dass ein Fair-Trade-Handy hergestellt werden soll
c) Unser Konsumverhalten fördert die Produktion von unglaublich vielen Smartphones. Diese Produktion ist ausbeuterisch (Frauen- und Kinderarbeit, Hungerlohn, gefährliche Rohstoffe).
d) Verkauf zu Dumpingpreisen; Handys werden nicht repariert, sondern weggeworfen; Ausbeutung der Arbeitskräfte
e) das bedenkenlose, nicht notwendige Kaufen neuer Handys
f) Initiatoren können zwar Zulieferer kontrollieren, nicht aber Subzulieferer

3.13

1 Einstieg, Thema: 1 – 41
2 Dabei geht es um ...: 42 – 54 (Formulierung/Signal: „Angesichts dieser Faktenlage ...“)
3 Dabei wird nicht bedacht/Bedeutsamer ist ...: 55 – 64 (Formulierung/Signal: „Allerdings lässt man dabei ... außer Acht.“)
4 Denn weiters/außerdem ...: 65 – 78 (Formulierung/Signal: „Darüber hinaus ist zu bedenken, ...“)
5 Daher ...: 79 – 86 (Formulierung/Signal: „Welche Schlüsse sind daraus zu ziehen?“)

Modul 4

4.6

„Männer“	**„Frauen“**
Körperbau: Kraft	Körperbau: Schönheit
schaffender Geist, Anstrengung, Abstraktion, planend, Spontaneität	Zurückhaltung, Innerlichkeit
Begierde, Leidenschaft	Sehnsucht
erwerbend, unstet, rastlos, unersättlich schaffend und zerstörend	bewahrend, zufrieden Wirkung im „kleinen Kreis“ Geduld, Ausdauer
Gewalt, Kampf	Güte und List, Fühlen
Öffentlichkeit	Privatheit
Arbeit bis zur Erschöpfung	unausgesetzte Betriebsamkeit
kämpft gegen das Schicksal	ergibt sich
sich selbst genügend	Liebe
Widerspruch, das Trennende	Vereinigung, ganzheitlich

4.9

- Lyrisches Ich: das Ich in einem Gedicht (nicht zu verwechseln mit dem Autor/der Autorin)
- Jambus: Versfuß xX (unbetont-betont)
- Trochäus: Versfuß Xx (betont-unbetont)
- Anapäst: Versfuß xxX (unbetont-unbetont-betont)
- Daktylus: Versfuß Xxx (betont-unbetont-unbetont)
- Strophe: mehrere zusammengehörende, graphisch abgesetzte Verszeilen, meist durch zusätzliche Struktur gebunden (z. B. durch Reimschema)
- Sonett: Gedichtform; besteht in seiner Grundform aus 14 Versen, die häufig in zwei vierzeilige und zwei dreizeilige Strophen gegliedert sind (Quartette und Terzette)

- Freie Rhythmen: Verse ohne regelmäßigen Rhythmus, mit unterschiedlicher Anzahl von betonten und unbetonten Silben, reimlos
- Paarreim: aa bb cc
- Kreuzreim: abab
- umarmender Reim: abba cddc
- Binnenreim: (End-)Reim innerhalb einer Verszeile
- Assonanz: Gleichklang zwischen Wörtern, der sich auf die betonten Vokale beschränkt (z. B. laben – fragen)

Modul 5

5.1

Testament: regulierend
Dankschreiben: Kontakt
Bevollmächtigung: regulierend
Abholschein (Wäschereinigung): regulierend
Reifeprüfungszeugnis: regulierend
Garantieerklärung: regulierend
Lebenslauf: informierend
Spielanleitung: informierend
Intro auf einer Website: appellierend
Kaufvertrag: regulierend
Dissertation: informierend (evtl. regulierend)
Leitartikel: meinungsorientiert
Kochrezept: informierend
Mahnschreiben: appellierend
Scheidungsurteil: regulierend
Beileidschreiben: Kontakt

5.2

1.
Schritt 1: Überfliegen
Schritt 2: Vorwissen aktivieren und Fragen stellen
Schritt 3: Lesen
Schritt 4: Zusammenfassen
Schritt 5: Zurückblicken

Lesestrategien:
Sprachliche:
- Zwischenüberschriften einfügen
- Fragen formulieren
- den Text reduzieren
- den Text vom Ende her erschließen
- den Text erweitern
- Beispiele finden

Visualisierende:
- Mindmap
- Cluster
- Diagramme

5.3

2.

Beschreiben	Manfred Max-Neef, chilenischer Ökonom und einer der Begründer der „Ökonomie nach menschlichem Maß“, geht von einem anderen Menschenbild aus, welches Mensch und Natur wieder versöhnen kann. **[UND]** Für ihn gibt es neun menschliche Grundbedürfnisse, nämlich Subsistenz, Schutz, Liebe, Verstehen, Partizipation, Muße, kreatives Schaffen, Identität und Freiheit. **[UND]** Diese sind zu allen Zeiten und in allen Kulturen gleich. **[UND]** Das Einzige, das (sic!) sich ändert, ist die Art und Weise, wie diese Bedürfnisse befriedigt werden. **[UND]** Dass dies nicht nur mittels käuflicher Produkte passieren kann, versteht sich in unserer vom Shopping dominierten Welt nicht mehr ganz von selbst.
Argumentieren mit Erklären	**[FOLGLICH]** Es ist zu befürchten, dass viele gut gemeinte Aufrufe, z. B. zu einem das Klima schonenden Verhalten, im Sande verlaufen werden, wenn wir uns nicht stärker mit der fundamentalen Frage nach den menschlichen Bedürfnissen auseinandersetzen: **[DENN]** Was braucht der Mensch? Und vor allem: Was gibt es mir, mich auf eine bestimmte Art und Weise zu verhalten? Menschen, die ein zwei Tonnen schweres Auto in Bewegung setzen, um ihre 70 Kilo Lebendgewicht wohin zu bringen, wollen ja nicht die Umwelt schädigen, sondern etwas Anderes: **[FOLGLICH]** Auf dieses „Andere“ kommt es an. **[DENN]** Nur dann, wenn sozial- und umweltverträgliches Verhalten einen ähnlichen Beitrag zur Identitätsbildung bieten kann wie ein PS-starkes Auto, ein prestigeträchtiger Job, ein großes Haus oder eine exotische Fernreise, nur dann werden die, die mit einem kleineren Fußabdruck leben wollen, auch zufriedene Menschen sein können.

3.

Thesen und Argumente: Ein ungleich verteilter Verbrauch der Ressourcen ist keine Grundlage für ein friedliches Zusammenleben. (Argument: Das beschneidet die Rechte von 80 % der Weltbevölkerung.) – Die derzeit diskutierten Klimaschutz-Aktivitäten reichen nicht aus. (Argument: Eine 20-prozentige Reduktion des Energieverbrauchs erhält die ungerechte Verteilung der Nutzung der Ressourcen aufrecht.) – Die herrschende Lehrmeinung in der Wirtschaft verstellt den Blick auf die richtigen Fragen. (Argument: Es geht um die Befriedigung von Grundbedürfnissen, nicht um die Befriedigung „unendlich“ vieler Bedürfnisse.) – Wir müssen uns stärker mit der Frage nach den menschlichen Bedürfnissen auseinandersetzen. (Argument: Andernfalls lösen sich auch gutgemeinte Aufrufe zum Klimaschutz im Nichts auf.) – Sozial- und umweltverträgliches Verhalten muss in unserem Selbstverständnis einen wesentlichen Wert haben. (Argument [implizit]: Das führt zu einer gerechteren Nutzung von Ressourcen und ermöglicht es 80 % der Weltbevölkerung, „zufriedene Menschen“ zu sein.)

5.4

Es dominiert das Erklären.

Modul 6

6.1 (aus sprachwissenschaftlicher Sicht)

Familie 1: A, B; Familie 2: C bis H, Familie 3: I

6.7 (Beispiele)

Hund – cane (ital.)	sit (engl.) – sedere (lat.)	Fuß – pied (frz.)
tooth (engl.) – diente (span.)	hot (engl.) – caldo (it.)	thunder (engl.) – tuono (it.)
Feder – plume (frz.)	Katze – gato (port.)	Lippe – labrum (lat.)
Kralle – garra (span.)	toe (engl.) – dedo (port.)	mother (engl.) – mater (lat.)
acht – octo (lat.)	Vater – pater (lat.)	Horn – corno (port.)

6.8

p > pf
p > f nach Vokal
t > ts
t > s nach Vokal
k > ch nach Vokal
d > t
þ > d (engl. „th“)

6.9

a) engl. duck – dt. tauchen *k > ch nach Vokal*
b) engl. earth – dt. Erde *þ > d*
c) engl. timber („Bauholz“) – dt. Zimmer *t > ts*
d) engl. wink („blinzeln“) – dt. *winken keine Veränderung wegen Konsonant vor „k“*
e) engl. spade – dt. Spaten *d > t*
f) engl. thorn > dt. Dorn *þ > d*
g) engl. heap – dt. Haufen *p > f nach Vokal*
h) engl. drink – dt. trinken *d > t; „k“ bleibt, weil nach Konsonant*
i) engl. plant – dt. Pflanze *p > pf, t > ts*
j) engl. town – dt. Zaun *t > ts*
k) engl. weak – dt. weich *k > ch nach Vokal*
l) engl. tide („Gezeiten“) dt. Zeit *t > ts*

6.12

Unbetonte Silben werden abgeschwächt: Nr. 3
Unbetonte Silben verschwinden: Nr. 1
Personalpronomen: Nr. 4
Artikel: Nr. 6
Auslautverhärtung: Nr. 5
Umlaut (Plural): Nr. 2

6.13

Diphthongierung:
î > ei (Bespiele: dein, bei, -lein, Weib)
iu > eu (Beispiele: heute, Treue)
û > au (Beispiele: Haus, laut)

Wandel von Diphthongen:
ei > ai (Beispiele: einer, Leid)
öu/öi > oi (Beispiele: Bäume, Freude)
ou > au (Beispiele: frouwe/Auge)

Monophthongierung:
ie > langes i (Beispiele: liebe, wie, niemer)
uo > u (Beispiele: guot, muot, zuo)
üe > ü (müezest)

Vokaldehnung:
Beispiele: sagen, mögen (ich mag)

6.14

Sprachliche Bilder: „... welche Wacken und Kötze da gelegen sind, da er itzt er hin gehet wie über ein gehoffelt Brett“, „Wald und Stöcke ausrotten“, „den Acker zurichten“, „... denselbigen auf das Maul sehen, wie sie reden ...“, „Es ist gut pflügen, wenn der Acker gereinigt ist“
Grundlegende Überlegungen: Die Sprache soll volksnah und allgemein verständlich sein, die Übersetzung soll nicht vom Lateinischen ausgehen.

Kompetenztest, Aufgabe 4:
frum – fromm: Bedeutungsverengung
schimphen – schimpfen: Bedeutungsverschlechterung
wirt – Wirt: Bedeutungsverengung
banc – Bank: Bedeutungserweiterung

Modul 7

7.4

a) Referatsteil, Argumentationsteil
b) Referat: Informieren; Argumentation: Überzeugen
c) Präsens
d) Beispiele: eine provozierende Meinung (die man später auch widerlegen kann), eine provozierende Aussage zum Thema, ein echter oder fingierter Dialog, ein Zukunftsbild, ein Zitat, Sprichwort, ein aktueller Anlass, den Leser/die Leserin direkt ansprechen, z. B. mit einer Frage
e) These (Behauptung), Argument (Beweisgrund), Beleg/Erläuterung/Beispiel
f) Gegenargumente, Entkräftungen, Schlussfolgerung
g) Überzeugend: Fakten, eigene oder fremde Erfahrungen, Autoritäten, gemeinsame Normen, Traditionen und/oder Gesetze
Ungünstig: Einzelfälle, Vorurteile, Gemeinplätze, Verallgemeinerungen

7.9

a) Text 4 folgt (antwortet auf) Text 3
b) Text 3: Empörung, Wut. – Text 4: Ärger über Text 3. – Emotionen sind zu merken an direkter Nennung („empörend") oder an ironischen Formulierungen. – Tonfall in beiden Briefen: ärgerlich, spöttisch
c) Allgemein (Beispiele): Ärger äußern, Missstände aufzeigen wollen, Änderung herbeiführen wollen, falsche Verhaltensweisen korrigieren wollen, Anteilnahme/Zustimmung anderer bekommen wollen
d) Jeweils ab 2. Absatz.
e) Text 3: kein stichhaltiges Argument. – Text 4: ein stichhaltiges Argument („Weil ältere Menschen sich ein Recht auf Ruhe verdient haben.")

Modul 8

8.3

Titel	„Schwelle"	Helden/Heldinnen	Andere Welt
Tintenherz (2003)	Buch	Mortimer Folchart/ Meggie	
Der König von Narnia (1950)	Kleiderkasten	Peter, Susan, Edmund, Lucy	Narnia
Die unendliche Geschichte (1979)	Buch	Bastian Balthasar Bux	Phantásien
Harry Potter und der Stein der Weisen (1997)	Bahn (Bahnsteig 9¾)	Harry James Potter	Zaubererwelt
Coraline (2002)	Zimmertür	Coraline	„andere Familie"
Alice im Wunderland (1865)	Kaninchenbau	Alice	Wunderland

Utopia (1516)	Schiffbruch	Raphael Hythlodaeus	Insel Utopia
Die Zeitmaschine (1895)	Zeitmaschine	Zeitreisender	Zukunft
Jonathan Swift, *Gullivers Reisen* (1726)	Schiffbruch	Lemuel Gulliver	Liliput
Der Terminator (Film, 1984)	Zeitmaschine	T-800, Modell 801	Zukunft/Vergangenheit
Kinder- und Hausmärchen (1812)	Sprachformel („Es war einmal ...“)		Leserbrief

8.9

Wer spricht: des Erzählers/der Erzählerin – direkte Rede/indirekte Rede – der Er-/Sie-Form – innerer Monolog
Wer sieht: Figuren – Kommentaren – allwissend – Personale – personale – Ich-Erzählungen – personale – Neutrale – neutrale

Modul 9

9.8

1.

Begriff	**Erklärung**
Skriptorium	Schreibstube in einem mittelalterlichen Kloster
Restaurator	Fachmann, der Kunstwerk in ihren ursprünglichen Zustand bringt
Kopist	jemand, der (handschriftlich) Kopien anfertigt
Rubrikator	Maler von Rubriken (in Rot gehaltene Überschriften oder Initialen, die in mittelalterlichen Handschriften die Abschnitte voneinander trennen
Tertia, Sexta, Nona	Gebete zur dritten, sechsten und neunten Stunde des Tages (beginnend mit Sonnenaufgang)
Miniator	Buchmaler, Handschriftenmaler
Rhetorik	Wissenschaft von der wirkungsvollen Gestaltung öffentlicher Reden
Vellum	Pergament aus Kalbsleder oder der Haut von Kälberföten
Psalter	trapezförmiges oder dreieckiges Musikinstrument ähnlich der Zither, allerdings ohne Griffbrett

2.

Wirklich existiert hat nur Aristoteles.
Venantius von Salvemec, Benno von Uppsala (es gab einen Heinrich von Uppsala und einen Benno von Einsiedeln sowie einen Benno von Meißen), Berengar von Arundel (es gab einen Henry von Arundel und einen Berengar von Tours), Aymarus von Alessandria, Severin, Adelmus: Romanfiguren

9.12

1.

Die Haltbarkeit des Gedruckten ist viel geringer als die des Geschriebenen. – Der Buchdruck ist nur auf die Gegenwart gerichtet, er kümmert sich nicht um die Tradierung.

Modul 10

10.10

Bild 1: Halbnah (Axt: groß), Normalperspektive, Handlungsachse (Blick der Frau) und Kameraachse identisch; Funktion der Schärfentiefe kann besprochen werden.
Bild 2: Halbtotale, leichte Vogelperspektive, Handlungsachse und Kameraachse identisch
Bild 3: Groß, Normalperspektive, Handlungsachse seitlich an der Kamera vorbei
Bild 4: Figur halbnah (Hintergrund: weit), Normalperspektive, Handlungsachse (Gesprächsrichtung) beinahe in rechtem Winkel zu Kameraachse
Bild 5: Amerikanisch, Froschperspektive, Handlungsachse seitlich an Kamera vorbei; Schärfentiefe!
Bild 6: Halbtotale, Normalperspektive, Handlungsachse seitlich an Kameraachse vorbei
Bild 7: Halbtotale, Froschperspektive, Handlungsachse seitlich an Kamera vorbei
Bild 8: Halbtotale, Vogelperspektive, Handlungs- und Kameraachse beinahe in rechtem Winkel
Bild 9: Nah, Normalperspektive, rechter Winkel zwischen Handlungs- und Kameraachse
Bild 10: Halbtotale, Froschperspektive, Kameraachse nahe an Handlungsachse; Schärfentiefe!
Bild 11: Detail, Normalperspektive, Handlungs- und Kameraachse identisch.

10.13 (Hinweise)

Bild 1: realistische Ausleuchtung der Szene (Realitätseindruck!), kaltes Weiß; Axt „tritt" zwischen Zuseher/Zuseherin und Figur, leicht schräge Linien (durch die Figur und die Bewegungsrichtung der Axt) durchbrechen (harmonische) senkrechte und waagrechte Linien.
Bild 6: warme vs. kalte Farben (Licht vs. unbeleuchtetes Grau); entspricht der Konstellation der Figuren (einzelner vs. Gruppe); Mis-en-scène (Bildkomposition) charakterisiert Position des Einzelnen (Grenouille aus „Das Parfum") gegenüber der Gesellschaft.

10.18 (Beispiele)

- Maskenbildner/in: überall dort, wo Gesichter zu sehen sind
- Requisiteur/in: überall dort, wo Gegenstände zu sehen sind
- Kostümbildner/in: überall dort, wo die Kleidung von Figuren zu sehen ist
- Cutter/in (Schnittmeister/in): überall, wo es um Schnitt geht

Storyboard Nr. 1 ab „Titelsequenz" (Z. 20), Storyboard Nr. 2 ab „Jacques Saunière" (Z. 31), Storyboard Nr. 3 ab „Metallgitter" (Z. 36), Storyboard Nr. 4 nach „Metallgitter", vor „Stimme (over)", Storyboard Nr. 5 ab „... auf der anderen Seite des Gitters ..." (Z. 42), Storyboard Nr. 6 ab „Halt. Bleiben Sie stehen" (Z. 40)

Modul 11

11.3

1. Spanisch: sombrero puntiagudo de mago
   Türkisch: büyücü şapkası

11.5

(kursiv: Beispiele; auch andere Stellen aus Shakespeares Sonett können verglichen werden)

	Reichert	Tieck	George
Form/Gattung			
Sonettform/Strophen	– Prosa	✓ Sonett	
Vers	✓ jambisch	✓ Jambus, fünf Hebungen/Zeile	✓ Jambus, fünf Hebungen/Zeile
Satzgrammatik, Wortstellung			
"Thou art more lovely" (V. 2) Subjekt – Prädikat – Prädikatsnomen (Gleichsetzungsnominativ)	– „Viel schöner bist du"	✓ „Du bist viel süßer"	– „... lieblicher und milder bist?"
"So long as men can breathe or eyes can see" (V. 13)	✓ „So lange Menschen atmen, Augen sehn"	– „So lang', als Augen sehn und Menschen leben"	✓ „Solang als menschen atmen – augen sehn"
"Rough winds do shake the darling buds of May" (V. 3)	– *„Die zarten Maienblüten schütteln rauhe Winde"*	– *„Der Sturm zerreißt des Mayen Blüthen-Kränze"*	– *„Des maien teure knospen drehn im schlage/des sturms"*
Stil (hoch/mittel/niedrig)	✓ mittel	✓ hoch	✓ hoch
Wörter und Begriffe			
"eternal summer" (V. 9)	✓ „ewiger Sommer"	✓ „Lenz" (= Frühling)	✓ „ewiger sommer"
"darling buds of may" (V. 3)	– *„die zarten Maienblüten"*	– *„des Maien Blüthen-Kränze"*	– *„Des maien teure knospen"*
"shade" (V. 9)	✓ *„Schatten"*	– *„Reich"*	✓ *„schatten"*
Bilder (Metaphern, Vergleiche)			
"eye of heaven" (V. 5)	✓ „Himmelsaug"	– „Himmels Licht"	✓ „himmels aug"
"And often is his gold complexion dimm'd" (V. 4)	✓ *„und oftmals scheint der Goldglanz eingetrübt"*	– *„Bald hüllt in Wolken sich die goldne Spur"*	✓ *„Trägt goldne farbe die sich oft verliert"*
"Nor shall death brag" (V. 11)	✓ *„Auch soll nicht rühmen sich der Tod"*	✓ *„Der Tod nie prahlend"*	✓ *„Nie prahle Tod"*
"When in eternal lines to time thou grow'st" (V. 12)	✓ *„wenn du in ewigen Zeilen mit der Zeit verschmilzt"*	– *„Da ew'ge Zeilen ew'ge Dauer schenken"*	– *„In ewigen reimen ragst du in die zeiten"*
Lautstruktur			
"lovely" (V. 2)	– „schöner"	– süßer	✓ lieblich
"shines" (V. 5)	– *„strahlt"*	✓ *„scheint"*	✓ *„scheint"*
"lose possession" (V. 10)	✓ *„nicht verlieren"*	– *„kränken"*	– *„vor dem verlust gefeit"*

E.2

- Titelteil: „Eckdaten" (Tag, Zeit, Ort, Anwesende, Abwesende, besondere Funktionen der Anwesenden, Tagesordnung
- Hauptteil: Tagesordnungspunkte chronologisch, Vorgänge, Diskussionen, Entscheidungen, Beschlüsse (bei einem Ergebnisprotokoll: nur Gesprächsergebnisse, Beschlüsse)
- Schlussteil: Datum, Name und Unterschrift des/der Protokollführenden, Verteiler